神仏と儀礼の中世

船田淳一

法藏館

神仏と儀礼の中世＊目次

目　次

目　次

目次

第三部　中世真言密教の信仰と儀礼

引用凡例

・本書における資料の引用は、基本的に新漢字とした。
・資料引用に際しては、便宜のため私意にて読みやすく改めたり、補ったりした部分がある。
・引用資料には適宜、句点や読点を付した。引用元に句点・読点がある場合は、できるだけそれを尊重した。

神仏と儀礼の中世

序　章　中世宗教儀礼研究の射程

——神仏をめぐる思想と表現——

一　研究史と問題の所在

本書は日本文学・歴史学・仏教学などの分野において、近年注目の集まっている、中世の文化・思想の担い手たる寺院圏（神社を含む）に伝来する、「聖教」と呼ばれる文献群のうち、ことに仏教と神祇の儀礼に関わるものを中核的対象とし、儀礼の諸相を通して顕れる中世的な神・仏の宗教世界に迫ろうとする試みである。

本書は複数のコンテクストを〈宗教儀礼〉において焦点化することで、多様な論点を内包しながらも有機的かつ密接に連関し、相互に補完した全体像として把握されるように組み立てられている。第一部「解脱房貞慶の信仰と儀礼」、第二部「中世律僧の信仰と儀礼」、第三部「中世真言密教の信仰と儀礼」の全三部を通して、中世の宗教世界が儀礼をキーワードとして、より立体的に浮上してくるであろう。そしてこれらは現在、研究者の熱いまなざしが注がれている対象である。以下に、まず近年における広義の宗教文化研究の展開に即して[1]、今現在、問題とすべき点が何であるのかを明確にし、次いでそれに対し本書ではどのような方法で何を明らかにしてゆくのかという基本スタンスと座標軸を、順を追って提示してゆこう。

1　寺院を中心とした中世宗教文化研究の展開

中世が、「宗教の時代」とか「信仰の時代」と評されることは少なくない。それは一種のレッテル貼りのようでもあるが、東西の宗教史研究において中世という時代は、花形であったと言える(2)。そして何より昨今の中世宗教文化研究の実に目覚しい進展は、宗教――より具体化して言えば、神祇を不可欠の要素として含みこんだ仏法の場としての寺院――が紛うことなき中世文化の基体として存在していた事実を、改めて高い水準で実証している。そのことは、従来は脚光を浴びることも稀であった、寺院聖教という新ジャンルの史資料を駆使することで、多方面から深く追求されてきたのである。そして現在進行形の一大研究領域を形成するに至った、中世宗教文化研究の特色と可能性は、中世寺院の擁する知的体系の広大さと文化的創造力の奥深さゆえに、人文諸科学の協働によって学際的に、否、学際的と言うに留まらず、歴史・文学・宗教の越境――すなわち「脱領域の最前線」――として、取り組まれるべきものである点に、まずもって認められるであろう。

上記のような中世宗教文化研究は、この列島の上に出現した大小の個別寺院や、複数の寺院によって構築された文化圏を焦点として、充実した成果を公表しつつ、さらなる進展を続けている。本書所収の論文は、それらの幾つかを直接の対象とし、あるいは論及していくものであるが、ここで中世宗教文化研究の全体像を総括することは不可能であるし、筆者の研究が南都という寺院文化圏から出発しており、本書でも特に南都は重点的なポイントとして全三部の各章にまとめられていることから、南都をめぐる研究史を代表として取り上げることを御了解いただきたい。昨今、中世の〈南都〉という宗教圏域をめぐる諸分野からの研究がきわめて活況を呈していることは、何人も是とするところであろう。

まず歴史学では東大寺・興福寺を筆頭とする寺院史研究がなされ、寺院の階層構造、教団の組織・運営、経済基盤としての寺領荘園、民衆支配の様相、国家権力との関係など中世社会における寺院の存在形態が究明され、それらは、南都寺院の固有性を明らかにすると同時に、日本中世の寺院史研究に一つのモデルを提供し得る成果と言えよう。永村眞『中世東大寺の組織と経営』（塙書房、一九八九年）、稲葉伸道『中世寺院の権力構造』（岩波書店、一九九七年）、久野修義『日本中世の寺院と社会』（塙書房、一九九九年）、安田次郎『中世の興福寺と大和』（山川出版、二〇〇一年）などがすぐさま挙げられるが[3]、その背景にはむろん権門体制論・顕密体制論・寺社勢力論の巨大な体系がある[4]。また中世的な宗教集団（教団）の一つとして、そうした権門寺院の周縁部で社会的に重要な活動を担い、一時この列島の隅々にまで教線を拡張した南都律宗の研究も、逸することができないものであり、細川涼一『中世の律宗寺院と民衆』（吉川弘文館、一九八七年）、松尾剛次『鎌倉新仏教の成立』（吉川弘文館、一九八八年）、大石雅章『日本中世社会と寺院』（清文堂出版、二〇〇四年）、大塚紀弘『中世禅律仏教論』（山川出版、二〇〇九年）など多数の業績が立ち並ぶ。

また仏教学では、南都寺院において勤修された法会の場における、論議を詳細に分析する教学的研究が、貞慶や法相宗を中心に深化し、北畠典生編『日本中世の唯識思想』（永田文昌堂、一九九七年）といった成果が数えられる。さらに歴史学における中世律宗研究の動向ともリンクする、蓑輪顕量『中世初期南都戒律復興の研究』（法藏館、一九九九年）によって、貞慶を嚆矢とする戒律復興を担った覚盛・叡尊らの教学研究が深められたことも特記されるが、一方で南都と密教という問題については、いまだ充分な研究がなされていない。

そして中世文学では、南都の寺社縁起や芸能をめぐる研究が蓄積されてきた。その潮流を牽引してきた一人として、阿部泰郎氏を挙げることに異論はあるまい。阿部氏による中世南都の縁起・説話・芸能をめぐる研究は、『湯屋の皇后』（名古屋大学出版会、一九九八年）、『聖者の推参』（名古屋大学出版会、二〇〇一年）に収められているが、この他にも、氏の初期の成果である「『入鹿』の成立」（『芸能史研究』六九号、一九八〇年）と「『大織冠』の成立」（『幸若舞曲研究』四巻、三弥井書店、一九八六年）は、幸若舞曲の『入鹿』『大織冠』の成立背景にある豊穣な言説の裾野を、寺社縁起・中世太子伝・中世神道書・唱導資料・芸能など、宗教文化の諸領域において博捜し、壮大な世界を描き出した。

阿部氏によって先駆的に開拓された、かかる宗教言説研究の路線は、[5] 最近では近本謙介氏に引き継がれていると言えよう。近本氏の「中世初頭南都における中世的言説形成に関する研究――南都再建をめぐる九条兼実と縁起――」（伊井春樹先生御退官記念論集刊行会編『日本古典文学史の課題と方法』和泉書院、二〇〇四年）は、「南都文化研究における研究課題と現状の概観」という節を設けて、近年の研究成果を要領よくまとめ、さらに氏の達成点としての「建久期文化論」を提唱する論稿である。すでに近本氏は「廃滅からの再生」（『日本文学』四九巻七号、二〇〇〇年）において、治承四年（一一八〇）の南都炎上以降の興福寺を中心に分析され、一連の伽藍再建事業が一区切りを迎えた建久年間（一一九〇～九八）を、復興運動の一環としての寺社縁起や、春日を伊勢と連携させる新たな神道説など、〈中世的言説〉が形成される重要な時代の転換期と捉えられた。氏はこれを、「南都中世の論理的再生は、一旦失われた南都浄土を、濃厚な神祇信仰との融和をもとに文字世界の上に現出させていくことによって構築されていく」と表現された。かかる視点は本書の問題意識においては、言説の力への着目であると言え、また「言葉・文字」によって信仰世界を創出してゆく宗教的な実践として受け取ることができる。このように南都における中世の到来は「神仏習合」を促進したのであり、近本氏が注目されたように、物質的再建に留まらない言説による南都の再生を主導し、中世南都の神道説の端緒を開いた宗教者こそ、他ならぬ貞慶であった。[6]

同じ文学研究において、こうした貞慶への注目と深くリンクする動向として、貞慶の講式に対する研究の飛躍的な発展が挙げられる。貞慶は中世南都の講式作家として著名である。講式研究会による『貞慶講式集』（山喜房、二〇〇〇年）として上梓されたそれは、唱導文芸といった狭義の文学的対象としてのみならず、貞慶の思想・信仰を考察する上で、また彼の講式は他者からの依頼によって作成される場合が多いため、広く中世南都の宗教世界を知る上で、誠に貴重な資料集なのである。(7) 講式の文学的研究は、他の文芸作品と講式との表現の影響関係を分析することにおいて重要な成果を挙げてきたが、(8) 貞慶の講式については、最近、法相宗の論議との関係で仏教学でも注目が集まりつつある。(9) 本来講式は、「講経法会の式次第」の意味であり、経典を講義し讃嘆する古代の法会にその源流を持つ。それが転じて中世になると、本尊の功徳を和語（漢文読み下し）で讃えるという点にかろうじて講経法会の面影を留めた、仏・菩薩、あるいは天部を礼拝する儀礼の意味となる。つまりきわめて簡略化された法会が講式に他ならないのである。またこの講式には日本の神祇を本尊として開講されるものも多く存在し、中でも貞慶は本書で論じてゆくように、春日の講式など最初期に神祇系講式を作成した人物である。

そして文学・思想史・信仰史・仏教学といった分野で、伸展を続ける講式研究だが、なんと言っても希薄なのは、それが単なる文学や思想・信仰の資料なのではなく、〈儀礼テキスト〉であるという本質面に関わる認識であろう。言説による南都の再生という運動の中核に位置した貞慶は、その重要な一環として講式という儀礼を数多く制作したのである。彼の神祇系（春日）の講式は、神祇信仰との融和による南都再生を〈宗教儀礼〉において鮮やかに象る。そして自らも導師としてたびたび、講を執り行ったに相違ないのである。実に中世的な仏教儀礼の形である講式。そもそも筆者の研究は、貞慶の講式儀礼から中世南都の宗教世界に接近することに始まっており、第二部・第三部でも講式を分析してゆく。(10)

ここまで中世南都の宗教文化研究の広がりと軌跡を、ごく一部ではあるが瞥見してきた。中世宗教文化（寺院文化圏）の研究は、政治史・経済史的な把握を基幹とする寺院構造論や組織論から、各種の教団史を経て教学史や学問史や生活史を組み込み、さらにその上部に文学史・芸能史・美術史・建築史といった、狭義の文化領域が立てられることで、全体系としての連繫が成立しているのであり、それらはすべからく「宗教文化研究」と包括的に名付け得る位相にある。かくして如上の中世宗教文化研究の中に、あくまでも筆者なりの問題関心を経由した形ではあるが、宗教儀礼の問題が浮上してくることとなった。

2　宗教文化研究と宗教儀礼研究

宗教儀礼という実に広範な研究領域については、従来、国内外の文化人類学や宗教学によって領導されてきたと言えよう。それらは巨大な業績であり、到底ここで総括することはできないため、エミール・デュルケム『宗教生活の原初形態　上・下』（岩波書店、一九四一年〈原著一九一二年〉）、ミルチャ・エリアーデ『永遠回帰の神話——祖型と反復——』（未来社、一九六三年〈原著一九四九年〉）、同『聖と俗——宗教的なるものの本質について——』（法政大学出版局、一九六九年〈原著一九六七年〉）、『エリアーデ著作集7　神話と現実』（せりか書房、一九七一年）、ヴィクター・ターナー『儀礼の過程』（思索社、一九七六年〈原著一九六九年〉）、ファン・ヘネップ『通過儀礼』（弘文堂、一九七七年〈原著一九〇九年〉）、青木保『儀礼の象徴性』（岩波書店、一九八四年）、青木保他編『儀礼とパフォーマンス』（岩波書店、一九九七年）、クリフォード・ギアーツ『ヌガラ——19世紀バリの劇場国家——』（みすず書房、一九九〇年〈原著一九八〇年〉）といったごく一部を挙げるに留めておくが[11]、こうした成果によって宗教は決して思弁・観念・理念・教義のみで成り立つものではなく、それらが儀礼によって具現化する以上、儀礼こそ宗教を宗教たらしめる要件であり、儀礼なき（あるいはその要素）がまったく確認不能な宗教は存在しない、という認識は大方の諒解するところとなった。

ゆえに今ここでは、次の二書にのみ個別に触れておく。エリアーデの『聖と俗』には、「治癒儀礼は世界創造神話と、蛇の怒りによる病気の発生、人間に必要な薬剤を与えた最初のシャーマンの出現を扱う別の神話とを読誦する儀式から成り立っている。ほとんどすべての祭儀が、その初め、世界が未だ成立していなかった、かの神話の時を呼び出す……まじないがもつ治癒の効力は、それを儀礼的に唱えると、世界の起源および歯痛とその治療の起源を含めた神話的な〈起源〉の時が現前するところにある（七四〜七五頁）……宗教的祝祭の内容がどれほど複雑であろうとも、その肝要は常に、はじめに行われそしてまた再現されるところの聖なる出来事にある。祭りに参加する者は神話の事件と時を同じうする（七九頁）……」とあるが、これはエリアーデがフィールドとした対象が何であれ、宗教儀礼の本質として基本的には地域・時代を超えて見出せるある種の普遍性として、現在なお銘記されるべき言及であろう。

また青木氏の名著『儀礼の象徴性』では、「コスモスの実現は通常の手段ではかなわない。それは儀礼を必要とする。国家は単なる権力手段によってだけでは国家としてまとまることはできない。それを裏づける宇宙論が要求される。この宇宙論の存在を人びとに絶えず知らしめることが重要な統治の要である。この場合、国家儀礼は、国家というものの本質を示すテキストになる（二一一頁）……たとえ権力の支配のための操作的現実としての国家儀礼といえども、儀礼の取り扱いには極度の政治的文化的な配慮が必要であるという二律背反が生まれることになる。儀礼は現実を超え、国家をも超えてしまうからである（二三五頁）……」とされている。[12] これは必ずしも宗教儀礼に限定される指摘ではないが、儀礼の力学／儀礼の権能がよく示されている。ただし青木氏の研究は基本的に人類学に特有な儀礼そのものの構造分析であり、実践する宗教者やそうした宗教儀礼に参与し現場感覚を感受する人々の問題は主要な位置を占めていない。

昨今、宗教文化研究の動向は、解釈学やテクスト論の動向とも相俟って、こうした儀礼へと集注する傾向を見せており、(13)儀礼は宗教研究の先端的領域となった感がある。「中世の宗教世界」を分析し叙述する方法として、儀礼は有効なツールになると思われるのだ。(14)以下にその研究成果と動向を踏まえることで、全篇を貫く本書の目的意識を導きたい。

さて本書の主題である中世日本の宗教儀礼だが、たとえば南都寺院文化圏で盛んに挙行された神仏の儀礼において注目される成果がある。文学・歴史学・仏教学による仏教儀礼に関する共同研究の進展によって「法会学」が提唱されたのである。これは東大寺・興福寺・薬師寺といった古代・中世の南都寺院を対象としたもので、『儀礼にみる日本の仏教――東大寺・興福寺・薬師寺――』（法藏館、二〇〇一年）という「儀礼」を冠した、簡便ながらも入門書を超えた濃度の書籍として結実している。これまで法会に関して、人文諸学からなされたアプローチを考えてみると、たとえば文学は法会に関わる唱導文芸の問題や、法会の場に源流を持つ猿楽能や延年などの芸能について分析し、歴史学は関係文書の分析を通して、法会を支える経済基盤や法会を統括する寺僧の組織などの運営面・実務面の解明を進め、仏教学は主に法会における論議の資料を読み解くことで教学研究の深化に貢献してきたと言えよう。これらは重要な成果として評価し得るものであり、それが「法会学」として有機的に関連付けられることで、法会の全体像の把握が可能となるし、仏教法会を古代・中世における総合的な文化表現と捉える魅力的な射程も開かれてくるだろう。かかる学際的な動向は、これまでの筆者の研究にとって、ひとつの背景をなしている。

このように中世宗教儀礼に対しては、精密な実証的手法に基づいて、思想・教学面／芸能・文芸面／組織・経済面といった諸相が議論され、多様な成果が得られている。しかし本書は、それらが累積・加上されるばかりではやはり静態的であり、また法会・儀礼の総体的把握を目指す研究が、そのまま宗教儀礼の動態を捉えることに直結するわけではない、という問題点を残しているとの認識から出発している。これは〝儀礼を執行する宗教者〟と〝儀礼の空間に顕現する神・仏〟という存在が、宗教儀礼研究に不可欠な要素であるにもかかわらず分析の視座から基本的に欠落するか等閑視されていることに起因していると判断される。筆者はこの研究状況の克服の必要性を常々感じてきた。

そのためには中世寺院文化圏における儀礼世界の〈宗教性〉に即した研究方法が必要となるはずだ。事新しく言うまでもないが、宗教儀礼とは冥なる神・仏の臨在性・現前性によって成り立っており、また祭祀主体たる宗教者（信仰者）と祭祀対象たる神・仏との「カミ―ヒト」関係こそが、その本質構造をなしている。かつ神・仏はアプリオリに設定される存在ではなく、宗教者（信仰者）との関係において「在る」以上、神・仏に対し儀礼を作成し実践する者である宗教者自体への注視は方法的な必然性を持つ。この点を見逃すと、法会から、肝心な儀礼の動態＝〈宗教性〉というものが零れ落ちることになる。

以上のことから各分野における儀礼研究が、儀礼を宗教としての要素よりも一つの型や資料として捉え、個々の文脈の中で分析している現状を越えて、儀礼の動態＝〈宗教性〉を捕捉するために、本書ではまずは儀礼を執行し儀礼空間の只中に立つ宗教者の存在を起点として、その宗教体験や実践行為に注目するという方法を採りたい。そのため宗教者の「身体」も重要な儀礼の問題系として浮上してくるのである。

さて、このことについて仏教法会を例に取って具体的に考えてみると、次のような資料が注目される。『百座法談聞書抄』三月廿四日の説法には、然バ、法花経ヲ毎日ニ開講セシメ給ヘル宮ノ内ナレバ、天衆・地類・神祇・冥道マモリハグクミ奉リ給ラム。

コレニヨリテ恐レヲナスベカラズ

とあり、『大鏡』第六巻には、「今日、この御堂に影向したまふらむ神明・冥道たちも聞こし召せ」という一節が見えている。さらに『三宝絵』下巻八には、

タウトキ会ヲ行フトキキテ、フルキ心アラムトタノミテ、昨日此国ニ来シヲ、サカヒノ中ニコトゴトクニ諸仏ノ境界ニナリテ、奈良坂口ニハミナ梵王帝釈守シカバ、ワガ近付キヨル事アタハズシテ、カナシビヲモフ事限ナシ。イカデコノ会ミタテマツラム

と、実に興味深い説話が拾える。

これは興福寺の涅槃会という儀礼の縁起説話であるが、熱田明神が法会に参集せんとしたところ、奈良の入り口である奈良坂口を、梵天と帝釈天が守護していたため、近付けないことを小童に憑依して託宣する部分である。小峯和明氏は、これらの例から、

神分はいわば神仏の守護神を法会の場に勧請して邪魔を排除し、場を浄化して結界（バリアー）を作る所作の儀礼であり……もちろんこれらの守護神の様相は常人の眼には見えないものであり、それ故託宣を施したりもするわけで、導師ら法会を遂行するシャーマンの超越力が必須とされるのもそういう背景があった……法会には常人の視野に入らぬあらゆる衆生、〈冥〉の異界の存在もまた多く参集し聴聞していた、と信じられていたことを示す。そのような〈知〉を共有しあう共同幻想が生きていた……

と的確な指摘を行っておられる。(15) 神分とは神下しに他ならず、「法会の導師＝シャーマン」ということは、仏教儀礼研究に不可欠の視点として受け取りたい。

またこれに関連するものとして阿部泰郎氏が、かつて法会の導師を、

彼は、祭式を司り、しかも言葉という魔術をあやつる司祭者である……高座における唱導とは、いわば神＝仏の来現し祝福するものであり、またはその関係が実現する場であったと言えよう。そして、この場の中心で化儀を演ずる導師すなわち唱導者は、そうした関係を成就する仲介者なのだ

と定義付けたことも想起されてこよう(16)。ともかく興福寺のみならず、奈良中が聖なる空間＝諸仏の境界と化すと観念される点に、南都最大の権門寺院である興福寺の支配力が宗教的に象徴されているには違いないのだが、そうしたイデオロギー的理解にもまして、このような異国に出自を持つ仏・菩薩・天そして日本国の神祇に至るまで多様な霊格が一所に結集し、それら異なるモノたちに眼差される法会の現場で体感される、横溢する霊威のリアリティーこそを、儀礼の動態として摑むことが要求されよう。それこそが儀礼という文化表現を支える心性に他ならないという部分まで掘り下げる必要を、本書では提起したい(17)。中世人は宗教的救済への希求を、かかる儀礼の場にこそ託したのである。こうした法会の空間は構式の母胎・ルーツであり、構式儀礼でも必ず神分作法は修されるのである。

ゆえに本書にとって、「宗教儀礼とは神仏が顕現し人と交感する非日常の空間である」という、言い古されたかに思える命題は、一般論的意味を超えて深められなくてはならない。さらに本書では、儀礼とは宗教者による神仏の霊威の形式化・形象化であるという観点に立脚する。かかる観点に立つならば、儀礼を作成するということを、言葉という魔術をあやつる司祭者であり、神仏と人との仲介者であり、シャーマンであるところの宗教者が神仏とコンタクトし、その霊威の深みへと降り立ってゆく実践――神仏の探究――として捉えてゆく必要が生じる。そこから儀礼の詞章《ことば》としての講式・願文・表白や、儀礼の骨格である次第書・法則、また儀礼を補完する形で一体系を

なす口伝書・秘伝書などを読み込み、それらのテキストの言説と表現によって立ち現れる宗教世界を追いかけてゆく、という方法で本書は貫徹したい。

そして本書は、むろん単純な意味での宗教儀礼の本質論としてあるのではなく、〈中世〉という時代における宗教儀礼の様相を問題とする。本質とは歴史的事象を通して、むしろ具体的に現象するものであるからだ。たとえば宗教が中世という時代を反映する、あるいは宗教は歴史と呼応すると言ってみた場合、それは多様な水準で解することができるが、本書では神と仏の中世的な信仰の諸形態において、時代の反映・歴史との呼応を見るのであり、ことに寺院世界の宗教儀礼は、時代的な信仰要請や、宗教活動への原動力の象徴的な表現形態でもあろう。そしてそこには必ず宗教者の存在がある。よって宗教儀礼に注視して神と仏の鮮やかな中世的変容を捉えることの意義と、それが宗教者による新たな神・仏の探求であるという事実が改めて重要となってくる。(18) この提言は、後の本章「5 本書の研究方法について」で詳しく再説する。

3　中世史学・中世文学における宗教儀礼研究

本書はかかる問題意識に発するものだが、これを草するに当たっては、特に文学と歴史学の双方がそれぞれに展開してきた儀礼に関する研究の多くを踏まえている。ゆえに以下に中世文学と中世宗教（仏教）史における近年の宗教儀礼研究について、本書の内容・方法・射程に関係する範囲において若干だが、ここで改めて論及しておきたい。

まず中世史学だが、「歴史研究の最前線 Vol. 6」として『儀礼を読みとく』（国立歴史民俗博物館、二〇〇六年）が刊行されている。（宗教）儀礼が歴史研究の最前線と認識されているのである。そこでは松尾恒一氏が、「修正会・

修二会を読み解く――王権と民俗――」として、中世寺院の国家的法会が民間儀礼に及ぼした影響を分析している。

さらに同書には、現代日本の社会情況を見据えた井原今朝男氏の「中世の知と儀礼――日本中世史研究の現代的課題――」が収められている。井原氏の儀礼研究は、いわゆる職事弁官政治論が展開された『日本中世の国政と家制』（校倉書房、一九九五年）において詳細にまとめられたごとく、儀礼執行に関わる諸費用（公事）の賦課を分析することで、王朝国家―中世国家の税制史において儀礼研究がきわめて有効であることを示したものである。

そして近著『中世寺院と民衆』（臨川書店、二〇〇四年〈二〇〇九年増補版〉）では前著の成果を受け、中央の権門寺院と在地荘園の末寺が年中儀礼の連鎖構造を作り上げており、そこに「護国主義―万民豊楽」が成り立っていたことに基づき、仁王会という鎮護国家儀礼が、民衆統合という支配イデオロギーとしての機能を発揮したことを論じられた。さらに大元帥御修法という国家的危機状況において修される秘法中の秘法すら、在地寺院でも修されていた事実を指摘する。井原氏の研究は、国家儀礼が民衆的基盤を有していたことを明らかにされたものであり、興味深い議論を提供している。(19)

このように歴史学における宗教儀礼研究は全体として、中世寺院が支配と運営を行ってゆくに当たって、様々な宗教的権威を用いて、その支配を実行してゆくために、各寺院においては数々の修法や法会が整備され、日常の寺院活動を支えてゆく重要な機能を担っていた、といった視座に則って展開されていると総括してよかろう。歴史学において儀礼の機能は、民衆統合というタームに象徴されるようにおおむね「支配イデオロギー」として見出されたのである。(20)

中世文学では、阿部泰郎氏・山崎誠氏らを中心とした全三巻の大著『守覚法親王の儀礼世界――仁和寺蔵紺表紙小双紙の研究――』（勉誠社、一九九五年）が、仁和寺に伝来した顕教・密教の諸儀礼の表白類や次第書をまとめて紹介し、また現在も刊行中である国文学研究資料館編「真福寺善本叢刊」の『法儀表白集』『中世先徳著作集』『中世日本紀集』『両部神道集』他にも、中世の顕密寺院で生成した仏教と神祇に亙る儀礼の研究に資する貴重な文献が収載されているように、一九九〇年代は個別寺院の典籍・文書等の悉皆調査が実施され、それに基づく目録や調査報告書も多数刊行された。この文献学的基礎研究の蓄積という地道な活動の継続によって、現在、仏教と神祇の種々の儀礼をめぐる研究が広く注目されるに至ったのであり、そこに果たした中世文学の役割は高く評価されてよい。また歴史学では永村眞『中世寺院史料論』（吉川弘文館、二〇〇〇年）などが、こうした動向とリンクしている。

そうした寺院聖教の積極的な悉皆調査を促した背景の一角には、日本文学研究そのものの変動が深く関わっている。ことに中世の説話文学研究においては、従来の「文学」という自明の枠組みの相対化（それは作品―作者という関係の相対化でもある）を受けて、従来は文学の周縁部に位置すると考えられていた多様なジャンルの資料群が、狭義の文学を含めた中世的な〈知〉の体系とも言うべきものの基盤を、形成していることが注目されるに至った。それは注釈書・秘伝書・故実書・法儀書・神祇書そして雑書など実に幅広いもので、それらを「聖教」（この場合の聖教はいくぶん意味を広く採っている）という言説体系において保有する場が寺院なのである。[21]

そうした潮流の中で、正当に評価されず未紹介のまま眠っていた膨大な寺院・文庫の聖教類を駆使して、中世における密教的天皇即位儀礼である即位灌頂や、中世王権を宗教的に支える舎利―如意宝珠の儀礼体系について壮大な分析が深められていったことは周知のところである。[22] 文学研究においては儀礼の問題は、先述したように阿部氏が法会の導師を「言葉の魔術師」と刺激的に形容し、また小峯氏はそれを端的に「シャーマン」と捉えて、神・仏の力が充満し拮抗する儀礼空間のリアリティーに論及していたように、支配的イデオロギーの問題に留まらない豊かな広がりを有している。ただし文学研究では、かかる儀礼に対し宗教者の言説・語りによる説話や文学の生成の母胎として注目することから、小峯氏の命名するところの「法会文芸」という問題へと進んでゆくのであり[23]、中世という時代の宗教儀礼研究そのものへの志向性とは、異なった研究として具体化しがちである。よって本書とは交差しつつも、射程を異にするのである。

4　新たな宗教儀礼研究への道標

ここまで縷々述べ来たったように、本書は様々な研究の成果に学んでいるが、そこから次なる独自の地点を目指したい。その時、方法的に重要な示唆を与える幾つかの成果について、是非とも言及しておかなくてはならない。

まずは山本ひろ子氏の成果を挙げたい。氏の『変成譜――中世神仏習合の世界――』（春秋社、一九九三年）と『異神――日本中世の秘教的世界――』（平凡社、一九九九年）は、ともに既成の学問的デシィプリンに囚われない地点から、中世の宗教世界の最深部、氏の表現によれば「秘教的世界」とも言える領域に光を当て、信仰のダイナミズムを摑み出したものであるが、その宗教世界は何より儀礼の問題を通して把握されている。儀礼の問題と向き合う時、「宗教実践としてどれだけ復元できるかが試されている[24]」と語る氏の分析の手法は秀逸である。そして山本氏は「変貌する神々――霊覚者たちの中世へ――」で、以下のようにも述べている。

中世びとの魂の波動、ひいては宗教なるものの扉を開けようとするならば、問題はその（いわゆる「神仏習合史」という枠組みの）先にある。なぜなら、いかに混沌として難解きわまりないロゴスの宇宙に見えようと、そこには神霊と宗教者との交渉のドラマが介在しているのだから。そしてそれは宗教者の身体をなかだちに営まれるのだった……

そもそも神道書とは、秘密儀軌のためのテクストであったということができる。（儀軌とは、密部の本経が説く仏菩薩、諸天神を念誦供養する儀式軌則を記したもの）神道論が儀軌思想として発展を遂げてゆくプロセスで、神道書は宗教実践のためのテクストという性格を色濃く帯びてゆく。

たとえば弘法大師や行基、聖徳太子、宝志和尚などに仮託された神祇灌頂の口伝書がある。あらためてそうした秘口伝を眺めてみると、はたと気づかされる。それらの多くが神秘体験によって与えられた啓示の書であることを(25)（括弧内は筆者補）

さらにこれに続けて、「中世神学を霊的覚醒の譜として捉え直す時期にきたのだ。神々の変貌を探る営みももちろん例外ではない」と結んでいる。

ここでは主に中世神道・中世神話研究が対象とされているが、宗教実践・身体・神秘体験・神学・霊的覚醒などのキー概念がすでに活用されている。またここで「儀軌思想」と言われているものは、「霊的曼荼羅の現象学――中世神道の「発生」をめぐって――」(26)や「歴史と神話の間で」(27)では、中世神道・中世神話の運動史に脈打つ「儀礼的思考」と定位されている。たとえばある宗教者個人の一回的な超越者（神・仏等）との邂逅《であい》＝神秘体験を、他者が複数回追体験可能にするシステム（形式・様式）として宗教儀礼はある（むろん追体験の相は同一ではない）。一回的な「体験」は反復可能な「儀礼」へと練成されるのである。この「儀礼的思考」こそ、単純に宗教を思想・信仰という概念で捉えてきた、近代的なパラダイムに再考を迫るものであり、神霊と宗教者との交渉のドラマを、宗教の本質として剔抉してゆく山本氏の方法なのである。

また佐藤弘夫氏は、儀礼を直接扱うものではないが、『偽書の精神史――神仏・異界と交感する中世――』（講談社、二〇〇二年）で、中世の宗教思想史・精神史の側から山本氏とも通じ合う議論を展開しておられる。「政治的意図や利害がからんだ文書の偽作は、歴史や地域を超えて普遍的に存在する現象だった。そのもう一段深い次元の、中世という時代の固有の精神世界のレベルで偽作を読み解き、それが生み出されるプロセスを解明する」として、イデオロギー論を超えて偽書生成のメカニズムに切り込む。

過去の聖人に仮託される偽書として、天台本覚思想のテキストが知られている。佐藤氏によれば、中世は一定の儀礼的作法を踏むことで神仏とコンタクトすることが可能であるという、神秘体験が至上視された精神世界を有する時代であった。中世哲学を代表する天台本覚思想や中世神道説、さらにはいわゆる「鎌倉新仏教」＝異端派の思想も、かかる神仏の世界との直接的な接触を希求する時代思潮の所産に他ならず、根源の神仏を探求して自己の内部においてその啓示を受け取って形成された宗教者の論理であったという。これも思想・信仰の形成を体験・身体・儀礼において把握する方向性を有するもので、近代的な思想史・信仰史を超えてゆくための方法を、本書に対して示してくれる(28)。

次に古代文学研究から出発した斎藤英喜氏の『いざなぎ流　祭文と儀礼』（法藏館、二〇〇二年）は、高知県の民間信仰である「いざなぎ流」を対象とするものだが、単純に儀礼のタイムテーブルを作成して、その次第を復元するといった素朴な方法では、儀礼の宗教的な本質には充分に迫れないとの認識から一般的な民俗調査の方法によるのではなく、徹底して神を祭る祭儀の現場で読まれる祭文の世界の解読を目指す。だがそれは様式や文章表現の分析よりも、荒ぶる神霊と対峙し統禦するための宗教者の「言葉」としての祭文という視座からなされる点が何よりの特徴である。

そして山の神という同じ神を祭祀する場合の祭文であっても、その祭文を所持する太夫（いざなぎ流の宗教者）によって文章・内容に差異がある。つまり「山の神の祭文」の系統＝ヴァリアントという問題であるが、斎藤氏はこれを、いざなぎ流を形成していった宗教者たちの系統の多様性というマクロな視点、いざなぎ流の宗教史的背景という視点に帰結させない。氏は、〈神〉なるものが先験的かつ単一な実体としてあるのではなく、〈神〉はそれを祭祀する宗教者が、祭祀の実践＝儀礼の現場で摑み出す、一回的な固有性としてあることを鋭く提示しているのである。

だがこの認識は、決して「いざなぎ流」研究のためだけの方法なのではない。いざなぎ流研究と並行して展開された、「『古語拾遺』の神話言説」(29)、「御神楽のアマテラス――『江家次第』「内侍所御神楽事」をめぐって――」(30)、「宮廷神楽の神話学――園韓神祭儀の伎芸と言説をめぐって――」(31)、『アマテラスの深みへ――古代神話を読み直す――』（新曜社、一九九六年）、『安倍晴明――陰陽の達者なり――』（ミネルヴァ書房、二〇〇四年）、『陰陽道の神々』（思文閣出版、二〇〇七年）、など、文学という枠組みを超えて古代・中世に亙る氏の一連の宗教をめぐる実践・儀礼・言説の詳細な分析研究が、こうした方法の有効性を明示している。

すでに歴史学における宗教儀礼研究については、その成果の一端に言及したが、斎藤氏の儀礼認識に通じるものとして、松本郁代氏が注目される。松本氏は、まず中世文学研究者が先鞭を付け、続いて歴史学においても論じられた、「即位灌頂」の研究を深化させ『中世王権と即位灌頂』（森話社、二〇〇五年）という一書にまとめられた。それは中世の王権と密教という、歴史学的な王権論・国家論を見据えながらも、「密教儀礼が中世王権を支えた」式の紋切り型の言辞に決して終始しない。即位灌頂においては天皇に印と明（真言）が伝授されるが、その印・明は寺家の構想する〈天皇〉の理念を象徴するものである。また密教諸流派ごとに複数の即位法が生成しており、当然伝授される印・明も種々のバリエーションが存在した。ゆえに氏は、そうした即位法の系統の数だけ中世の〈天皇〉は存在したのだ、ということを論じられた。

それは天皇の権威を密教儀礼が保証したという単純な認識ではなく、むしろ宗教儀礼が王権を〈創出〉してゆくという実践性への注目であり、歴史的に実体化されたスタティックな王権論を揺さぶるものが感じ取れる。さらに敷衍するならば、「単一なる歴史的実体としての天皇を聖化する多様な宗教儀礼」という認識に、「多様な宗教儀礼が創り出す多様な天皇像」という認識を対置したものと評せようか。

中世における神々の変貌を儀礼的思考によって読み解く山本氏、社会の政治・経済・制度との関連から説明されがちな中世宗教思想の形成について、内的動因としての神秘体験のエートスを措定した佐藤氏、また儀礼の現場に息づく祭文の「言葉」にこだわり、民間宗教者による祭祀実践の中に神の発現を見出す斎藤氏、そして即位灌頂の展開に対し、密教儀礼による天皇像の多元的な生成という解釈を提示した松本氏。上記の四氏の研究は、むろん対象や力点の所在、個別の問題関心などに振幅はあるが、本書の目的性から眺望した時、「宗教実践によって構築される世界」を志向するもの、という共通性こそが輝くのであり、本書にとってきわめて重要な研究史上の意義を持つものとなってくる。

5　本書の研究方法

上記四氏の研究のエッセンスを抽出し、さらに独自変換を加えることで、本書では「2　宗教文化研究と宗教儀礼研究」の終わりでも述べたように、

宗教儀礼は神仏の霊威を、現世に喚び起こすものであり、そのための「形式」である。[32] 逆にいえば神仏の霊威の形象化が宗教儀礼なのであり、宗教者はかかる形式を作り出していく存在である

という視座を立てる。宗教儀礼は長期間にわたり同一の型が保持・伝持される性質を有し、次第書を用いて古式（というのは曖昧な表現だが）に則り執行される。だがまずはじめには、当然それが「作成」されるという段階があ

り、むろん時代的な変容や改変も見落とせない。中世は多くの宗教儀礼が誕生した時代であり、各種の密教修法が新たに考案され、おびただしいほどの講式が作成されたことなどはその一例である。多数の講式を生み出した貞慶などは、当代きっての学僧であると同時に、中世の儀礼作成者と捉えることができる。

神仏を祭祀する儀礼を作り出すこと、そして儀礼を執行することは、宗教者が神仏を探求していくという、「聖なるもの」との濃密な交渉過程に等しい[33]。ゆえに儀礼の空間において直接的に神仏と向き合う宗教者（と儀礼の場に参与する人々）の存在を、議論の主軸に据えることは、本書における一貫した研究方法となる。かくして中世におけるテーマ「神と仏の探求」「神と仏の変容」という実践的な視座から、儀礼の動態＝〈宗教性〉を析出するというテーマが設定される。それは中世神仏習合史の先鋭的な一幕として現象するであろう。つまるところ宗教者の儀礼実践を通して、「神仏の中世的変容＝新たな信仰形態の成立」という運動を描き出すことが目的なのである。

先行研究を俯瞰してみると、先述した「宗教儀礼とは神仏の顕現する非日常の聖なる空間である」というありふれた一句を、自覚的に掘り下げる形でなされた中世宗教儀礼へのアプローチは、決して多いとは言えない。実際のところ、宗教儀礼のリアリティーへと踏み込む一歩手前で、議論をやり過ごすための便利な口上と化していないか、ということが反省されよう。そして宗教思想や言説の史的展開が、新たな神仏観念を生成し、儀礼はそれを後発的に実践形式として表象する、という一方通行的な理解で、はたして充分なのであろうか。儀礼の働きが、神仏の姿態変容を領導し、また思想や言説を紡いでゆくという発想も閑却してはならない。宗教儀礼にはその時代のコスモロジーが、ある程度鮮明に表象されるという特徴が認められるが、また同時に儀礼がそうしたコスモロジーを構築してゆくということも可能であり、これらは双方向的な作用として捉えなくてはならない。

特に中世においては、密教を中心に種々の新たな儀礼が生み出されたが、そうした運動の中で神仏と思想もまた、その変成を大きく促される。六字明王など新奇な尊像は、院政期における密教儀礼の加速度的な膨張の中で創出された仏であるし、生身仏としての仏舎利＝宝珠をめぐる教説の盛行は、如意宝珠法や如法愛染法といった新修法の活発な展開によってリードされた現象と言える。(34) そして中世の神典として名高く特徴的な神体図像の多く備わる『麗気記』は、神秘体験を背景にもつ観想の実践や灌頂儀礼のためのテキストとして、「儀礼的思考」に基づいて生み出された。また神祇とも関係深い律宗中興の祖・叡尊は、彼の伝記『興正菩薩行実年譜』巻末附載の目録によると、律学の教義書を別にすれば顕密二教に亙る著作のおよそ半数ほどを、実に表白・願文・講式・作法・次第・法則などが占めていることからも明らかなごとく、儀礼のエキスパートであった。これ以上の事例の列挙はさし控えるが、ともかく宗教儀礼にインスパイアされて具現化した言説が、宗教思想全体という広がりの中でも、存外に重い意味を有した時代が中世であると言えるし、顕密仏教界の多数を占めるのは、思想家よりも「儀礼僧」たちであった。

そして中世という時代において宗教思想は、近代のように教義や理念として抽象的に存在するばかりでなく、より具体的でマテリアルな様式を備えることで、人々の身体に深く受容せられていた。仏法の場としての寺院の構造、すなわち堂塔伽藍の配置や、堂舎の内部に鎮座する仏像・仏画としての本尊と華麗なる荘厳具の体系といった図像的装置、さらには声明の優美な調など幾重にも織り成された聖なる綾によって、中世の宗教的理念やコスモロジーはシンボリックに現象しているのである。そしてそうした寺院の堂塔を会場として勤修される顕教の法会や密教の修法といった儀礼もまた、そのパフォーマンスにおいて神仏の宇宙が、形而下の世界の裡に束の間、鮮明に立ち現れる空間である。宗教思想はかかる図像やパフォーマンスといった媒体《メディア》を通してこそ、中世の社会と人々の内に活きて立ち働くのである。

従来の中世宗教思想史研究は、鎌倉新仏教の祖師といった頂点的思想家に高い価値を見出す傾向にあったが、法然・親鸞・道元らはその思想的結晶度において卓越していた反面、中世社会全体の中では孤立した異端派の思想家であったと言わねばならない[35]。中央と在地に張り巡らされた仏教儀礼の連鎖構造は、中世社会全体にとって圧倒的な影響力を有した顕密仏教が作り上げた体系であり、たとえば完成された親鸞の「他力本願」思想にとって、儀礼は決して本質的な意味を持ち得ない。そのような頂点的思想家の思想分析から、中世の宗教世界の実相を導き出すには自ずと限界があるため、顕密仏教寺院の儀礼にこそ、注目する必要がある。そして本書の全三部を構成する「貞慶」・「律僧」・「密教」のいずれも顕密仏教論の中で、その歴史的意義が闡明されてきたものである。また儀礼の次第書などは、頂点的思想家の著作のごとき理論体系とは異なるため、近代的価値に準拠した宗教思想史研究の対象となることは、これまで稀であった[36]。しかしこれらもまたメタ化され濃縮された宗教思想の表現形式であり、新たな読み解かれるべき思想史研究の素材として存在しているのである。

近代的宗教観の転轍機としての儀礼・身体・実践……。これらは宗教や信仰への近代的な理解、端的に言えば理念的に把握すること——それは時には宗教を「宙吊り」状態に置くことにもなる——に対する批判的座標としてある[37]。ある特定の「意味の場」とも言うべき特異点に即して宗教や信仰を捉えること。一回限りの儀礼空間・儀礼実践に着目するのはそのための先鋭的な手段たり得る[38]。ここが一番肝要なのだが、畢境、本書における〈宗教儀礼〉とは、何らかの実体概念と言うよりも、中世宗教研究における一つの方法的視座であり、神仏と宗教者の交渉の現場や実践・体験といった領域を主題化するための操作概念なのである。本書があえて「儀礼」のための儀礼研究とは一線を画し、かつ宗教儀礼を政治史・経済史などの社会的コンテクストに還元し尽くしてしまわぬよう留意している由縁がここにある[39]。そして儀礼（ritual）は多義的な用語であるが、その語源や辞典的で在り来たりな定義や、「儀礼」と「儀式」は混融しつつも、その差異をどこで線引きすべきかなど、本書ではさして重要な事柄とはならないのである(40)。

すでに一言したが、筆者の宗教儀礼へのアプローチは、講式研究から始まっている。しかしそれは単なる偶然でも思い付きでもない。そこには一種の方法的な戦略が介在する。本書も全体の約半数の章が講式関係の論文であり（その意味では扱った宗教儀礼に偏りがあるが）、そこで分析してゆくが、講式の特性とは文字テキストの読誦（音声化）がそく儀礼である点、「文字→音声」＝儀礼という等式として成り立つ点、あるいは言語《ロゴス》（言葉）と実践《プラクティス》の距離がきわめて0《ゼロ》に近いという点に存する。つまりこうした儀礼では、言葉＝「言うこと」と行為＝「為すこと」がほとんど重なり合うという特性が認められるのである。むろん祭文であれ、願文であれ、表白であれ、祝詞であれ、これらは祭式の空間にこそ、その本来的性質を措定されるべき、〈儀礼テキスト〉＝儀礼言語である。だがとりわけ講式は「講経法会の式次第」の謂であって、簡易・縮約化された法会であるのだから、言語表現形態の内に、一座の儀礼次第としての完結した体系が具有されている。よって言語世界の解読が、第一義的にその儀礼世界総体の分析であるとさえ見なし得る。講式の儀礼分析は、「詰まる所、式文の解読に尽きるのだ」とすることは、いささか過言であろう。しかし講式の儀礼的特質からして、式文分析にこだわる必然性と重要性が認められる以上、個々の講式の言語表現の中に、神仏と向き合い（交渉し）、その力を探究する宗教者の姿と、そうした実践によって変容してゆく中世的神仏の姿を、充分に読み取るという視点の構えが要請される(41)。これは従来の諸研究に欠落していたものである。

複雑な体系を有する宗教儀礼にばかり目を向ける必要はない。先にエリアーデが述べていたように、たとえば少数民族のシャーマンによって神話が音声として読誦される時、太初の時間への回帰がなされ、神話の出来事がその儀礼空間において正に現前していると強く観念されるのであり、発語行為が儀礼行為の全体にほぼ等しい儀礼には、そのシンプルさゆえに宗教儀礼の本質的機能が、直截的な形で確認できるのである。上述の「言うこと」と「為すこと」を敷衍して言い換えるならば、神話を祭儀的に語ること（「言うこと」）は、神話における神々の行跡がメタフィジックに再現されること（「為すこと」）に他ならないのである、ということになる。つまりこの場合の「為すこと」は、唱えられた内容が現前している、ないし成就しているということを意味しており、儀礼の言語にはシンボリックな「行為遂行力」が強く働くのである(42)。そして顕密寺院の仏教儀礼を彩る声明において「声仏事を為す」と言われたこともこの際、想起しておきたい(43)。

首尾・結構を備えた一箇の儀礼としては、最少単位と評してよい講式の研究からスタートすることで、「宗教儀礼の動態《ダイナミズム》は言葉（表現）にある」という筆者にとっての儀礼分析における基本視角が得られたのである。それは儀礼の外堀から埋めるのではなく、その世界の中に身を置くことに等しい。かかる認識に立脚し、そこから講式以外の各種儀礼を対象とするに際して、重要となってくる諸問題をそれぞれの論文において加味することで、多様性のある分析を展開していったのであり、本書の内容は多岐にわたるが、いずれも一貫した方法的視座に基づいてなされた成果である。

神仏双方にわたる各種の「講式」の他に、儀礼空間で読誦されることを本義とする「願文」・「表白」、そして儀礼の再興を呼び掛けた「勧進状」、さらには印と真言と観想からなる簡潔な儀礼作法を記した「印信」や、授戒儀礼の「次第書」から、密教儀礼実修のための「儀軌」まで。こうした〈儀礼テキスト〉は、すべからく「中世の神仏をめぐる実践的な思考と表現の形」である。講式の場合その文字表現に宿る宗教世界は、読誦という音声言語化の実践によって現前するが、次第法則という規範を不可欠とする複雑に構成された儀礼も、個々の所作を行じ、修し、演じるという、いっそう身体的な実践によって、神仏の世界を開示するのである。繰り返すが、そのことが次第書という文字表現において形象化されているのである(44)。

如上の「中世における神仏をめぐる実践的な思考と表現の形」としての儀礼テキストという視座を設定することには、次のような狙いがある。それは、講式のような流麗な言語表現とは異なった、類型的で無機質にさえ思える次第書や法則の類もまた、中世という時代の宗教的観念やコスモロジーを表象すると同時に、それらを構成する基幹要素の一角をなしており、ゆえに宗教的観念やコスモロジーを刷新したり、新たに生成してゆく駆動力でもあり得るものと評価されるべきであって、そのような可能性に満ちた叙述（宗教言説）として読み解いてゆくこと、である。儀礼テキストとはそのための方法的布置なのであり(45)、儀礼から分離されたフラットな「資料」「文献」として、単純に客観化すべきではないものとの認識を根幹に持つ。頂点的思想家の著名な思想テキストに対し、儀礼テキストもまたメタレベルの宗教思想表現であり、近年の寺院経蔵の聖教調査が如実に示したように、中世の宗教世界において儀礼テキストの担う意義はきわめて重いのである(46)。

むろん儀礼テキストそのものだけに拘泥・自足して事足りるものではない。講式という儀礼空間のアウラを捕捉する上では、関連説話の分析が有効性を持つ（本書第二章）。フレームとしての次第書のみでは充分に見えてこない授戒儀礼の意味の深層を把握するためには、生々しい体験記やその対極にあるかのごとき硬質な教義書を併せ読むことが不可欠である（本書第六章・第八章）。密教の儀軌を補完する口決類を合わせ読むことで修法の世界に息づく実践知の所在に肉迫することができる（本書第十二章）。このように多くの文字資料を、〈儀礼関係テキスト〉として活用し、さらにその外に延伸的に位置する歴史史料としての文書・古記録（僧侶の日記）にも目配りすることで(47)、儀礼を取り巻く社会的状況など——たとえば動乱期における儀礼成立の歴史的背景——へと接近することも可能となるのである（本書第九章・第十章）。

以上のように多様な位相のテキストを駆使して、宗教儀礼の現場と動態を立体的に描き出すことで、支配イデオロギーという次元に留まらない、中世人の信仰世界・精神世界の最も核《コア》となる部分、すなわち神仏をめぐる豊穣な想像力の次元へ切り込むことは、[48] 新たな中世宗教思想史研究への試みとなろう。それは決して大袈裟な物言いではないはずだ。

二　本書各章の概要

如上の問題意識と方法意識に基づく形で、以下に各章の概要を提示する。これもって本書への導入としたい。

【第一部　解脱房貞慶の信仰と儀礼】

第一章　貞慶の笠置寺再興とその宗教構想——霊山の儀礼と神仏——

貞慶は南都周縁部の霊山である笠置山に遁世する。ここでは伽藍・祭祀対象（神仏）・儀礼・僧侶によって構成される宗教空間を〈寺院〉として方法的に捉え、貞慶が建久年間に逐次整備した笠置寺の堂塔と儀礼に関わる願文・表白・勧進状といった唱導的な文字テキスト類を分析した。そこからは中世の笠置寺が、舎利・大般若経・法華経・神祇への信仰を核とした、肯定的国土観＝宗教理念を体現するよう巧まれていたことが理解される。これは貞慶入寺以前の、主に民衆的階層への勧進を基本としていた笠置寺には見られなかった信仰形態である。そして貞慶による笠置寺の再興が国家を志向していたことは、中世南都における笠置寺の重要性を示している。従来の政治史・社会経済史の仏教史版としての寺院史研究を補完する意味で、ことば〈文字〉と儀礼によって、〈寺院〉が成り立つという視点の可能性も考えたい。

第二章　『春日権現験記絵』の貞慶・明恵説話とシャーマニズム――憑依・託宣説話から講式儀礼へ――

この章では貞慶の強固な春日信仰が、彼の死後どのように語られたのか、説話世界における貞慶と春日神という問題を『春日権現験記絵』所収説話を主な素材に考察した。するとそこには春日神に憑依され託宣を受け取るシャーマニックな貞慶像が浮上してくるのであるが、従来、貞慶説話に対しシャーマニズムという視点からの詳しい分析は充分になされていない。シャーマニックな貞慶というものは第三章で講式の分析を通して得られる貞慶と異なる伝承上の像であろうか。だが貞慶は中世的春日信仰の組織者であり、その方法は何より春日の講式作成に特徴付けられるのであり、そのような貞慶にまつわって存在する春日神の憑依・託宣譚は、講式作成が貞慶による春日神の探求であり、神との深い交渉を孕んだ宗教実践であった側面を、説話の側から示唆するものに思われてくるのである。

夢の中で春日神の本地としての釈尊を見出し、また神の「憑座」として講式の法則に倣って自ら託宣を下す貞慶像の位相は、中世的な春日の神格を探求・同定してゆく実践過程の刻印された儀礼テキストである講式の側から浮上する貞慶像の位相に、やはり連接するものと思われる。本章をシャーマニックな説話の貞慶が、春日の講式を読み解く一つの導き手となる可能性についての試論と位置付ける。また明恵の事例もシャーマニズムの形態については、新たにこれを「司霊者」と見ることで、「巫者」としての貞慶と興味深い対照が示されるのだが、やはり憑依・託宣の宗教体験と講式作成との脈絡を知らせてくれるものである。貞慶・明恵ともにシャーマニックな春日信仰が、その講式作成に及ぼした〈作用〉について考えた。

第三章　貞慶『春日権現講式』の儀礼世界——春日社・興福寺における中世神話の生成——

　貞慶は多数の儀礼関係テキストを著わしており、神祇信仰にも深く関わるため複数の春日の講式や願文がある。『春日権現講式』には古代神話の山場である天岩戸神話が簡潔に引用される。それは天照が岩戸に籠もり常闇となった世界に、春日神が再び日の光をもたらしたという形で語られ、そのことが春日神による衆生救済の働きと理解されている。これは寺院の学僧を担い手とする古代神話の中世的で仏教的な解釈群、すなわち中世神話・中世日本紀という、近年の中世文学が切り開いてきた領野と講式儀礼との確たる繋脈を示している。中世南都の代表的神祇たる春日は、慈悲の神という新たな神格の表現を儀礼の中に獲得したのであり（「神の変容」）、『春日権現講式』の作成を貞慶による「神の探求」＝宗教実践として定位した。

　さらに『春日権現講式』には五段式と三段式が存在し、先行研究では五段式から派生した縮約版が三段式であること、および他の春日関係資料とも絡めて、両本の成作年代が考証された。この文献学的な成果に学びつつも、本章では、かかる系統的理解によって単一の春日信仰を実体化することに対し、言説分析の立場をとる。五段式と三段式の双方は、春日神を衆生済度神とする中世神話を共有しながらも、異なる対象者・享受層に向けられた単一化できない多様な春日神の信仰世界を表現した儀礼と解されるのである。そしてそのことが貞慶による「神の探求」であり、中世的春日信仰の生成であると位置付けた。なお本章の初出原稿は筆者の処女論文であり、本書の中核をなす南都・講式・儀礼研究の起点をなしている。

第四章　貞慶撰五段『舎利講式』の儀礼世界

貞慶が遁世した笠置山で堂塔や法会を復興したことは、国土擁護を目的としており、そのために中世的釈迦如来と言える舎利の霊威も期待されたことは第一章で論じた。本章ではそのことに関わって、笠置寺での活動時期に作成された『舎利講式』の特質は、日本国土を末法の辺土であり日本の衆生を宗教的悪人として否定的に叙述しながらも、生ける釈迦そのもの〈生身仏〉たる舎利の功徳によって国土は仏国へ、衆生は菩薩へと大きく転換されるという、末法克服を志向する神聖劇としてのダイナミックな儀礼構造を内包している点に顕著であることを、『諸山縁起』における蔵俊の言説や、覚憲の『三国伝燈記』の言説にも論及しつつ分析した。なお自己（衆生）を否定的に吐露することは、近代的には自己内省の精神と考えられがちであるが、それは生身舎利の霊威を引き出し、国土と衆生を〈聖〉へと転換させる儀礼における「ことば」の問題として捉えることも可能ではないか。

補　論　貞慶撰五段『舎利講式』の展開

補論として貞慶の五段『舎利講式』の概要について、貴重な講式類の古写本を蔵する随心院の聖教調査の結果を踏まえて論じた。さらに中世の真言寺院を代表する醍醐寺における『舎利講式』諸伝本の伝来形態を調査した結果、大日如来と釈迦如来を同一視し「法身の舎利」という論理を説く教学的な覚鑁の『舎利講式』が密教系『舎利講式』の代表として、そして釈迦の遺骨を「生身の舎利」と見て渇仰する情緒性の強い貞慶の『舎利講式』が顕教系『舎利講式』の代表として、享受され位置付けられていたことが判明した。またこれに関連して東大寺大仏復興における舎利信仰の問題や、東国鎌倉の称名寺における舎利講儀礼と鎮護国家にも論及している。

これは舎利信仰の中世的な二類型であると見ることができ、ここから中世仏教における顕・密の構造が、『舎利講式』の儀礼体系においても機能していたことが確認される。舎利という末法悪世の聖遺物をめぐって、仏の〈身体〉の問題が浮上する。近年、舎利信仰が大きく注目され、貞慶・明恵のように、生身仏信仰に基づく顕教的な生身舎利が強調されるが、密教的な法身舎利の信仰の在り様にも注目する必要がある。なお本書末尾の「資料」には、随心院本の翻刻と随心院蔵講式の調査目録も付した。

【第二部　中世律僧の信仰と儀礼】

第五章　貞慶『発心講式』と玄縁『礼仏懺悔作法』をめぐって——本覚思想と懺悔の儀礼——

破戒の罪は懺悔によって清められ、懺悔による身体の清浄化は寺院における儀礼的行動様式である持戒の前提であるため、両者は一体として寺院生活の根幹をなす。

この章では、まず貞慶『発心講式』の第四段の懺悔の言説に注目した。そこに綴られるのは、内容的にも形式的にも天台本覚思想のテキストときわめて類似する懺悔観であり、空思想や自己の〈心〉を本来清浄と見ることで、罪業（意識）を克服する「理の懺悔」であった。一方、仏尊に向き合い罪業を「発露」するという身体的実践としての懺悔が「事の懺悔」である。「理の懺悔」は中世仏教界では安易に理解され、叡山悪僧の自己正当化の言説ともなっていた。罪業意識の深刻さが指摘される貞慶にとって、かかる立場はどのように解釈されるだろうか。また貞慶の法相教学と本覚思想はどのような関係にあるのだろうか。

そこで貞慶の『発心講式』以外の講式や、本来、神仏に対し発心を祈請する表白である『愚迷発心集』などを、貞慶の講式作成に影響を与え、罪業観の問題も指摘される院政期の東大寺僧である永観の講式他のテキストと比較すると、「理の懺悔」は永観には顕著だが、貞慶の場合、「事の懺悔」の要素が無視できない。このような「理の懺悔」を説きながら、それを「事の懺悔」で補正・補完する宗教的立場は、貞慶の先輩である興福寺別当玄縁の『礼仏懺悔作法』の構造に見ることができる。『発心講式』と『礼仏懺悔作法』の文章的な対応関係に照らせば、貞慶が玄縁の影響化にあることが理解される。『発心講式』『礼仏懺悔作法』ともに懺悔から持戒・授戒の問題へと展開してゆく。本章は〈冥〉なる仏尊に照覧される儀礼の中で、懺悔の問題がいかに在るかを分析したものである。

第六章　南都戒律復興における受戒儀礼と春日信仰の世界——律僧とシャーマニズムの視点——

ここでは第五章を受けて戒律について述べる。南都における律宗研究は、歴史的・教学的には活発であり、中世の戒律復興僧による「菩薩戒通受」という、授戒儀礼の新たな形式を支える教学を緻密に分析し、戒律観を鮮明にした蓑輪顕量氏の成果や、授戒儀礼を教団史研究のツールとして用いた松尾剛次氏の成果などが注目されるが、儀礼（授戒儀礼）の側からの戒律研究は乏しい。ここではそうした成果に学びながら、授戒儀礼そのものの世界に迫りたい。

懺悔や戒律は僧侶の自己内省の精神や教団の規則・規律といった問題だけで済まされるものではない。そこには身体や体験の問題が大きなウエイトを占めるはずである。中世南都の戒律復興は、授戒儀礼の復興という性格を有している。なぜなら授戒儀礼を経ることで、「戒体」という戒律の本質であり、その力（止悪・修善）の根源となるものが身体の内に発得されるからである。だが正しき戒師が儀礼を執行しなければ、その戒体を受得することは叶わない。そこで「如法の戒師」「如法の授戒」というように〈如法性〉が、本質的な問題となる。南都僧の破戒状況によって、如法戒師を望むことができないと判断した覚盛・叡尊らが採った方法が、人間の戒師ではなく、〈冥〉なる仏尊から直接に戒を受ける自誓受戒であった。それは神秘的な受戒儀礼と言え、好相行という夢見の儀礼を不可欠とするものであった。

本章では叡尊の『自誓受戒記』を詳細に分析した。さらに自誓受戒にまつわる諸問題や、貞慶から継承した思想の問題を論じた上で、南都律僧の神祇信仰（春日信仰）について論じた。南都律僧における神祇と戒律の関係は、中世叡山律僧のそれと比較したとき、明らかなコントラストを見せるのであり、第八章と対をなす章でもある。

第七章　春日神に抗う南都律僧――死穢克服の思想――

ここでは第六章の中世南都律僧と神祇の問題を、説話の世界に窺ってゆく。『発心集』や『沙石集』などの著名な中世の仏教説話集には、慈悲心から民衆の葬送を行い、しかる後に恐れつつも神社に参詣した僧に対し、神は死穢を咎めず賞賛するという話が見える。本章ではこれを死穢説話と仮称する。かつて渡辺貞麿氏は、この物忌みをしなくなることを「神の中世的変革」として評価された。一方で説話文学研究においては従来、注目されていないが、西大寺の覚乗・戒壇院の志玉といった中世に活躍した律僧にまつわる伝記資料には、彼らが葬送を行いそのまま神社に参詣したため、神はこれを厳しく咎めるものの、逆に仏教的な論理によって論破される話柄が存在する。

本章では詳細に二つの死穢説話の話型を比較分析し、前者を「死穢容認説話」、後者を「死穢克服説話」と定位して、その差異を明確にした。特に死穢をめぐって春日神と激しく対峙した志玉については、中世の白毫寺の縁起や一切経儀礼などの問題を基に具体的な説話生成の〈場〉を探った。そして鎌倉前期から存在する穢れ容認説話に対し、遁世の中世律僧教団の確立後、つまり鎌倉後期～末期以降に語られてゆく、より積極的な「死穢克服説話」の登場を重視し、その生成要因となる中世社会における強固な穢れ忌避の実態面を、山王・春日・八幡など諸社に関わる僧侶や貴族の資料（古文書・古記録）に確認し、先行する「死穢容認説話」の限界性を指摘した。本章は従来より説話文学研究の中で認知されてきた死穢説話を、新たに律僧の伝記資料から対象化する試みであり、中世における死穢と神祇をめぐる説話・言説の多様性と想像力の所在について一考したものである。

第八章　叡山律僧の受戒儀礼と山王神――本覚思想およびシャーマニズムとの関係から――

戒律の本質であり、その力（止悪・修善）の根源となるものを「戒体」と言う。授戒によって、この戒体が身体において発動すると理解されている。中世天台では戒体を人間に内在する仏性（本覚）と理解した。さらに戒律復興僧の恵尋は比叡山の守護神たる山王権現＝十禅師神もその戒体なのであると説き、また弟子たちは十禅師神が日本国の神祇の総体であるという言説すら立ててゆく。ゆえに授戒によって戒体が発動することは、仏性の覚醒であると同時に神人合一の境地となる。正に中世における神の探求と神観念の変容であり、ラディカルな身体を介した神仏習合の世界である。授戒儀礼はそれを可能にする技法なのであり、その神秘的な授戒儀礼は「戒灌頂」と呼ばれるが、そこには山王諸社のうち、十禅師神が最もシャーマニックな神格であったことへの強い関心が存したものと思しい。

山王権現と戒律との一体化は、叡山律僧の戒律思想の特色と言える。彼らは戒律の〈力〉の根源を探求して、これを神祇の世界に見出し、戒律の霊性・呪性を引き出す中世的な宗教実践を担った神学者であると評価できようか。そこには戒律を無効化しかねない本覚思想への対抗教学としての機能も見出せるのだが、それはイデオロギーの範疇を超えてゆく性質のものであると見える。このように授戒儀礼の細部に分け入ってゆくことで、僧侶の自己倫理・教団の規範という問題に到底収まりきらない、近代的な宗教理解を揺さぶる戒律の身体的な世界が見えてくるのである。

【第三部　中世真言密教の信仰と儀礼】

第九章　頼助『八幡講秘式』と異国襲来――鶴岡八幡の調伏儀礼と中世神道説――

第三章において神祇系講式として春日の講式を分析したが、ここでは高野山に伝来する『八幡講式』についての諸問題を解明した。これは『八幡講秘式』とも呼ばれ、真言密教系の「秘密式」に分類される講式であり、東国鶴岡八幡宮の別当であった佐々目流の頼助僧正が鎌倉幕府の命で異国（モンゴル）調伏のため、新たに考案し開始した八幡神の本地仏を供養する「座不冷本地供」という大規模な密教修法の一角に組み込まれたもので、頼助自身の作であったことを指摘した。

その内容は、西国石清水八幡のように本地を阿弥陀・釈迦といった普遍的な尊格とする中世に流布した説ではなく、密教の調伏尊である愛染明王という特殊な尊格を本地とし、また舎利＝如意宝珠や弘法大師と八幡神との同体を説くもので、さらに西国政権（朝廷）の守護神たる天照と東国政権（幕府）の守護神たる八幡を同体とする主張は、元寇を機に西国への支配権を拡張した幕府の政策に、宗教言説として対応するものと見られる点は、看過できない。かかる歴史的背景のもと国家的調伏儀礼の只中で、講式という言語表現を通して中世的な八幡神の生成する現場を、頼助という宗教者の実践に即して捉えた。八幡・天照・愛染・大師・宝珠などの複雑な関係論は、密教思想を基盤とした「中世神道説」の領域に直結しているのである。

第十章　久我長通『八幡講式』と南北朝争乱――石清水八幡の密教修法と本地説の展開――

東国鶴岡八幡の講式に対し、西国石清水八幡に伝来する三段と五段の二種の講式と、公家（村上源氏）の八幡信仰について分析した。この五段式は先行する天台の安居院作と考えられる三段式を、久我長通が本地愛染説を重視して真言密教的に改作したものであることを文献学的に考察し、第三章の視座を受けて三段式と五段式の信仰世界の差異にも言及した。

また久我長通の周囲には、醍醐寺の親玄・房玄師弟の存在があり、彼らは頼助の佐々目流の法脈にも連なるのであるが、『八幡講秘式』の本地愛染説を長通は、そうしたルートから受容したことを推定した。南北朝の動乱の最中、房玄は石清水において武家祈禱・公家御祈禱をたびたび修しているが、武家祈禱は本地愛染説による八幡本地供養法であったと考えられる。そうした動向の中で太政大臣にして源氏長者の長通は自家の繁栄を祈願し、五段『八幡講式』を工夫したであろうことを論じた。

第十一章　死穢と成仏——真言系神道書に見る葬送儀礼——

真言系中世神道書として知られる『日本記三輪流』には、「葬送灌頂」とも称すべき密教の理論に基づく神社での葬送儀礼についての簡略な次第—口決が含まれている。いささか断片的な資料ながら、仔細に分析してみると葬送の導師が穢れた死者と清浄な神祇とを一体化させることで成仏させるという、通常の穢れ観念からすればきわめてラディカルな思想内容であることが分かる。この「葬送灌頂」には構成を異にする複数の伝本が存在しており、一程の期間を経て変化していったことが理解されるが、鎌倉末期には諏訪大社の社家に伝来していたらしきことも確認され、室町期には伊勢神宮周辺にももたらされていたように、ある程度、神社社会に流布したことが想定される。この次第が穢れ観念克服に一役買ったものか否か。またこの次第の成立圏についても、伝本整理の作業に基づき、「伊勢灌頂」や光明真言関係の口決・印信と絡めて南都律宗の周辺へと幾らかの推測を及ぼした。

第十二章　摂関家の南円堂観音信仰と春日神――秘説の生成と密教儀礼をめぐって――

この章では、基本的に顕教寺院である興福寺の南円堂というトポスに視点を定め、真言密教との関係を修法の実践にこだわって分析した。南円堂の不空羂索観音は藤原氏の守護仏ゆえに、中世では古記録に明らかなように、摂関家は盛んに興福寺僧には顕教法会を、そして真言僧には密教儀礼である不空羂索の修法を要請している。摂関家祈禱は国家権力や政治的抗争とも密着する性質のものであるから、真言僧はより修法を強力なものにする必要があり、そのためには正典《カノン》としての経説を超えて、不空羂索に関する〈知〉が要求された。

院政期から鎌倉期に真言寺院で陸続と生成した、『図像抄』『覚禅鈔』など修法の次第や儀軌書に見られる不空羂索法の項は、南円堂本尊を中心に記述され、またそれなくして不空羂索法は語り得ないところにまで達しており、南円堂と本尊の観音に関する縁起をはじめ、他の神仏との同体説など多様で過剰な言説が展開した。その中では即位灌頂にも繫がるかのごとき、氏長者が伝持すべき南円堂の印と明の秘伝や、南円堂不空羂索による摂関家の政敵である村上源氏への呪詛法までが語られた。

そこには中世に細分化した真言法流の競合関係も介在しており、氏長者から南円堂観音の秘説を伝授されたことを喧伝する真言僧の存在は、摂関家本尊の秘された知識の獲得が自流の権威ともなり得た消息を如実に窺わせる。権力からの要請が神仏への探求と、儀礼の発展を促した例を確認できた。さらに真言密教的な南円堂の言説は、当の興福寺の内部にその基盤を持たなかったという意味でも、興味深い位相にある中世南都の宗教世界の一角なのである。

以上が本書の概要である。儀礼はいかなる時代の宗教にも、その本質的レベルに根ざすあり方で存在している。

だがとりわけ中世は宗教儀礼にとって、最も「濃密な時代」であったと言えよう。古代以来の法会からは講式儀礼が生み出されて活況を呈し、授戒儀礼は神祇をその核へと導入するまでに至り、また密教修法も多彩な発達を遂げた。「中世における宗教儀礼」から視点を転じて、「宗教儀礼における中世」として〈歴史〉を問うことも、そこでは可能となるのではないか。本書では中世の社会・国家・権力・支配イデオロギーといった問題にも目配りしたが、それらを大文字の歴史的概念として先験的に実体化して依拠するのではなく、宗教の儀礼と言説の側から、それらにアプローチするという姿勢を採った。

中世をピークとする宗教儀礼はしかし、彼岸（他界・異界）表象が衰退し現世中心的価値観の高揚に伴う世俗化の進行によって、近世社会においてはその新たなる発展のエネルギーを徐々に喪失して近代を迎えるものと、通常は見通されるであろう。一例としてだが、ピーター・バーガーは『聖なる天蓋――神聖世界の社会学――』（新曜社、一九七九年）で、「宗教儀礼は〈想起させる〉プロセスの核心的な手段の一つであった。宗教儀礼は、それに携わる者に対して根源的な現実規定とそれに妥当する正当化とを繰り返し繰り返し〈現前せしめる〉。歴史的に遡れば遡るほど、宗教観念が（典型的に神話形式で）儀礼行為にいっそう多くはめ込まれており、より現代風に言えば、神学が礼拝のなかにはめ込まれていることが判明するだろう（五九頁）……」と述べている。

同書はマックス・ウェーバーの代表作である『プロテスタンティズムの倫理と資本主義の精神』の議論を模倣した近代化・世俗化論が基調であり（後に論調が変わり「脱世俗化論」を語り出すが）、これは宗教が進化すれば儀礼性が希薄になるという認識に他ならない。ただしこれを、「儀礼は宗教の古代性のバロメーターである」、といった理解へと単純に帰着させてはなるまい。そうなると宗教儀礼そのものを正当に評価することが困難となるのであり、正に近代的宗教観の一つの典型的理解がそこに立ち現れてくる。宗教の近代化は、儀礼（礼拝）から教義・思想

〈神学〉が分離し、前者が後退し後者が自立することと信じられ、これはウェーバーに沿って言えば「呪術からの解放」であり、「合理化」の一つの発現形態である。人間は儀礼的な生き物である、と言明することも可能であるのだから、むろん儀礼が滅するなどということはないが、宗教という領域に関して言えば、社会全体に占める宗教教団の影響力の縮小化傾向（と宗教思想の内面化）ゆえに、宗教儀礼の存在も小さなものになってゆくと考えられた。そして古代や中世は、そうした宗教儀礼が社会的・制度的に、きわめて大きな意義と機能を発揮し得た時代である。しかし近代化の中でいずれ宗教儀礼は淘汰されてゆく運命にある、というようなバイアスは宗教儀礼の評価を、前近代社会における支配イデオロギーという作用の内に定位する方向へと繋がったのではなかったか。

こうした理解の枠組みによって、理念や内面性に偏重した宗教観が確立され、宗教儀礼への関心は下降の軌道を描いてきたのである。(49) かかる動向は、欧米のプロテスタントをモデルとした近代化論と誠に親和的であり、日本中世の宗教史においては、戦後長らく通説的な位置を占めた「鎌倉新仏教中心史観」としても現象したのであるが、現在なお思想的達成度において、新仏教の側に評価機軸を置く研究態度への影響は、払拭されていないと見える。

近代的な宗教をめぐる学問状況は儀礼や実践を長らく等閑視してきた。それは身体や修行といった問題の等閑視でもあり、〈信《ビリーフ》〉と〈行《プラクティス》〉という形で言えば〈信〉のみに偏重していたと言えるが、(50) そもそも宗教は社会的に凋落してはいないし、儀礼もすこぶる健在であり、そのメンタリティは現代でも充分に信仰の起動力たり得ている。顧みれば宗教という問題系は、日本においては「東西イデオロギー構造の崩壊以後」を印象付ける、オウム真理教の衝撃という前世紀末の事件によって改めて現在的な「情況」として浮上し、新たな二十一世紀へと継承された。そして宗教間紛争の様相を呈したテロと戦争によって幕開けしたゼロ年代を経過して現在に及んでいる。そうした中で宗教と儀礼の意味も問われ続けてゆく必要がある。上述したように、すでに近代的宗教観への批判は様々に取り組まれているが、[51] 本書もその克服・相対化を見据えていることを、改めて最後に記しておきたい。[52]

注

（1）中世文学においては、『説話文学研究』三九号（二〇〇四年）に、「シンポジウム　宗教文化研究と説話の場」の報告が掲載されている。

（2）平雅行氏は「中世宗教史研究の課題」（『日本中世の社会と仏教』塙書房、一九九二年）で、中世は宗教が社会諸領域を覆っていた時代であるから、中世宗教史研究は、狭義の宗教史に留まるものではなく、「全体史」として展開されるべきものであることを提唱された。西洋史でも、池上俊一『ヨーロッパ中世の宗教運動』（名古屋大学出版会、二〇〇七年）は、そうした方向性を有するものと見え、注目される大著である。また経済決定論的マルクス主義の克服を目指したアルチュセールの重層的決定の理論を用いた場合、「社会的全体を決定する最終審級は下部構造としての経済であるとしても、宗教が上部諸構造において支配的な役割を果たした時代が中世である」と説明できる。ルイ・アルチュセール『マルクスのために』（平凡社、一九九四年）参照。

（3）この他、寺院の学僧教育の方面からは、高山有紀『中世興福寺維摩会の研究』（勉誠社、一九九七年）があり、僧侶の思想・信仰面を重視した追塩千尋『中世の南都仏教』（吉川弘文館、一九九五年）も有益である。

（4）言うまでもなく、黒田俊雄『日本中世の国家と宗教』（岩波書店、一九七五年）に基づく。

（5）近年、著しく進行しつつある歴史・文学・宗教の越境という人文学を取り巻く研究状況は、従来、それぞれの領域で定位されてきた歴史史料・文学資料・宗教書といったジャンルの相対化をもたらし、これらを等しく「言説」として捉える研究のあり方を促した。本書も「言説」というタームを用いるが、そのような新たな研究の潮流を受けている。

（6）むろん興福寺と貞慶以外でも、中世南都の宗教言説の研究は活発である。阿部泰郎氏の最近の論文として、東大寺復興と重源を中心に、中世神道・寺社縁起と王権・国家の関わりを論じた「伊勢に参る聖と王――『東大寺衆徒参詣伊勢大神宮記』をめぐりて――」（今谷明編『王権と神祇』思文閣出版、二〇〇二年）がある。また興福寺・

東大寺の縁起と密接に関わって生成した、長谷寺の中世縁起と神仏習合言説の分析は、室生寺の問題とも連関しつつ、藤巻和宏氏によって精力的に展開されている。「南都系縁起説と長谷寺縁起の言説世界」（『むろまち』九号、二〇〇四年）、「『長谷寺縁起文』に見る〈東大寺〉——役行者・法起菩薩同体説と伊勢参宮——」（『説話文学研究』三四号、一九九九年）、「初瀬の龍穴と〈如意宝珠〉——長谷寺縁起の展開・「宀一山」をめぐる言説群との交差——」（『国文学研究』一三〇号、二〇〇〇年）他多数がある。そして中世文学を中心に隣接諸学を糾合する巡礼記研究会編『巡礼記研究』が、現在、七輯まで刊行されており、そこでも巡礼という宗教的営為を軸に、中世南都の宗教文化についての多様な成果が見られる。一方で歴史学からは、藤巻氏・近本氏に対する批判として、上島享「中世長谷寺史の再構築」（『国文論叢』三六号、二〇〇六年）がある。なお欧米における中世南都の宗教研究についても、以下に一部だが近年の成果を挙げておく。

Robert E. Morrell, “Jokei and The Kofukuji Petition,” in: *Japanese Journal of Religious Studies* 10/1, 1983.

Marc Buijnsters, “Jichihan and the Restoration and Innovation of Buddhist Practice,” in: *Japanese Journal of Religious Studies* 26/1–2, 1999.

Anna Andreeva, “Saidaiji Monks and Esoteric Kami Worship at Ise and Miwa,” in: *Japanese Journal of Religious Studies* 33/2, 2006.

James L. Ford, *Jokei and Buddhist Devotion in Early Medieval Japan* （Oxford University Press, 2006）.

James L. Ford, “Jokei and Kannon: Defending Buddhist Pluralism in Medieval Japan,” in: *Eastern Buddhist* 39/1, 2008.

James L. Ford, “Competing with Amida: A Study and Translation of Jokei's Miroku Koshiki,” in: *Monumenta Nipponica* 65/1, 2010.

（7）講式の基礎研究としては、未刊行の講式の翻刻紹介、個別作品の書誌的考察、駢儷文などを駆使して流麗に綴られた式文の出典考証、逐語的な訳注研究、諸本の校訂作業などが挙げられる。本研究もこうした地道な作業を軽視しない。

（8）永観『往生講式』や『六道講式』（源信の『二十五三昧式』の別名）には、『平家物語』『宝物集』『発心集』への影響が指摘されている。講式と中世文学については、古くは筑土鈴寛「講式の歴史的考察」（『筑土鈴寛著作集』第三巻、せりか書房、一九七六年）に始まり、近年では山田昭全「講式――その成立と展開――」（『〈仏教文学講座第八巻〉唱導の文学』勉誠社、一九九五年）や、ニールス・グュルベルク「中世文学における講式の意義」（『国際日本文学研究集会会議録（第十七回）』国文学研究資料館、一九九三年）などの要を得た総説がある。そこではおおむね、講式は十世紀後半に成立した日本独特の仏教儀礼の一つであり、漢文で書かれた式文を和語で唱える点に他の仏教儀礼と異なる特色を有し、音楽（管弦・声明）の要素、舞踊の要素、演劇的所作、本尊としての絵画・図像などの多様な要素によって成り立つ、一種の総合的文化大系・綜合仏教と評価される。

（9）　新倉和文「貞慶著『観世音菩薩感應抄』の翻刻並びに作品の意義について――阿弥陀信仰から観音信仰へ――」（『南都仏教』九二号、二〇〇八年）、同「貞慶の阿弥陀信仰と『発心講式』について」（『岐阜聖徳学園大学仏教文化研究所紀要』八号、二〇〇八年）、同「貞慶撰「聖徳太子講式」（五段）について」（『岐阜聖徳学園大学仏教文化研究所紀要』九号、二〇〇九年）、楠淳證「貞慶撰『弁才天式』・『弁才天女講式』にみられる利生思想」（『社会福祉と仏教』永田文昌堂、二〇〇二年）、同「貞慶の観音信仰再考――新資料『観世音菩薩感應抄』を中心として――」（『日本仏教綜合研究』八号、二〇一〇年）など参照。

（10）　平雅行氏は「より重要なのは、個性的で独創的な言説よりは、むしろ通俗的で没個性的な史料群になってくる。私が願文・表白・講式や論議史料に着目したい理由がここにある。ただしこの通俗的仏教観の解明は、決して中世人の世界観そのものの解明なのではなく、あくまでも日本の中世社会に規定的影響を与えた支配イデオロギーの解明作業の一環である」と述べられた（『日本中世の社会と仏教』塙書房、一九九二年、三七頁）。本書では複数の講式を扱うが、文学やイデオロギーに留まらない、新たな〈読み〉の可能性を示したい。

（11）　人類学からの研究史・研究展望として、佐々木宏幹・村武精一編『宗教人類学――宗教文化を読解する――』（新曜社、一九九四年）第三章「宗教と儀礼」がある。

（12）　引用部最後の「儀礼は現実を超え、国家をも超えてしまうからである。」という一節は、誠に貴重である。儀礼の自律性を見て取るべきところであろう。

（13）　青木氏の説について、儀礼の力学／儀礼の権能という表現を用いたが、正にこの問題がこのほど、日本中世の宗教儀礼を対象に、歴史学・文学・宗教学・思想史学といった諸分野の研究者による学際的研究として世に問われており注目される。ルチア・ドルチェ／松本郁代編『儀礼の力――中世宗教の実践世界――』（法藏館、二〇一〇年）がそれである。ことに編者二名の共同執筆である「序章　日本宗教研究における儀礼学の論点」では、日本の文学・歴史学界にはいまだ知名度の低い欧米の儀礼理論を詳しく紹介し、それと関係付けて近年の日本における宗教儀礼研究を回顧しており有益である。そして「儀礼を主体にし、そこから派生する問題を考察する手掛かりとして、中世日本の仏教儀礼の特徴を総合的に捉える一つの方法（一五頁）」としての「儀礼学」を言挙げする。なおこれには、曽根原理氏による書評がある（『日本思想史学』四二号、二〇一〇年）。この他に美術史でも、京都国立博物館監修『王朝の仏画と儀礼』（至文堂、二〇〇〇年）のように、美術作品を儀礼のコンテクストに位置付けて、その機能性や象徴性を解釈する研究動向が盛んである。そして建築史には『〈シリーズ都市・建築・歴史3〉中世的空間と儀礼』（東京大学出版会、二〇〇六年）があり、芸能史研究会二〇一〇年大会では、芸能の母胎としての宗教儀礼を究明する「仏教儀礼と芸能」がテーマであった。

（14）　本書において、宗教文化研究といったタームは、「中世の宗教世界」として問題化されている。それは後述するように〈宗教性〉を重視したいがためである。

（15）　小峯和明「法会文芸の提唱――宗教文化研究と説話の〈場〉――」（『説話文学研究』二〇〇七年）一一頁。

（16）　阿部泰郎「唱導における説話――私案抄――」（説話・伝承学会編『説話と儀礼』桜楓社、一九八一年）一一五～一一六頁。

（17）　たとえば猪股ときわ氏の「光の中の仏教儀礼」（古代文学会編『祭儀と言説』森話社、一九九八年）からは、南京三会の一つとして知られる国家的法会である興福寺維摩会の先蹤をなす維摩講という奈良時代の宮廷儀礼の中から、病人祈禱や死者との交渉というシャーマニックな問題など、法会の呪的側面とも言うべきものを見通し、経典の講義や問答を主体とするいわゆる「法会」に対して、通常とは大きく異なる（しかし本質に根ざした）イメージを摑むことができる。そしてさらにそうした問題を、維摩講を嘆じた万葉歌一首の凝縮された表現の内に読み込む手法は、誠に示唆に富むものである。『三宝絵』などの例とも合わせて、いわゆる法会学には、かかる視座は不可欠であると感ずる。

（18）　古代から中世を通して、寺社縁起に表現された神仏の変容を捉え、そこに歴史の変動・展開を読み取る研究として、桜井好朗『神々の変貌――寺社縁起の世界から――』（東京大学出版会、一九七五年）は興味深い。だが「神々の変貌」という現象は、歴史の変動に照応する問題としてばかりでなく、歴史の中でそうした現象を導く宗教者の問題に即して考察される必要もあろう。そのために儀礼に注目したいのである。

(19) なお遠藤基郎『中世王権と王朝儀礼』（東京大学出版会、二〇〇八年）には、井原氏の儀礼研究に対する批判が述べられている。

(20) 千々和到「誓約の場の再発見」（『日本歴史』四二二号、一九八三年）はその意味で、神仏を勧請して誓約する起請（自己呪詛とも言える）の場を再現した、注目される歴史学の論文である。

(21) 膨大な寺院資料を縦横に駆使して中世文化の解明を進めるものとして、牧野和夫『中世の説話と学問』（和泉書院、一九九一年）、同『延慶本『平家物語』の説話と学問』（思文閣出版、二〇〇五年）、同『日本中世の説話・書物のネットワーク』（和泉書院、二〇〇九年）を挙げておく。

(22) 阿部泰郎「中世王権と中世日本紀――即位法と三種神器をめぐりて――」（『日本文学』三四巻五号、一九八五年）、同「宝珠と王権――中世王権と密教儀礼――」（『〈岩波講座東洋思想一六〉日本思想2』、一九八九年）を参照。また阿部氏は中世宗教の儀礼世界の読解を、文学研究の前衛であると位置付けている。『国語と国文学』一〇〇〇号記念「国語国文学界の展望」（二〇〇七年五月）において、阿部氏が仏教文学研究の歩みを総括した際の発言。同誌一一三頁参照。

(23) 詳しくは前注(15)小峯論文を参照。またこの「法会文芸論」の試みは、同氏の大著『中世法会文芸論』（笠間書院、二〇〇九年）において、全面的に開花している。

(24) 山本ひろ子『異神――日本中世の秘境的世界――』（平凡社、一九九九年）三六八頁。「宗教実践」ということについては、古代文学会ではそれが「宗教的〈現場〉を生きる実践者」という方法概念として鍛えられており、かかる視座からなされた成果に前注(17)『祭儀と言説』がある。本書でもたびたびそうした表現を反復しているように、これらの成果に学ぶところが大きい。

(25) 山本ひろ子「変貌する神々――霊覚者たちの中世へ――」（『国文学　解釈と鑑賞』六〇巻一二号、一九九五年）六～七頁。また小川豊生「中世神話のメチエ――変成する日本紀と『麗気記』〈天札巻〉――」（三谷邦明・小峯和明編『中世の知と学——〈注釈〉を読む——』森話社、一九九七年)、同「偽書のトポス——中世における《本》の幻像——」(『日本文学』四七巻七号、一九九八年)、同「儀礼空間のなかの書物——中世神話と偽書——」(『説話・伝承学』八号、二〇〇〇年)、三橋正「密教儀礼から神道論へ」(『東洋の思想と宗教』二二号、二〇〇五年)も関連する研究として逸し得ぬものである。

(26) 坂口ふみ他編『〈宗教への問い3〉「私」の考古学』(岩波書店、二〇〇〇年)六〜七頁。

(27) 上村忠男他編『〈歴史を問う1〉神話と歴史の間で』(岩波書店、二〇〇七年)。

(28) 佐藤弘夫『偽書の精神史——神仏・異界と交感する中世——』(講談社、二〇〇二年)一五一頁参照。さらにこの問題と深く交差しつつ、佐藤氏の議論は広く中世社会に共有された、神仏の重層的な体系(冥界の構造)と現世の関係性をトータルに把握する「コスモロジー論」として展開されている。詳しくは『アマテラスの変貌——中世神仏交渉史の視座——』(法藏館、二〇〇〇年)、『起請文の精神史——中世世界の神と仏——』(講談社、二〇〇六年)など参照。

(29) 『椙山女学園大学研究論集(人文科学篇)』(三〇号、一九九九年)。

(30) 院政期文化研究会編『院政期文化論集2』(森話社、二〇〇二年)。

(31) 前注(17)『祭儀と言説』。なお斎藤氏の研究とともに、民間信仰研究の文脈の中で、社会的次元や文化的次元を超えた「霊威的次元の自律的主導性の内に生きる宗教者」たる〈民間巫者〉に寄り添った記述として、池上良正『民間巫者信仰の研究——宗教学の視点から——』(未来社、一九九九年)が注目される。

(32) 密教の修法などは正にその典型をよく示している。

(33) 神仏の世界の探求は、時にはシャーマニックであるような直接的手段を通して、また時には経蔵に集積された神祇書をも含む聖教体系という仏法における知のデータベースを用いた注釈学的技法として、きわめて豊かで多様になされる。そしてそれらは、本書で論じてゆくように儀礼と深く結びついた実践なのである。

(34) 六字明王については、津田徹英「六字明王の出現」(『ミューゼアム』五五三号、一九九八年)を参照。宝珠法については、上川通夫「如意宝珠法の成立」(覚禅鈔研究会編『覚禅鈔の研究』親王院堯榮文庫、二〇〇四年)、松本郁代「鳥羽勝光明院宝蔵の『御遺告』と宝珠——院政期小野流の真言密教——」(前同書所収)などを参照(本書

第十二章で論じる興福寺南円堂の不空羂索観音の場合も、その秘説は修法の実践に対応して拡大していったものである)。『麗気記』については、前注(25)山本・小川論文参照。

(35)　前注(4)黒田著書の「中世における顕密体制の展開」を参照。

(36)　本書では体系的な祖師の思想は扱っていないが、とかく近代的な視点で評価されてきた彼らの思想も、たとえば『選択本願念仏集』に体系化された法然の専修念仏の理論が、三昧発得という観想念仏の実践による宗教体験を経て確立されたものであることや、親鸞の念仏思想の核に六角堂における観音＝聖徳太子の霊告という神秘体験が深く根ざしていることなどは強調されてよい。

(37)　こうした儀礼などへの注目は、宗教・信仰への理念的把握に対する情意的把握とも、また異なるものである。

(38)　儀礼は日常的に繰り返されることで、定式化する。社会的な形式行動としての儀礼である。しかし宗教儀礼は「繰り返される」という再現性という意味での一貫性に特徴付けられつつも、その「繰り返される」こと自体が一回的な実践の連続に他ならないということが重い意味を持つ(儀礼の一回性)。

(39)　もとより本書は、世俗的儀礼他を含む儀礼全体を対象とした「儀礼論」ではない。諸分野に学んでいるが、宗教儀礼研究の一視点を提示し、そこから見えてくるものを論じたにすぎない。

(40)　『哲学・思想事典』の「儀礼」の項(青木保)および『現代思想を読む事典』(講談社、一九八八年)の「儀礼」の項(田辺繁治)などは、要を得た解説である。西洋史でも儀礼研究(宗教儀礼に限定されない)は注目を集めているが、池上俊一『儀礼と象徴の中世』(岩波書店、二〇〇八年)の序章「「カノッサの屈辱」は出来レースだったのか」も、儀礼・儀式について大まかな定義を述べているので参照されたい。そして民俗宗教研究サイドからの鈴木正崇氏による、「宗教職能者と世俗の人々、芸能者や被差別民が、社会階層と地域の伝統、国家権力との関与などと交渉しつつ、政治性と宗教性と審美性が混淆する儀礼を作り上げることによって、新たな認識を得て、身体を変容させ、神・仏・自然との関係性を再構築するだけでなく、人と人との絆を結び直すのである」という儀礼理解を、ここに引いておきたい(鈴木正崇「日本宗教と儀礼テクスト」〈阿部泰郎編著『日本における宗教テクストの諸位相と統辞法』名古屋大学、二〇〇八年〉一〇七頁)。なお青木保・黒田洋子編『儀礼——文化と形式行動——』(東京大学出版会、一九八八年)によれば、あくまでも人類学的な基準によるものだが、儀礼研究には、1象徴論的研究、2象徴＝構造論的研究、3構造＝機能論的研究、4文化＝解釈論的研究、5象徴＝機能論的研究、6コミュニケーション論的研究、7記号論的研究にまで細分化されるという。

(41) 貞慶の『春日権現講式』を素材として、神祇系講式に見える一定の様式は、本地仏の顕現という実践的構造を内包している、と分析したのはその一例である。本書第一部第三章を参照。

(42) この問題については、青木保「儀礼のことば」（『儀礼の象徴性』）に詳しい。

(43) これは単なる儀礼空間における音声による荘厳を言うのみならず、聖なる調《しらべ》を読誦する声によって仏の清浄世界・仏国土が顕現するという実践感覚の広がりを伴っていよう。

(44) 本書における〈儀礼テキスト〉概念とその用法は、阿部泰郎「布置としての宗教テクスト学の構築」（前注(40)『日本における宗教テクストの諸位相と統辞法』）、同『中世宗教テクスト世界体系の探求』（名古屋大学文学研究科、二〇〇八年）所収の諸論稿および、前注(40)鈴木論文（宗教儀礼研究が陥りやすい問題への注意も促してある）の影響を受けたものである。また阿部泰郎編『中世文学と寺院資料・聖教』（竹林舎、二〇一〇年）は、「寺院という宗教空間を構成する諸次元の文化活動とその発現ないし表象は、全て諸位相のテクストとしてあらわれ、また読み取ることが可能である」（二頁）とする視座を共有しつつ、文学・歴史・思想史といった諸分野からの成果が結集している。

(45) 文化人類学でも、儀礼における行為重視から言語重視への転換ということが言われるが、それは儀礼の中での発語＝「語られたこと」を儀礼言語と捉え、コミュニケーション論として問題化するものである。これに対し本書は中世の宗教儀礼を、聖教と呼ばれる文字資料・文献資料のフィールドにおいて分析するものである。ゆえにそれらの資料を〈儀礼テキスト〉＝儀礼言語と定位し直し、「書かれたもの」としての表現（思想）の位相に注視するというスタンスを取る。

(46) その意味で門屋温氏が「「神道史」の解体――真言神道研究の課題――」（『〈日本の仏教3〉神と仏のコスモロジー』（法藏館、一九九五年）で、「言説そのものもまた思想を醸成する場である……言葉自体にも思想を創り出す能力が備わっている（一七七頁）」「中世という時代にあっては、文芸や美術や儀礼にも思想を突き動かしてゆくエネルギーがあるのだ（一七八頁）」と指摘していることは誠に傾聴に値する。

(47) むろんそこには優劣の価値判断はない。方法論上の順序があるだけである。

(48) ただし「イデオロギー」という用語自体、虚偽意識や支配的な社会思想形態に留まらない、きわめて裾野の広い定義を兼ね備えている。テリー・イーグルトン『イデオロギーとは何か』（平凡社、一九九九年）を参照。

(49) また近代日本でも有名な鈴木大拙の宗教論においては、儀礼は批判的な対象としてあった。

(50) こうした二分法は、宗教研究の極く早い段階から用いられてきた。デュルケムも『宗教生活の原初形態　上』で、「宗教とは神話・教義・儀礼・祭式の多少とも複雑な一体系」であり、「宗教現象は、当然に、二つの基本的範疇すなわち信念と儀礼とに配列される」という（岩波文庫二〇〇一年版、七〇〜七一頁）。戦後日本の宗教研究において儀礼がきわめて低調であった背景には、かの国家神道が、宗教としての「内面の信仰」を喪失した、国民国家統合のための儀礼中心の宗教であったという事実が、影を落としていよう。また黒田俊雄氏が、中世において「仏教」に対応するような形での「神道」は存在しておらず、在ったのは仏法に対する化儀＝儀礼の系列でしかなかったと論じる所にも、儀礼の軽視は充分に見て取れる。前注（4）黒田著書の「中世における顕密体制の展開」を参照。

(51) 宗教学プロパーからも、嶋田義仁「儀礼とエートス――「世俗主義」の再考から――」（『〈岩波講座宗教2〉宗教への視座』（岩波書店、二〇〇四年）で、「宗教の本質を解き明かそうという儀礼中心の宗教学（一〇五頁）」が言われている。またプロテスタンティズムとも類比される真宗教団だが、現在では教義偏向主義や近代教学の反儀礼主義を反省し、ポストモダン＝「儀礼の時代」という認識を踏まえて、教条《ドグマ》から儀礼《リチュアル》へ向かうべきことと「真宗儀礼論」の構築が提起されている。真宗においては自力の行を否定する思想的立場から、宗教儀礼が自力と解される恐れがあるため、儀礼を安心門（信心の領域）とは別の「起行門」に位置づけることで、他力との抵触を回避し、問題の解決を図るという独自の論理が見られる。『（浄土真宗）教学研究所紀要』（三号、一九九五年）に特集が組まれている。そして近代では個人の内面的事象と考えられがちな〈信心の確立〉が、共同的な儀礼の場で実現されていたことについては、稲城正己「戦国期真宗の儀礼とテクスト――「恵信尼書状」から『山科御坊事幷其時代』へ――」（『〈語る〉蓮如と〈語られた〉蓮如――戦国期真宗の信仰世界――』人文書院、二〇〇一年）に指摘がある。

(52) 本「序章」は、いささか冗長となったが、方法や視座については「結語」で簡潔にまとめてあるので、参照いただきたい。序章で言及しておくべき先行研究はまだまだ存在するが、それらは本書の各章の本文または注に明示してゆく。

第一部　解脱房貞慶の信仰と儀礼

第一章　貞慶の笠置寺再興とその宗教構想

――霊山の儀礼と神仏――

はじめに

中世南都の宗教・文化をめぐる研究は、重厚な蓄積を有するに至っているが、その中でも近本謙介氏は興味深い視座を提示しているように思われる。氏は論文「廃滅からの再生」において、[1]治承四年（一一八〇）の南都炎上以降の興福寺を中心に分析され、一連の再建事業が一区切りを迎えた建久年間（一一九〇～九九）を、復興運動の一環としての寺社縁起・神道説など中世的言説が形成される重要な時期と捉え、「南都における中世の到来」をそこに認めている。こうした動きの中で建久四年（一一九三）に興福寺から笠置寺へ遁世した解脱房貞慶（一一五五～一二一三）の創建になる般若台の存在が、春日四宮の祭神（姫神）と伊勢天照大神との同体説や、天照（天皇）と春日（摂関）の君臣契約によって国家が保たれるとする二神約諾神話といった、中世の春日社・興福寺の神道説にとって重要なトポスとなってくることも指摘された。氏が貞慶の営為・言説に関して「南都中世の論理的再生は、一旦失われた南都浄土を、濃厚な神祇信仰との融和をもとに文字世界の上に現出させてゆくことによって構築されていく」と評価されたことは、物質的再建事業のみで完結しない南都の論理的再生運動という側面の内実に迫る貴重な見解である。[2]

本章ではかかる先行研究を受けて、南都再生運動の広がりの中にある貞慶の笠置寺再興について仔細な考察を試みたい。なぜなら般若台の重要性はむろんであるが、後述するように私見によれば、笠置寺では般若台の他に貞慶が建久期の末年である建久九年に建立した十三重塔も、きわめて肝要な意味を持ってくるのであり、この十三重塔には般若台からの発展的性格が認められるため、改めて笠置寺の全体像を射程に収めた上で、中世南都の顕密仏教世界における笠置の位置まで考えてゆく必要があると思われるからだ。

笠置寺は古代以来、中世を通じて東大寺の末寺ではあったが、興福寺から貞慶が入寺して以降その寺観を一新するのであり(3)、彼は件の般若台創建を皮切りに十三重塔を建立し、弥勒磨崖仏を拝するための施設である礼堂の大規模な改修を実行するなど堂塔を整備する。また一千日舎利講・霊山会・龍華会の始行、法華八講の再興など諸儀礼を振興してゆく。幸いその際の勧進状・願文・表白など唱導テキスト類が多数伝来している。貞慶の笠置への遁世は、弥勒信仰に基づくものであるが、単に来世往生のみを祈るためではない。知られるように彼の宗教活動は、実質的に笠置遁世後に展開しているのであり、興福寺からいったん離れ、ある程度自由な立場から積極的に行動していったのである。

すでにこれまで笠置遁世後の貞慶の多様な宗教活動が論じられてきたのだが、貞慶による「笠置寺再興の意義」という問題については、いまだ考究の余地がある。およそ荒廃した寺院の再興は、具体的に寺領荘園などの経済基盤を確保し、堂塔や法会を整備してゆくことによって遂行されるが、個々の堂塔および本尊（祭祀対象）と僧侶が執行する儀礼によって、仏法が具現化される場としての〈寺院〉が成り立つという視点も重要と考える本章では(4)、勧進状・願文・表白の言説を読み解いてゆくことで、一定の宗教構想の存在――貞慶がいかなる宗教理念に基づき中世的な〈笠置寺〉を構想したのか――を明らかにしたい。ゆえに本章における「笠置寺再興」とは物質的な意味での再興に留まらず、そこでどのような論理・観念が、唱導テキストの文字世界に表現されてくるかという視角に立つものである。(5)

先取りして言えば、そこでは肯定的な国土・国家観を提示する言説に注目する必要があり、(6)そこに笠置寺における中世の到来を認めることができると考える。そしてそれは前代の笠置寺と比較する時、いかなる差異を持つものであるのかを明確にしてゆく。このような方法によって中世顕密寺院としての笠置寺の特質を究明することは、中世笠置寺史研究に大いに寄与するところがあるだろう。

一　般若台

1　貞慶と後白河院の般若台

中世南都の中枢にして法相宗の拠点たる興福寺で研鑽した貞慶は、建久四年に南都周縁部の霊山である笠置に遁世する。その直後の建久五年に貞慶の構想した独特の宗教空間である、『大般若経』六百巻を納入した六角経台を覆う般若台院六角堂が上棟し、その側には建久七年に貞慶が深く憑んだ春日社が勧請される。この『大般若経』は貞慶の発願によって十一年かけて書写されたものであり、その完成に伴う春日神からの冥告が笠置遁世の契機の一端となるが、建久六年に記された『笠置寺般若台供養願文』(7)によれば、「中央奉レ安二釈迦如来、文殊弥勒二菩薩像各一体、仏舎利十六粒一」（以下資料の傍線は筆者）とされ、経台の扉には『大般若経』に説かれる法涌・常啼の二菩薩や、法相宗の祖師で『大般若経』を訳出した玄奘、その他を描くことを述べ、最後に「又願以二此伽藍一永奉レ施二伊勢大神宮、八幡大菩薩、春日大神、金峯蔵王一」として、天照大神を筆頭とする神祇への信仰を吐露している。古来、神祇法楽の最たるものといえば『大般若経』であった。

そして般若台においては『大般若経』以外に、舎利の存在にも注目しておく必要がある。この舎利は同願文において「仏舎利者弟子殊所レ帰也。願生々世々如レ影随従」と特筆され、「予有二夢想一果而得レ之矣」とあるように貞慶自身が神秘的に感得したものである。そして「今為二住持一敬造二僧舎一、有縁之人来而止住、晨昏仕二舎利一」という態度を表明している。[8] そして貞慶は般若台供養の翌年である建久七年四月には一千日舎利講を始行している。『沙門貞慶笠置寺舎利講仏供勧進状』には、「右。釈迦大師遺身舎利。於二補所慈尊御前一欲レ展二供養一」とあり、笠置山の弥勒磨崖仏の前で長期に亙る舎利供養の儀礼が挙行されている。この舎利講で供養されたのは般若台の舎利と考えてよかろう。

さて『笠置寺般若台供養願文』で、貞慶は「身弱病重」による「幽隠之志」を記している。だが「依二般若力一成二就万善一、釈尊一代此法住持、代レ我守二国土一守二仏法一……」という国土・仏法の擁護を提唱する一節に、単なる遁世の象徴ではない般若台の積極的な性格を見て取るべきである。この表現は王法仏法相依論を背景にしたものであろう。釈迦の穢土における成仏と救済を打ち出し、貞慶をはじめ南都僧に大きな影響を与えた『悲華経』には、釈迦滅後における「舎利国土安穏願」という、舎利の護国機能の説かれていることも想起されるが、[9]「般若力に依る」とあるように般若台における護国の主体は、やはり『大般若経』である。

次に般若台の先例として以下の資料に注目したい。安居院の『転法輪鈔』に収められた『如法転読大般若表白』[10] は、正に平安末の内乱期に当たる寿永二年（一一八三）に後白河法皇が発願した「国土之安穏」を祈る大掛かりな大般若転読法会の表白である。そこに、

道場儀式粗守二聖説一、此経常啼菩薩品説レ之、法涌菩薩衆香城内安二置一宝台一名二之般若台一……内納二般若妙典一

……

とある。実は『大般若経』の「常啼菩薩品」には、般若の転読・開講の道場として四面七宝の台＝般若台が説かれているのであり、求道者たる常啼菩薩は天竺衆香城で般若の教法を演説する法涌菩薩に値遇するという筋立てである。後白河院は自己が主催する法会の空間を般若台に准え「追二法涌菩薩之旧跡一」としている。貞慶の般若台にも常啼・法涌の二菩薩は描かれていた。また「此経者鎮国之要述也、人天之大宝也、以致二国土安穏一、以致二人民快楽一、此法諸天所レ欣也、神所レ翫也……」と続き、玄奘三蔵は大般若経を六年かけて全巻翻訳し「此経此土有レ縁、汝等能可二修行一、鎮国妙典……」と述べたとする。

このように「般若台」とは護国経典として知られた『大般若経』に説かれた天竺衆香城内の聖跡なのであり、後白河院はこれを、玄奘の言葉にも導かれつつ護国の儀礼空間として再現したのである。またこの表白によれば転読の儀礼には南都・北嶺の高僧を招請しており、その代表格は院の近臣僧と言える四箇大寺の延暦寺澄憲・興福寺範玄・園城寺道顕・東大寺弁暁など名立たるメンバーであった。貞慶は笠置寺に実際に舎利も籠めて般若台を建立したのである。

後白河院は貞慶の笠置遁世の前年に没しており、両者の直接関係は資料的に明確ではないが、叔父である安居院澄憲、そして東大寺弁暁・興福寺僧範玄といった南都僧ら、貞慶の周辺にあって院権力と深く関わる人物の当該法会への出仕が、笠置寺における般若台具現化の構想に一定のインパクトを与えたものと想定されよう。ことに範玄は貞慶の師である覚憲と政治的行動をともにする場合があり、覚憲の病による辞任を受けて別当に就任している[11]。なお般若台供養の導師は後白河院とも繋がりを有する覚憲が勤めており（覚憲は建久六年には東大寺大仏殿供養導師も勤めている）、『玉葉』によればすでに南都炎上以前の安元二年（一一七六）の十一月三〜五日に、後白河院も笠置に参詣している。『笠置寺般若台供養願文』によれば、諸方面からの助勢を得て完成した般若台の供養会は「無数大衆、其前雲集」という盛況ぶりであった。

2　東大寺および笠置寺と『大般若経』

また『東大寺衆徒参詣伊勢大神宮記』によれば、重源は東大寺再建を祈願するため文治二年二月に伊勢神宮に参詣し、『大般若経』による法楽を所望する天照大神の霊託を得た。重源の発案を受けて東大寺は衆議を行い、同四月には東大寺僧六十名からなる前代未聞の僧徒による参宮が、後白河院の全面的な賛助を背景に東大寺一山の公的な行儀として実現する。この伊勢参宮はさらに建久四年・建久六年四月の三度に亙り実行されて『大般若経』が納入され、般若台供養の年である建久六年には、貞慶も参宮し法楽の導師を勤仕したという[12]。

文治二年時は、例の弁暁が東大寺衆徒を率いて参宮している。彼は『大般若経』を施入し導師として供養法会を厳修した。東大寺再興という国家的大事業に占める天照大神と『大般若経』の位置がよく窺えるのだが、その際の「天覚寺御経供養啓白[13]」の中で、

> 天地開闢之昔、此国未レ有レ主之時、伊弉諾尊忽化、生二日神之精霊一、天岩戸高開、施二清耀之神恩一御之刻、一天忽晴、昼夜之明晴爰分、四海悉澄、帝位之図籍始成、国之為レ国由レ何、君之為レ君誰力、皆答二大神之霊験一、無レ非二大悲之恵徳一

として、日本国と天皇の起源を岩戸神話と天照大神に求めている点が注目される。貞慶が笠置寺再興の第一段階として建立した、般若台における『大般若経』と天照大神の存在は、東大寺再興における重源や弁暁のそれに相関するものが感じられるのであり、重源は般若台にも宋版『大般若経』を施入していることが『南無阿弥陀仏作善集』

に記されている[14]。

近本氏は貞慶の伊勢参宮譚にも触れながら般若台について、「これは貞慶の信仰形態の総体とも言うべき体を成した場といい得る。また同時に、天照大神勧請による勅封といった点からも、決して私的な信仰の場という範疇に収まるものではない。貞慶が建久年中に笠置に籠ってまず取りかかったのは、実にそうした場の建設であった[15]」と総括されている。貞慶の伊勢参宮は『沙石集』巻一―二「笠置解脱房上人太神宮参詣事」で知られ、また般若台で春日神から天照大神にも関わる託宣を得たことは、『春日権現験記絵』十六巻に確認し得る伝承だが、「天照大神勧請による勅封」とは、貞慶が天照を伊勢から勧請し後鳥羽院がこれを勅封し容易に開帳されなかったという、国家的関与を示唆する『笠置寺縁起』の一節を指している。

ただしこの『笠置寺縁起』は室町後期の成立であり[16]、さらに貞慶の草した『建仁元年僧貞慶寄進状案[17]』には般若台は「私所二建立一也」と記してあることも無視できまい。周知のように後鳥羽院は貞慶と親交が深いので[18]、般若台と後鳥羽院との関係は推定可能だが、願文に「身弱病重」「幽隠之志」という貞慶の個人的契機や、「又願命終之時、決定加護遠離□□（穢土カ）上二生兜率一」と自己の弥勒浄土への往生祈願が記されることから、いまだ私的性格も濃厚であると言えまいか。そのことは般若台を奉じる対象に、貞慶と最も縁の深い氏神としての春日神（むろん国家神でもある）や、どちらかと言えば彼が個人的な意味で崇拝したかと思われる金峯山の蔵王権現が含まれている点からも窺え[19]、般若台は『弥勒講式』『地蔵講式』『欣求霊山講式』や法相論書などの著述空間でもあった。むしろ私的な信仰の場という範疇に収まらない、より国家的な信仰の場としては、般若台の護国的側面を引き継ぎながら明確に宗教的な国土・国家観を表明し、天照大神の存在とも深く交わる十三重塔が、重要な意味を担ってくるのである。

ともあれ貞慶の『大般若経』への信仰が護国の性質を有していることは、従来の笠置寺における『大般若経』信

仰と比較する時、改めて明瞭となる。『笠置寺沙門弁慶奉唱』[20]（承元元年〈一二〇七〉）には、

罪障無レ不レ滅、災難無レ不レ払、福寿無レ不レ備、行願無レ不レ満、依二此経一遂二安養兜率往生一之者、依二此経一施二奇特殊勝霊験一之者、多載二伝記一……玄奘三蔵忘レ命而求二梵本一……擬二一万三百枚之新紙一、勧二一万三百人之智識一、各施二一升米一、宜助二多年願一矣者、奉レ唱如レ件

とあり、『笠置寺住侶弁慶敬白』[21]（建永二年〈一二〇七〉）には、

漢家之朝、遍学三蔵（玄奘—筆者補）、往レ西而伝二実相之真文一……是以書二一筆大般若経一、欲レ為二一世之滅罪計略一……蒙二十方檀那之合力一、写二一部六百之真文一、不レ賤二一紙一帖一……不レ嫌二半紙半帖一……然則各所二力之堪一、所二志之至一随レ分乞二助成一……諸人円懺二悔罪障一、成二就二世▨（善カ）願一……

と記されている。

弁慶は貞慶入山を遡る安元二年（一一七六）から始めて、貞慶入山後の元久元年（一二〇四）まで、実に二十九年を費やし、広く僧俗に勧進し『大般若経』一部六百巻の写経を完成させたのだが、『笠置寺沙門弁慶奉唱』はその供養会の費用を勧進するものである。『笠置寺住侶弁慶敬白』はその法会の際の表白文であり、ともに貞慶が草している。玄奘の『大般若経』請来にも言及するが、滅罪・招福・来世往生といった中世社会に通有の現当二世安楽信仰を基調とするもので、国家的な色彩や天照・春日といった神祇信仰は皆無である。[22]弁慶の宗教活動に「国家」への射程は窺えず、類型的な表現であるものの「各施二一升米一」「不レ賤二一紙一帖一」「不レ嫌二半紙半帖一」が端的に示すように、民衆的な階層を対象とした勧進形態である。

二　法華八講と十三重塔——笠置山の天照大神

1　願文と勧進状の論理

貞慶は建久七年の十二月には『沙門貞慶笠置寺法華八講勧進状』[23]（以下『法華八講勧進状』）を記し、平安初期に始行された「日本国第三伝」（三番目に古い）という由緒を誇りながらも、荒廃していた法華八講の再興を呼びかけ、

　或建㆓立十三重之塔婆㆒。所㆓安置㆒者則仏舎利爾許粒。大般若・法華・心地観等三部大乗。及㆓大聖文殊・四天王等形像㆒也。擬㆓之霊鷲山般若塔㆒矣。智行浄侶択㆓十六口㆒身心潔斎。一七日如法清浄。転㆓読三部㆒。於㆓開講㆒者就㆓彼本会㆒。春季加㆓大般若経㆒。秋季副㆓心地観経㆒。講読称揚問答決択

と述べている。ここでも奉納物の筆頭に舎利が記されている。そしてこの春秋二季の八講では『法華経』以外に『大般若経』と『心地観経』も用いられ、これを奉納した十三重塔を釈迦が般若の教えを説いた天竺の「般若塔」に擬しており、「般若台」の存在とも強く共鳴することが分かる。

これに先立ち建久四年に草された『笠置寺二季八講料勧進状』は、朽ちた舞装束の新調を乞うているが、その費用が「莫大之功」とされており、八講は舞楽（万秋楽）を伴ったきわめて壮麗なものであった[24]。貞慶がまず舞楽の復興に意を注いでいることは、多くの参詣者の誘引を見込んでいるのであり、往古は「結縁之者不㆑可㆓勝計㆒……」であったという。『法華八講勧進状』にも、舞楽は「悦㆑目之儀」とある。

十三重塔は早くも発願から二年後の建久九年に落慶しており、その際の願文である『笠置寺十三重塔供養願文』からは、予定通りに『唐本大般若経』『法華経』『心地観経』の三部大乗経と、般若台から分割したかと思われる仏

舎利三粒の納入が確認される。さらにまた「訪二異域之煙波一、早写二六百軸之華文一、我所レ憑之尊像舎利以安二置其内一」[25]とも記されており、ここでも『大般若経』と舎利はやはり重要である。なおこの唐本『大般若経』とは先に重源が般若台に施入した宋版『大般若経』を、十三重塔に移納したものである可能性が考えられる。

再度、十三重塔建立計画に触れていた『法華八講勧進状』を見ると目を引くのは、「請下依二善知識助一。奉三為伊勢大神宮一。紹中隆当山往古八講等上状」「以二其功徳一奉レ酬二大神宮之真徳一。借二彼威力一祈二我国衆生発菩提心一」の文言である。つまり笠置寺の春秋二季の法華八講は、天照大神への法楽・廻向を目的とするもので、さらにその天照大神の力で日本の衆生の発心を祈願するのである。法華八講は、十三重塔に奉納される『法華経』に、同じく奉納される『大般若経』と『心地観経』を、それぞれ春と秋の法会に副えて講讃する計画であることからも、この『法華八講勧進状』と『十三重塔供養願文』は一具のテキストであり、十三重塔の存在は法華八講という儀礼と不可分な宗教装置となる。有名な『笠置曼荼羅』（大和文華館蔵）でも、巨大な弥勒磨崖仏とその礼堂のすぐ側に十三重塔が描かれ、笠置寺の中核をなす建造物である（それに比して般若台は笠置寺伽藍の中心部から離れた場所にある）。

さて春日神をはじめとして天照大神その他の神祇に対する貞慶の信仰は、すでに論じられてきたところであるが、[26]『十三重塔供養願文』には、

先一国之分斎、爰
尋二吾朝之濫觴一者、皆為二天照大神之開闢一
思二一代之摂化一者、莫レ不二釈迦大師之出世一
不レ如レ行二二聖之方便一、以酬二一国之恩義一、是以
塔婆是世尊之墳墓也

般若是神道之上味也　（部分的に対句を再現した）

という一節がある。十三重塔は釈迦の墳墓であり（それにゆえに舎利が不可欠となる）、納入した『大般若経』は神道の上味とされる。そして天照大神の開闢という神国観に関わって、「一国之恩義」の表明が注目される。

またこの願文の書き出しは、

伏惟、我大日本国者天祖降レ跡、人主布レ政以来、至レ徳要レ道、王化久伝、東作西蚕、民業永継、風化則従レ上而行レ下、下莫レ不レ載二上徳一、産業亦経レ古而及レ今、今莫レ不レ受二古功一、是以八十余葉之君臣、皆垂二遺美於歴代之月一、六十余洲之人禽、互結二芳縁於同郷之風一……

と、天孫降臨以来の政治・風俗・産業に亙って広く神国日本を讃嘆するものである。続いて、

磯城金刺之宮釈教伝通之後、推古之御宇、上宮王摂レ政焉、始教二諸悪莫作之道一、天智之明時、大織冠執レ権矣、永開二難思解脱之門一、自レ爾以降継体守文之主、皆守二付属於如来之金言一、佐レ功立レ命之臣、多専二護持於像末之遺教一、善男善女於レ法有レ功之者多則多矣……復道照道慈之儔、弘法伝教之匠、髪珠募レ直忘二身命於両朝之俗一、甘露甞レ味貽二利益於千代之塵一、至四于如三彼行基菩薩之導二九洲一、覚母新示二応化身一、鑑真和尚之伝二五篇一、天子忝承二戒定一者、蛮夷猶恭二其跡一剃染悉受二其賜一、凡厥八宗三学伝灯写瓶、弘済之道仏智難レ測者

とある。仏法伝来から語り起こし、像法末時の聖人として聖徳太子、大織冠鎌足、道照・道慈・弘法大師・伝教大師・行基・鑑真の名を連ねて、きわめて簡略ながら〈本朝仏法伝灯史〉のごとき文脈が綴られる。そして「仏子受二生於神国一、解二形於釈門一一期之間含レ恩含レ儀……」と、仏法の栄える神国の恩義を受けた仏者たる貞慶自身へと言及してゆくのである。

さらに十三重塔の意義付けとして「昔玄奘三蔵之建二立霊塔一也、深報二国家之聖恩一、今亜年沙門之造二高顕一也」

と述べて、玄奘が天竺から請来した『大般若経』他を納入した長安の大慈恩寺の大雁塔にこれを擬え、「泣酬二本朝之広徳一、高祖之志仏子盍傚、号二之般若報恩塔一」としている。笠置において貞慶は「国家の聖恩」「本朝の広徳」「一国の恩義」に報（酬）いる報国の態度が顕著であり、そこに大日本国＝神国の認識が顕在化してくる。「神道の上味」とされ、古代より神祇信仰と密接に繋がる『大般若経』は、この大部の聖典を訳出したことで知られる法相宗の祖たる玄奘の故事を引くことで国家（神国）への報恩思想と繋がるのである。かかる『大般若経』を納入した貞慶発願の十三重塔は、国家的意味を有するモニュメントたる「般若報恩塔」として屹立してくるのであり、法華八講はこうした十三重塔の宗教的理念が具現化される儀礼と捉えることができる。そして霊塔を建立し国家の聖恩に報いんとした玄奘に倣う貞慶の『十三重塔供養願文』には、玄奘の説を引いて『大般若経』による護国の姿勢を強調していた後白河院の『如法転読大般若表白』とも、深い論理的繋脈が認められよう。

建久九年の『貞慶敬白文』[27]も『十三重塔供養願文』と同じく十三重塔落慶法要の場に供されたものであろうが、

一四句偈、仏説レ之為三能報二四恩一、我生二神国一、易列二人倫一、重入二釈門一……
天照大神、吾朝始祖、四海万邦、誰漏二其化一
釈迦能仁、三界慈母、一代三宝、皆出二彼功一
聞二上古風一、仏神道隔、顕二本地月一、権実門通……所レ持仏骨、永納二宝瓶一……
訪得二異朝　般若真文一
伝二来往代　法華霊本一……
古称二此山一　為二霊鷲山一
今号二此塔一　為二般若塔一

令㆔見聞人　知㆓報恩思㆒……　（部分的に対句を再現した）

とある。そこには神国の観念、天照・釈迦に代表される神仏二門、舎利の納入、そして笠置山こそが『法華経』の説かれた霊鷲山であり、『大般若経』納入によって笠置の十三重塔が霊鷲山の般若塔に擬されること、さらには報恩思想まで諸要素が出揃っている。ことに波線部からは、あたかも本地【釈迦】—垂迹【天照】という新たな本迹関係が示されているかのようである。十三重塔落慶法要の場で、あるいは十三重塔の宗教的理念の具現化と言える法華八講の儀礼空間で、天照大神と舎利に象徴される釈迦の位相は重なり合うのであるが、そこに春日信仰は随伴していない。なおこの『貞慶敬白文』には、「新起㆓宝塔㆒、土木皆是、知識所㆑助」として「卿相之家、貴女之室、綱維之客、清信之士、或称㆓一級㆒、或瑩㆓九輪㆒、或投㆓黄金㆒、或抽㆓石舟㆒……」の一文が見えていることからも、十三重塔の建立に際しては、資縁を求めて中央権門に勧進していることが分かる。短期間に造営を実現し得たのはその成果であろう。

かくして神国観念の基枢である天照大神への法楽として法華八講が行われ、そこで使用される三部大乗経には、天照大神と対をなす釈迦の墳墓である十三重塔に納められた、貞慶所持の舎利の霊威が宿されるという仕組みが浮き上がる。その三部大乗経のうち『法華経』は八講の主体であるが、般若報恩塔としての十三重塔の理念を本質的に規定するのは、むしろ玄奘にまつわる『大般若経』であり、また『心地観経』も重要な意味を持つ。『心地観経』は仏恩・父母恩・衆生恩・国王恩の「四恩思想」を説くことで知られ、特に国王恩は鎮護国家の理念を支えるからである。般若報恩塔の「報恩」には、この『心地観経』も作用しており、三経一体となって儀礼と塔の意義を支えている形である。

2　儀礼と神国観念

以上のことから十三重塔の孕む宗教的理念を改めて総括すると、それは国土神たる天照大神に始まる日本は神国であり優れた国柄であるとする肯定的国土観を披瀝しつつ、巧みな対句で釈迦と天照大神が一体的に併記される『十三重塔供養願文』と『貞慶敬白文』の類似した表現の中に明らかである。つまり舎利を納めた釈迦の墳墓たる十三重塔は、「神道の上味」としての『大般若経』の納入によって釈迦と対をなす天照大神への最上の法楽の意味を持ち、さらに『大般若経』の存在が祖師玄奘による国家報恩の故事を導くことで、天照大神の開闢になる神国日本という国家への強い報恩の立場が提唱されるに至るのである。そしてその理念は同じく天照への法楽としての法華八講という儀礼空間における、願文・表白文の〈声〉として表明される。

先行する『法華八講勧進状』では、単に経典に説かれる霊鷲山の般若塔へ擬せられた笠置山の十三重塔は、改めて『十三重塔供養願文』では「般若報恩塔」へと展開している。十三重塔は般若台以上に重要な宗教施設であり、建久期の末年を飾る霊塔が笠置において完成したことは、焦土と化した〈南都〉の論理的再生が、仏法と一体にある「国土・国家」＝王法の問題へと帰結してゆく性格のものであったことを象徴的に語っていよう[28]。もはや弥勒浄土への往生祈願など、貞慶の私的な発言が『十三重塔供養願文』に織り込まれることはなく、十三重塔は天照大神のみに奉じられている点にも、両者の性格の差が見て取れよう。

また『貞慶敬白文』の末尾には、仏法を「始㆓此小国㆒、漸及㆓塵刹㆒」とある。だが見てきたごとく日本は形態的には小国でも実質は神国である（後述するが龍華会の願文では日本は大国を超えると揚言される）。ここにおいて日本は世界に対して、仏法流布の起点として積極的に位置付けられ、舎利信仰を通した仏法の始源である釈迦への思慕は、日本という国土・国家の始源である天照大神の存在と響き合ってゆく。そして『法華八講勧進状』には、先述のように日本国衆生の発心が天照大神に祈請されていたが、『十三重塔供養願文』にも、

日本一国之間、天地開闢以来、不レ択二人倫鬼神一、不レ漏二山禽水獣一、受レ生二此土一之者、宿二身当国一之類、令下其未二発起一者、悉発中菩提心上

とあり、また『貞慶敬白文』には「内自二帝城一外及二夷域一、若神若人受二生我国一、或鬼或畜容二身皇洲一、令三未発趣発二菩提心一」とある。これは貞慶にとって、人・畜（顕界の存在）から神・鬼（冥界の存在）までを射程に収めた衆生発心の構想が、強固な日本国（神国）意識と不可分であり、それに規定されたものであったことを如実に示している。壮麗なる法華八講は、こうした宗教理念が象徴的に成就されるハレの場という意味を持つ儀礼なのである。

このような仏教儀礼の中で国家神（皇祖神）たる天照大神は、日本国衆生の「発心」という本朝仏法の根幹をも掌握せんとしている。神祇に自己の発心や往生を祈る中世の信仰は、説話においてよく知られるところであり、『沙石集』巻一の「笠置解脱房上人太神宮参詣事」では、貞慶自身、伊勢に参宮して菩提心を祈請する。また『道心祈請講式』[29]でも発心を祈る対象に神祇が含まれており、天照・春日の名が見える。だがそうした信仰がここでは、「神国への報恩」というイデオロギッシュな論理を唱導するテキストの中に現れていることを、見落としてはなるまい。

このように笠置山は、天照大神を結節点とした王法・仏法の相依が深く仕組まれた聖地として現象しており、貞慶の神国思想の内実も明瞭である。そして貞慶が伊勢に参宮し天照大神を般若台に勧請したと伝承されることの意味は、ここにおいて見事に達成されていると言えるのではないか。さらに法華八講は、おそらく弥勒磨崖仏と十三重塔と礼堂によって構成される笠置寺伽藍の中核部で厳修されたに相違なく、先述の『貞慶敬白文』などは儀礼次

第の中で読誦されたと考えられる。表白という儀礼言語を通して、毎年春秋には繰り返し天照大神と神国の観念が呼び起こされるのであり、換言すればそれは笠置山において天照大神と神国が顕現する聖なる瞬間でもあるのだ。

なお本章では詳述は避けるが、般若台では正治元年（一一九九）頃より、後鳥羽院と源通親らの所領安堵を受けて、毎年二月に興福寺の碩学を招いて行う霊山会という縮小版の法華八講が確認される(30)。この霊山会という儀礼は、般若台を会場に興福寺僧によって厳修される点で、貞慶の私的な性格が強いものかと思われるので、逆に十三重塔と不可分にある法華八講は、笠置寺一山のより公的な儀礼と言えよう。

三　笠置山の法華持経者と貞慶

1　南都の霊山縁起と法華信仰

さて日本国第三伝の法華八講が伝承されるように、笠置は法華信仰の山でもあり、実は法華持経者が存在していた。すでに元暦二年（一一八五）には、天台座主慈円が笠置山を訪れ、先師（覚海法親王）の追善供養のため如法経（儀礼的作法に則り書写した『法華経』）を霊窟に埋納したことが、『玉葉』同年八月二十三日条に見えている。そして先述のごとく建久四年に貞慶が『笠置寺二季八講料勧進状』を記すが、その翌建久五年には夏臈第一とされる古参の僧禅海が『笠置寺住侶作善願文』(31)を著わし、

弟子、依二宿縁之篤一、列二住侶之中一、積二夏臈一以第一……況凡身在二八十八年之齢一、遷化之期已久近……奉レ書二写妙法蓮華経四十四部一……奉レ転二読法華経十二万部一……可レ仰二引摂於龍華一……禅海稽首和南啓白

と述べている。貞慶が禅海のために草した『沙門禅海勧下進請二十方知識一転読法華一百万部上状』(32)（以下『禅海勧進

状』）にも「暗㆓誦一乗㆒昼夜寤寐只事㆓転読㆒」とあって、これは正に持経者の姿である。

さらに建久七年の『法華八講勧進状』にも、先の引用部分とも一部重なるが、

講説論談雖㆑有㆓継古之名㆒幡蓋舞楽已無。悦㆑目之儀。曩代勝蹟失墜在㆑近……又都鄙浄信輩、如法写経者……古今奉納無㆑隙㆑立㆑針……加之一乗機縁。此山相応。止住之客。多誦㆓妙法㆒。如㆓禅海上人㆒者。諷誦薫修十二万部。自筆書写三十余部……智行浄侶択㆓十六口㆒身心潔斎。満㆓一七日㆒如法清浄。転㆓読三部㆒。於㆓開講㆒者就㆓彼本会㆒。春季加㆓大般若経㆒。秋季副㆓心地観経㆒。講読称揚問答決択

とある。八講は衰微していたが、遊行の法華持経者（止住之客）が諸国から来集し、誇張であろうが針の立つ隙間の無いほど如法経の経塚が営まれたという（笠置山からは経筒も出土している）。

禅海は『承安四年（一一七四）六月笠置住僧解』[33]という寺領相論の文書に「笠置寺供僧」として署名している。『禅海勧進状』によれば笠置に入山後、「志㆑学暫赴㆓南都㆒」いて、その後に持経者となったようであり、広く僧俗に『法華経』の読誦を進め合計百万部もの読誦を満たさんと発願している。このように彼は本より笠置寺の住僧であったのだろうが、貞慶が『法華八講勧進状』に、持経者の代表的な例として「如㆓禅海上人㆒者……」と綴っていることからも、笠置寺の正式な住僧の中には禅海のような、遊行の持経者や勧進聖にきわめて近しい人々も含まれていたのである。『禅海勧進状』には、「各随㆑所㆑応緇素皆録㆓名字多少㆒、宜㆑注㆓巻数㆒」とあるように、その勧進は結縁交名を用い読誦を勧めるもので、後述するが笠置寺では貞慶入山以前から弥勒仏に少量の供米を寄進し、交名帳に名を記すという民衆的な方式の勧進が行われていた。

また「一代峯縁起」[34]は密教の理論で笠置山を荘厳する縁起だが、そこに、

因㆑茲上宮太子、如法経五部於書写、一所安㆘置造㆓七重瑪瑙石塔㆒其内㆖給、其塔基有㆓白黒石㆒、不㆑知㆓其数㆒、爰

役行者至二随喜意一発二信心一、於二笠置岩屋一両部如法経書安二置石中一給

という伝承が記され、『笠置寺縁起』のほうには役行者に倣って天神縁起の他界巡歴譚で知られる道賢（日蔵）も如法経を埋納したとある。[35]「一代峯縁起」は、「大峯縁起」「葛城縁起」とともに、九条道家の兄弟である慶政の手沢本が知られる『諸山縁起』を構成する。『諸山縁起』は南都周縁部の三つの霊山縁起の集成であって、鎌倉最初期には成立していたものとされる。この時期の笠置山（一代峯）における盛んな法華信仰が反映されていよう。そして「大峯縁起」「葛城縁起」にも、奈良・平安期の高僧・天皇・貴族・持経者による『法華経』埋納の伝承が夥しく確認される（また如法大般若経の埋経も複数見える）。これら南都の諸霊山は法華信仰が一つの核として存在しているのであり、かかる霊山を行きかう修験者＝持経者のネットワークが推測される。

2　貞慶・重源の法華信仰

なお霊山における法華信仰は、山中他界観とも関わって自己の滅罪と浄土往生（死者供養）が基調である。笠置寺における如法経の書写・埋納もその例外でなかったことが、庶民信仰史の側から論じられている。[36]また慈円以外にも、藤原宗忠は堀河天皇・両親・息女のために『八名経』などを供養し、藤原定家は生前に九条良経が書写した『法華経』などを、貞慶を導師として供養しているように、貴紳も笠置山で死者の菩提を弔っているのである。[37]

そこで貞慶以前から継続する、こうした信仰状況を踏まえて、貞慶により再興された法華八講の特質を考えてみたい。注目すべきは先掲の『法華八講勧進状』に、法華八講の際、経典が講説される一方で「智行浄侶」十六人を選んで精進潔斎させ、七日間に亙る『法華経』『大般若経』『心地観経』の三部経読誦を同時進行させるという儀礼の構想が記されていた点である。法華八講は通常、四日八座で行われるが、ここでは『大般若経』や『心地観経』

の講説も含む七日に及ぶ規模の大きなものであったと思われ、学僧による経典講説の利益の他に民衆的な法華持経者の呪的な力〈声〉の呪力〉を護国のために動員するという意図とともに、笠置寺に止住する本来は無縁の遊行僧たる持経者を、一山の全体的法会の中に組織化してゆく意図も見て取れる。貞慶は笠置における持経者の存在と活動に目を付けたのである。笠置に集う持経者の法華信仰は滅罪・往生信仰を基盤としており、貞慶が禅海の信仰を汲んで起草した『禅海勧進状』には、天照などは現れてはこないのである。だが同時に貞慶による十三重塔の建立に伴う法華八講の再興によって、彼らの信仰は国土神たる天照大神に向けた国家的意義を有する儀礼の中へ、新たに再編されていった側面は認めることができよう。法華八講は追善供養の目的で修される場合が多いが、貞慶によるそれは以上のようにいささか特殊であると言える。

さらに建仁二年（一二〇二）に貞慶が草した『笠置塔修補勧化文』(38)は、すでに建久九年に落慶した十三重塔についいて、その装飾にいまだ完全を尽くしていない部分があり改めて修補を乞うたものだが、数年前に塔を建立した時には「隣県之邑老、遠村之士民」といった「四隣之合力」があったとされる。『十三重塔供養願文』などからは充分に窺えなかったが、民衆の協力や結縁もなされたのである。山の法華持経者に対する民衆の熱心な結縁は知られるところだが(39)、すでに述べたように十三重塔は法華八講と密接不可分にある。ゆえにその建立に際しても貞慶の呼び掛けによって、持経者が民衆に勧進した可能性は高いと思われる。民衆の作善や信仰意識が神国というイデオロギーの内へと引き入れられていった側面も指摘されようか。

ここで法華信仰との関わりからも再度、重源について一言しておきたい。彼は若い頃、大峯山・葛城山などの霊山・山林で持経者として修行していたことがすでに論じられている(40)。件の『禅海勧進状』は衆庶に百万部の法華転読を勧進するものだが、物品の奉加は一切要求していない。この点は重源にも類似性が認められる。重源は東大寺大仏殿と七重塔で童持経者千人による『法華経』千部転読を発願したが、法会の費用などは要求せず、経典読誦のみを勧進しているのであり、[41]これらは持経者による実践的な「行業」の勧進と言える。笠置寺は東大寺の末寺であるから、重源は笠置山の持経者と何らかの接点を有していたかもしれない。そして先述したように重源の発願によって東大寺僧は伊勢に参宮し、天照大神に対して『大般若経』による法施を行っているが、『南無阿弥陀仏作善集』『東大寺衆徒参詣伊勢大神宮記』によれば、三度の参宮ごとに法華持経者十人が加えられていることは見落とせない。この持経者による天照大神への法華読誦は特に重源の個人的な発意になるものと思われ、少なくとも十人の持経者が東大寺に置かれていたという。[42]

上妻又四郎氏は貞慶の釈迦如来観を分析して、それが『法華経』と『悲華経』に基づいていることなどから、「貞慶をして『法華』持経者といってさしつかえあるまいと思う」と述べている。[43]『法華経』の写書・読誦といった実践に対する一定程度の継続を資料的に確認できなければ、重源のように貞慶を広い意味での持経者と見なすことは難しいが、次の資料は持経者としての貞慶の姿を窺わせるものである。『法華転読発願』は貞慶が建仁三年（一二〇三）八月に、摂津国有馬山で草した旨の奥書を有するものであり、当然発願の主体は彼自身である。[44]

その中の「近生二兜率天上法華三昧院一、遂詣二霊山浄土微妙宝刹一」という霊山浄土往生を祈る一節は、貞慶の『発心講式』[45]に「於二知足天上安養浄土院一、且奉二仕弥陀一、慈尊一代之末、円寂双林之暮、永生二極楽一至二不退転一」とあるような、比較的往生の容易な弥勒浄土を足掛かりにして、究極的な仏尊の浄土への往生を目指すという彼独特の信仰形態と正に合致するし、建仁元年には『法華講式』も著わしており、すでに建久七年には『欣求霊山講式』を著わし霊山浄土往生を祈念してもいる。さらに『法華転読発願』は「願以二法花唯識之二法一、遂登二牟尼之覚岸一……」の一文で結ばれるが、そこからは承元二年（一二〇八）に、法相教学による『法華経』注釈書である

『法華経開示抄』を撰述してゆくことに繋がる意識が窺えるのである。以上のことから『法華転読発願』を貞慶作と考えることにさしたる不都合は無いものと判断されよう。そして『法華転読発願』には「法華持者、甚重不レ依レ有レ智、不レ依二利根一、無縁人不レ好、不レ云二愚鈍一、不レ云二下賤一、有レ志之者、持レ此」とか、「令下我如二経説一、速成中普賢行者上、令下人如二自身一、為中持経法師上」と、持経者としての自己の姿勢を示している。

以上の点を勘案するならば、「笠置寺—貞慶」と「重源」の関係は、『大般若経』（般若台）に留まらず、法華八講や持経者の問題にも、充分連接する可能性を考慮しておく必要があり、貞慶の宗教構想に重源が占める位置は、天照大神と『法華経』（法華八講）の関係に注目するとき、やはり看過できないものである。

四　龍華会と礼堂

建久期を過ぎた元久元年（一二〇四）十月十七日には、貞慶によって『笠置寺龍華会咒願文』(46)が草されている。

> 爰有二勝地一。世称二笠置一。奇異瑞像。精霊彰レ眼。誰言二辺土一。殆超二大国一……南有二塔廟一。北有二経蔵一。石像左右。宝前厳麗。舎利是仏。聖教則法……

とあり、辺土の日本が大国を超えると明言されている。同年の『沙門貞慶等敬白文』(47)にも、ほぼ同様に、

> 左排二経蔵一以納二一代聖教一、右峙二塔婆一以安二数粒之舎利一。手捧二其経巻一。首載二彼仏骨一。進二宝前一

とある。塔の舎利と経蔵の聖教の存在が記されるが、塔は十三重塔を指しており、弥勒磨崖仏を本尊とする龍華会でも、磨崖仏の側に聳える十三重塔に納めた舎利の霊威への期待が、その願文の一節に織り込まれている。

経蔵と聖教については、龍華会開始の前年である建仁三年の『笠置寺礼堂等修造勧進状』(48)にも、

厳重法会之庭道俗群集之時……舞楽屋皆以狭少。斎会之席陳レ列失レ儀……加二軒廊之数間一以楽所。分二母屋之一方一宛二経蔵一。舞曲之台・聴聞座。一々之儀。各々可レ足……奉レ請二唐本一切経一将レ始二随分大法会一……

とある。弥勒磨崖仏の礼堂を舞曲の台とし、母屋の一部を経蔵に充て宋版一切経を請来して「随分大法会」を催すという（ここでも宋とのパイプを有する重源の何らかの関与があったものか）。龍華会も法華八講同様に優美な舞楽を伴った儀礼であり、多くの人々が舎利を頭上に戴き、計画通り請来された一切経（「一代聖教」）の一巻ずつを各々捧げ持ち行道する形で儀礼に参与できる点に特徴がある。

法会の参加者は巨大な弥勒仏の霊像を仰ぎつつ、笠置山という勝地において大国を凌駕する聖性を獲得した〈日本〉に立つのであり、それは兜率浄土を弥勒仏の霊地たる笠置山中に顕現させるための儀礼的仕組みでもある。参詣者の大幅な増加に対応するための礼堂修造は、一寺の力に耐えざる事業であり、『吾妻鏡』元久元年四月十日条によれば源実朝の援助を乞うているが、礼堂の整備は首尾よく進み、同年十月には盛大な龍華会が始行された。ここにおいて弥勒仏の霊場である笠置山を有する辺土小国の日本が、大国を超えることが高らかに宣言されたのである。かかる観念を支える「劇場」としての意義を龍華会という儀礼は担っていたのであり、『龍華会呪願文』は、毎年の儀礼において大国に勝る日本国という意識を喚起する呪言であった。なおこの「大国」は龍華会の始行に際して、他ならぬ一切経を請来した地である宋朝を指しているものと見てよい。

また三国に亙る法相宗の伝灯を讃嘆する、正治二年（一二〇〇）の貞慶作『中宗報恩講式』の五段は「嗚呼、中天仏生之境、恵日空沈二龍宮之波一、東海神明之国、法雨久灑二馬台之境一」で結ばれており、天竺仏法衰退／日本（神国）仏法興行の理解が明示される[49]。そして貞慶作とされる『神祇講式』[50]（成立年不詳）の表白部には、「可レ知、神通諸仏定智三乗目足也、如来在世爾、況於二神国一哉、国者神之可レ興国也、生者神之可レ度之生也」とあり、仏の神通は天竺よりも末世の神国日本でこそ顕著であると謳う。天竺や在世正法という理想的な時空すら、貞慶は日本＝神国の観念で相対化してゆくのである。これが十三重塔や法華八講にまつわるテキストに披瀝された神国思想の帰結である。今や笠置山は仏国たる天竺の聖性を神祇信仰との融合のもとに継承し、「大国」たる宋朝をも踏み越えようとするのである。

　こうした認識はたとえば『発心集』巻八跋文とも通ずるが[51]、さらに貞慶の五段『舎利講式』（笠置時代の作と考えられる）の二段では、舎利は「日本一国帰依尤盛也」という前提のもとに、ここでも『大般若経』を引用することで「我等既遇二舎利一、可レ知依レ之可レ得二解脱一」という確信を説き、そこから「誰謂二此所於弥離車之境一。可レ知大乗善根之国土也。誰謂二我等於一闡提之類一。恐是宿願成就之菩薩也」とする。舎利の霊威に浴する日本は夷狄の境などではなく、日本の衆生は大乗菩薩なのだという、実に特徴的な「劣」から「勝」への反転劇が結果されており、舎利信仰に基づく講式儀礼を通して国土の神聖視を唱導している[52]。釈迦の遺骨である舎利は笠置において、かように先鋭的な意味と機能を担った聖遺物なのである[53]。総じて日本を「神国＝仏国」とする観念の形成が確認され、笠置における釈迦・天照大神・弥勒仏は、このような肯定的国土観を根底で支える神仏であった。

　ここまで貞慶の宗教構想において、舎利（釈迦）・弥勒・『大般若経』・『法華経』・神祇（天照）などの信仰諸要素と国家・国土の観念が、全体的に強い連携を構築している様を確認した。笠置遁世から数年の間に貞慶は、舎利と経典を納めた般若台と十三重塔という神祇（天照）信仰をまとった堂塔を整備し、同時にそれらと関わる一千日舎利講・法華八講・龍華会という諸儀礼を組織した。このように笠置山に舎利・神祇（天照）の信仰が導入され、『大般若経』『法華経』への信仰も国土・国家の問題を伴うことで、改めて重要な意味を持って突出してくる現象は、ひとえに貞慶の入寺によってもたらされた変化である。

すでに貞慶は遁世の数年前から笠置寺と関係を有しており、笠置寺の勧進聖ために『沙門信長笠置寺弥勒殿仏供勧進状』『仏子如教笠置寺毎日仏供勧進状』『沙門観俊笠置寺念仏道場塔婆勧進状』などを草している[54]。たとえば元暦二年（一一八五）の『沙門信長笠置寺弥勒殿仏供勧進状』（以下『信長勧進状』）は、まず「夫笠置寺者、本朝第一之名区、慈尊無双之霊地」と笠置を称え、続いて「与二一上人一窃有二相議一。自二去寿永二年一始二斎会於当山一」のように斎会を行うといい、一上人は貞慶自身を指す[55]。それは「歳々卜二三日之佳期一、念々唱二八名法音一」というもので、『八名普密陀羅尼経』を弥勒磨崖仏の前で三日に亙って読誦する儀礼であった。また弥勒磨崖仏の日々の供養料として「重発二毎月一度供米一升之願一」とあって、月に一回米一升の喜捨を求めているが、それは「任二力之堪一」とされており寄進者の経済力に応じて行えばよいのであり、負担を強いない方式である。そして「具録二姓名一、永伝二寺家一」というように寄進者の結縁交名を作成し、弥勒の下生を期するものという（如教も結縁交名を手段として米一升の奉加を求めている）。交名帳を用いた少量の供米の勧進である点からも、これらが民衆的な人々（田堵上層農民）を対象としていることは明らかであり[56]、先述した弁慶による『大般若経』の供養料勧進や、禅海による『法華経』読誦の勧進も民衆的な性格であった。そして『信長勧進状』には、笠置山を日本の中の勝れた土地とする一種の素朴な笠置勝地観はむろん表出されるが、この他の勧進状も含め現当二世安楽を祈念するものであり、国土・国家（神国・神祇）への意識や射程は全く窺えないのである。

礼堂の増築は龍華会の始行を見越してなされたものであり、『礼堂等修造勧進状』に「斎会之席陳レ列失レ儀」とあったように、小規模な斎会が龍華会の前身であって、信長の勧進状に記される貞慶も参与してなされた「始二斎会於当山一」はこれを指していよう。民衆的勧進によっていた斎会は、さらに大規模な儀礼としての龍華会へと劇的に変容したのだが、その過程で『笠置寺礼堂等修造勧進状』には「万寿則関白左大臣。殊凝二渇仰一。安元亦禅定太上皇。恭催二臨幸一。君臣崇重。古今如レ斯」と記され、藤原頼通・後白河法皇といった権力者の存在が持ち出されてくるのである。「始二南都之本寺一及二花洛之高門一」ともあるように、中央権門への勧進に乗り出していることは、十三重塔の場合と同様である。笠置寺は聖的・行者的な人々を主たる担い手とする、民衆対象の勧進という小規模な経済基盤＝寺院経営のあり方が基本であったと思われるが、しばしば権力者の参詣もなされており、時宜さえ得れば飛躍的に進展できるだけの可能性を秘めていたと推察される(57)。

そこに人脈と手腕に長けた貞慶が入寺することで、いまだ民衆的な性格の強い在地の山岳霊場寺院に留まっていた笠置寺は、大幅な堂塔整備に着手し改めて本格的な中央権門への勧進を開始したのである。肯定的な国土・国家観の表明という貞慶の宗教構想は、中央権門との密接な関係が構築されてゆく状況の裡に展開したと言える(58)。貞慶が笠置入寺以前から勧進聖の民衆的性格に注目していたことはすでに指摘されるところである(59)。また龍華会が結縁を求めて「道俗群集」する活況を呈していたように、笠置山の儀礼には当然民衆も参与していたに相違ないが、貞慶が実際に笠置で展開した活動を支える理念は、常に国家（王法）を志向したものであったことも疑いないのである。

おわりに――笠置山における〈神聖なる国土〉の顕現

以上、いささか論述が多岐に亙ったが、ここで本章の論旨をまとめておく。貞慶による笠置寺の宗教構想は、肯定的国土観の表明を軸として成り立っていたものであり、大般若信仰・舎利（釈迦）信仰・弥勒信仰・法華信仰・神祇（天照）信仰に基づく堂塔と儀礼がそれを体現していたことを、重源との関係に留意しつつ、唱導的な文字テキストの分析を通じて導いた。[60] 繰り返すが貞慶は、十一年に亙る『大般若経』の書写修了を区切りとして遁世を実行したが、その『大般若経』も遁世後の目覚ましい宗教活動も、護国・報国といった国家への祈りを強く内包したものであった。[61] 般若台、一千日舎利講、龍華会、そして優越的な神国意識を纏う十三重塔と、そこに舎利とともに納入された経典をもって催す法華八講などは、貞慶が比較的短期間のうちに舎利（釈迦）信仰・弥勒信仰・大般若信仰・法華信仰・神祇（天照）を有機的に連環させて構築した宗教世界であり、それは末世・末代観の一形態としての否定的国土観である辺土小国観を、克服・相対化する志向に根差した実践であったことが明らかとなった。

さらに本章では、かかるイデオロギッシュな世界観の形成過程を寺院史的な文脈から肉付けることで、笠置寺にもたらされた寺院経営の変化をも捉えようと試みた。[62] ここまでたびたび指摘したように、笠置寺を再興する上で貞慶自身はさほど民衆を対象に勧進した形跡は窺えず、直接的に民衆階層と接触するのは、持経者・勧進僧あるいは笠置寺常住の供僧であった。彼らの統括的な位置にあったのが貞慶である。笠置入山以前は、勧進状を作成するなどして信長らの発願した斎会などをバックアップしたが、自身が主体となって積極的に推進する本格的な堂塔整備に着手した入山以後は、権門を射程に収めた勧進を展開したと判断される。

むろん貞慶入山後も、弁慶による民衆的な『大般若経』書写の勧進が継続し、その完成に際しては貞慶が供養表白を起草しており、国家的な意義を有する十三重塔の建立にも民衆の合力があったのである。このように笠置寺は貞慶が貴紳の信仰を呼び込んだことで、従前に比して荘園も蓄積され寺院経営に変化が生じたことは確実であろうが、貞慶以前からの在地霊場寺院としての民衆的性格も保持されている。在地の中・小寺院として出発しながら中央権力と繋がることで大きく発展した例が中世初頭期には他にも確認できるが、[63] 笠置寺もかくして中世顕密寺院としての特質・形態を備えることになったのである。

貞慶は般若台・般若報恩塔（＝十三重塔）など古の天竺の聖跡・聖地を、今や最も仏法が栄える神国日本の笠置山中に再現し、南都仏教復興僧の精神的支柱としての教主たる釈迦の遺骨（舎利）を、聖遺物として納入することでその聖性の補強を図り、天竺と神国の儀礼的な架橋を期したのである。貞慶が創始・再興した笠置山の諸儀礼は、「神国＝仏国」観念を具現化させる何よりアクチュアルな舞台装置であった[64]。さらにそれは治承・寿永の内乱後の平和と秩序の回復の象徴でもあったろう。中世の〈笠置寺〉はこのような「仕組み」で成り立っていたのである。貞慶のような南都顕密仏教界のイデオローグが入寺することによって、言わば素朴で在地的な弥勒信仰や法華信仰などに支えられていた笠置寺は、国土・国家の神聖視を志向するという、明確な宗教的理念を獲得した聖地として屹立するに至ったのである。貞慶による「笠置寺再興」の意義をここに認めたい。

聖なる「神国＝仏国」観念の発信拠点として貞慶によって構想された笠置寺は、はじめに言及したような「神祇と仏法の融合によってもたらされた南都の論理的再生運動」の、帰着点の一つであったと言える。重源からの影響が意外にも重い意味を持って指摘できるように、いまや鎮護国家寺院の中枢たる東大寺の復興運動の延長上にすら位置付け可能に思われてくる笠置寺の存在は[65]、中世南都の顕密仏教世界において改めて小さからざるものとして浮上してくるのであって、これこそ笠置寺における中世の到来であると評価し得る。

注

（1）近本謙介「廃滅からの再生」（『日本文学』四九巻七号、二〇〇〇年）。

（2）かかる南都再生運動における建久期の画期性に鑑みて、近本氏は「中世初頭南都における中世的言説形成に関する研究」（伊井春樹先生御退官記念論集刊行会編『日本古典文学史の課題と方法――漢詩和歌物語から説話唱導へ――』和泉書院、二〇〇四年）で、「建久期文化論」を提唱された。一方こうした動向を批判的に継承し、むしろ南都炎上以前の院政期を重視した「興福寺を中心とする中世南都世界の形成史」を目指すものとして、上島享「中世長谷寺史の再構築」（『国文論叢』三六、二〇〇六年）がある。〈中世南都〉成立の画期・モメントを那辺に求めるか、ということは史学・文学それぞれにおいて今後さらに議論される必要がある。また貞慶の営為に、「中世文化の諸領域に連関しつつ且つその交点にほぼ重なる、という独特な「位置どり」」を見て取る牧野和夫氏の言及は重要である。牧野和夫・田口和夫「東寺観智院蔵『〔貞慶抄物〕』一帖・影印」（『実践女子大学文学部紀要』四八集、二〇〇五年）を参照。さらに『文学』一一巻一号（岩波書店、二〇一〇年）の座談会「南都の文学」も、示唆に富む視点を提示している。

（3）中世以降では、興福寺（大乗院）の末寺として記載する資料もある。

（4）かかる視点からの研究としては、冨島義幸『密教空間史論』（法藏館、二〇〇七年）がある。

（5）中世の笠置寺の研究には一定の成果が蓄積されており、貞慶との関わりで頻繁に論及されるものの、こうしたアプローチはまだなされていない。堀池春峰「笠置寺と笠置曼荼羅についての一試論」（『仏教芸術』一八号、一九五三年）、平岡定海『日本弥勒浄土思想展開史の研究』（大蔵出版、一九七七年）、豊島修「笠置山の修験道」（五来重編『近畿霊山と修験道』名著出版、一九七八年）、竹居明男「笠置寺編年史料一・二」（『人文学』一四三・一四四号、一九八六年・一九八七年）、小林慶昭「解脱上人と笠置寺」（『密教学研究』二三号、一九九一年）、小林義亮『ある山寺の歴史　笠置寺激動の一三〇〇年』（文芸社、二〇〇二年）、中山一麿「『笠置寺再興勧進帳』――翻刻と釈文――」（科研費報告書『小野随心院所蔵の文献・図像調査を基調とする相関的・総合的研究とその展開Ⅲ』、二〇〇八年）、下間一頼「中世前期の戒律復興」（上横手雅敬編『中世の寺社と信仰』吉川弘文館、二〇〇一年）、同「貞慶像の形成――戒律復興の実相――」（中尾堯編『中世の寺院体制と社会』吉川弘文館、二〇〇二年）、同「貞慶研究の課題」（「共同研究・日本仏教史における「仏」と「神」に関する研究」『仏教文化研究所紀要』四三集、二〇〇四年）、同「遁世の論理と地域社会――解脱房貞慶の場合――」（『日本仏教における「神」と「仏」の間』永田文昌堂、二〇〇八年）などを参照。また畠山聡「中世東大寺の別所と経営」（鎌倉遺文研究会編『鎌倉時代の政治と経済』東京堂出版、一九九九年）でも、東大寺別所の光明山寺との比較で笠置寺の寺院組織について分析されている。その他、古代の笠置寺については、八田達男「笠置寺の創建と弥勒磨崖仏」（松村文比古編『日本古代の宗教と伝承』勉誠出版、二〇〇九年）があり、丸山顕徳氏は笠置地域の太陽信仰・龍神信仰などの古代神祇信仰について論及している。『笠置町と笠置山――その歴史と文化――』（笠置町教育委員会、一九九〇年）を参照。

（6）文学・史学における中世の国土観については、成沢光「辺土小国の日本」（『政治のことば』平凡社、一九八四年）、細川涼一「仏教改革者の天皇観」（『講座・前近代の天皇4　統治的諸機能と天皇観』青木書店、一九九五年）、伊藤聡「第六天魔王説の成立」（『日本文学』四四巻七号、一九九五年）、同「大日本国説について」（『日本文学』五〇巻七号、二〇〇一年）、佐藤弘夫「中世的神国思想の形成」（『神・仏・王権の中世』法藏館、一九九八年）、上島亨「日本中世の神観念と国土観」（一宮研究会編『中世一宮制の歴史的展開　下（総合研究会編）』岩田書院、二〇〇四年）、平雅行「神仏と中世文化」（日本史研究会・歴史学研究会編『〈日本史講座4〉中世社会の構造』東京大学出版会、二〇〇四年）、鍛代敏雄『神国論の系譜』（法藏館、二〇〇五年）ほか多数あり。

（7）『讃仏乗抄』（藤田経世編『校刊美術史料　寺院篇下』中央公論美術出版、一九七六年）所収。

（8）ここに「住持」とあるのは、般若台の住持という意味であり、笠置寺全体を統括する意味での住持ではないだろう。なお前注(5)畠山論文は笠置寺組織の上層部は、東大寺常住僧が補任される座主・別当と、その配下で寺務を執行する一和尚らによって構成されていたことを論じている。

（9）成田貞寛「『釈迦如来五百大願経』の研究」（『佛教大学大学院研究紀要』七号、一九七九年）。また『悲華経』の多様な受容形態については、野村卓美「悲華経と中世文学」（『国語と国文学』七〇巻八号、一九九三年）を参照。

（10）永井義憲・清水宥聖編『安居院唱導集』（角川書店、一九七九年）所収。後白河院と仏教については、上川通夫「後白河院の仏教構想」（古代学協会編『後白河院――動乱期の天皇――』吉川弘文館、一九九三年）がある。

（11）中村文「興福寺僧範玄について」（山田昭全編『中世文学の展開と仏教』おうふう、二〇〇〇年）に詳しい。

（12）阿部泰郎「伊勢に参る聖と王」（今谷明編『王権と神祇』思文閣出版、二〇〇二年）を参照。また中尾堯「勧進聖と神祇」（『中世の勧進聖と舎利信仰』吉川弘文館、二〇〇一年）ほか関連論文多数。

（13）『東大寺衆徒参詣伊勢大神宮記』（『真福寺善本叢刊第八巻　古文書集二』）所収。弁暁はこの表白の中で、伊勢参宮を「譬是、常啼菩薩忘レ身、同下往二衆香城一之跡上、又云、遍覚三蔵捨レ命、似下到二五天竺一之慶上……」と、常啼菩薩・玄奘の例をもって叙述している。

(14) 重源と貞慶の関係（ひいては笠置寺と東大寺の関係）についても近本謙介「南都復興と治承がたり」（『軍記と語り物』四三号、二〇〇七年）は注意を促している。

(15) 前注(1)近本論文参照。

(16) 『笠置寺縁起』には様々な興味深い記載が見えるが、その資料批判は別稿に譲る。なお『笠置寺縁起』をめぐる専論としては、田中尚子氏の成果がある。「笠置寺縁起の位相」（『国文学研究』一三一集、二〇〇〇年）、「『笠置寺縁起』の成立とその背景」（『古典遺産』五一号、二〇〇一年）を参照。

(17) 『鎌倉遺文』一二四〇号。

(18) 上横手雅敬「貞慶をめぐる人々」（平松令三先生古稀記念会編『日本の宗教と文化』同朋舎出版、一九八九年）で詳しく分析されている。

(19) 貞慶の蔵王信仰が、彼の希求した弥勒浄土への往生信仰や春日信仰と強く連関したものであったことは、竹居明男「解脱上人貞慶と春日信仰」（『季刊日本思想史』一五号、一九八〇年）や、伊東和彦「貞慶の研究」（竹内理三編『荘園制社会と身分構造』校倉書房、一九八〇年）に指摘されている。

(20) 牧野和夫・田口和夫「東寺観智院蔵『〔貞慶抄物〕』一帖・影印」（『実践女子大学文学部紀要』四八集、二〇〇五年）所収。

(21) 牧野和夫・田口和夫「東寺観智院蔵『〔貞慶抄物〕』一帖・影印」所収。

(22) 『転法輪鈔』には文治四年（一一八八）の『院大般若供養表白』という、やはり後白河院の発願になる「国土泰平」祈願法会の表白も収められ、そこに「経説云、如来滅後之時分於二東北方一大機縁故、玄奘法師訳二此経一訖、語二徒衆一、此典於二此方（中国―筆者補）一大有二因縁一鎮国妙典人天大宝也……玄奘所レ言誰人不二帰敬一乎……」とある。これは『大般若経』の威徳を語る中国の例話として引かれているが、中世では『大般若経』「東北方品」の、釈迦滅後に東北方の国で仏法が興隆するという予言を根拠とした、東北方国＝「日本国」説とも言うべき肯定的国土観が流布し、多くの宗教テキストに散見される。この問題についての一端は、貞慶の『舎利講式』と覚憲の『三国伝燈記』の言説に関わって、本書第一部第四章で論じる。なお、中世法相宗における玄奘と『大般若経』の問題については、中野玄三「「玄奘三蔵絵」概説」（『玄奘三蔵絵　下』中央公論社、一九九二年）に言及あり。

(23)『弥勒如来感応抄』(注(5)平岡著書)所収。
(24)『弥勒如来感応抄』所収。法華八講については、小峯和明「中世の法華講会」(『国文学　解釈と鑑賞』六二巻三号、一九九七年)を参照。
(25)『讃仏乗抄』所収。「異域」や「異朝」などは貞慶の著述にしばしば見え、後述する「神国」の対観念としてある。
(26)本書第一部第三章を参照されたい。
(27)『弥勒如来感応抄』所収。
(28)南都再建が王法と仏法の密なる連携によってなされたことは、前注(14)近本論文参照。
(29)山田昭全・清水宥聖編『貞慶講式集』(山喜房、二〇〇〇年)所収。
(30)『後鳥羽院庁下文案』(『鎌倉遺文』一〇六三号)。また後鳥羽院は自ら書写した瑜伽論供養のため笠置に臨幸している。源通親やその兄弟である興福寺別当雅縁、さらには後鳥羽院の近臣で九条家の家司でもあった民部卿長房(覚真)ら権力者と貞慶の繋がりは、前注(18)上横手論文で詳しく分析されている。
(31)『願文集』(『続群書類従』二八輯上)所収。
(32)牧野和夫・田口和夫「東寺観智院蔵『〔貞慶抄物〕』一帖・影印」所収。
(33)『平安遺文』補一二一号。
(34)『諸山縁起』(日本思想大系『寺社縁起』)所収。
(35)『大日本仏教全書』一一八巻所収。また貞慶は道賢の他界巡歴譚を『春日大明神発願文』や『別願講式』にも取り込み、「今所二準拠一専在二彼事一」と重視している。「一代峯縁起」と道賢については、阿部美香「浄土巡歴譚とその絵画化——メトロポリタン美術館本『北野天神縁起』をめぐって——」(『説話文学研究』四五号、二〇一〇年)を参照。
(36)前注(5)豊島論文参照。
(37)貴紳の笠置参詣については、後注(57)を参照。
(38)『表諷讃雑集』(『続真言宗全書』三一巻)所収。
(39)後注(42)菊地著書参照。

(40) 中尾堯「重源の宗教的系譜」(『中世の勧進聖と舎利信仰』吉川弘文館、二〇〇一年)を参照。「勧進」の本来の語義は物質的喜捨を求めることではなく、信仰を布教する意味である。中ノ堂一信「中世的「勧進」の形成過程」(日本史研究会史料研究部会編『中世の権力と民衆』創元社、一九七〇年)を参照。また中ノ堂氏は勧進聖の存在形態を分析する中で、諸国遊行の山岳修験者的勧進聖が寺院修造・写経・造仏などの勧進にあたっていたことを指摘している。笠置山にもそうした宗教者が多く集っていたものであろう。中世の勧進については、原田正俊「重源・鑁阿と勧進の思想」(伊藤唯真編『日本仏教の形成と展開』法藏館、二〇〇二年)も参照。

(41) 『鎌倉遺文』一五九二号・補三〇八号。

(42) 菊地大樹「持経者としての重源」(『中世仏教の原形と展開』吉川弘文館、二〇〇七年)を参照。本書は中世の法華持経者について広く論じており、慈円・後白河院・源頼朝らも持経者として把握している。

(43) 上妻又四郎「貞慶と神祇信仰――釈迦信仰の展開を中心に――」(『寺小屋語学・文化研究所論叢』二号、一九八三年)四頁参照。

(44) 近年、金沢文庫から『春日御本地尺』『舎利発願』『社頭発願』『法華転読発願』という四種の新出資料が発見され、高橋秀栄「笠置上人貞慶に関する新出資料四種」(『金沢文庫研究』二八六号、一九九一年)に紹介されている。いずれも外題に「笠置上人」と銘記されており、四種とも称名寺二世長老劔阿の筆になるものゆえ、その書写期は鎌倉中期～後期に遡る。『春日御本地尺』については、すでにこれが貞慶の作であり、後に彼が『春日権現講式』を編む際の素材として活用していることが明らかにされている。ニールス・グュルベルク「貞慶の春日信仰における『春日御本地尺』の位置」(『金沢文庫研究』二九五号、一九九五年)を参照。『舎利発願』は花園大学図書館今津文庫蔵『解脱上人御草』にも収録されており、杉崎貴英「高山寺方便智院伝来『上人御草等』(抄)――解脱房貞慶関係史料の紹介と翻刻――」(『博物館学年報』三三号、二〇〇二年)を参照されたい。また杉崎氏は同書の筆跡は鎌倉時代に遡るのではないかと推定している。そして詳述は避けるが『社頭発願』も断簡ながらも内容的に貞慶作として矛盾ないものと思う。

(45) 『貞慶講式集』所収。

(46) 『讃仏乗抄』所収。

(47)『弥勒如来感応抄』所収。
(48)『弥勒如来感応抄』所収。
(49)ニールス・グュルベルク「解脱房貞慶と後鳥羽院」（前注(11)『中世文学の展開と仏教』）。また天竺における仏法の衰退について、『撰集抄』巻四―八話には「神明「中天竺の仏法は跡もなし。祇園精舎は虎狼のふしど、白鷺池は草のみ茂り、流砂もはげしく、葱嶺も昔に似ず。仏法すべてかたなし。たゞとまれ」と御託宣侍りければ……」（岩波文庫本、一九七〇年）と、神に語らせている。
(50)岡田荘司「『神祇講式』の基礎的研究」（『大倉山論集』四六輯、二〇〇一年）。
(51)前田雅之氏は、鴨長明以降の増補の可能性が高い『発心集』巻八跋文や、鎌倉末～南北朝初期成立とされる『寝覚記』には、天竺の仏法は衰退したが本朝は神国ゆえに王法・仏法ともに繁栄するという認識が見られることを指摘する。「中世説話集の神々」（『国文学――解釈と鑑賞――』六〇巻一二号、一九九五年）参照。笠置時代の貞慶による天竺仏法衰退／日本（神国）仏法興行という日本国優位の言説は、こうした説話集に先駆けるものである。
(52)この点は、末世・末代・辺土・凡夫の意識が強く表出した、貞慶の著作中ことに名高い『愚迷発心集』（これも本来は神仏に向けられた表白文である）と相違するところである。また貞慶と並び称される明恵の場合、彼の『十無尽院舎利講式』からは神国日本という観念では容易に代替し難い、天竺という理想的外部世界への憧憬が窺える。
(53)本書第一部第四章を参照。
(54)上記三件の資料は、『弥勒如来感応抄』所収。
(55)富村孝文「貞慶と同朋の弟子たち」（立正大学史学会創立五十周年記念事業実行委員会編『宗教社会史研究』雄山閣、一九七七年）に指摘あり。
(56)前注(19)伊東論文参照。
(57)権力者の笠置参詣には以下のような例がある。醍醐天皇・菅原道真（『笠置寺縁起』延喜年中）、円融天皇（『百練抄』永延元年〈九八七〉十月十七日条）、藤原道長（『御堂関白記』寛弘四年〈一〇〇七〉六月八日条）、藤原頼通（『笠置寺礼堂修造勧進状』）、藤原宗忠（『中右記』元永元年〈一一一八〉閏九月二十七日条）、後白河院（『玉葉』安元二年〈一一七六〉十一月条）、慈円（『玉葉』元暦二年〈一一八五〉八月二十三日条）、藤原定家（『三長

記』建永元年〈一二〇六〉四月十二日条）、後鳥羽院（『承元四年具注暦裏書』同年〈一二一〇〉九月）。国家を志向する貞慶の再興運動にも、摂関期・院政期における権力者の笠置参詣は重要な先例であったに相違ない。すでに貞慶入寺以前にも鳥羽院庁によって絵図に基づき笠置寺の四至が確定され殺生禁断が布かれたり（『建久八年二月付大和笠置寺大法師等解案』〈『鎌倉遺文』九〇二号〉）、あるいは鳥羽天皇の天仁年中に宣旨を得て礼堂がある程度修造された（後に火災で焼亡）ことも分かる（『建仁三年二月付笠置寺住僧等解』〈『鎌倉遺文』一三四三号〉）。

(58) たとえば十三重塔に関わる『貞慶敬白文』の「卿相之家、貴女之室……」については、鳥羽院の皇女八条院（暲子内親王・一一三七～一二一一）とその周辺を指している可能性がある。時代が下るが『笠置寺縁起』には、「建久七年〈丙辰〉発二当寺興行之大願一……時レ于八条院御随喜之余、伊勢国蘇原御厨地頭職被レ付二于当寺一者也」とある。蘇原御厨は『八条院領目録』（『山科家古文書』国立公文書館内閣文庫蔵）に所見する。そして正治二年（一二〇〇）に、八条院女房三位局（以仁王との間に仁和寺宮道性・三条姫宮を儲け、九条兼実と再婚し九条良輔を儲ける）が、美福門院（鳥羽院の妻）の菩提と八条院の二世御願を祈り、笠置で瑜伽論供養を行った際の『笠置寺修善願文』も伝来する（『願文集』〈『続群書類従』二八輯上〉）。さらに『建仁元年僧貞慶寄進状案』（『鎌倉遺文』一二四〇号）では、「本主比丘尼」（八条院女房堀川局）が、般若台の霊山会談義料として笠置に所領（水田一町）を寄進している。このような女房の行為からも八条院が笠置の貞慶を経済的に支援した蓋然性は高かろう。また「建久七年〈丙辰〉発二当寺興行之大願一」からは、同年に勧進が開始され九年に落慶した笠置寺十三重塔を類推せしめる。また法華八講にも権力者からの料田寄進が、当然なされたはずである。八条院の周辺をめぐっては、龍野加代子「八条院領の伝領過程をめぐって」（『法政史学』四〇号、一九九七年）、櫻井陽子「以仁王の遺児の行方――道尊、道性、そして姫宮――」（水原一編『延慶本平家物語考証　四』新典社、一九九七年）、中川真弓「八条院三位局関係願文考――資料としての『菅芥集』――」（『軍記と語り物』四四号、二〇〇八年）などがある。

(59) 貞慶の宗教活動における民衆性をめぐっては以下のような見解が提示されてきた。富村孝文氏は「貞慶の聖的性格」（『社会文化史学』一三号、一九七六年）で、貞慶の宗教活動における民衆性は比較的希薄と述べたが、上田さち子氏は「貞慶の宗教活動について」（『ヒストリア』七五号、一九七七年）で、たとえ当人が庶民性に欠けたとしても、その思想・行動が民衆の実態を捉えている場合があり、貞慶は民衆の生活の場を知り、それに基づいて宗教活動の場を選んでいたとする。また伊東和彦氏も前注(19)論文で、月一回一升の供米は一年で一斗二〜三升となり、これを安定的に継続供給しうる階層は荘官・名主クラスと想定できるので、笠置の勧進僧グループを庶民的と判断し、貞慶自身も庶民を対象に勧進活動を行ったと考えてもよいのではないだろうかという。だが保井秀孝氏は「貞慶の宗教活動」(『日本歴史』二二四号、一九八一年)で、結局貞慶の活動の基盤となったのは、朝廷・貴族・武士等の有力者が中心であったと論じた。

(60)　下間一頼氏は前注(5)「貞慶研究の課題」で、笠置における貞慶の雑多で多様な宗教性や伊勢(天照)への言動は、「笠置寺伽藍の整備を円滑に実現させるためのネットワークを結び、なおかつ取り巻く人々、周辺の宗教者へ配慮しながら講式や願文の作成に取り組んでいったこと」に起因する、あくまでも時期的で状況的なものと論ずる。本章はそれを否定はしないが、むしろ注目すべきは、雑多で多様な宗教性と見えるものや伊勢(天照)への言動などが、すべて笠置寺を肯定的国土観表明の舞台へと作り変えてゆくための要素であったという事実に示される、当該期の貞慶が有した明確な宗教構想の所在ではないだろうか。また下間氏は前注(5)「遁世の論理と地域社会」で、貞慶の住した笠置寺と、そこからさらに彼が晩年に移住した海住山寺という二つの遁世先について、その地域的な差異について考察している。海住山寺については後考を期したい。

(61)　こと新しく言うまでもなく笠置時代の著作『興福寺奏状』(日本思想大系『鎌倉旧仏教』所収)における、専修念仏批判の論点の一つは「国土を乱す失」であった。王法仏法相依論を堅持し、優越的な〈日本〉に思念を凝らす貞慶にとって、専修念仏は国土の秩序を揺るがすものとして指弾されるべき対象に他ならなかった。

(62)　本章では紙幅の都合により貞慶の笠置寺経営の実態面についての踏み込んだ分析は省いているが、実際、笠置寺の経済基盤は、関係文書が充分に残存していないためきわめて不明瞭である。たとえば『建仁元年僧貞慶寄進状案』に笠置寺の所領関係文書は「悉所レ納二当山宝蔵一」とあり、一定の荘園文書が存在したに相違ないが、おそらく元弘の合戦の折に笠置山は全山焼失し宝蔵の文書も灰燼に帰したものと思われ、かの法華八講の料田に関する文書も管見に及ばないのである。そのため後鳥羽院に安堵された霊山会の料田である般若台領に関するものなど、伝存する荘園文書はそのごく一部と推察されるが、そこからも国衙・在庁官人の侵害によって動揺する荘園領有権の安定化に腐心するといった、積極的な寺領経営に関わる貞慶の姿がある。他方で建久八年の『大和笠置寺大法師等解案』によれば、二年ほど前から春日社の散在神人が、笠置の寺領を侵犯するなど複雑な問題も存したことが垣間見える。建久七年に貞慶が春日社を笠置における自己の拠点たる般若台の側に勧請したことは意味深かろう。

(63)　久野修義「中世寺院と社会・国家」(『日本中世の寺院と社会』塙書房、一九九九年)などを参照。それらのパターンと笠置寺を詳しく比較する作業も必要となる。

(64)　美術史の側からも、貞慶周辺の造形作品に宋風の影響が指摘されている。瀬谷貴之氏は、重源との交流による宋風の影響を十三重塔に確認しており(「貞慶と重源をめぐる美術作品の調査研究――釈迦・舎利信仰と宋風受容を中心に――」〈『鹿島美術研究』年報第一八号別冊、二〇〇一年〉)、藤岡譲氏も貞慶の中国仏教への憧憬を指摘する(「解脱房貞慶と興福寺の鎌倉復興」〈『学叢』二四号、二〇〇二年〉)。また横内裕人氏は、重源が自己の入宋求法という体験に基づき、「独善的唯日本仏教盛栄観」の風潮を批判し大陸仏教を再評価しており、栄西にもそれを見ることができると述べている。そして重源は宋仏教の導入を通して理念上では天竺へ繋がろうと試みたのであり、それは南都復興を通した日本の仏法の正統性の回復であり、〈始源への回帰〉であったと総括している(「東大寺の再生と重源の勧進――法滅の超克――」〈『日本中世の仏教と東アジア』塙書房、二〇〇八年〉)。前注(51)にも関わるが、重源経由で宋文化を受容した貞慶は、しかし入宋体験を伴わなかったため、彼にとっての仏法の〈始源への回帰〉というベクトルが、日本国の始源たる天照大神を呼び起こし、むしろ「神国＝仏国」観という独善的唯日本仏教盛栄観へと落着し、宋朝も「異域」でしかなかったことはいささか皮肉な結果であったと評せようか。少なくとも「大国」たる宋朝が笠置において克服されたことは、龍華会という儀礼に明らかであった。こうした貞慶の思想からは、本来、仏の救い難い辺土ゆえに、神祇によって救済されるという意味での否定的国土観であった「神国」が、肯定的国土観へと転じてゆく過程を如実に見ることもできる。この他に顕密仏教の観念的世界構造に占める「日本国」の位置を、宋との対外交渉を通じて分析した上川通夫「中世仏教と「日本国」」(『日本中世仏教形成史論』校倉書房、二〇〇七年)がある。

(65)　重源による東大寺復興については、上横手雅敬『権力と仏教の中世史』(法藏館、二〇〇九年)に詳しい。

補記1　本章では笠置山における天照大神の意義を重視したが、それは貞慶が春日神よりも天照大神をより深く信仰したというような意味ではない。中世における天照信仰の多様な展開については、伊藤聡「天照大神＝大日如来習合説をめぐって（上）」（『茨城大学人文学部紀要（人文学科論集）』三九号、二〇〇三年）などを参照。なお「中世南都の天照」という問題については、特に霊山縁起の世界に注目しつつ別稿にて分析する予定である。『諸山縁起』など大和国霊山の体系に関しては、川崎剛志「『諸山縁起』の基礎的研究」（科研費報告書『大峯の口伝・縁起形成に関する文献学的研究――『諸山縁起』を中心に――』二〇〇五年）といった成果が進展しつつある。

補記2　『笠置寺沙門弁慶奉唱』『笠置寺住侶弁慶敬白』の弁慶だが、貞慶没後の承久元年（一二一九）に、東福寺開山の円爾弁円が東大寺で出家した際の『沙弥円爾戒牒』（『鎌倉遺文』二五五二号）に、「……東大寺大徳教俊律師　東大寺大徳弁慶律師……」として戒師（大十師）に名を連ねていることから、東大寺堂衆（法華堂衆か中門堂衆は不詳）でもあったことが分かる。本寺である東大寺の学侶クラスの僧が補任される座主・別当らに統括された笠置寺の構成員に、東大寺の堂衆クラスの僧が含まれていたのである。また南都授戒会に参仕する興福寺・東大寺の堂衆は、春日山を行場とする修験者でもあった。貞慶と修験（中世初期南都における霊山のネットワーク）の問題が浮上してくる。貞慶・堂衆・修験については、前注(59)上田論文、神谷文子「十五世紀後半の興福寺堂衆について」（『史論』三九号、一九八六年）、徳永誓子「修験道当山派と興福寺堂衆」（『日本史研究』四三五号、一九九八年）などを参照。なお前注(57)(62)でも触れたように『建久八年二月付大和笠置寺大法師等解案』という文書があるが、大法師位は学侶よりも下位の凡僧および堂衆クラスの僧位である。諸国から蝟集する勧進聖や持経者を別とすれば、笠置寺僧団を構成する主体（笠置寺供僧）はこうした堂衆たちであったろう。

補記3　貞慶のような理想的国家への報恩思想を、同じ法相宗において古代に遡ると、善珠の『本願薬師経鈔』に「何以報二天朝慈悲一、謝二君王徳一。是故大衆深照二此意一。欲レ奉レ厳二聖朝之大願一、報二国家之広恩一……」（『日本大蔵経』九巻、一五四頁）といった説が確認できる。

第二章　『春日権現験記絵』の貞慶・明恵説話とシャーマニズム

——憑依・託宣説話から講式儀礼へ——

はじめに

この章では貞慶（一一五五～一二一三）と春日信仰について論じてゆく。彼の遁世の問題と『沙石集』『春日権現験記絵』所収説話を主な素材として考察し、次章の『春日権現講式』の分析へと繋げたい。そこには春日神に憑依され託宣を受け取るシャーマニックな貞慶像が浮上してくるのであるが、仏教民俗学の立場からの五来重氏による論及の他は、従来の説話文学研究においても貞慶説話に対し「シャーマニズム」という視点からの詳しい分析は充分になされていない[1]。貞慶は中世的春日信仰の組織者であり、その方法は何より春日神の講式作成に特徴付けられると言えそうである。そのような貞慶にまつわって存在する春日神の憑依・託宣譚には、講式作成が貞慶による春日神の探求であり神との深い交渉を孕んだ宗教実践であったという側面（次章参照）を、説話の側から示唆するものがあるのではないだろうか[2]。

伝貞慶作三段『弁財天講式』の奥書には、「この一則は解脱上人貞慶の撰する処なり。上人、つとに弁才天女を尊崇し、かつて大和州天河の神祠に詣で、宵を通じて修法す。感得する処ありて、よって期して文を撰び、諸祠の中に納む」とある。また一段『舎利講式』の奥書には、「依二春日大明神御所望一解脱上人被レ書二進之一。其夜以二微妙御声一被レ遊レ誦云云」とあって、特に「其夜以二微妙御声一被レ遊レ誦」のように、正に神自身が貞慶に作成させた式文を読誦している。詞章を読誦するという声（音）の儀礼である講式は、神の〈声技〉ともなるのである。(3) そして天理大学図書館本『春日権現講式』〔一七五―イ一三〕の奥書には、「大徳鳥羽覚融僧正、法義之春日権現講式為レ誦二読之一、百日参二籠於而安居屋一、沐浴済戒而感二得法身之義一」とある。これは、仁治元年（一二四〇）に明恵の弟子であった恵日房成忍が記したものであり、『春日権現講式』の作成者はここでは貞慶ではなく鳥羽僧正覚融とされているが、済戒して安居屋に籠もり百日間、ただひたすら『春日権現講式』を読誦し、「法身之義」（おそらく「春日神の真容」といったような意味か、あるいは本地仏の意味か）に達したことは、神と通じる呪的な〈コトバ〉＝儀礼言語としての講式の在り様を明示している。いずれも後世の伝承というべきものであろうが、神からの霊感・神秘的宗教体験を得て講式が作成されるといった語りの中にこそ、儀礼テキストたる講式の性格の一端が覗いて見えるのであり、それらは貞慶が『神祇講式』冒頭の表白で「神冥无二于外一、恭敬者、則顕二於祭席一、浄土非二于遠一、勤行者、則在二於道場一」として、〈神・仏・浄土〉＝聖なるものが講の現場に顕現すると語るような、儀礼のリアリティーに根ざして発生した、単なる「伝承」を超えた宗教言説なのである。(4)

さて貞慶への春日の憑依・託宣譚が見える資料として、弘安六年（一二八三）に成立した『沙石集』と延慶二年（一三〇九）に完成した『春日権現験記絵』はつとに知られている。『沙石集』は『春日権現験記絵』に先駆けるものだが、『春日権現験記絵』生成の素材としては、現存しないが貞慶自身が収集した春日霊験譚である『御社験記』（『笠置上人之旧記』とも）の存在が常々指摘されている。五味文彦氏は、この『御社験記』に対して、貞慶の孫弟子であり彼の思想を継承して中世法相教学を大成したと評価される良遍（一一九四～一二五九）の弟に当たる、尊遍の周辺で〈二次験記〉が編まれ、それが『春日権現験記絵』へと繋がってゆくことを論じている。

そして『春日権現験記絵』の貞慶にまつわる春日の憑依・託宣譚について、貞慶の「託宣日記」のごときものの存在を五味氏は想定し、中世末期の興福寺僧多聞院英俊の『英俊御聞書』（東大寺図書館蔵）には、貞慶が建久六年（一一九五）に春日神の「生身ノ御体」を拝したという記録を、良遍が建長三年（一二五一）に書き記したと見えていることから、貞慶のことをよく伝えていた良遍が、「託宣日記」に関与していたのではないかと指摘する。[5]これらは『春日権現験記絵』と貞慶の密接な関係をめぐる非常に重要な視点である。つまり春日神の憑依・託宣は、『沙石集』『春日権現験記絵』以前の貞慶自身に、少なくともその周辺に根拠を持つものである可能性が考えられるからである。また後述するが、建久七年に春日神が貞慶に憑依して笠置山へ勧請されたことは、良遍と密な交渉を有した東大寺僧宗性（一二〇二～七八）の『啓白至要抄』第一（東大寺図書館蔵）の、「解脱御房勧請之時童子御肩乗御事（御共覚眼房見之事）」の項に見えている。

『春日権現験記絵』巻十六は四段構成であり、貞慶の身に起きた春日の憑依・託宣説話を三つ（建久六年・同七年・正治元年）と弟子璋円の堕地獄説話を記録している（建久七年の事例のみが『沙石集』と同話である）が、正治元年の憑依・託宣説話には、後述するように講式儀礼の形態的反映が見られるというきわめて重要な指摘がなされている。春日神に憑依されることは正に神秘体験であるが、そこに講式の影を読み込む時、貞慶の『春日権現講式』の聖なるコトバ（表現）を根底で支えている「信仰の深み」が仄見えてくるようである。かかるシャーマニックな現場に、講式作成の契機の一端を想定することも、あながち不当とは言えないだろう。

その意味で、さらに同時期の春日信仰者として著名な明恵の伝記や説話とも仔細に対比してゆくことが意味を持つ。彼の春日信仰も正にシャーマニズム的であり、実際に春日の憑依・託宣を目の当たりにするという宗教体験を契機に講式を作成しているのである。かくして中世における南都の春日信仰をめぐるシャーマニズムという興味深い問題が、春日の講式を従来のような唱導文芸というカテゴリーだけではなく、宗教体験と不可分にある儀礼の側から分析してゆく際の一視角となり得る可能性を指摘したい。

一　春日の冥告――貞慶の召命体験

貞慶已講来、件人可二籠居一云々、仍為レ尋二其事一、所二相召一也、申旨条々、仰旨種々、大略依二冥告一、所二思立一歟、意趣尤可レ貴、其上猶余仰旨等、大略重可レ祈二請大明神一之由也……是則仏法滅相也、可レ悲々々

と、九条兼実は日記『玉葉』の建久三年（一一九二）二月八日条に記している。[6] 貞慶が『大般若経』を納入した般若台に関する『笠置寺般若台供養願文』にも、

伏願、当初窃有レ啓二春日大神一、願生々加二護我仏道一、即転二般若理趣分一、其後自然企二写経事一、大功将終之比、一百日間屢詣二社壇一、其年之春漸遁世累、次歳秋以蟄居[7]

とあり、『玉葉』の記事を裏付けるとともに、『大般若経』書写の発願、そしてその完成が、笠置遁世と直結していることが知られる。[8] 百日間の社参により、春日神から授かった「冥告」の具体的内容や、その時の状況は明らかではないが、中世に通有の夢告という形式であったと考えて大過ないだろう。そして春日神の冥告により、突然、彼は興福寺での立身栄達へのルートを擲ち、官僧の地位を捨てて笠置山に入り、「遁世聖」という生き方を選択することになったのは紛れもない事実である。

　貞慶は生来、病弱であり早くから遁世の意思を懐いていたこと、興福寺学侶の在り方への批判、すでに冥告の以前から、笠置山の聖集団に着目していたことなどが指摘されているが、[9]「遁世僧となって笠置へ向かえ」、そのよう

に春日神が冥告をもって彼に命じたのであって、ゆえにそうするしか選択肢は無かったのだ、という理解は閑却されるべきではない。貞慶にとって神の冥告は決定的であったはずだ。貞慶は『大般若理趣分奥日記』に「然間去去年秋移二住当山一以為二終焉之地一」(10)と、その覚悟のほどを記している。

建久三年の春日の冥告は、三十八歳という、当時、決して若くはなかった貞慶の後半生を決定したと言ってよい。抜き差しならない春日信仰の比重がここに認められよう。兼実は貞慶の遁世を仏法破滅の相であるとまで語り悲しんでいるが、神に名指しされた貞慶をどうすることもできなかったのだろう。また「大略重可レ祈二請大明神一之由也」とあるのは、兼実が再度、神に祈請するよう貞慶を説得した結果であろう。重ねての祈請であり文脈的にも、冥告は一度きりではなかったようである。そこからも、貞慶にとっての笠置遁世の重みが窺える。ともかく春日神からの「冥告」は彼にとって真に重大な意味を持ち、「召命体験」としてあったとしても過言ではない(11)。そしてそれはすぐさま、親鸞の「六角堂夢告」や、一遍の「熊野神託」といった偉大な宗教者の生涯の一大転機＝回心の体験を想起させるものである。参籠を通して直接個人にもたらされる宗教体験である夢告は、中世人を突き動かす力であった。貞慶は紛れもなく中世の宗教的エートスの中を生きていたのである(12)。

さて「召命体験」の翌年、建久四年秋に貞慶は笠置に移住する。彼の実質的な宗教活動は、これ以降活発に展開されるのであり、遁世僧としての第二の宗教人生をスタートさせたのである(13)。熱烈な春日信仰者であった貞慶は、人生の岐路において道を指し示した春日神を笠置へと勧請する。それは至極当然のことである。貞慶は後年、さらに海住山寺へと移住するが、そこにも春日神を勧請している。後世の資料であるが『元亨釈書』の貞慶伝に依拠しつつ、やや文飾を施したものとされる海住山寺文書の中の『解脱上人伝』には、

上人自二移住一、従二三笠山一、神鹿来二于爰一再三、或時老人乗二于彼鹿一、威儀粛整来。上人奇レ之問、老人答、吾

従二春日山一来矣。祝二彼老一、鎮二座于爰一。或時、明神慕二上人盛徳一来二臨松樹一。故名二影向松一(14)

とある。春日神の影向とは、春日社の勧請を意味するし、また『海住山寺五箇条起請文』は貞慶寂年に作成された遺誡であるが、末尾に、

以前五箇条大切也。至要也。仍乍レ臥二病席一、令二人記一レ之。凡獅子之身中虫、能喰二獅子一。可レ滅二我寺一者只寺僧也。観音・大明神御罰深可レ想レ之(15)

と記されている。観音は補陀落浄土に擬せられた海住山寺の本尊十一面観音を指し、また春日四宮の本地仏は十一面観音説が主流であった(16)。ここでは春日神は観音とともに、海住山寺僧団の共同体規制として、起請文の中で機能しているのであるが、正に「如レ影随行不二暫離一」(17)という存在、貞慶の精神的支柱として春日神はあったことが確認できる。では以下に説話テキストにおける貞慶と春日神について見てゆこう。

二　『春日権現験記絵』巻十六の貞慶説話をめぐって

1　憑依・託宣と本地仏感得

無住が弘安六年に撰した『沙石集』巻一―五には次のように記されている。

解脱上人、笠置ニ般若台ト名付テ、閑居ノ地ヲシメテ明神ヲ請ジ奉給ケレバ童子ノ形ニテ、上人ノ頸ニ乗テ渡ラセ給ケリ。御詠有ナリ。ワレユカン　行キテ護ラン般若台　釈迦御法ノアラン限ハ　或時般若台ノ道場ノ虚空ニ、御声バカリシテ　我ヲシレ　釈迦牟尼仏ノ世ニ出テ　サヤケキ月ノ世ヲ照ストハ……(18)

『沙石集』はこのように簡潔に述べるに留めているが、これに比して『春日権現験記絵』（以下『験記』）巻十六の

二段は、その過程をより詳細に記しており、貞慶のイメージを考える上で非常に興味深いものである。

笠置般若台の鎮守に春日大明神を勧請したてまつらむがために、小社を一宇造営す。建久七年九月二十七日の夜、同朋等を引率して当社に参詣す……上人御榊をうけとりて、南門の楼門の外の両脇に置たてまつりて、若宮の御前にまいりて拝殿に候ほどに、心中に心ならず歌を詠ぜられけり、「我ゆかむ　ゆきてあがめむ」とてしばし有て又、「般若台」といひつ、かくて上人下向せらるるに、拝殿の北のほどにて、にわかに物のうちおほふやうに覚えて、目くれ心きえて、頂上両所ゆひ（指—筆者補）にてさすやうに、甚をもし、又さきのようにをのづから「釈迦の御のりのあらんかぎりは」と詠ぜらるれば、たち帰て若宮の御前へまいりて後、同朋真恵房御榊をあらこもにつつみて、いだきたてまつる、御さかきにとびうつらせ給ぬと覚えて、上人の頭上はかろがろとなりぬ、さて真恵房是をもちたてまつりて、笠置の八町坂を身もすずしくかろがろとして一度にやすまずのぼりける……或時、上人夢想にての中に御声ありて和歌を詠せ給ふ、「われをしれ　釈迦牟尼仏の世にいでて　さやけき月のよをてらすとは」とて、又同御声にて今様をうたひ給ひ、「鹿島の宮よりかせ木にて　春日の里をたずねこし　昔の心もいまこそは　人に初めて知られぬれ」となむ見給ひけり(19)

一見したところ、『沙石集』の内容を潤色し増幅させたものが『験記』の説相であると言える。『験記』は中世における貞慶像の集大成であり完成形態かと判断される。『験記』を一つの終着点とする貞慶関連説話の生成と展開については先行研究の蓄積もあり、今ここではこれ以上は立ち入らない。貞慶説話の具体相をどこまで貞慶自身に遡及させられるか明確には論じ難いとはいえ、中世南都寺院圏における貞慶像を知るには格好の素材である。

まず『沙石集』には記されていないが、『験記』では春日勧請を建久七年九月二十七日の夜のこととしている。

次に『験記』では一御殿（一宮）を拝した後、若宮を拝しており、その際、貞慶は「心中に心ならず」歌を詠んでいる。それは上句に当たるが、続いて突然、何者かに覆い隠されるように感じ、視界が真暗になり意識が朦朧とし、両肩がはなはだ重いという状態が彼の身体に襲いかかる（『沙石集』でも神は貞慶の頸に乗っている）。そこで貞慶は明らかに春日神（若宮）に憑依されているのであり、神霊と一体化した際の生々しい身体感覚や意識変容が描写されているわけである。このようなリアルな憑依体験の筆致は、神仏の霊験説話においてもあまり類を見ないものと思われるが、憑依を実際に体験する宗教者（行者・巫女など）に取材したものだろうか。

そして『験記』では貞慶に憑依した神は、先の貞慶の上句に対して下句を加えており、連歌の形式によって神とのコミュニケーションが成立しているようであるが、「先のやうにをのづから」とあることを考えると、「心中に心ならず」詠んだ上句も、神に憑依されたため「おのづから」出たのであり、実はすでに神の詠んだものであったとも受け取れる。「我ゆかん」というのも神の意思であるから、上・下句ともに神の詠んだものとしている『沙石集』のほうが本来の形であろう。

続いて貞慶に憑依した神が憑坐である榊に飛び移ると、貞慶の頭上は軽くなったとされている。この時、神から神託としての和歌を貞慶が感得した場が若宮であったことは、きわめて重要な意味を持つ。『沙石集』が神を「童子ノ形ニテ」としていることも、これと照応している。中世南都において特に春日若宮は童子形の託宣を下す神として広く認識されており、また春日社の中でも庶民的な信仰の色彩を有した場であった。多くは種々の神詠の形で下された、若宮の託宣を取り次ぐ媒体としての「若宮拝殿巫女」の存在に今、貞慶は重なるかのようである[20]。さらに『沙石集』では神は始終、貞慶自身を憑坐としているが、先に見たように『験記』では神霊を榊に移して笠置に赴く。

このパターンは春日社最大の祭儀として知られる、「若宮おん祭り」との類似性を指摘できないだろうか。若宮信仰は院政期頃から春日のみならず、八幡・賀茂など諸大社にも見られる中世的な神祇信仰である。春日のおん祭りでは数日に亙って多彩な祭儀が行われるが、何と言っても、おん祭りの開始を告げる深夜の遷幸の儀は重要である。若宮信仰とは神が生命を更新し、新たな活力を得るという「御生れ《みあれ》」の思想に基づくものであり、おん祭りもそうした要素を色濃く内包している。生まれ変わり霊威を賦活させた神は、年に一度だけ遷幸の折に神殿内部の深い闇の中から顕世に出現する。そして若宮の神霊を寄り憑かせた鏡の取り付けられた榊を擁き、御旅所まで闇夜の遷幸に供奉することは若宮神主にとって最大のハレの舞台であった[21]。むろん、人々は御神体を直接目にすることはできないのであるが、神の遷幸を中世人は「身の毛もよだつ[22]」と表現し、そこに神の臨在性を確かに感受していたのである。

神が憑依した瞬間のあの実に重苦しい描写は、若宮の灼然たる荒魂の発動に貞慶の身体が引き寄せられ感応してしまったことを仄めかしているようである。これに対し帰路、弟子の真恵房が神の宿った榊を擁いて、通常は七、八回も休む笠置の険しい山道を軽々と登ってゆく様は対照的に映る。むろん神霊の出現は通常夜が多いのだが、笠置への勧請が夜に行われ、それが憑依を特徴とする若宮であったこと、また『中右記』保延二年（一一三六）九月十七日条には「春日若宮始レ祭、自今以後長為二式日一之由被二仰下一」とあり、笠置への勧請がおん祭りと同月に設定されていることなどから（現在は十二月に行われる）、おん祭りにおける深夜の遷幸の儀が、この説話に投影されたものと解したい。春日の勧請説話には、春日社の最もシャーマニックな若宮信仰の強力な磁場が、その背景に横たわっているものと察せられるのである[23]。

『験記』は続けて笠置の場面へと移り、引用資料の中略した部分に、新たに神が笠置に鎮座したことを示す夢想が貞慶と同朋にもたらされたことを記す。さらに続けて『験記』では「夢想にての中に」、『沙石集』では「般若台ノ道場ノ虚空ニ」神の声がして重要な神詠が感得されている。「仏智の光明をもって衆生を救済するため娑婆世界に出現した釈迦、それこそが私であることを知れ」といった意味の歌である。つまりここで神は、はっきりと己の本地仏が釈迦であることを貞慶に明かしているのである。[24] 春日本地説は、藤原摂関家の守護仏である興福寺南円堂の不空羂索観音を本地とする説が院政期には成立していた。これに対し鎌倉最初期に、召命体験を有する貞慶が釈迦本地説を高唱してゆく。そのことは笠置遁世を起点に南都仏教復興運動を担うことになる、彼の行業にいかにも似つかわしい。そして古代的な氏神信仰の枠組みを超えてゆく、春日信仰の姿をここに認めることができる。こうした春日本地説の展開は、中世南都の幕開けを告げる一つの符牒でもあったろう。

　また同時に神は今様一首も詠んでいる。神の隠された真の姿を見出すこと、それは春日神の神性探求に他ならない。自ら神がかる貞慶は春日神との深い交感を経て、その本地仏を感得するに至ったと語られているのである。貞慶がはじめて本地としての釈迦を感得し、その新たな春日信仰が、彼の笠置遁世を契機に推進されたのだ、という理解が、「人に初めて知られぬれ」という今様の表現に示されているものと見える。

　次章でも言及するが、笠置遁世期に作成された三段の『春日権現講式』には、垂迹たる春日神を賛嘆する一段の「讃二垂迹方便一」から、二段の「明二五所本地一」への移行部分で、「もし機根漸く熟して、見仏聞法の時に堪へば、早く本地の相海を顕はして、たちどころに微妙の浄土を現じたまへ」という、春日五所の神々の本地仏を求め祈り出さんとする特徴的な一節が嵌め込まれている。[25] 貞慶による春日本地仏探求の実践が如実に示された表現であり、春日の召命体験を有する貞慶にとって、春日神の真の姿を探求してゆくことは必然的な信仰の深まりである。これは『本朝神仙伝』『続本朝往生伝』に登場する真縁・日蔵・泰澄といった、「本覚」（本地仏）を尋ねて神社に籠もり、夢想の中にこれを感得する僧侶たちの伝承に連接するものと位置付けられよう。[26] 吉原浩人氏は、これを院政期の「始原探究エネルギー」と評され、本地を知ることのできる泰澄らを「異能者として他界とのコミュニケーションが可能な人物」と論じている。[27]それは本章の視点からは「シャーマニックな行者的存在」とも換言できるものである。泰澄らの姿に仮託的に象徴される僧侶たちと、貞慶の『春日権現講式』における本地探求の呪言が、宗教実践として通底していると見るならば、「垂迹神から本地仏へ」という神祇系講式に特有な一つの構造は、一回的で固有な本地の探求—感得という出来事の〈様式化〉と解することができる。講式が宗教儀礼のテキストである以上、その様式生成の背景に〈起源的〉な意味での宗教実践が措定されるのである。実際に、永仁三年（一二九五）に中臣祐永が書写した『春日社私記』の「御本地事」[28]を見ると、

一御殿ハ解脱房上人の本地講式にハ尺迦とのせられたり、彼上人ノ夢想に、その中ニ詠て云、我をしれ尺迦牟尼仏の世にいて丶さやけき月のよをてらすとハ、もしこの夢のつけニよりて尺迦と件式にのせらる丶歟

と記されている。「本地講式」とは『春日権現講式』を指していることからも、[29]貞慶の本地感得という宗教体験が講式に刻印されている、あるいはかかる宗教体験を契機に講式が作成されたと認識されていたことは、ここからも理解されるのである。

本話は、若宮に象徴される春日神が貞慶に憑依して笠置へ勧請されたことが実に詳細に生き生きと語られるが、『沙石集』では勧請場面は詳しく語られず、笠置における本地仏の感得に主眼が置かれているように、『験記』でも最終的な本地感得へとストーリーは収斂してゆくのである。そこで特に若宮が強調されるのは、若宮のみが笠置に勧請されたということではない。[30]それは貞慶の呪能を際立たせるためであり、若宮の憑依と笠置勧請のくだりは、貞慶の本地感得という結末に必要な設定なのであって、『続本朝往生伝』『本朝神仙伝』の行者たちと、『春日権現講式』において本地を希求し祈り出す貞慶、そして『沙石集』や『験記』などで本地釈迦を感得する貞慶は、イ

メージの同一位相に存している[31]。

以上、春日勧請と本地感得の部分を中心に見てきた。順序が前後するが、その前年にも貞慶は憑依・託宣を体験していたことが巻十六の一段には記される。

建久六年九月の比、大和国宇陀郡にて上人病脳のついでに大明神託宣の事ありけるを、病者心の中に、もし大明神まことにつかせ給ば本心をうしなふべきに、さもなきこそ、うたがわしけれと、不信に覚えけり、さる程にやがて又御託宣ありて、汝はきわめたる不信の者なり、神明をうたがうものかは……[32]

とある。貞慶は神に憑依されるのだが、正気を失わなかったためこれに疑いを懐き、神から激しく叱責されたのである。先掲した二段の春日勧請に伴う憑依の場面では、身体と意識の異変が記述されていた。建久六年時は、こうした強烈な異変が無かったということであろう。ここでは託宣の内容は不明だが、憑依・託宣現象には疑念が持たれる場合があることと、貞慶は病の内に神の憑依を体験したことに注意しておきたい[33]。

2　憑依・託宣と講式儀礼

そして同じ巻十六の三段には、

正治元年の秋、解脱上人笠置の草庵にておもくなやみ給けるほどに、八月二十七日酉時ばかり、よのつねならぬけしきいできて、房中の人をあつめて、いそぎ房所をそうぢし、浄衣を着して大明神の御坐とおぼしくて、俄に礼盤のうえに錦の切をしきて、同朋とともに灑水して香呂を取り、威儀をととのへて惣礼あり、この詞にいはく、南無恩徳広大釈迦無尼如来、南無甚深妙典唯識論、南無護法等十六大菩薩、戒賢玄奘供導高祖大師、其の後香呂をささげて、釈迦弥勒は其体これおなじ、本師は円寂ののちすなわち弥勒として世に住し給、霊山

知足は其所不二なりとの給て、又御声たかく朗詠などのように詠て、中宗のことを御讃嘆あり……(34)

とあって、中宗（法相宗を意味する）の三国に亙る伝灯を語ってゆく。さらに神は続けて、貞慶が遁世したことを実に惜しいと思ったこと、院政期の碩徳である蔵俊を継いで中宗興隆のために教義書（『唯識論尋思抄』を指す）を抄出すべきこと、釈迦・弥勒念仏を修し往生を祈るべきだが学問にも充分な時間を割くべきこと、伊勢大神宮は仏法の守護神であることなどを託宣する。

この正治元年（一一九九）秋の場面は、本章においてきわめて重要な部分であるが、実は少々、詞書の意味が取り難い箇所である。つまりここではすでに検討した二例と同様に貞慶の身体に神が憑依し貞慶の口を介して託宣しているのか、あるいは錦の切を敷いた御坐である礼盤に神が直接示現し、貞慶はこれに対して同朋とともに香炉を取って礼拝し託宣を聞き取っているのかという問題であり、肝心な託宣の主語（主体）が不明瞭なのである。もし前者であれば、貞慶に憑依した神が霊媒たる貞慶の口を通じて、彼へ向けた教誡的な託宣を下すのは、いささか奇異にも思われるかもしれない。だが、『験記』一巻三段「金峯山御幸事」にも、春日社に参詣しなかった白河院に春日神が直接憑依し、白河院の口を通じて白河院を咎める託宣を下すという例もある。そこで『春日権現験記絵』は絵巻であるので、それに対応する絵を確認しよう。すると斜め上から描かれたその構図では、僧房の屋根によって礼盤に座した僧形の人物の顔がちょうど隠れるようになっている。香炉を手にして礼盤上に座す僧形は、示現した神そのものが描かれていると解説される場合があるが(35)、その場合、画面には四人の僧侶が描かれており、礼盤上の神の正面に座し合掌している僧侶が貞慶となろう。ただしその僧は香炉を持っておらず、また巻十六の一段や二段に描かれていた貞慶と年齢は近いようだが同一人物かどうか判別しにくい。

むしろ貞慶が香呂を手にしているとも詞書にもあるのだから、香炉を手に礼盤に座す顔の隠れた僧形は貞慶その人ではないか。たとえば阿部泰郎氏は、貞慶が「笠置で俄に例ならぬ気色となり、大明神の御座をしつらえて着座し、導師自身が神の躰で惣礼の詞をいだし、釈尊と法相の祖師を勧請する」(36)と述べている。つまり貞慶自身が神の座をしつらえて導師としてそこに着座し、同時に憑依されているので神の躰でもあったということである。『験記』全二十巻を見渡すと、春日神は僧形ではなく衣冠束帯を正した公卿の姿で出現することが一番多く、あるいは高貴な女性や童の姿をとるのである。僧形で現れる例がこの他に二例ばかりあるがそれは夢の中での示現であり、直接的な示現ではない(37)。すべての場合がそうであるわけではないが、神の顔を直接描くことを憚るのが『験記』の表現の特徴であることはすでに指摘されており、神が憑依した人間の場合も顔をあえて描かないことがある(38)。巻八の四段では壱和僧都が、春日神ではないが熱田神の憑依した巫女と対面し託宣を得ており、やはり社の回廊の庇によって巫女の顔が隠れているのである。やはり阿部氏の解釈は妥当であり、憑依された貞慶は神そのものと化しているので、その顔を直接描かなかったのだと判断される。

先述のようにこの三段には、法相讃嘆の文や、「汝てらをはなれし時、我いかばかりかおしかりし、おしみしかどもちからなし……」、また「本師の名号を念じて、臨終正念・上生内院ととなへよ」「大神宮は仏法をまもり給ことと我にすぎましませり」といった言葉が記されるのだが(39)、それらは霊媒である貞慶がさながら神の態で発したものであり、自身に向けられたものであるばかりでなく、彼を取り巻く笠置山の信仰共同体の成員全体に向けられた託宣（教誡）でもあった。そこから僧団の指導者としての貞慶が強烈なカリスマを有する人物として描かれていることが諒解され、神の座である礼盤上の貞慶は正に春日神に変成を遂げているのである(40)。

実はこの巻十六の三段における神の託宣では、最後に「今度の病は我のつくる所なり」(41)と神が明かしており、聖なる病と言える。一段・三段の憑依現象はともに貞慶の病悩に際して発現している。おそらく一段の病も神によってもたらされた病である可能性が強い。神の憑依の際に病にかかるというパターンは説話類には散見されるものであるが、この貞慶の場合などはシャーマンの成巫過程に特有の、いわゆる「巫病」を思わせるものがあろう。以上のように『験記』の内容分析から浮上してきた貞慶像は、法相の学僧であるとともに、むしろ春日神を我が身に憑依させる紛れも無くシャーマニックな姿であり、また換言すれば己の身体を介して直接的に神と交渉し、さらには本地仏の領域に達する呪能を有した験者的な姿であった(42)。中世春日信仰における夢告と憑依・託宣のアンソロジーである『験記』の中から抽出されたその像がシャーマニックなものになることは、ある意味で当然なのだが、それが中世南都寺院圏で伝承・享受された貞慶のイメージであった事実は軽視できない。

その時、阿部氏によるもう一つの指摘が、本章にとって閑却すべからざるものとなってくる。それは朗詠のごとき神の〈声技〉によって法相讃嘆の詞が述べられた後に、「ついで説かれる表白は、たちどころに神託の詞となり貞慶への教誡である。それは、道場に神を勧請し、讃嘆し祈願する、講式の法則にかさなっていると察せられる」という一文である。正治元年の憑依・託宣譚に、講式儀礼の投影を見ることができるのである(43)。さらに近本謙介氏も「講式の場に類似する仕儀が取り込まれ、惣礼に始まるなど、この影向の場が講式実践の場として現出し、それを文字化しているのがこの霊験譚であるとすれば、『験記』本文の位相についても考えさせられるものである」と述べている(44)。これは神の憑依・託宣と何か特定の講式が実体的な関係にあることを示すものではないが、憑依・託宣の在り様と講の式次第とが、儀礼的構造において一致し得る性質のものであるという認識を、説話という手段によって『験記』が表現していることに、何より注目しなくてはならない。

神が影向し貞慶に憑依して、讃嘆・託宣・教誡する場が講式の儀礼空間と重なり、その講の導師は貞慶であり同時に春日神でもあった。神仏が勧請され顕現する講式という儀礼の本質構造を、この正治元年の説話は雄弁に物語っている。貞慶が自ら作成した春日の講式などを用い、実際に導師となって講を修したことは容易に想定される。神が貞慶に憑依し、貞慶の口を借りて貞慶への託宣を下すという、いささか奇異にも見えるこの説話の結構は、講式を作成し導師を務める貞慶と神がかる貞慶が、講式と憑依・託宣の儀礼的一致という認識の下に混融した産物であり、かかる混融が少なくとも説話の上では何ら奇異ではなかったことを示しているのである。

そして先述したように、自らが唱導した本地釈迦説を含む春日本地仏顕現の「仕組み」を、儀礼の次第として巧みに構造化した講式の作成を通じて、貞慶は中世の春日信仰を隆盛に導こうとしたと言えるし、『沙石集』『験記』に収録された春日神の憑依・託宣譚の〈祖型〉、すなわち「託宣日記の如きもの」が貞慶の周辺に遡り得るであろうことも五味氏の想定するところであった。こうした要素を考え合わせる時、本地仏感得説話や講式儀礼の投影された憑依・託宣説話に顕著である、シャーマニックな春日信仰者たる貞慶像を充分に踏まえておくことは重要なのである。中世南都寺院圏における春日の講式の実践現場を、宗教儀礼としてのリアリティーを取り逃がすことなく動態的《ダイナミック》に捉えることは、講式に対して唱導文芸というカテゴリーとは異なる、「読み」の地平を開示してゆくための前提的作業となる。

三　説話と伝記資料に見る明恵と春日神

1　建仁年中の憑依・託宣

以上のごとき春日神との深い交感は一人、貞慶にのみに留まる事象ではない。貞慶と並び称された高僧であり、『沙石集』巻一―五話で春日神から「わが太朗」と呼ばれたことでも知られ（貞慶のほうが十八歳も年長だが「次郎」

とされる）、熱心な釈迦信仰者であった、かの明恵上人高弁（一一七三〜一二三二）にまつわる春日の霊験もまた濃厚なシャーマニズムのベールに覆われているのである。そして彼は貞慶同様に秀逸な講式を多数残した人物であり、春日神との対面を契機の一端として作成された講式も実際に存在するのである。『験記』は巻十六を貞慶説話に充て、続く巻十七（全三段）と巻十八（全五段）が明恵説話となっている。南都系とはいえ法相宗興福寺の僧ならぬ明恵の説話が、その分量において貞慶説話を上回っている。

さて巻十七は、明恵の天竺渡航を春日神が制止するという著名な内容であるが、『沙石集』のほうは、

明恵上人、渡天ノ事心中バカリニ思立給ケルニ、湯浅ニテ、春日ノ大明神、御託宣アリテ止メサセ給ケリ。彼ノ御託宣ノ日記侍リトコソ承レ。ハルバルト、ハナレ給ハン事ヲ、歎思食ス由アリテ、御留アリケルコソ、哀レニ覚レ(45)

と簡略に記す。釈尊在世を思うあまり一世一代の渡天計画を企てた明恵であったが、それを止めた神の存在が、彼の生涯の中で実に大きな比重を占めていたことは貞慶同様である。後述のように自らその託宣を記録するとともに、明恵没年をさして下らない時期に成立した直弟子喜海による『明恵上人行状』（『仮名行状』）によれば、明恵は春日山を末世の霊山浄土（天竺霊鷲山）として、また仏舎利を春日の神体と見てゆくことで釈迦への恋慕を補完・代替させている。彼も貞慶の説く本地釈迦説に基づく春日信仰の影響下にあったと思われる。

明恵が京都を離れ故郷である紀伊国白上に居していた時期、建仁二年（一二〇二）正月二十六日と二十九日の二回、橘氏女に神が憑依し託宣があったと『験記』は伝えている（実際は建仁二年ではなく、三年のことと考えられている）。橘氏女はそれに先立ち八日間に亙り神降ろしのための精進潔斎（加行）を行うが、その様は、

水漿をたちて食事におよばず、家のうちのもの不食のやまいかなと疑う程に、顔色すべてたがわず、つねより

も肥満してみえけり、毎日湯をあみて読経念仏しけり、諸人あやしみて、こたふるやう、われなにごとをも思わず、ただ三宝の境界のみ心にいりて世法に染まずといえりというものであった。最後の一文は仏教的なコードで叙述されているが、むろん遁世や厭世観を語るものではなく、変性意識の表現と解される。そして憑依の際には新しい筵を障子の鴨居の上に掛けて、その上に登って明恵に渡天を思い留まるよう託宣する。なお彼女は懐妊していたと記されているのだが、昇降は自在であったという(46)。

二段・三段は一続きの場面となっており、渡天を止められた明恵が託宣の内容に疑念を懐いたため橘氏女に、再度、神が降るのだが、簡略な一段と比して叙述が詳細である。

御音につきて妙香いよいよにほふ、その香沈麝などのたぐいにはあらで、こく深きにほひすべて人間の香にあらず、諸人感悦にたへず、御手足をねぶりたてまつれば、あまきこと甘葛などのごとし、その中に数日口のうちをいたむものありける、ねぶりたてまつりてたちまちにいえてけり、人々きをひねぶれども、慈愍の御気色にて、さらにいとはしげにもおぼしめさず、御身うごかず色相あざやかに白くして水精のごとし、すべて御形体凡類にあらず、御眼まじろかず、御眼広くながくして黒眼はすくなく白眼はおほし(47)

という具合である。橘氏女の身体から発せられる妙香は、神現前の証でありその聖性の発露として明恵をはじめ周囲の人々にも感受されており、その身体を舐めることで病も治癒することが示されている。また傍線部は仏典に類似の表現が指摘されるものであるから(48)、やはりトランス状態にあることの仏教的なコードによる叙述と言える。

続く巻十八では二段に「さきの女房、例のようにして、大明神をりさせたまいけり」とある他はすべて、明恵の夢中に神が示現している。巻十八の四段では、明恵は渡天制止の託宣の際に、春日社に参詣することを約束していたので、建仁三年二月に春日社に詣で、次いで貞慶と対面するために笠置に赴き舎利二粒を譲られている。そして五段では「やがて参社して御前にて眼を閉じて法施をたてまつりて、眠れるがごとくにしておはすれば……」と、再び春日社に詣でて法施すると夢告を得、そこで舎利を貞慶から譲られたのは神の意志であったことを悟る。さらに「かならず権現の御身此舎利にいりいさせたまへ」と一心に祈願し、瞑目のうちに「大明神左の脇にちかくたちそいて立」つのを見たことを、春日（神）と舎利（釈迦）が一体化した証としている。ここでの法施の作法は夢告という神との回路を開くための技法である。このように神意を解し、舎利に神そのものの霊威を籠めることが可能な明恵の呪能が鮮やかに示されている。

これらの内容は、明恵自身の著わしたテキストである『秘密勧進帳』と、それをもとに明恵の没年か、その翌年に喜海が著わした『明恵上人神現伝記』（以下『神現伝記』）や、同じく弟子の高信の『明恵上人行状』（『漢文行状』建長七年〈一二五五〉）の中にも詳しく見られるものである。『沙石集』に「彼ノ御託宣ノ日記」とあったが、『神現伝記』奥書にも、「上人自筆之記」なるものの存在が示され（『秘密勧進帳』を指すか）、さらに憑依・託宣は密事であるからたやすく他言してはならないとも喜海は念を押している。貞慶の場合以上に明恵については彼自身の手になる確実な典拠が存在するのであり、また『明恵上人神現伝記』と『験記』の詞書は類似している[49]。

さて明恵説話において憑座となる女性は、明恵の伯父である湯浅宗光の妻、糸野御前である。『神現伝記』および『験記』などでは、「橘氏」と表記されているが、この橘氏女は『験記』巻一の一段にも同名の巫女が登場している。『験記』における憑依と託宣の歴史の冒頭に位置し、神自ら慈悲万行菩薩という菩薩号を名乗る、いわゆる「承平御託宣」に関連して、

神殿鳴動して風吹、子時に橘氏女宝前にて声をはなつ、神殿守ならびに預などをあつむれば、おのおのつつしみおそれて候……即ち御託宣云、我ははやく菩薩に成にけり、しかるを公家いまだ菩薩号を得しめざる也……

と、新たな春日神の神格を知らしめる重要な存在としてその姿を見せる。橘氏女には春日社の巫女の象徴的存在としての意味があるようで、ここでは糸野御前は正に春日巫女としての役割を果たしている。

御前はもちろん職業的な巫女ではないが、『明恵上人行状』によればすでに十二、三歳の時に「霊物」に憑かれて以来「邪気」に悩まされており、明恵が加持したところ、「毘舎遮鬼」であることが判明する。明恵はその鬼と問答の末、施餓鬼供養を行うことを条件に、鬼から御前の命を救っているのである。やはり彼女はモノに憑かれやすい巫女的性質の持ち主であり、「悪魔憑き」と「聖なる狂気」は紙一重であった[50]。また河合隼雄氏は「宗光の妻は母性的な像と明恵と同年輩のペアとしての女性像との中間的存在としての意味を持つもの」と述べている[51]。筆者はここで、さらに明恵と御前の関係に「神がかる巫女─神がからせる司霊者」というセット型シャーマンの基本構造を読み込むことが可能と考える。

2　「司霊者」としての明恵と講式

セット型シャーマンは現在でも日本の民間信仰の中に見られる形態であるが、一例として中世の春日社の場合を確認しよう。岩田勝氏によれば『験記』の冒頭の「承平御託宣」以外の場面で巫女が現れるのは、いずれも若宮に関わる場面に限られており、一宮から四宮を祭った大宮での巫女の託宣は見られないという。そして若宮の拝殿に伺候する巫女の主な職掌は春日社の祭神（とりわけ若宮）を自身に憑依させ託宣を告げることで、憑依に際しては「神楽男」の囃子によって巫女が舞い、そのトランスの中から神楽男の問いに応じる形で託宣がなされ、そのプロセスを「神楽」と称したことが論じられている[52]。ここでは神楽男が司霊者に該当する。

『明恵上人行状』に見られた毘舎遮鬼の事例は、修験者による憑物落しと同類のものであり、そうした修験者は憑座としての専属巫女とペアを組んで行動していた。中世の春日社周辺でもこうした光景が存在する。『験記』巻六の二段、巻十三の五段、巻十五の六段、巻十六の四段などには、巫女の側に僧侶が描かれており、加持を行って巫女を神がからせ、その言葉を受け取る験者的存在であると判断され、[53]そうした憑祈禱は春日山で山林修行を行い呪力を得た修験者でもある興福寺の堂衆らによって担われたと思しい。[54]明恵が直接、御前に対して「神降ろし」などの神霊操作を行ったと『験記』には記されないが、紀州白上の場合の明恵は巫女からの託宣を聞き取り解釈を施して伝える「審神者《さにわ》」の役割を負っていることは明らかだ。そして春日社の神楽男もそうであるように、おおむね神がからせる者は巫女から託宣を導く審神者を兼ねており、つまりそれが司霊者の役割なのである。

さらに明恵に司霊者的な性格を窺ってみよう。巫者の身体は神仏とともに魔縁をも引き寄せるものである。渡天制止の託宣の場合、『神現伝記』によると正月二十六日の神託のみでは明恵自身も明らかに「実否ワキマエガタキニヨリ」と疑念を懐いており、[55]同朋とともに『華厳経』の転読を行い再度の神託を請うて、二十九日の二度目の神託となるのだが、今回は同時に注意深く対策を施して「天魔悪鬼ノ降難ナラハ、必ス眼前ノ治罰ヲ加エ給へ」とも祈っている。「眼前」とあるのは生々しい。治罰は他でもない霊媒たる御前の身体に加えられるからだ。

渡天制止神託の後に春日神（と住吉神）の社を故郷の紀州に建立するに際して、明恵は自ら『秘密勧進帳』（元久二年〈一二〇五〉十二月）を著わし、[56]そこで春日勧請を発願した経緯として、件の渡天制止神託について記すのだが、その中で御前の憑依・託宣について「窃依㆓聖教之説㆒、粗勘㆓邪正之相㆒、与㆓善神降臨之相㆒、一々以符合」と書き付け神託の正当性を仏典に求めている。「託宣」の内包する危うさが窺えるとともに、憑依・託宣の真偽を確認する〈知〉が要請されていることが知られる。『秘密勧進帳』はその目的からも、「善神降臨之相」をつぶさに記すものではないが、たとえば密教経典『蘇婆呼童子請問経』には、「阿尾舍法」という童子に神霊を憑依させ三世のことを予言させる秘法が説かれ(57)、正しく神霊が憑依したかあるいは魔が憑依したかを見分ける特徴などが記されている。明恵は真言密教に通暁しているため、かかる実践知を当然保持していたと見てよい。

さらに同テキストには「其後応二祈念一重垂二降臨一説二影像之形儀一教二図絵之軌則一」とあり、再度、御前に神を憑依させ春日神影の作成についての仔細を教授されてもいるのである。

則任二明神之口説一、顕二真身之形体一、霊像為レ体也、頂上髪表二三仏一、身服示二聖儀一、是断二疑惑於魔網一之標識、凝二正信於仏境一之宝印也、当レ知二三世仏駄同一之体、十方僧伽無二之形一也

とあって、そこで感得された春日神は過去・現在・未来の三世の諸仏にも等しいほどの存在とされている。こうしたことから『験記』ではさほど明確に記述されていないが、明恵は春日神を「祈念」によって降臨させることが可能であり、霊媒から託宣を導きその真偽をも決する立場にあり、超越的な春日神の真容さえも感得し得る境位にあることが諒解される。ゆえに明恵は司霊者的なのである(58)。

以上のように貞慶・明恵ともにその篤実な春日信仰は、きわめてシャーマニックなものとして語られている。それは明恵については、説話以前の彼自身の宗教体験に確固たる根拠を持つものであるが、貞慶に関してもそうした状況をある程度、想定しておくことは重要であろうと思う。そして貞慶は神に憑依される霊媒を自ら演じるが（しかもその憑依・託宣は突発的に起こっている）、明恵の場合、神の託宣は巫女的な女性を介してもたらされるのが特徴で、自身は決して憑依されることがなく醒めているという鮮やかなコントラストが、この両者の間には認められるのだ(59)。ちなみに神に直接憑依される僧侶は『験記』の中では貞慶ただ一人であり、そのことの意味も看過できないが、最後に貞慶同様に、明恵についても講式の問題に触れたい。

貞慶の憑依・託宣譚と春日の講式儀礼の間に窺われる、水面下の繫脈とでも言うべき点についてすでに論及した

が、明恵もまた御前の憑依・託宣を一つの契機として実際に講式を作成しているのである。それこそが現在も厳修される『四座講式』の原型となった、全七段からなる長大な『十無尽院舎利講式』（憑依・託宣の同年である建仁三年八月撰）なのである。(60) 釈尊恋慕の思念を披瀝してやまないこの講式の第五段は「当会舎利縁起門」であるが、そこで『秘密勧進帳』『神現伝記』『明恵上人行状』『験記』と同じく神の憑依・託宣の顚末から、春日社に詣で舎利を感得するまでの一連の動向を詳しく記している。この『十無尽院舎利講式』の「当会舎利縁起門」こそ、これらのテキストのオリジンなのである。ここでは舎利を実際に明恵に伝授した貞慶のことには一切触れないため、御前への憑依・託宣を経た上での明恵の春日社参詣が、末法における釈尊の形見である舎利の感得と『十無尽院舎利講式』の作成（＝舎利講の実修）に直結するという認識が表面化する形であり、「当会舎利縁起門」において神の憑依・託宣は、講式の由来を説く縁起語りの位相にある。そのことは明恵にとって、貞慶がここでは春日神からの舎利を「仲介」する程度の位置付けになっていたことを示唆する。

また「当会舎利縁起門」に「託宣之儀式厳重掲焉……来臨之数一夜三度……集会之人七八十人……」とあるように、貴賤上下・道俗男女が結縁に駆けつける神の憑依・託宣の現場は正に非日常の儀礼空間だったのであり、春日神から拝受したものと明恵が認識した舎利を本尊とする舎利講の儀礼は、「託宣之儀式厳重掲焉」という、紀州での正月二十六日の神顕現空間に通底しているとも言える。少なくとも明恵のシャーマニックな体験は、釈尊への思慕に貫かれた『十無尽院舎利講式』の一角を確実に占めているのである。

そして『神現伝記』によれば、明恵は正月二十九日に起きた二度目の春日託宣に際して、春日神の「御形像ヲ図シ奉テ……講演ノ本尊ニ懸ケマイラセム」という意向を春日神に語ったという。『漢文行状』巻中の元久元年（一二〇四）正月二十九日条には「行㆓大明神講㆒〈問答、講也〉其後終夜誦㆓五教章㆒」とあるので、それは『華厳経』の問答を行い、夜を徹して『華厳五教章』を読誦する儀礼であった。明恵はさらに「毎年今夜降臨ノ日ヲ迎ムコトニ、カナラス講演ヲコナヒテ御法楽ニ備ヘ候ハム、必今夜降臨ノ如ク来臨アルヘク候」と述べ、神は「我等ハシカノ如キノ仏事ノトコロニイタラサルコトナシ、イカナル処ヘモ来臨候ナリ」と答えている。これはある固有の時間・空間において生起した神の憑依・託宣の現場を、儀礼として形式化することで、春日神の来臨の反復・再現的な追体験を可能にするものと言え、「当会舎利縁起門」にも、そうしたリアリティーを、『十無尽院舎利講式』の儀礼空間の全体に及ぼす仕組みが認められよう。

「当会舎利縁起門」は「南無帰命頂礼和光同塵利益衆生春日権現」の南無伽陀で締め括られており春日神へ向けられたパートであるが、明恵は『春日大明神講式』そのものも作成している。高山寺伝来のこの講式は現在所在が不明であるが、明恵は当初の渡天計画断念の後、元久二年（一二〇五）の春以降に再度、渡天を計画するも釈迦如来・善財五十五善知識・春日神の三箇所で籤を引き、ことごとく不可となり断念している。そして同年に『春日大明神講式』を作成したことが『春日住吉宝殿造立勧進状』から判明する。[61]戦時中に『春日大明神講式』を実見した中野達慧氏は、『秘密勧進帳』と『春日大明神講式』の首尾は同文であると報告している。[62]おそらく『春日大明神講式』をもとに、ほぼ連続するように『秘密勧進帳』も著わされたのである。[63]『秘密勧進帳』は建仁年中の渡天制止の託宣のことのみを記し、元久二年の籤による渡天断念については一切記していない。建仁年中の託宣がやはり重い意味を持っていたのであり、中野氏の記述によるならば、元久二年の渡天断念を受けて作成された『春日大明神講式』も、内容的には建仁年中の渡天制止託宣という春日神との交渉体験を刻印したものと考えられ、すでに成立していた『十無尽院舎利講式』の「当会舎利縁起門」のサブテキストのごとき位置付けとなる。そして『春日大明神講式』を用いた講の実修は、専門的な問答講である「大明神講」の簡易化された儀礼という意味もあるだろう。

おわりに

以上、貞慶・明恵説話にシャーマニズムの視点からアプローチした。ポイントは以下の五点である。

1、春日神に憑依され託宣する「巫者」として現れる説話上の貞慶
2、本地仏を探求する行者の存在に繋がる構造を有する『春日権現講式』を作成した貞慶
3、憑依・託宣の現場と講式の儀礼が重ねて叙述される貞慶説話
4、「司霊者」としての明恵
5、憑依・託宣の時空を講式儀礼に組み込んだ明恵（宗教体験の儀礼的象徴化）

本章では、シャーマニックな説話の貞慶が、春日の講式というテキスト、その言語表現の世界を宗教儀礼の側から読み解くための、一つの導き手となる可能性を提示した。また明恵の事例も、シャーマニズムの形態については、これを司霊者と見ることで貞慶と興味深い対照が示されながらも、やはり憑依・託宣の宗教体験と講式儀礼との確たる脈絡を知らせてくれることを論じてきた。如上の考察によって、本章の劈頭に掲示した講式をめぐる神秘的な諸言説が生ずる所以も改めてよく首肯されるのである。そこで次章では、いよいよ『春日権現講式』の内部世界へと迫りたい。

注

（1）　五来重「『春日権現験記絵』の夢想と託宣」（初出一九七八年）、同「宗教史と絵巻物」（初出一九八〇年）を参照。ともに五来重著作集第四巻『寺社縁起と伝承文学』（法藏館、二〇〇八年）に再録。またシャーマニズムという視

点からではないが、筒井早苗「春日明神と貞慶・明恵」（『説話文学研究』三四号、一九九九年）も関係する論文である。

（2）日本のシャーマニズムに関する近年の研究史は、佐々木広幹『神と仏と日本人』（吉川弘文館、一九九六年）他、重厚なものがあるが、本章では「可能性としてのシャーマニズム」という視点で日本の宗教・文学を新たに読み解く、岡部隆司・斎藤英喜他『シャーマニズムの文化学』（森話社、二〇〇一年）に多くを学んだ。また小峯和明氏は、「法会文芸の提唱――宗教文化研究と説話の〈場〉――」（『説話文学研究』三九号、二〇〇七年）で、「神分はいわば神仏の守護神を法会の場に勧請して邪魔を排除し、場を浄化して結界（バリアー）を作る所作の儀礼であり……もちろんこれらの守護神の様相は常人の眼には見えないものであり、それ故託宣を施したりもするわけで、導師ら法会を遂行するシャーマンの超越力が必須とされるのもそういう背景があった……法会には常人の視野に入らぬあらゆる衆生、〈冥〉の異界の存在もまた多く参集し聴聞していた、と信じられていたことを示す」（一一頁）と、誠に貴重な指摘を行っている。本書序章を参照。

（3）『弁財天講式』『舎利講式』ともに山田昭全・清水宥聖編『貞慶講式集』（山喜房、二〇〇〇年）所収。

（4）本書第一部第三章参照。

（5）五味文彦『『春日験記絵』と中世』（淡交社、一九九八年）参照。近本謙介氏は「春日をめぐる因縁と言説――貞慶と『春日権現験記絵』に関する新資料――」（『金沢文庫研究』三〇二号、一九九九年）で、貞慶の弟子・覚真などにも注目して『春日権現験記絵』成立過程の問題をさらに追及している。

（6）国書刊行会本を使用。

（7）『讃仏乗抄』第八（『校刊美術史料　寺院篇下』中央公論美術出版、一九七六年）所収。

（8）平岡定海『日本弥勒浄土思想展開史の研究』（大蔵出版、一九七七年）参照。

（9）富村孝文「解脱上人貞慶の笠置隠遁について」（『日本歴史』三四八号、一九七七年）。

（10）前注（8）平岡著書、五六九頁。

（11）津田博幸氏は、神仏からの働きかけは受け取る側の能動的意志と無関係に、神秘と交感する宗教者にもたらされるもので、彼らはそのような絶対的受動性を根底に抱えていると述べており、けだし至言であろう。前注（2）

『シャーマニズムの文化学』、七一頁参照。

(12) 石田尚豊氏は「従来貞慶の隠遁が、春日大明神の冥告という、瞬間的な啓示にのみ原因がきせられていたのは、前後脈絡のない玉葉の簡略な記事の故」とされたが、瞬間的な啓示の重みは充分に認識される必要があろう。石田尚豊「貞慶の笠置隠遁について」（『日本歴史』三号、一九五九年）参照。

(13) 遁世後の笠置における宗教活動の具体相については、前章「貞慶の笠置寺再興とその宗教構想」を参照。

(14) 近本謙介「貞慶伝とその周辺」（『仏教文学』二四号、二〇〇一年）の翻刻から引用。

(15) 『日本大蔵経』「解脱上人小章集」所収。

(16) 『海住山寺置文』によれば、同寺に勧請された春日社には神人六名が常駐しており、笠置寺般若台の側に貞慶が勧請した春日社にも鎌倉期を通じて祭祀のため本社の社家が定期的に訪れていることが、続史料大成『春日社記録』一～三に収められた社家の日記に散見される。たとえば『中臣祐春記』正応三年正月五日条など。

(17) 貞慶による初期の春日の講式の一本である、『別願講式』三段中の一節。

(18) 日本古典文学大系本、七一～七二頁。

(19) 『験記』は神道大系『春日』所収本（一四五～一四七頁）を使用。なお『験記』とその成立をめぐる先行研究としては、前掲の五味氏・近本氏の研究の他に近藤喜博「春日権現験記の成立」（『日本歴史』一二六号、一九八六年）、小島さえ子「春日権現験記絵考」（『史窓』四〇号、一九八三年）、高木豊「『春日権現験記絵』詞書考――春日明神霊験譚の集成――」（江川義忠編『哲学と宗教』理想社、一九八三年）、ロイヤル・タイラー「中世の芸術と宗教」（『世界の中の日本　Ⅰ』国際日本文化研究センター、一九八九年）、竹居明男「『春日権現験記絵巻』の成立」（『日本古代仏教の文化史』吉川弘文館、一九九八年）、神戸説話研究会編『春日権現験記絵注解』（和泉書院、二〇〇五年）を挙げておく。

(20) 斎藤英喜氏は、神の下す「託宣」とは、神の側からの突発的な交渉の強制であり、強烈な神のパワーが剝き出しに現れてくるものとしている。神の荒ぶる力の発露が託宣であるという視点は興味深い。斎藤英喜「大祓と御贖儀」（『論集・神と天皇――祝詞と儀礼をめぐって――』古代土曜会、一九九〇年）参照。また若宮拝殿巫女と彼女たちの担う芸能については、岩田勝「春日社における神楽祭祀とその組織」（『民俗芸能研究』一三号、一九九一年）、阿部泰郎「中世寺社の宗教と芸能」（『聖者の推参』名古屋大学出版会、二〇〇一年）、松尾恒一「中世、春日社神人の芸能」（橋本政宣・山本信吉編『神主と神人の社会史』思文閣出版、一九九八年）などが有益である。

(21)　おん祭りについては多数の研究があるが、橋本裕之『春日若宮おん祭りと奈良のコスモロジー』（東京外国語大学アジア・アフリカ言語文化研究所、一九八六年）、安田次郎『中世の興福寺と大和』（山川出版、二〇〇一年）の第一章「春日若宮おん祭り」などを挙げておく。

(22)　二条良基『さかき葉の日記』（『群書類従』二輯）。春日神木動座に関する記述。

(23)　阿部氏は前注(20)「中世寺社の宗教と芸能」において、『験記』巻十六の貞慶説話に色濃く表出する連歌・今様・朗詠などの〈声技〉に、中世南都における芸能の本所とも言える春日若宮巫女の芸能世界と興福寺僧との接点を読み取っている。『春日権現験記絵注解』は、貞慶の憑依と春日勧請について一八五頁の脚注で、鹿島神が春日一宮として常陸国から遷座したこととの関係を指摘するが、本章ではむしろ「おん祭り」の投影を考慮に入れたい。

(24)　『続古今集』（文永二年〈一二六五〉）、『玉葉和歌集』（正和二年〈一三一三〉）などにも収録されている。

(25)　『春日権現講式』には五段式と三段式の二タイプが存在し、五段式にはこの一節がない。

(26)　貞慶の春日本地仏の感得は、『験記』前後の成立かと推定される、『古社記断簡』「御本地事」（神道大系『春日』所収）の「上人解脱房秘本地被レ奉レ顕二自然一」という一節にも繋がる。またこれに続く「諸説不同事」には「種姓法爾更相繋属之故、形状相似不二相障碍一、展転相雑為二増上縁一之故、応レ時随レ機示現不同也、或釈迦之釈迦、弥陀之弥陀、自二因位一至二果満一、今能生二種子一、格別故也、或釈迦之弥陀、弥陀之釈迦、和合故現レ之、自在故現レ之、釈尊成道、遠近共実義此心歟」とある。難解な教学用語で綴られた文であり、『論第十巻尋思鈔別要』などに見られる貞慶が重視した「多仏繋属」という法相論議に関わるものと思われるが、ここでは時期に応じ機根に随い示現する神の本地仏は本来不同であるという境位の説明となっている。本地仏は固定化しきれない〈可能態〉としてあるのであり、いかなる仏尊であれそれは宗教者個人の実践的探求により、「和合故」「自在故」に顕現・具体化した信仰の真実であるという高次の認識である。本地仏をめぐる神学的言説と評せようか。「諸説不同事」は貞慶の説であるか不詳ながら、『春日権現講式』作成の素材ともなった貞慶の『春日御本地尺』（『金沢文庫研究』二八六号、一九九一年に高橋秀栄氏による翻刻あり）の冒頭に、「当社権現五所ノ御本地、機ニシタカヒテ示所イニシヘヨリ不同ナリ、今一説ニヨリテ其功徳ヲアカシタテマツルナリ」とあることを勘案すれば、貞慶説の可能性はきわめて高かろう。

(27) 吉原浩人「神仏習合史上の大江匡房」(和漢比較文学会編『説話文学と漢文学』汲古書院、一九九四年)の一一六頁参照。なお『本朝神仙伝』の泰澄伝の場合、神は夢中に偈文をもって本地を明かしており、『沙石集』や『験記』における貞慶の本地感得の様相にも近似する。さらに『長谷寺密奏記』において、天照大神の本地として十一面観音を祈り出す神秘の修行者たる徳道上人の姿もこれに同じである。

(28) 神道大系『春日』所収。

(29) ニールス・グュルベルク「貞慶の春日信仰における『春日御本地尺』の位置——金沢文庫所蔵貞慶関係資料研究覚書(一)——」(『金沢文庫研究』二九五号、一九九五年)に指摘あり。

(30) 五来氏は前注(1)「『春日権現験記絵』の夢想と託宣」で、若宮の笠置勧請を強調している。

(31) 『本朝神仙伝』などを皮切りに、中世では他にも山王本地仏が探求され、また天照の本地として十一面観音が感得されるなどの諸事例がある。

(32) 神道大系『春日』一四四頁。

(33) なおグュルベルク氏は、建久六年の病悩に際して春日神の託宣があり、これを疑ったため神に叱責された体験が本となって、彼の初期の春日の講式である『別願講式』と『春日大明神発願文』が著わされたのではないかと指摘している。前注(29)グュルベルク論文参照。

(34) 神道大系『春日』一四五頁。

(35) 正木晃「図像学の世界——春日権現験記絵に見る神々の風貌——」(『〈日本の仏教5〉ハンドブック日本仏教研究』法藏館、一九九六年)など。

(36) 前注(20)阿部論文参照。山本陽子「春日権現験記絵に見る「神の顔を描くことをはばかる表現」について」(『美術史』四五巻二号、一九九六年)も、憑依された貞慶と解しておられる。

(37) 宮次男『春日権現験記絵』(『日本の美術』二〇三号、至文堂、一九八三年)の六〇頁、前注(35)正木論文の九六頁など。

(38) 巻四の六段、巻十五の五段では、ともに憑依者の顔は描かれている。
(39) 「我いかばかりかおしかりし」と言うが、貞慶は春日の冥告で遁世に踏み切っているので、これは説話上の改変である。
(40) シャーマニズムを背景とする表現においては、神霊と共同体を仲介する巫者が一体化するため、神による一人称の語りとなる。その結果、主語（主体）が不明瞭となる例は、古代の神話にも確認できる。
(41) つまり三段でもやはり貞慶は病に罹っているため、彼自身が神に憑依されていると解するほうが、病中の憑依を語る一段との関係から考えても整合的なのである。
(42) 法相教学の問題さえ憑依・託宣というシャーマニックな世界の中で語られるのである。そして見てきたように、貞慶は春日神憑依に際して病に見舞われる場合があり、これを巫病（聖なる病）と捉える時、法然の事例が想起されてくる。中村生雄氏は『三昧発得記』を用いて、浄土の観想者であった法然の観想念仏の世界の内側へと踏み込んでゆく。そこではテキストの言説に規制された法然の観想の行き詰まりが、〈病〉による身体的変調を契機として通常コースを逸脱し、新たな次元を切り開いたこと、またその過程で彼は半金色の善導との夢中対面により、心身ともに再生を経験したことなどが論じられ、こうした神秘的体験を経ることで得られた救いへの確信が『選択集』の論理へと結実したという。正に聖なる病＝宗教体験としての病である。「法然のヴィジョン――病の彼方から照らす〈聖なる光〉――」（『カミとヒトの精神史――日本仏教の深層構造――』人文書院、一九八八年）参照。
(43) 前注(20)阿部論文、一五六頁参照。
(44) 近本謙介「『春日権現験記絵』と貞慶」（前注(19)『春日権現験記絵注解』）二六四頁。
(45) 日本古典文学大系本、七〇頁。『古今著聞集』神祇第一にも同話が見える。
(46) 黒田日出男氏は絵画史料論の立場から、「異香とねぶる」（『姿としぐさの中世史』平凡社、一九八六年）で、この憑依・託宣の場面を分析している。
(47) 神道大系『春日』一五四頁。
(48) 『春日権現験記絵注解』二〇〇頁脚注参照。
(49) 『明恵上人行状』『神現伝記』は、『高山寺資料叢書』（東京大学出版会、一九七一年）所収。『明恵上人行状』は

『仮名行状』が先行し、これを漢文化したものが『漢文行状』であるが、『仮名行状』には春日の託宣の記事を含む中巻が欠落しており、『漢文行状』でこれを補える。これらの資料に記された春日託宣の文献学的研究としては、野村卓美「明恵上人伝記の研究――建仁三年春日大明神降臨を中心として――」（『北九州大学　国語国文』一〇号、一九九八年）がある。

(50) 池上俊一『身体の中世』（筑摩書房、二〇〇一年）、一八五頁。

(51) 河合隼雄『明恵　夢を生きる』（講談社、一九九五年）、二一四頁。

(52) 前注(20)岩田論文を参照。セット型シャーマンについても岩田勝『神楽新考』（名著出版、一九九二年）に詳しい。なおこの見解には最近、松村和歌子氏による反論が提示されている。松村和歌子「春日社社伝神楽の実像――近世から近代の伝承を中心として――」（『奈良学研究』三号、二〇〇〇年）、同「宗教者としての中世の春日巫女」（『国立歴史民俗博物館研究年報』一四二集、二〇〇八年）を参照。

(53) 特に『験記』巻十六の最終話である四段は、貞慶の弟子璋円について「南都に少輔璋円とて解脱上人の弟子にて碩学のきこえありしが、魔道におちて、或女人につきて種々の事ども申しける中に……」という死霊語りの段であり、絵は僧侶と女人が相座す場面を描く。璋円の死霊に憑依された女人の語りを聞く興福寺僧（霊を統御し得る行者的性格を有する人物）と解釈できる。

(54) 神谷文子「十五世紀後半の興福寺堂衆について」（『史論』三九号、一九八六年）。

(55) 貞慶の場合、憑依に疑念を懐いたため神に叱責されたことは、先述した。

(56) 『秘密勧進帳』は『明恵上人資料　第二』所収『明恵上人行状』（『漢文行状』）の報恩院本の別記として付載。

(57) 前注(19)『春日権現験記絵注解』二〇〇頁の脚注にも指摘あり。『大正新脩大蔵経』一八巻、七二八頁。

(58) 密教・修験とシャーマニズムの関係については、早くに堀一郎『日本のシャーマニズム』（講談社、一九七一年）が論じている。また岩田氏は前注(52)『神楽新考』で、「司霊者は、そのイニシエーション過程において神人合一や即身成神（入我我入）のエクスターゼ（エクスタシーによる遊行の旅）の幻覚体験を得て、みずからの守護神霊に同化し一体となりうる呪験を得るべきものとされ、そのような修行を経て、さまざまな神霊のはたらきを顕現させ、それらを操置し統御することができるものとされる」と述べている。明恵は真言密教を修めた神秘家でもあり、著名な『夢記』や観想行の実践に伴って顕れた奇瑞を記録した『華厳仏光三昧観冥感伝』などの関係資料群から、彼の司霊者としての「成巫過程」を分析する作業は別稿に譲る。

(59)『験記』の明恵説話群は、当初の『験記』の全体構想には含まれていなかったが、修正・加筆作業の段階で編入させられたものとされる。前注(5)五味著書や、山﨑淳「『春日権現験記絵』と明恵――巻十七・十八論――」(前注(19)『春日権現験記絵注解』所収)を参照。その結果、図らずも貞慶説話と明恵説話におけるシャーマニズムの差異が、一連の絵巻の内部で鮮明となるのであるが、こうした二人の差異の認識が中世南都寺院圏に共有されていたかどうか、現在のところ不詳である。また年下の明恵を春日神が太郎と呼び貞慶を次郎と呼んだことについては、その呼び方が、常に貞慶を引き合いに出して明恵を顕彰せんとする高山寺教団側の言説に由来するものという指摘もある。前注(1)筒井論文参照。

(60)新井弘順氏による解説と翻刻が『豊山教学大会紀要』五号(一九七七年)になされている。

(61)高山寺典籍文書綜合調査団編『高山寺経蔵典籍文書目録 第二』(東京大学出版会、一九七五年)の三〇八頁参照。『漢文行状』巻中によれば、元久二年の渡天計画に際して明恵は不可解な病に悩まされる。渡天計画を弟子と評議するごとに、目には見えないが心でその存在を感知できる何者かが常に明恵の傍らにあって、身体に苦痛を与えるのである。ついには明恵の「昇二身上一、以二左右手一、抑レ胸之間、殆及二悶絶一」ほどの有り様となり、「春日大明神霊託欤、仍為レ決二実否一」に籤を取ったという。憑依・託宣は無かったものの、明恵を制止しようとする神の強烈な実力行使であって、シャーマンの経験する聖なる病の一例と言える。

(62)中野達慧『明恵上人と其師資』(高山寺、一九三一年)。

(63)これについては、野村卓美「明恵説話の変容――『春日龍神』と明恵説話――」(『北九州大学 国語国文』九号、一九九六年)、同「明恵上人伝記の研究――『漢文行状』巻中 春日大明神降臨説話再考――」(『仏教文学』二七号、二〇〇三年)も参照。

第三章　貞慶『春日権現講式』の儀礼世界
――春日社・興福寺における中世神話の生成――

はじめに

本章では前章の問題意識を引き継いで、『春日権現講式』そのものを分析してゆく。昨今の中世南都の宗教をめぐる研究は活況を呈していると言え、わけても中世南都仏教界の立役者たる貞慶（一一五五〜一二一三）については各研究分野からの多様な研究史の蓄積がある。そうした中で、特に注目されるのは、国文学を中心とした大正大学綜合仏教研究所「講式研究会」による、講式を通した貞慶の思想・信仰・教学へのアプローチであり、貞慶は講式史上に新境地をもたらしたと論じられている。そして同研究会の画期的成果は『貞慶講式集』としてまとめられている。(1)

さらに貞慶と中世神話・中世神道説との関係が本格的に論じられる段階に入ったことも特筆されよう。これもまた講式研究内部から派生してきたものと言える。神道史の岡田荘司氏および佐藤真人氏は伝貞慶とされてきた『神祇講式』が、やはり貞慶の真作になるであろうことを詳細に論じられた。とりわけ佐藤氏は同講式に見られる「第六天魔王説」が、中世において縦横無尽に展開する第六天魔王にまつわる神話の最初期の事例に属すること、さらに「本体盧遮那・久遠成正覚・為度衆生故・示現大明神」の著名な伽陀が貞慶を始発として『麗気記』他の神道書に継承されることなどから、貞慶が初期両部神道の形成圏の間近に位置していたとする見解を示した(2)。

以上のように現在の貞慶研究は「講式」「神祇信仰」の双方のアプローチによって、新局面を迎えつつあると言える。そこで本章では、後述するように中世神話として知られる「二神約諾神話」を含みながらも、従来紹介されることも稀であった『春日権現講式』（以下『権現式』）を、新たに南都における中世神話（中世日本紀）の問題と関わらせつつ、貞慶の構築した春日信仰の世界に迫りたい。さらにそこからは、春日の中世神話が「講式」という「儀礼」の作成現場とも交差する一面が浮上してくるであろう。

一　貞慶の春日信仰関係テキスト

中世において春日神に対する講式・願文・表白といったテキストを最も多く著わした仏教者は、やはり貞慶であろう。それらはいずれも儀礼と密接に関わるものであることが、何より特徴的である。貞慶の春日信仰（神祇信仰）を論じる場合、真作とされて早くから翻刻されていた『春日大明神発願文』（以下『発願文』）・『別願講式』（以下『別願式』）が、従来その中心テキストであった。だが貞慶の春日信仰そのものを直接対象とした先行研究は、さほど多くはなく、いずれも『発願文』『別願式』を用いるも『権現式』への論及は見られない。

近年、ニールス・グュルベルク氏は、そこに『春日講式』（大原勝林院魚山叢書本・龍谷大学図書館本）と高橋秀栄氏紹介の金沢文庫の新出資料『春日御本地尺』を追加し、『権現式』成立の過程について、それらのテキストの共通箇所・同文関係に基づく、綿密な分析を加え、次のように系統付けている(3)。

（A）『発願文』→『別願式』、貞慶の笠置隠遁直後、建久六年（四十一歳）以降の成立

（B）『春日講式』→『春日御本地尺』、成立年代不詳なるも、（A）系列の成立以降のもの

そして（A）（B）両系列のテキストの詞章を継承して『権現式』が成立するのであり、その時期は貞慶五十歳代（五十九歳没）とされる。

ただし『権現式』には三段式と五段式の二タイプが存在する。五段式は永享八年（一四三六）の写本が大覚寺（四八箱二九号）に伝来し、また慶長十八年（一六一三）の写本が天理大学附属天理図書館保井文庫（KK—80—36）に所蔵され、寛文七年（一六六七）書写の興福寺本なども存在する。[4]そして三段式はその簡略化されたテキストであることがグュルベルク氏により詳しく論じられている。[5]

さらにグュルベルク氏によれば、三段の『権現式』の伝本は「略本系」「増本系」「別本系」に分類される。[6]貞慶作の原形を最も留めているとされる略本系にも、『国書総目録』の未記載本を含め諸本あるが、主なものは学習院大学本（室町中期写）が『貞慶講式集』[7]に、現存最古の写本かと思われる天理図書館本（鎌倉中期以前写）が近本謙介氏によって『鎌倉室町文学論纂』内に翻刻され、現在手軽に目にすることができるようになった。また天文十六年（一五四七）の写本である大覚寺本（四八函二八号）も伝来している。さらに別本系統の陽明文庫本については、行徳真一郎氏による翻刻・解説がなされており、[8]それが略本系三段式と五段式の後人による「合わせ本」であることをグュルベルク氏は論じている。[9]そして「増本系」には、高山寺本や醍醐寺本がある。[10]

このように現在の研究は、資料の幅の拡大に伴い、貞慶による春日関係テキストの展開の大まかな流れを見通せる段階に至っている。これらのテキストを、同一平面上に配列し、諸本の差異や多様性を総合することで、貞慶の春日信仰の全体像を組み立てることや、それらを時系列的に操作し貞慶の春日信仰の内実の変化を詳細に読み取るといった研究法も可能となろう。しかしそれは、たとえ信仰の時期的変容を想定するにせよ、貞慶の春日信仰を一

つの完結した実体として捉える立場である。

そこで本章は、グュルベルク氏らによる文献学的基礎付けに学びつつも、ともに一段目に「二神約諸神話」を内包する、「五段式」「三段式」の両テキストを対象に、「五段→三段」への〈簡略化〉ということを、言説分析の立場から、それぞれに異なった両テキストの固有性の問題として捉え直すことで、その個々の信仰世界の様相を探ってゆくという方法意識で貫徹したい。それは、同一宗教者のテキストの系譜的位置付けから帰納される信仰の展開論という、従来からの評価の枠組みとは異なる視点である。

さて先述のように貞慶の『権現式』で注目すべきは、一段に記された二神約諾という中世神話言説であるが、この二神約諾神話は春日神をめぐる中世神話の代表格である。本章では以下、まず諸資料における約諾神話の展開を瞥見し、そこから『権現式』における約諾神話の位相——貞慶は約諾神話をどのように受容したか——を考察する。さらにそこから五段式と三段式は、ともに貞慶の作であり約諾神話を重要なトピックとして含みながらも、それぞれに異なる信仰の論理を有していることを分析してゆく。

二　春日神をめぐる二神約諾神話

「二神約諾神話」は、「神代の幽契」などとも称される、代表的な中世神話の一つである。天照大神と春日神の契約によって本朝の政治体制——すなわち天照の子孫たる天皇が国王位に就き、春日の子孫たる藤原氏が摂関として これを補佐するシステム——が決定されたと説くものである。摂関政治を正当化し擁護するイデオロギーであり、その政治的威信が揺らぎ始める院政期に成立することなどが論じられてきた。[11] 特に慈円が『愚管抄』で、『日本書紀』の「天孫降臨神話」における天照の詔に依拠して披瀝するものは著名である。二神約諸神話を含む中世のテキストは、きわめて多岐に亙るが、以下、本章ではその初見とされるものから中世春日信仰史上の一大画期をなす『春日権現験記絵』成立までの資料の中で、興福寺および春日社周辺で成立したテキストを中心に、特に重要と判断されるものを年代順に掲載し、その諸相を簡単に俯瞰しつつ、次章における分析視角を導きたい(12)。

【1】長暦四年（一〇四〇）六月三日「官宣旨案」　摂関期

この「官宣旨案」に引用された伊勢大神宮司（祭主）大中臣永輔の奏状は、「神主」の「宮司」への移牒を停止するよう朝廷に訴えている。内宮神主荒木田氏・外宮神主度会氏の勢力伸張に掣肘を加えんとして、中臣氏の祖神たる天児屋根命と天照大神との神代からの由縁を持ち出し、自己の立場の権威化・正統化を計るものである。文中には「天降御坐之当初……」とあるが、二神の関係をいわゆる天孫降臨神話をもって説明するものか否か分明ではない(13)（『平安遺文』五八二号文書）。

【2】興円『扶桑略記』寛治七年（一〇九三）八月二十二日条「山皆寺大衆の奏状」　院政期

古来からの春日社・興福寺・天皇家・藤原氏の四者の緊密な関係を集約的に語っており注目される。春日神は天照大神の「神勅(14)」によって、「大日本国・日本九州之域」を「扶持」するという。そしてその内実は、「上衛二王室一、下撫二民家一」することであり、大織冠鎌足の興福寺草創もまた、「盛二王室一、全二社稷一」のためであるとされ、代々の「皇后」は藤原氏から出づると言う。このような護国という機能において一致する神（社）と仏（寺）はともに支え合い「処一代同」であって、「社愁即寺愁也」と認識されている。かかる言説の中からは少々、複雑ながらも

「王法仏法相依論」の基本構造も見て取れよう。全体としてこの奏状は荘園領主たる権門寺院興福寺が、対抗勢力たる国司の排除を国家に訴えるものである。だが、ここでは天照と春日の関係性の根拠となる神話は具体的には記されていない（国史大系本三三四頁）。

【3】実叡『建久御巡礼記』建久二年（一一九一）成立　鎌倉初期

治承四年（一一八〇）の平家による南都焼亡から一応の復興がなされた時期の、さる女院――おおむね近衛天皇皇后の藤原多子と考えられている(15)――の南都寺社巡礼を興福寺僧の実叡が記録したもの。春日社の項に平安前期の斎部広成の『古語拾遺』を引用しているが、大幅な書き変えがなされていることが何より注目される。

時ニ天照大神、児屋根命ニ契テ白ク、朕ガ子孫ハ天位ヲツカサドラン、汝ガ子孫ハ国柄ヲトレト、チカヒタマヒキ……サレバ日本今ニ持ツ事ハ、タゞ春日大明神ノ御計事也

という典型的な約諾の言説が確認できるが、その根拠として「天岩戸神話」を明確な形で打ち出す。天岩戸神話とは、スサノヲの暴挙を忌避し岩戸に籠もった天照大神を誘い出すべく、神々が様々に智慧を絞り協働するものである。神々の計略は功を奏し首尾よく岩戸は開かれ、強力の神である手力男神が天照を引き出すことに成功するという古代神話の山場の一つである。『古語拾遺』における岩戸神話は、天照大神を岩戸の内から召還するための、多様な祭具を作り出す職能神たちの神話となっており、それら職能神のすべてを斎部氏の祖神、太玉命が率いているとするところが眼目であり(16)、また『日本書紀』そのものとの決定的な相違点である。『建久御巡礼記』では太玉神の姿は全く消え去り、古代の神話では岩戸の前で祝詞を奏上するという役割を果たした天児屋根命こそが、「八万神達」を率い事の中心となって岩戸を開く説相となっている。摂関家に都合のよいプロットに改編されていること

は明白である。『建久御巡礼記』は、寺僧の手になるものだが、この部分に仏教色は皆無である（藤田経世編『校刊美術史料寺院篇上』一三二～一三三頁）。

【4】慈円『愚管抄』承久二年（一二二〇）頃成立（承久の乱後に修訂）　鎌倉前期

二神約諾神話の例として従来からきわめて著名なものであり詳述は省くが、たとえば三巻には「天照大神アマノコヤネノ春日ノ大明神ニ同侍二殿内一能為二防護一ト御一諾ヲハリシカバ……」とある。これは先述のように『日本書紀』「天孫降臨」段、第二の一書に、「復勅二天児屋根命・太玉命一、惟爾二神亦侍二同殿内一善為二防護一」とあることに基づく書き換えである。(17)【3】同様、太玉命を削除している。さらに、八幡神を加えた三神による「御計・御議定」という国家神話へと展開する（日本古典文学大系本一四〇頁）。

【5】『古社記』文暦元年（一二三四）頃成立か、春日社家の筆録　鎌倉中期(18)

二神約諾の由来として神代の天岩戸の一件における、天児屋根・太玉両神の働きを述べた後に、鹿島の邪神（顕国玉神＝大国主の別名）と共謀した素盞烏尊に懐柔されて、下照姫の夫となり高天原に背いた廻李神（天稚彦）を、『唯識三十頌』の甲で武装した武雷神（春日一宮）が、征伐したという功績が記されている。その際、素盞烏は出雲に追われたというきわめて異色の「国譲り神話」をもって春日の本縁を語り、「大神宮称、以二我孫一為二皇位一、以二汝孫一乗二金鳳車一、則摂録也」という二神約諾に説き及ぶ。さらに天児屋根命（三宮）が酢差男命《スサノオ》を「調伏」したと記す部分もあり、少しばかりの仏教色を確認できる。そして岩戸を開き再び日月の光を世界にもたらしたがゆえに、春日大明神と称するのであるという神号由来譚としての岩戸神話など、同時に異伝も収めている（神道大系

『春日』三～七頁）。

【6】『春日御社御本地併御託宣記』【5】に遅れる頃の成立、社家の編纂か　鎌倉中期

「舎人親王私記抄」なる逸書を引く。邪鬼の長たる顕国玉神の娘、下照姫を娶った天稚彦は、高皇産霊神に誅され、天穂日命と武雷神（春日一宮）が群鬼を平らげ、さらに武雷神は顕国玉神の首を剣で貫いたとされており、それが直後に引用された「日本講記抄」という書の約諾の言説である「我子孫為二葦原中国之主一、卿子孫吾皇孫世執二国柄一」に直結している。「天岩戸神話」「天孫降臨神話」を記さず、幾分かは、原形を留めた天稚彦譚を中心とする「国譲り神話」を約諾説の根拠として押し出している。この部分に仏教色は見られない（同、一二四～一二五頁）。

【7】『春日社私記』永仁二年（一二九四）、二条教良の撰集　鎌倉後期

鹿島神（春日一宮）・香取神（春日二宮＝経津主神）については、天孫降臨に先立つ国譲りの功を記す。そして平岡神（天児屋根命＝春日三宮）について岩戸開きの功と、天孫降臨時の詔「殿内に侍いて善く防護たまへ」を引き、さらに「旧記」なるものから【6】とほとんど同文の天照大神との約諾文を引いている。このテキストには『古事記』『日本書紀』『旧事本紀』『古語拾遺』などを参照しつつ、各祭神の事跡を区別して明確化せんとする志向が窺えるようであり、原典・古実に通達せる公家の特質とも思われる（同、六五～六八頁）。

【8】『春日権現験記絵』延慶二年（一三〇九）、西園寺公衡が春日社に奉納　鎌倉末期

『験記』の巻一―一段の縁起叙述部分には、「天孫降臨神話」と「国譲り神話」が一連の流れで語られており、こ

れは主に一宮・二宮両神の功績に当たる。また「天岩戸神話」に伴って「すなはち天照大神、児屋根尊、合体御契ふかくして、伊勢大神宮もおなしく、あとをたれまたふ」という二神の約諾が説かれる。春日四宮は古代では漠然と天児屋根尊の妃である「姫神」とされてきたが、中世では約諾神話を梃子にこれを天照とする説が主張された。そしてこれらの神々とその働きは本来、久遠に成道した満月円明の如来であり法雲等覚の薩埵たる〈春日大明神〉の構成素として、仏法の世界へと収斂してゆくように叙述されている（同、八四〜八五頁）。

以上のテキスト群から、中世の春日信仰をめぐる日本紀的物語世界の在り様が見えてくる。春日神にまつわる中世神話としては「天岩戸」「国譲り」「天孫降臨」が主要なものであり、[19]そのいずれもが、中世的と言うに相応しい変奏を伴いつつ二神約諾神話へと、シフトし得ることが見て取れる。

こうした種々の二神約諾説が、その発生以来、強い政治性を帯びた宗教的イデオロギーであったことは事実である。しかしそのように説明するのみでは、一般化・固定化された約諾神話理解に留まってしまうだろう。約諾神話の多様性は、それぞれの約諾神話が、具体的に個々のテキストのいかなる言説としての性格と文脈の中に置かれているか、ということを考察することで見出されるはずである。

たとえば【1】は明確な「法的言語」あり、【2】は〈国史〉に収録された「法的言語」（山階寺大衆の奏状）と言えよう。【3】【5】【6】【7】は、寺家または社家・二条家といった〈家〉の「記録言語」である。ゆえに二神約諾神話は、普遍的に存在し同一の意味作用を有するのではなく、個々の特性を帯びたテキストの内部で、それぞれに固有の宗教世界を構築してゆくものと捉えられるのではないか。約諾神話の自明性にばかり目を奪われてはなるまい。

その意味で、『建久御巡礼記』の約諾の言説は、〈巡礼記〉という特殊な「記録言語」の内に組み込まれている。大きく改編された『古語拾遺』の引用部から、二神の約諾の文に至る間には「手力雄ト申ハ、一御殿東ノ岸ニ、西ニムカヒタル小社是也」という、岩戸神話に縁の深い手力男社の位置を示す一節が挿入されており特徴的である。言説としての神話と、巡礼という行為の臨場感が深く相関した筆致と見える。ここでは約諾神話が、聖地巡礼という信仰者の実践と不可分に融合した形での神話認識としてテキストに現れていることに注目すべきである。春日神域への参詣は、藤原氏摂関相続流に連なる多子にとってみれば、神代における約諾の記憶を自らの足で辿ることでもあり、焼失からの復興運動が完全には終結していない興福寺に対し罹災を免れた春日社は、神話のリアリティーが活きた空間としてあっただろう。そして山皆寺大衆の奏状の約諾神話は、王法仏法相依の主張というコンテクストの中に取り込まれていた。約諾神話を有効に用いて、興福寺にとってのあるべき「王法仏法相依の宗教世界」を、構築しているものと見ることができる。

ならば、貞慶作『権現式』の五段式と三段式が内包する二神約諾神話は、「儀礼言語」としてどのような意味作用を発揮し、いかなる信仰世界――すなわち中世的な春日明神の観念――を開示しているのであろうか。まずは『権現式』一段の分析から始めたい。

三　『春日権現講式』一段の神話言説

ここで『春日権現講式』の概要を五段式に沿って簡単に示しておく。

・「表白」では、一座の講の趣旨を述べる。

・一段「讃垂迹方便」では、春日神の縁起（来歴）と、春日神に対する自己の帰依の念を語る。
・二段「明本地利益」では、一〜四宮と若宮の神名とその本地仏の功徳を説き明かす。
・三段「顕諸社本跡」では、春日の主要な摂社・末社の本地を讃える。
・四段「期末世引導」では、春日神の本地仏に浄土への導きを期待する。(20)
・五段「述廻向志趣」では、一座の講の功徳を群類に廻らし、ともに菩提に至らんと括る。

そして三段式は基本的に、五段式の「二段・三段」と「四段・五段」を、それぞれ式文を省略しながら一まとめにし、一段「讃垂迹方便」、二段「明五所本地」、三段「述廻向志願」の全三段に短縮したものと言える。このように構成されている二つの『権現式』は、おおむね内容・表現ともに一致し得る。だが細部には多々差異も認められ、それらの異文の生み出す偏差が両講式の全体としての性格・信仰世界を決定しているものと考えられる。

そこで両講式に共通する神話言説として、ここで注目しておくべきは、

> 先づ垂迹の方便を讃ずとは、それ当社権現は本朝開闢の初め天照太神の昔、扶佐の重臣となして、国土の安寧を致し、或いは巌戸を太陽に排ひらいて、再び蒼天に廻る。或いは宝劒を中つ国に振るて、更に邪竇を払ふ。漸く人代に及び済度いよいよ盛りなり。称徳天王《ママ》の御宇、神護景雲の宝暦に、廟壇を春日の霊地に移して、潜衛を踰闇の教跡に契りしよりこのかた、弘済漸く四百余歳に及び、巨益、幾万億人と云ふことを知らず。滅罪生善の道、捨邪帰真の謀、善巧無辺にして凡智測り難し(21)

というごく断片的ではあるが、一段「垂迹の方便を讃ず」の冒頭に記された春日の縁起叙述部分に見られる、二神約諾・岩戸神話を踏まえた表現である。前掲諸テキストと異なり特徴的であるのは、「天照大神の昔」における「巌戸を太陽に排ひら」く春日神の功績（岩戸神話）が、天照―天皇にとっての「扶佐の重臣」たること、すなわ

ち「約諾」を導く形にはなっていないことであるが、「扶佐の重臣」という以上は、その背景に二神約諾（君―臣）という神話的発想が存在することは間違いない。そして岩戸神話は、約諾に基づく「扶佐の重臣」たることをすでに前提とした上での、「国土の安寧」や「宝劔を中つ国に振るて、更に邪賽を払ふ」という、前掲諸テキストに照らした場合、明らかに国譲り神話のイメージと思われる事跡と並列的に記述されている。さらに「漸く人代に及び済度いよいよ盛りなり」と続く点に注目するならば、岩戸開きや国譲りはすべて〈神代の衆生済度〉の働きとして捉え直されている、ということが見えてくる。そして春日神は社の創建時から、「弘済漸く四百余歳に及び、巨益、幾万億人と云ふことを知らず」とされるほどの、衆生の利益と救済を継続する仏教的神格と定位されるのである。中世に至り古代神話は、〈救済史〉の一コマへと転生したことが、このわずかな式文の内から読み取れるのだ。

ここから『日本書紀』→『古語拾遺』→『建久御巡礼記』→『春日権現講式』という、古代神話の解釈・再生産の運動に貞慶も連なっており、彼もまた中世日本紀の言説空間の一角を共有していたことが理解される。古代において、第一義的に擬制的な血縁原理に基づく、藤原氏の守護神（氏神）であった春日神は、衆生済度・衆生擁護の神へとその相貌を変じてゆく[22]。かかる春日神の転身は、仏教色を纏っていない『建久御巡礼記』に見られるような、先行して興福寺内に存在した岩戸神話を、仏教的コンテクストの内部へと移し替え、中世的な仏教神話へと読み替えてゆく宗教的営為の中で進行したのである[23]。そして、資料的には貞慶の『発願文』および『別願式』の二段目が初出とされている、平安時代に遡るという、いわゆる「承平御託宣」に見られる「慈悲万行菩薩」という春日神の菩薩号は、ここにその〈慈悲〉の内実を語る衆生済度の神話を備えたのである。

中村啓信氏は、信西入道の『日本紀鈔』が、子息である比叡山の澄憲と高野山の明遍にもたらされ、さらに安居院の唱導に用いられた可能性を指摘している[24]。孫の貞慶も一方で、こうした日本紀の〈知〉の系譜に連なっていたことは充分に考えられるだろう。また春日社の楽人、狛近真の『教訓抄』巻一には「御社験記、解脱聖人ト申シテ、世コゾリテ生仏ノゴトク、タツトミタテマツリシ人ノカキオカセ給タリ。又説法ニモタビタビセサセ給シ也[25]」とある。「御社験記」は『春日権現験記絵』のプロトタイプとされている。現存しないものの、貞慶が春日の霊験説話を収集していたことは確かであろう。先に述べたように『権現式』作成の素材の一つであった『御本地尺』の一節が、『春日権現験記絵』の全体構想に関わる「抜文」の中に、取り込まれている事実の重要性を近本氏は指摘している[26]。『春日権現験記絵』巻一の一段には、「四海の安寧」「葦原中国」「邪神」「宝剱」「天岩戸を、しひらきてハ、六合のとこやみをてらして万民のうれへをやすめ給」などと見えており、用語レベルでも『権現式』一段の冒頭と明確な対応関係にある。貞慶を始発として、寺家側に享受された言説様式の継承と見られ、『権現式』の仏教世界が投影されていると言えよう。このように『春日権現験記絵』には抜文とともに、要となるその「総序」とも言える冒頭部分にも、貞慶のテキストの色濃い影響を見て取ることができるのである。そうしたことから、春日における二神約諾神話・岩戸神話といった中世日本紀言説が、『春日権現験記絵』の前身たる『御社験記』を用いた唱導儀礼の場や春日講の終了後の法談などを通して、南都の顕密仏教界に流布した可能性も想定されてこよう。

また衆生済度神としての春日神のイメージは、東大寺鎮守八幡の「八幡宮御子譴陳状」という永仁三年（一二九五）の文書[27]では、神代の岩戸開きが「天児屋根命為二利生方便一……」と述べられ、東大寺側にも波及している。さらに中世後期の『春日秘記[28]』の「劫初、開二岩戸一天下照、衆生利給……」と語られる一節にも継承されてゆく。貞慶の『権現式』は、こうした言説の流布の起点をなすものと見られる点で、中世春日信仰史上きわめて重要なテキストである。中世神話・中世神道世界の構想力をかき立てた天岩戸神話は春日信仰においても[29]、その神の中世的造形にとって不可欠の要素であった。また春日神が摂関家の守護神という基本属性の枠組みを越えて、普遍的な衆生済度の理念を持つに至る過程は、中世社会の中で権門寺社たる興福寺・春日社が、大和国の民衆をも含むより広範な信仰の社会的基盤を獲得しようと努めたことを示しているだろう。

四　『春日権現講式』の儀礼的論理

1　「五段式」の信仰世界

では、上述のごとき衆生済度の機能を担うこととなった、二神約諾神話を共通して含む五段式・三段式という二つの『権現式』は、何よりも「講式」という儀礼言語として、それぞれどのような固有の信仰世界を構築するに至ったのか、ということについて考えてみたい。

五段式では、冒頭の表白部に、

明皇万乗鎮護之神也、祭祀臨幸之礼、無レ絶
法相大乗擁護之主也、論談決択之儀、未レ衰

と対句を用いて、皇統＝国家／仏法＝寺家を、ともに守護する春日神の働きがはじめに明示され、五段式全体の輪郭を示唆する。「祭祀臨幸之礼」は春日祭に、「論談決択之儀」は「維摩会」に比定されようか。

続く一段「讃垂迹方便」において件の衆生済度としての二神約諾・岩戸神話（春日の縁起）が綴られる。

二段「明本地利益」の冒頭では、

内蘊二実智之光一、雖レ閑二覚位於法性之都一
外施二権化之徳一、鎮忩二霊威於扶桑之朝一

依レ之、一人傾レ首、万民合掌、我国神明、誰人帰敬乎　（以下、傍線は筆者）

という対句が見られ、仏法の世界（法性之都）から日本（扶桑之朝・我国）への春日神の垂迹を強調する。同じく二段は「明本地利益」であるから春日の本地仏を讃嘆してゆくのだが、まずは各宮の祭神の名が明かされる。一宮の武雷神は本地釈迦如来、二宮の経津主神は本地薬師如来と説かれるが、特に重要なのは三宮（天児屋根）と四宮（姫神＝天照）である。

三宮者、枚岡大明神　児屋根之尊也、為二藤家之始祖一、護二葦原之朝賢一、自レ爾以来家門之繁昌日新、社壇之感応年久、本地是六道能化之地蔵菩薩、受二付属於忉利之雲一、救二衆生於那落之煙一、依為二仏前仏後之中間一、深恃二今世後世之引摂一

と語り、四宮祭神の「姫神」を天照大神に他ならぬと明かした上で、

昔日神勅二児屋根尊一曰、我子孫可レ伝二天統一、汝子孫可レ秉二国柄一、自レ爾以来政道理レ乱、廻二同其謀一、君臣礼儀無レ変……本地者十一面観自在菩薩也、当前三面、施二慈悲於善人一、左嗔三面、加二降伏於悪人一、乃至仏面、開二会一乗一、一誦二神呪一五逆無レ遺、一致二礼拝一両願速満、本誓有レ憑、済度無レ疑

と続けている。春日神の加護する「葦原之朝賢」たる「藤家」の政治的立場とその繁栄が、天照との神代の約諾に基づくことが、ここで確認されており、そうした垂迹神の問題が本地仏の讃嘆と渾然となって綴られるのである。このように一段「讃垂迹方便」における、衆生済度としての二神約諾・岩戸神話は、改めて「天皇—藤家」という政治的な関係性の内部へと回収されている。このように五段式は、仏法（法相宗・興福寺）の守護神たる春日神が、天照大神との神代の約諾のもとに、天皇・藤原氏から万民までを、今に至るも守護し続けているという国家観を基調に展開される点が確認される。こうなると先の『扶桑略記』の山皆寺大衆の奏状が主張する文脈とも近似してく

る。五段式の春日神は、そうした意味での衆生済度神であり、そこでは「衆生」という仏教概念も、「一人＝天皇」との対比によって定位される「万民」にほぼ同値されるのであり、王権・国家の中へと止揚されてゆくもののように見える。

四段では、そのような春日神の鎮座せる社壇こそが、

諸仏所居、皆是浄土也云々、尊神内証既是諸仏也、此処寧非㆓浄土㆒哉……釈尊弥勒現在㆓瑞垣之側㆒、鷲峰知足何尋㆓雲海之外㆒

というように浄土であるとして、社頭浄土観が語られる。

五段では「依㆓昼夜三遍之擁護㆒、満寺之学侶弥浴㆓神恩㆒」と特記してある。ここに五段式が対象とする人々は明確である。これは政治的ないしは、鎮護国家的なカテゴリーで把握された春日神の霊威が、春日浄土のほとりで国家神を祭祀する「学侶」にこそ向けられていることを、高らかに表明している。そのことを講に集う学侶は「弥浴㆓神恩㆒」とあるように、強く感受するのであり、春日神による「昼夜三遍之擁護」を被る理想的で特権化された学侶像の実現される儀礼空間が、五段式の言説によって生み出されるのである。また五段には、

御笠三春梢花添㆓万春之匂㆒、香炉漢秋水月澄㆓千秋之光㆒。然則、鑽仰窓中、掲㆓法灯㆒兮久待㆓三会㆒、松柏壇下、賁㆓礼貴㆒兮遥期㆓万年㆒、答㆓慈悲万行誓願㆒、六道群類皆成仏

と、美調の粋を凝らした対句が綴られている。こうした言説は、春日神の霊地である御蓋山の麓において、遥か「万年」後に弥勒菩薩が下生し成道する龍華「三会」の未来まで「法灯」＝興福寺の仏法（法相宗）を守り貫こうとする意志であり、寺僧にとっての求心力と結束を呼び起こすものであろう。

以上のことから、五段式の信仰世界は、「春日神」と藤原氏・摂関家出身者が多く存在していた興福寺の「学侶」

が織り成す一つの理想的な共同体として表現されており、「汝子孫可レ秉ニ国柄一、自レ爾以来政道理レ乱」という約諾神話に根拠付けられた〈王法〉における藤原氏（摂関家）の意義と役割を、〈仏法〉の次元において担ってゆこうとする志向性が働いている。[30] こうした一種の予定調和的な空間の中でこそ、引用部分末尾の定型句「六道群類皆成仏」という通大乗的理念も、儀礼的に実現されるのである。

2　「三段式」の信仰世界

次に三段式だが、その特質は、一段「讃垂迹方便」で、五段式同様に衆生済度としての二神約諾・岩戸神話を語った後に、

賤きは身の賤きなり。これ神恩の軽きにあらず。拙きは心の拙きなり。誰か冥助の疎かなりと謂はん。愚癡の身、宿業恥づべし。懈怠の心、今生空しく暮れなば、いかなる謀を以てか悪道の巷を越え、誰か力に依りてか火宅の煙を出でん。発心修行の要道、自行化他の方便、一々の指帰、只、聖訓に任す。何の願何事か、我に於て成ぜざらんや。心は愚かなりと雖も卑誠を捨てるなかれ。身は穢らはしと雖も短志を嫌うことなし。ただ一旦のみにあらず。生々もまた爾なり　（傍線部のみ五段式とも同文）

と綴るところに顕著であろう。真摯に自己の宗教的無力を見つめることにより、神代からの衆生済度を続ける春日神への確固たる〈信〉が生じ、その〈信〉を根拠に不断の修行へと前進せんとする。これを、神・仏との関係の結び方である「宗教」に共通する実存的構造の意味で、「〈信〉の構造」と呼びたい。またそれは、ひたすらに発菩提心を祈請する、貞慶の『道心祈請式』と、その展開上にある『愚迷発心集』の位相にも通じていよう。[31]

さらにこれに続けて一段の末尾近くには、

もし機根漸く熟して、見仏聞法の時に堪へば、早く本地の相海を顕はして、たちどころに微妙の浄土を現じたまへ

という、秘された本地仏を祈り出し、儀礼の現場に浄土を顕現させんとする特徴的な一節が見られる。二段（「明五所本地」）への移行が、五段式に比してきわめて劇的になされるのであり[32]、儀礼言語としての特質がよく表出している。こうした表現が、前章で論じたような春日本地仏としての釈尊を感得してゆく貞慶という説話的なイメージへと繋がってゆくものと思われるが、ともあれこの二段では、五段式のように、藤原氏の問題や二神約諾についてて語られることはなく、本地仏の功徳を讃嘆することのみがなされる。そして最後の三段「述廻向志願」では、

伏して願はくは、大聖加被して恵業を増進し、善神擁護し、魔障を遠離し、積功累徳、百年思ひのごとく、滅罪生善、二世意のごとくならん。生死の夢、忽ちに開け、本覚の悟り、速やかに証せん

と、一座の講の期するところを記している。

このように三段式では、二神約諾・岩戸神話に関わる言説は、一段「讃垂迹方便」という神祇の領域に限られるものと見られ[33]、そこからより根源的な仏の領域へと踏み込んでゆくのである。かくして春日神の本質たる釈迦以下の諸仏の存在と、広大な功徳が開示される。そのことによって、「垂迹の方便」としての二神約諾・岩戸神話、すなわち衆生済度が、最終的に「生死の夢、忽ちに開け、本覚の悟り、速やかに証せん」という、仏尊の加被による得悟へと結果してゆく仕組みが読み取れよう。ゆえに三段式では、仏道の実践―成就という、より普遍的な祈念が前傾化してくるのであり[34]、ここでは春日神の神威は、一段の神話部分で示されたように、王権・国家を媒介とせず、また特定の階層や氏族共同体にも限定されない、「衆生」へと広く向けられているものと見ることができよう。三段式の儀礼構造では、春日信仰者の一人ひとりが、藤原氏といった予定調和な特権性に保護されない劣根の衆生と

して、一定の宗教的緊張関係を保持しつつ慈悲の神の前に立ちながらも、「機根漸く熟し」て「見仏聞法の時」に遇い、春日神の根源としての本地仏にまみえ、「本覚の悟り」に至るものとされる。[35] それは誠に動態的《ダイナミック》であり、かつ仏道実践の論理に適った儀礼構造と評し得るものである。

以上のことを総括するならば、五段式は、春日神の誓願によって擁護を約束された学侶階層の「理想世界」として、そして三段式は、春日神への〈信〉の深まりが本地仏の顕現へと展開することで仏道の成就が期されるという、信仰者個人の「実践世界」として捉えられよう。五段から三段への縮約と言っても、特定の表現や句の削除／加上によって、その世界像は劇的に様変わりするのである。こうした視点は、複数の伝本系統や異本を豊かに生み出す講式という儀礼テキストを、その信仰の論理に寄り添って分析する際に有効であろう。

おわりに——中世神話と儀礼の射程

ここまで本章では、まず中世の春日社・興福寺には、春日の神威を弁証する、多様なバリエーションを有する春日神話とも称すべきものが生成しており、とりわけ貞慶の『権現式』は、慈悲・衆生済度の神話を具備した春日明神観に到達し、それが流布して後のテキストに継承されてゆくことを論じた。

そしてそこから、一段に同文の中世神話（二神約諾・天岩戸）を内包した、五段・三段の両『権現式』が、それぞれに固有の信仰世界を構築している様を見届けてきた。その世界像の差異は、個々の講式が誰に向けて〈書かれた〉ものかということに、大きく規定されてくることも見てきたごとくである。講式作成を一つの宗教実践として、その現場に即して考える時、貞慶は言わば一回的に神・仏と向き合い、その功徳・霊威を導き出し、それを個々の講式のコトバ（儀礼言語）へと変換していったと言えよう。そうした視点に立つとき、五段式と三段式は確かに文献学的に位置付けるならば、同一テキストの〈簡略化〉あるいは〈派生〉という関係にあるのだが、二つの異なる信仰世界として分析してゆくことも可能となる。

貞慶の講式は自己の行法用テキストを除けば、他者（信仰集団）からの依頼によって作成されるものが多い。五段式はそうしたテキストであったに相違ない。貞慶はかかる依頼者の志向するところの信仰世界を、講式のコトバによって創り出すという役割を、南都の顕密仏教界の中で負った存在だったのであり[36]、また彼が神・仏の信仰世界を構築する言語表現を操ることに巧みであることは、何より貞慶の宗教的な境位として捉えてゆく必要がある。貞慶は二神約諾・岩戸神話の意味変換による春日神の新たな存在様態を、講式という儀礼テキストの作成という、それ自体が儀礼的営為・儀礼的思考[37]である、宗教実践のただ中で摑み出し、獲得していったのではなかったか。それは、貞慶にとって抜き差しならぬ比重を有する春日神へ向けて、講式作成を通してなされた、いわば神性探究のごときものであったかもしれない。

中世神話の問題は決して、単なる寺僧の「書斎」や「机上」の営みでないことは、改めて言うまでもなかろう。ここに至って、春日にまつわる中世神話が、講式儀礼と交差する形で、より実践的な事象として生成してくる瞬間を、貞慶という南都の一僧侶の中に認めることができよう[38]。

こうした中世神話・神の探求・儀礼的思考といった視座からのアプローチも、「唱導文芸」というタームで括られる「講式」の外延を拡張することに寄与するであろう。また、講式儀礼実修の現場・演出・舞台装置などの問題とも合わせることで、式文分析の射程はさらに豊かなものになる。神・仏との交感が実現される儀礼の動態の考察を今後も継続してゆく必要があるが、次章では純粋な仏教の講式として『舎利講式』を分析する。

注

(1)　山田昭全・清水宥聖編『貞慶講式集』（山喜房、二〇〇〇年）。

(2)　佐藤真人「貞慶『神祇講式』と中世神道説」（『東洋の思想と宗教』一八号、二〇〇一年）。岡田荘司「『神祇講式』の基礎的考察」（『大倉山論集』四七輯、二〇〇一年）。中世神祇の分類概念である「権・実」の見られる、最初期のテキストである、貞慶の『興福寺奏状』の「第五 背二神霊一失」には「於二実類鬼神一者、置而不レ論」とあるが、専修念仏批判の文脈で著わされた奏状に対し、神祇の存在を直接の射程とする『神祇講式』では「是則権者実者随レ所応レ機、為レ主為レ伴、互通互助（二段）」という、より深化した認識が窺えるなど興味深い。

(3)　「貞慶の春日信仰における『春日御本地尺』の位置」（『金沢文庫研究』二九五号、一九九五年）。またグュルベルク氏によって講式資料がデータベース化され「講式データベース」として、インターネット上に公開されている。「講式データベース」が学界に資するところはきわめて大きい。

(4)　以下、本章で五段式を引用する場合は、大覚寺本・天理本・興福寺本を基にした筆者作成の校訂本文による。なお興福寺本は多川俊映貫主の所持本で、『興福寺典籍文書目録』にも未記載であるが、御好意により閲覧の許可を賜った。

(5)　ニールス・グュルベルク「貞慶作三段『春日権現講式』諸本系統に於ける陽明文庫本の位置」（『梁塵』一九号、二〇〇一年）二五頁を参照。

(6)　前注(5)グュルベルク論文参照。

(7)　石川透・岡見弘道・西村聡編『鎌倉室町文學論纂』（三弥井書店、二〇〇二年）。

(8)　行徳真一郎「陽明文庫所蔵『春日権現講私記』――翻刻と解題――」（『ミューゼアム』五五八号、一九九九年）。

(9)　前注(5)グュルベルク論文参照。

(10)　増本系の伝本については、醍醐寺本の『春日権現講式』（二〇八函一二号）を東京大学史料編纂所のマイクロフィルムで確認したが、巻首の表白部分をすべて欠いている（高山寺本〈高山寺聖教四八函三号〉も同本だが筆者は未見）。奥書などは無いが『醍醐寺聖教類目録』（文化庁、二〇〇〇年）によれば、室町後期の書写。基本的には貞慶の三段式をベースにしているが、本地仏を明かす二段で、一宮の釈迦に続けて「また一説に依らば」として不空羂索観音説を挙げていることが特色である。「八角一字梵宮、朱甍昤レ雲以来、藤家一門滂流二天下一」とあるのは、むろん南円堂を指し、藤原一門の繁盛を寿いでいる。貞慶による本地釈迦説の提唱以降も、藤原氏や一門出身の興福寺僧にとっては、春日の本地が不空羂索観音（あくまで南円堂本尊としての）であるという信仰が、重要な意味を持って持続した消息がよく窺える伝本である。また金剛三昧院本（高野山大学図書館寄託）の室町時代書写『権現講式』（『高野山講式集（CD―ROM版）』小林写真工業、二〇〇一年所収）も、三段からなる春日の講式である。だが、貞慶の手になる春日の講式と大きく異なるのは、二段で明かされる本地仏が不空羂索観音・千手観音・如意輪観音・十一面観音とすべて観音とされていることであり、その観音信仰は真言・陀羅尼を主とする真言密教系のものである（晩年の貞慶にも観音の神呪による滅罪・往生の信仰は確認される）。また一段でも藤原氏の長者・氏人を特に守護することが強調され、大織冠（鎌足）以下、淡海公（不比等）・忠仁公（良房）・昭宣公（基経）ら藤原氏の重要な先人を挙げて、氏の歴史を語る点が注目される。貞慶の講式からの引用文も少々認められるため、貞慶以降に作成されたものと考えて過つまい。三段の回向が長いことも特徴的だが、そこで「遮那三密之教」を学ぶとか「春日大明神者、我氏之襄神」などとされることからは、興福寺自体ではなく、その配下にある南都周縁部の真言寺院で、興福寺に縁の藤原氏出身僧を中心に開講されたものという可能性がある。中世後期にはそれら大和国の寺院が密教色を強め、近世には真言宗寺院へ転じてゆくことが知られている。よって室町期成立の講式と想定しておく。なおこの『権現講式』は高山寺にも伝来し（高山寺聖教類第二部二四七）、現在は奈良国立博物館に寄託されており筆者も実見した。高野山には『春日権現験記絵』巻十の「教懐上人事」で知られる教懐のような興福寺僧も遁世しており、彼は高野山において春日神の加護を得て往生を遂げている（貞慶の『春日大明神発願文』にも同話が見られる）。この他、高野山正智院には六段の『春日権現講式』が伝来する。未見ながら山本信吉編『正智院聖教目録』下巻（吉川弘文館、二〇〇七年）三二二頁によれば、阿弥陀信仰に関わるものらしく、章段構成も貞慶作の講式とは全く異なるものである。さらに奈良文化財研究所編『興福寺典籍文書目録　第四巻』（法藏館、二〇〇九年）二五〇頁記載の室町時代写三段『春日講式』は、奥書に「此式者弘誓院殿（九条教家―筆者補）御草也……」とある。貞慶作からの影響が認められ、表白と一段は上述の『権現講式』とおおむね等しいことを、奈良文化財研究所蔵の写真帳で確認した。機会を改めて紹介したい。

(11) 久保田収「春日大社と天照大神」(『神道史の研究』神道史学会、一九七三年)、大森志郎「神代の幽契」(『日本文化史論考』創文社、一九七五年)、上島享「藤原氏と院政――宗教と政治――」(上横手雅敬編『中世公武権力の構造と展開』吉川弘文館、二〇〇一年)、藤森馨「二神約諾神話の展開」(阿部泰郎編著『日本における宗教テクストの諸位相と統辞法』名古屋大学大学院文学研究科、二〇〇八年)、有賀夏紀「『神道集』における春日本地説の形成」(『伝承文学研究』五八号、二〇〇九年)などを参照。また中世神話の研究史と展望については、原克昭「〈中世日本紀〉研究史――附・研究文献目録抄――」(『国文学　解釈と鑑賞』六四巻三号、一九九九年)が優れている。

(12) 以下【1】～【8】のテキストについては、貞慶『権現式』一段の神話言説を考察する前提として紹介するものである。

(13) 問題が伊勢の神官らの祭祀と位階をめぐるものであり、天皇家と摂関家の関係(摂関家の擁護)が主題ではないため、いまだ二神約諾神話とは呼べないが、かつて早川庄八氏は、ここに後の「約諾史観」の萌芽を見出している。早川庄八「長元四年の斎王託宣事件をめぐって」(『日本古代官僚制の研究』岩波書店、一九八六年)を参照。

(14) 「神勅」と表現されており、〈約〉・〈諾〉に類する語こそ用いられてはいないものの、いわゆる二神約諾神話の内容と形式に近いかと思われる。だが確かに摂関政治を正当化する射程は存せず、以下に紹介する【4】慈円『愚管抄』の言説に基準を置く前注(11)藤森論文によれば、前掲資料【1】はむろんのこと、【2】の場合も厳密には二神約諾神話の前段階としての、「二神関係神話」と称すべきものであるという。ただし次の【3】『建久御巡礼記』や、後述する貞慶五段『権現式』の二段目には、摂関政治を正当化する藤森氏の言われるところの二神約諾神話が、慈円に先行するものとして確認される。

(15) 大橋直義「建久度「巡礼記」の位相――『建久御巡礼記』の「現在性」をめぐって――」(『転換期の歴史叙述』慶應大学出版会、二〇一〇年)など参照。

(16) 斎藤英喜「『古語拾遺』の神話言説」(『相山女学園大学研究論集(人文科学篇)』(三〇号、一九九九年)を参照。

(17) 慈円と同じ九条家出身の道家の『峯殿御願文』(神道大系『春日』)の冒頭にも「天孫降臨」時の神勅に基づく〈約諾〉が語られている。また伊勢の祭主大中臣氏出身の通海の『太神宮参詣記』にも内宮相殿神の祭祀について、「君臣和合ノコトハリ」が語られている。

(18) 春日の社記の成立年代・編者については、神道大系『春日』の解題（永島福太郎氏執筆）を参照。

(19) 二神約諾神話については、拙稿「南都の中世神話・中世神道説をめぐって――春日社・興福寺・貞慶を中心に――」（伊藤聡編『中世文学と中世神道』（竹林舎、二〇一一年四月刊行予定）でも、一部再検討を加えた。また前田家本『水鏡』には春日神の冥助による神功皇后の「異国征討神話」が見られる。『古社記断簡』や『春夜神記』（神道大系『春日』）にも、春日三宮の祭神とされる坂戸王子（女神）が、不動明王に変成し活躍する特異な異国征討神話が記録されている。元寇を契機に新たな神話言説が生成したものであろう。

(20) それは社頭浄土観に裏打ちされたものである。

(21) 以下、三段式の引用は『貞慶講式集』の書き下し文を掲載する。

(22) 柴田實「和光同塵」「衆生擁護の神道」。ともに『中世庶民信仰の研究』（角川書店、一九六六年）を参照。

(23) 『建久御巡礼記』の諸伝本には複数の系統が存在し、各々収載している寺社の分量が、大幅に異なるという書誌学的な問題がある。『建久御巡礼記』最古の写本（鎌倉初期）である久原本には巻頭の春日社の項と、続く興福寺のはじめの一部分が欠如している。現存する中、次に古い前田家本（一三〇三年）には記されている。久原本を底本とする『校刊美術史料　寺院篇』が、春日社の部分を補うために使用したのは天理図書館保井文庫本（近世の写本）であり、保井本は校本として、古写本である多武峯本（一二二六年写・現存しない）を用いているが、これも春日社を欠いている。保井本はその注記によれば、春日社条を春日若宮神主家本（天正十八年〈一五九〇〉）から補っている。若宮神主家本については、内田澪子「大宮家蔵『御巡礼記』解題・翻刻――『建久御巡礼記』の一伝本――」（『巡礼記研究』一集、二〇〇四年）、同「春日社における『御巡礼記』の書写」（『説話文学研究』四〇号、二〇〇五年）を参照。そうしたことから藤田経世氏は解題で、少なくとも多武峯本書写頃までは、春日社のない本が存在し、場合によっては最古の久原本も、春日社が欠如したのでなく本来、興福寺から始まっていた可能性さえも有り得ることを示唆している。だが近本氏は、「廃滅からの再生」（『日本文学』四九巻七号、二〇〇〇年）の中で『建久御巡礼記』について、春日社・興福寺重視の性格が濃厚であり「この巡礼で女院が目にしたのは、かろうじて焼亡を免れた春日社と、焼亡から再建成ったばかりの興福寺諸堂（三一頁）」であったとし、また建久年中の興福寺再建を春日大明神の効験とする、後世の擬書『元要記』の歴史認識の由縁を、この『建久御巡礼記』に見ている。そして『建久御巡礼記』の興福寺南円堂の項には「此堂ノ被二築壇一之時、人夫之中ニ春日大明神交ラセ御坐シテ、聊有二御詠吟一……」という、春日神の登場する興福寺のきわめて重要なトポスである南円堂の創建説話が記されている（当時これは諸書に散見せられる著名なものであり、詳しくは本書第三部第十三章を参照）。そうしたことから、やはり春日社・興福寺は一対のものとして、実叡によって記録されたと考える。その上で『建久御巡礼記』の岩戸神話→『権現式』の岩戸神話というルートを想定したのである。なお『扶桑略記』の二神約諾（あるいは二神関係）の言説も具体的な神話を伴わないものの、仏教的文脈内に位置しているため、貞慶の先蹤と見做すことが可能だろう。

(24) 中村啓信『信西日本紀鈔とその研究』（高科書店、一九九〇年）一四～一九頁を参照。

(25) 日本思想大系『古代中世芸術論』所収。

(26) 近本謙介「『春日権現験記絵』成立と解脱房貞慶」（『中世文学』四三号、一九九八年）。

(27) 鶴巻由美「中世神楽異聞――八乙女と神楽男をめぐって――」（『伝承文学研究』四七号、一九九八年）参照。

(28) 阿部泰郎「『大織冠』の成立」（吾郷寅之進・福田晃編『幸若舞曲研究』第四巻、三弥井書店、一九八六年）内に一部翻刻されている。

(29) 中世における天岩戸神話については拙稿「中世的天岩戸神話に関する覚書――中世宗教思想史における仏教と神祇についての素描――」（『寺社と民衆』創刊号、二〇〇五年）を参照。

(30) ゆえにこの場合も約諾の言説を単純に摂関政治の正当化に帰着させるのではなく、興福寺の仏法というコンテクストの中で、それが言われているということに注意しなくてはならない。

(31) 『道心祈請式』（『貞慶講式集』）では、天照・春日という〈約諾〉の二神が、本朝神祇の筆頭として、貞慶の仏教的実践行の根本たる「菩提心」祈請の対象として新たな関係性の中に立ち現れる。

(32) これは『続本朝往生伝』『本朝神仙伝』に見られる、日蔵・泰澄・真縁といった神の「本覚」を尋ねる行者のモチーフに連なろう。吉原浩人氏は、それを院政期の「始原探究エネルギー」と評している（「神仏習合史上の大江匡房」『説話文学と漢文学』汲古書院、一九九四年）。さらに春日の本地仏を探究する貞慶の言説は、『古社記断簡』の「御本地事」や、『沙石集』巻一―五、および『春日験記』巻十六二段に見える、笠置山般若台での、本地釈迦仏の感得伝承へと展開してゆくのである。

(33) 三段式の二段目後半部（と、そこに相当する五段式の三段目）には、岩戸神話を根拠とする天児屋根（本社）と太刀辛雄《タヂカラオ》（末社）の約諾（冥契）が語られるが、あくまでも本社と末社の関係を説明する言説としてのみ機能している。

(34) また天岩戸神話を、「煩悩からの開悟＝本覚の開顕」という全くの仏教的比喩（アレゴリー）として捉えるものに『高野物語』がある。阿部泰郎「『高野物語』の再発見」（『中世文学』三三号、一九八八年）および、前注(29)拙稿を参照。

(35) 貞慶は『神祇講式』冒頭の表白で、「神冥无二于外一、恭敬者、則顕二於祭席一。浄土非二于遠一、勤行者、則在二於道場一」と述べている。儀礼という非日常の空間には、神仏などの〈冥〉なる存在や浄土が顕現する。儀礼は聖なる世界と俗なる世界の合一をもたらす。三段式は劣機の衆生もこうした儀礼の場において、本地仏とまみえることが可能なのであるという論理に基づき構成されているが、一方、機根の熟した学侶を対象とする五段式は、当然劣機の自覚を語る表現は乏しい。

(36) 前注(23)近代論文で、氏は「南都中世の論理的再生は、一旦失われた南都浄土を、濃厚な神祇信仰との融合をもとに文字世界の上に現出させていくことによって構築されていく」として、二神約諾の問題と『権現式』の一部にも言及しておられる。建久年間以降の歴史的・社会的な側面における貞慶の存在意義を考える上で、実に示唆的である。

(37) 儀礼的思考ということについては、山本ひろ子氏から学んだ。上村忠男他編『〈歴史を問う1〉神話と歴史の間で』（岩波書店、二〇〇二年）、一三〜一六頁を参照。

(38) さらに講式という儀礼テキストの実践性にもう一歩、踏み込んでみる時、次のごとき言説が注目されよう。『貞慶講式集』所収の『弁財天講式』の奥書には、

この一則は解脱上人貞慶の撰する処なり。上人、つとに弁才天女を尊崇し、かつて大和州天河の神祠に詣で、宵を通じて修法す。感得する処ありて、よって期して文を撰び、諸祠の中に納む（二二五頁）

とある。同書所収『舎利講式』（一段式）の東寺宝菩提院本の奥書には、「依二春日大明神御所望一解脱上人被レ書二進

之一。其夜以二微妙御声一被レ遊レ誦云云」（二四七頁）とあり、曼殊院本にもほぼ一致する文が記されている。特に「其夜以二微妙御声一被レ遊レ誦」とあるように、正に神自身が貞慶の案じた式文を読誦しているのである。講式は神の〈声技〉ともなるのである。いずれも後世の伝承と言うべきものであるが、神からの霊感・神秘的宗教体験を得て講式が作成されたとする語りの中にこそ、儀礼テキストたる講式の性格の一端が覗いて見えるようである。そして近本氏が『鎌倉室町文学論纂』に紹介した天理図書館本の三段『春日権現講式』の奥書には、「大徳鳥羽覚融僧正、法義之春日権現講式為レ誦二読之一、百日参二籠於而安居屋一、沐浴済戒而感二得法身之義一」とある。これは、仁治元年に明恵の弟子である恵日房成忍が記したものであり、講式の作成者はここではかの鳥羽僧正覚融とされているが、済戒して安居屋に籠もり百日間、ただひたすら『権現式』を読誦し、春日神の真容に達したことは、神と通じる呪的な〈コトバ〉＝儀礼言語としての講式の在り様を語っていよう。さらに明恵の『十無尽院舎利講式』五段「当会舎利縁起門」にも同様の性質を見て取れることは、前章で論じた。

補記1　前注（4）の興福寺本の五段式も奥書に「覚融之」とある。三段式のみならず五段式も、貞慶ではなく覚融作という伝承があったようだ。

補記2　『別願講式』についても簡単に記しておきたい。三段からなる『別願式』の信仰世界の位相は、全体を貫く〈浄土願生〉志向として容易に把握される。それは従来指摘されてきたように釈迦信仰と一体化した弥勒（兜率浄土）への信仰であり、中世神話的な言説は見られないが、『別願式』の特に二段は内容的に注目される。そこでは『華厳経』「入法界品」を参照枠として印度の天神衆に、本朝の春日神を類比して、仏教世界内部へと引き入れており、さらに本地仏へと言及するのだが、見逃せないのは、自己の行業が未熟で即座に往生が叶わない時は、次生において「持明仙」「護法善神」という、身に「苦患・汚穢」なく、心は「慈悲・質直」なる神的存在へとステージアップし、子が父に随うごとくに春日神の側を離れず、その導きによって西天の仏跡から他方世界の仏国土までを巡り不断の修行を積み、完全なる往生を目指すとしている点である。二段からは、天竺世界や他方仏国を自由に飛翔し「見仏関法」する独特の春日神のイメージが窺え、また真の往生完成までのプロセスが、具体的かつ詳細に計画立てられていること、「我」の語の頻出、そして末尾の「我願異レ人恐在二宿習一歟」のくだりからは、『別願式』が何より貞慶個人の信仰世界の表出であると判断される。おそらくは、自行として独演されたものだろう。なお『春日大明神発願文』は『別願式』の二段と信仰内容・表現が著しく近似しており相関性はきわめて強い。願文が、社頭での「奉唱→奉納」という一過性のテキストであると仮定すれば、『別願式』は繰り返される儀礼テキストであり、その意味でも一具のテキストと言えよう。

第四章　貞慶撰五段『舎利講式』の儀礼世界

はじめに

前章において貞慶（一一五五～一二一三）の『春日権現講式』の分析を終えた。そこでは講式作成を、貞慶による春日神の神性探求の実践として位置付けた。本章では、神祇信仰の色彩は含まれないが、貞慶の深く信仰した春日神の本地仏である釈迦の、中世的な信仰形態である舎利（生身仏）を讃嘆する儀礼の式次第、すなわち『舎利講式』についての分析を試みる。貞慶の中で舎利信仰と春日信仰は、本地—垂迹関係によって相互補完的な信仰世界を形成していたものと思われる。そして特に五段の『舎利講式』は、貞慶が笠置山に遁世していた時期の作例とされるものであり、第一章で論じた笠置寺再興および肯定的国土観と、密接に関わる問題が見出されるのである。改めて儀礼との関係から、この点を考察しておきたい。

中世の舎利信仰は、密教の如意宝珠信仰とも相俟って、文学・歴史学をはじめとする諸分野において、現在広範な関心を集めており、特に欧米の日本宗教研究者が業績を挙げていることが注目される(1)。貞慶が作成した『舎利講式』という儀礼と、その思想的特色を明らかにすることは、彼の舎利信仰の全体像に見通しをつけ、かつ広大な中世舎利信仰の世界の一端に迫ることとなろう。

一　貞慶の舎利信仰と五段『舎利講式』

中世の末法思想の中で、仏法の危機的状況をより積極的に克服すべく、西方浄土の阿弥陀信仰に対して、南都では『悲華経』の穢土成仏思想に基づく釈迦信仰が勃興する。[2] 釈尊亡き末法の世であるから、その遺徳を偲ぶ信仰は、聖遺物たる釈尊の遺骨＝舎利への真摯な渇仰として現象する。かかる信仰を顕教の側から鼓吹した人物としては、やはり南都の貞慶をもってその筆頭となしてよい。そして多様な宗教活動を展開した貞慶は、末法という現状の打破の一環として戒律復興へも着手する。『戒律興行願書』[3]は「如来滅後、以レ戒為レ師」の出だしで始まるが、仏法の始源としての釈尊と、「戒→定→恵」という三学の第一である仏法の根幹としての戒律は、〈根源性〉という位相でも共通する。そこにも、釈尊へ向けられる篤い思慕と希求が、仏法の原点回帰を含意する戒律復興という運動を惹起する論理的脈絡が認められよう。

彼の釈迦＝舎利信仰の具現化として著名なのは、鑑真将来の舎利を本尊として建仁三年（一二〇三）に唐招提寺で釈迦念仏会という儀礼を始行したことである。その時、貞慶が著わした『唐招提寺釈迦念仏願文』[4]（以下、『釈迦念仏願文』）で、鑑真は「我朝戒律大祖」と讃えられる。この法会は貞慶の戒律復興運動を継承した唐招提寺覚盛に受け継がれ、西大寺叡尊の弟子たちも同心して継続してゆくように、戒律復興の原動力ともなっていただろう。この『釈迦念仏願文』には生身舎利の観念が強く現れ、また叡尊教団における生身の釈迦（清凉寺式釈迦如来像）信仰も周知のところである。そして後述するがこの時期に五段『舎利講式』も撰述されたと考えられる。また『舎利講式』の最古写本は唐招提寺に伝来しており、同寺の釈迦念仏会は現在でも、この『舎利講式』を用いている。

『釈迦念仏願文』からは詳細な儀礼の次第は明確でなく、当初はひたすら七日七夜の不断念仏であったようだ。どの段階で『舎利講式』が釈迦念仏の儀礼次第に導入されたか不明であるが、建長六年（一二五四）の釈迦念仏会の「啓白」(5)に、「即八ヶ日夜之間。各固レ志参二籠於舎利御前一。日々供二養御舎利一。座々講二讃法華経一」とあって、法華の講讃が加えられており、日々の舎利供養の中には『舎利講式』が含まれていたのかもしれないが確証はない。この他にも、貞慶が興福寺の常楽会（涅槃会）に先立つ報恩会（舎利会）の成立（承元二年〈一二〇八〉）に関与しており、時代は下るが『大乗院寺社雑事記』によれば尋尊の時代に、常楽会で五段『舎利講式』が読誦されていたことから、当初より『舎利講式』を用いて儀礼が執行されていた可能性があることや、この常楽会本尊の釈迦涅槃図には貞慶の五段『舎利講式』の影響を受けた生身仏としての特色表現が見られるといった、興味深い指摘も美術史方面からなされている。(6)

『講式――ほとけへの讃嘆――』（奈良国立博物館、一九八五年）の西山厚氏の解説によれば、『釈迦念仏願文』と趣旨が近似していることから、釈迦念仏の始行と同時期に五段『舎利講式』も撰述されたと考えられ、『実隆公記』明応四年（一四九五）二月二十八日条に貞慶が作したとされていることを指摘する。それは以下のような一節である。

宗光大徳談云、舎利講式者解脱上人於二招提寺経蔵一被レ草レ之、件草本于レ今在二彼寺一、発端句、夫尺尊恩徳広大無辺也ト書レ之、次句思案之所、春日大明神示現給、無量終劫誰報謝云々、誠奇句也云々(7)

また室町以降成立の『南都七大寺巡礼記』（菅家本『諸寺縁起集』）の唐招提寺の条に、やはり貞慶作とする説が見えている。(8)それは「孤山松蒼海池」という風雅な名の項目で、

件松池者在二宝蔵東方一抑舎利五段式者、笠置貞慶上人参二籠当寺一造レ之云々、彼五段式曰、夫尺尊恩徳、広大

無辺、無量億劫、誰能報謝、口伝云、此下句者、春日大明神継給云々、同式云、孤山松間、徐礼二白毫之秋月一、滄海浪上、遥引二紫台之暁雲一云々、彼孤山松滄海波池、于レ時在レ之者也

と記されている。(9)三条西実隆の頃には春日明神とも関わってよく知られた伝承であったようだ。(10)唐招提寺では五段の「孤山松間……蒼海浪上……」を寺内の景観に比定し貞慶との縁を強調しているが、これは謡曲『舎利』にも引用されるように中世に流通した表現であろう。五段式を貞慶作とするのはこの他には、高野山金剛三昧院本もある。

このように時代を下れば室町期には、五段式を貞慶作とする諸伝が存在し、内容・表現から考えても貞慶作とする判断に筆者も異存はない。ただ『釈迦念仏願文』との趣旨の近似ということについては、舎利―釈迦信仰を披瀝するテキストであるからそれは当然とも言え、『舎利講式』四段には「慧眼早盲、未レ向二三界慈父之芳顔一。法身独悴、空隔二八諦医王之撫育一」とあり、『釈迦念仏願文』には「慈父所レ許之車。求者深求。医王所レ与之薬。服人能服」という少々似通った対句も見られるが、釈尊を「慈父」「医王」と称することは、明恵の『舎利講式』など他の諸師にも確認されるもので常套的な表現である。何より『釈迦念仏願文』は戒律（復興）の要素が含まれ、舎利も鑑真請来であることが重要なのだが、『舎利講式』にはそれは一切窺えない。『釈迦念仏願文』と近い時期の成立ということは首肯し得るが、釈迦念仏会そのものとは別個に成立したと考えられ、釈迦念仏会に導入されたのも後のことと思われる。

二　『舎利講式』の儀礼的構造

この『舎利講式』の思想を、儀礼的に最も特徴付けるのは、衆生観と国土観であろうと思われる。詳しくは第二

部の第五章で論じることになるのだが、貞慶の講式には懺悔・滅罪をその特徴の一つに挙げることができるのであり[11]、後に述べるように彼は、かの『愚迷発心集』で宗教的無能力者たることを愧じ、罪障深きことを悔いているごとく、否定的自己を切実に自覚し吐露した真摯な仏教者として、従来理解される傾向にあったと言えるだろう[12]。講式に見える懺悔・慚愧も正にそうした貞慶像に合致するものであり、『道心祈請講式』などはこの『愚迷発心集』の原型であることが論じられている[13]。

だが、講式他の貞慶のテキストには、一方で肯定的な衆生観も表出しているのである。そもそも中世における否定的な自己認識は、末法悪世という時代観と、これが空間論的に把握された否定的国土観（辺土観）との双方を内面化することで得られる否定的衆生観に他ならないため、末法克服の志向は、否定的な国土観と衆生観の反転（肯定）を促さずにはおかないはずである。かかる問題を考察しようとする場合、貞慶の五段『舎利講式』が、内容的に適した素材となるのである。以下、五段『舎利講式』を中心に分析し、貞慶における否定と肯定を、儀礼の言説という位相において捉えることを試みたい。

貞慶は舎利を本尊とする礼拝儀礼の次第である『舎利講式』を複数作成している。なお舎利信仰が貞慶の笠置寺再興において、重要な役割を果たすことはすでに考察した[14]。そこで五段『舎利講式』の構造に沿って見てゆくと、1「讃二如来恩徳一」、2「明二舎利分布一」、3「歎二末世神変一」、4「述二事理供養一」、5「致二廻向発願一」の全五段から構成されており、二段「明二舎利分布一」の終わりの次の部分にまずは注目せねばならない。

方今中天程遠、隔二煙浪一而十万余里。滅度年遥、送二星霜一而二千余廻。我等耳聞二三宝之名字一。猶是過分巨益也。手得二数粒之仏骨一、寧非二曠劫之宿縁一哉。誰謂二此所於弥離車之境一。可レ知大乗善根之国土也。誰謂二我等於一闡提之類一。恐是宿願成就之菩薩也。仮使順次往上生浄土下、其因猶為レ足。仮使即身値上遇弥陀下、其縁何為レ堅。

須レ生二随喜一。勿レ懐二怯弱一　（以下、傍線筆者）

聖なる天竺から遥かに隔てられ、仏滅後の末世にある現在の日本は、時間的にも空間的にも、正に弥離車（夷狄）之境である。しかし、それでもなお我らは仏法に出会い、何より尊い舎利に値遇している。これは大いなる宿縁であり、むしろ勝れた大乗の機根を持つ人々の国土と言うべきである。ゆえにこの国に住まう我らは、実は「宿願」（往生／成仏）が確約された菩薩に他ならない。この表現には、かかる凝縮された〈信〉が漲っている。

舎利がもたらす末世の救済とは、往生（成仏）とともに、式文に従えば低劣な末世の辺土・小国を勝れた「大乗善根之国土」へと転換し、救われ難き罪悪甚重の凡夫たる「一闡提」を聖なる菩薩へと変成せしめることによって実現されるという構図が見えよう。これは「日本＝大乗国土」説である。絶大な功徳を秘めた舎利を最も特徴付けるのは、「遺骨永伝猶貽二利益於万二千歳之塵一。既云二尊体一何異二生身一（表白部）」、「昔往二師子国一現身説法。相好光明宛如二生身一（三段）」、「遺身舎利、忽復二生身一、同放二光明一覚二悟行者一（五段）」とあるように、釈迦の現身＝「生身」の感覚である。儀礼の現場に即して解釈すれば、貞慶が編み上げた聖なる詞章《ことば》としての『舎利講式』が読誦される講の儀礼空間において、舎利は生身仏と化して神変を現じ、国土と衆生の〈劣〉から〈勝〉への変換の奇蹟が発現するということになろう。ゆえにこの『舎利講式』は、末世における否定的国土―衆生観克服の一つの儀礼的な具体相と言える[15]。

こうした理解は、貞慶の『文殊講式』の表白にもほぼ同様のものを見る。

勿レ謂、此土是辺土。日本一国大機充満。勿レ思、此時是末世。大乗教法盛流布故。殃掘摩羅殺二害千人一、在世証二羅漢一、周利般特不レ誦二一偈一、即座至二応果一。迷悟忽変如二掌裏一。我等雖二罪人一未レ殺二一人一。雖二遅鈍一盍誦二四句一

優れた機根の人間が満ちており、大乗仏教が栄える日本国は、決して末世の辺境ではない。ここではいささか短絡的ながら、殃掘摩羅や周利般特といった極端な罪悪人および鈍根の劣機と対比することで、日本国の衆生の優越性がより闡明となるのであり、肯定的国土観とそれに伴う衆生観のレトリックが説示されているのである。さらに般若と文殊を重視する法相教義書で、『文殊講式』とも関連すると思われる『心要鈔』「第一菩提心門」の終わりにも、

　若無二宿習一、於二無上法一、万一難レ信。今於二仏語一既無二疑謗一。以レ愚還知有二大乗性一。猶不二趣寂一。況為二無性一耶。……況此土是如来所レ記東北方国。諸菩薩乗人帰二信般若一受持読誦書写供養。機堪相応。現得二悉地一。具二足仏性一何疑惑耶

とある。ここでも『舎利講式』や『文殊講式』の「大乗善根之国土」「日本一国大機充満」「大乗教法盛流布」といった表現と同じく、仏説に根拠付けられた「東北方国＝日本」は、仏性を具有した菩薩乗（大乗性・菩薩種姓）の衆生が住まう神聖なる国土と定位される。

　これは『大般若経』「東北方品」によっている。それは釈迦滅後の末法に東北方において般若の教えが興隆する予言を説く章段で、

　我滅度已後時後分五百歳。甚深般若波羅蜜多。於二東北方一大作二仏事一……我滅度已後時後分五百歳。於二東北方一当二広流布一……我滅度已後時後分五百歳。於二東北方一当レ有二幾許一住二菩薩乗諸善男子善女人等一

とある。そして貞慶は「宿習」を有する自己と衆生を、この仏に祝福された聖なる国土（日本）に帰属するものとして位置付けているわけであるが、そこには同時に「以レ愚還知」という劣機・愚者の自覚の転換が大きく作用していたことは見落とせない。中世でも有仏性・無仏性（五性各別説）が問題となる点は、法相学僧としての貞慶な

らではといえ、シビアな衆生観が窺えるのであるが[16]、貞慶は笠置山において般若台を建立するなど、『大般若経』を重視していた事実も改めて思い起こしておきたい。

三　中世の衆生観・国土観と霊山の縁起

実はこの「東北方国＝日本」説ともいうべき言説は、中世の顕密仏教界に流布している。貞慶とほぼ同時期の一例を示そう。安居院の『転法輪鈔』には、文治四年（一一八八）の『院大般若供養表白』という、後白河院の発願になる「国土泰平」祈願法会の表白が収められており、そこに、

経説云、如来滅後之時分於二東北方一大機縁故、玄奘法師訳二此経一訖、語二徒衆一、此典於二此方一大有二因縁一鎮国妙典人天大宝也……玄奘所レ言誰人不二帰敬一乎……

とある。やはり『大般若経』（とそれを訳出した玄奘）の存在が注目されているが、東北方はいまだ中国を指している。その一方で栄西『興禅護国論』の「第九大国説話門」では「大般若経云、我涅槃後、後時後分後五百歳、如レ是経典、於二東北方一、大作二仏事一文。東北方者、日本国也。未レ嫌二辺地一乎」という形で、貞慶同様に「東北方＝日本」説が明確に見えており、鎌倉最初期頃には顕密仏教界で注目されていた言説であったことが分かる。

さて『舎利講式』に見られる、辺土観と対峙してこれを克服せんとする「日本＝大乗国土」説は、貞慶の叔父であり師でもある興福寺別当覚憲（一一三一～一二一二）の著『三国伝燈記』に基づくものである[17]。これは南都廃滅以前の承安三年（一一七三）に作成されたもので、鎌足の廟所で南都における天台宗の拠点と化していた多武峯（妙楽寺）と法相宗興福寺の武力紛争に、末世の相を見た覚憲が三国の仏法伝来を語り、一寺の別当として興福寺

僧に正法護持を訴えた本邦初の仏教史叙述として著名であるが[18]、本来は「興福寺本願大織冠藤原鎌足報恩講経講師表白」と言うべき長編の表白であり、維摩経講讃の儀礼に供されたテキストなのである[19]。覚憲は『三国伝燈記』下巻前半である「国土時代料簡先国土事[20]」で、

我日本葦原境者、辺土中之辺土、小国中之小国……恨者生二弥離車之境一、隔二拝見於五天竺之聖跡一……南北弘二真宗一、顕密修二仏法一、由レ此毎レ国翫二摩訶衍一、毎レ家求二一仏乗一、応レ謂二日本国是大乗善根之界一、人亦菩薩種姓之類也

と語る。件の『舎利講式』の一節が、その文脈と表現からして、この『三国伝燈記』の影響下にあることは明らかであり、覚憲―貞慶の師弟関係に照らしてもそれは納得されるところである。さらに「日本＝大乗国土」説を論証するため『三国伝燈記』は、

故八十花厳菩薩住処品云、海中有レ処、名二金剛山一、従レ昔已来、諸菩薩衆於レ中止住、現有二菩薩一、名曰二法起一、与二其眷属諸菩薩衆千二百人一倶、常在二其中一、而演二説法一云々、金剛山者即我朝葛木山也、如二縁起云一、大唐第三仙人、日本国役優婆塞、金剛山法起菩薩、金峯山大政威徳、箕面山龍樹菩薩、瀧基大聖不動尊、三世施主随類身、哀惜留レ跡、是箕面云々

と続ける。

覚憲は八十巻本『華厳経』に依拠して、南閻浮州の海中にあって法起菩薩が諸菩薩に説法するという金剛山を大和国の葛城山に比定し（葛城山系の最高峰が金剛山と呼ばれる）、日本の衆生を菩薩と見なすのである。葛城山は当時、興福寺の支配下にある大和国の山岳霊場であった。『三国伝燈記』には、そうした南都周縁部の聖地に根差した、言わば地縁的な国土観の論理が用いられているのである。

覚憲の『三国伝燈記』が明確な肯定的国土観の表明に際して、霊山縁起の世界を導入した理由については、それが南都の寺院間紛争という在地の個別的要因に端を発していることに求められよう。院政期以降の中世において興福寺は南都最大の宗教権門であり、実質的に大和国の支配者であった。周知のごとく鎌倉時代には幕府も守護を設置せず、興福寺にその支配を委ねていたほどである。葛城山や金峯山も中世には興福寺の傘下に収められてゆき、興福寺―春日社と縁起的言説においても緊密に結ばれてゆくことになる。大和国霊山の縁起言説を持ち出すという地縁的・在地的な理論は、仏法有縁の大乗国土＝日本を抽象的に説くよりも、興福寺の衆徒に自覚を促し仏法興隆を呼びかける上でよほど有効なイデオロギー的手段であろう。興福寺の本願鎌足は維摩居士の化身とされるが、正にその維摩講という儀礼（ハレの空間）における表白＝声技として、「日本＝大乗国土」説は、覚憲によって効果的に言挙げされたのである(21)。

そして貞慶にもまたそうした戦略が窺える。興福寺北円堂は再建が遅れたものの、貞慶・後鳥羽院・興福寺別当雅縁らの連携によって成ったものであり、貞慶の同朋たる菩提山上人専心の勧進に関わる『興福寺政所下文』という文書が存在し、『弥勒菩薩感応抄』に収録されることからも貞慶起草によるものであるが、それは次のような言挙げから始まっている。

右。当洲者本朝之勝地。倭国之濫觴也。古風近㆓于華洛㆒。仁義超㆓于辺民㆒。彼人代之始者。神武天皇之御宇也。釈教之興者欽明天皇之聖代也。皆於㆓当国㆒忝開㆓其化㆒。王法仏法源起㆓此地㆒。霊仏霊神多卜㆓此境㆒。誠有㆓所以㆒乎

正に肯定的国土観のローカル版としての「大和国勝地」説である。神仏に祝福された王法・仏法の〈起源〉である大和国を寿ぐことで、治承回禄後の南都における仏法興隆を当為として印象付けながら、興福寺再興を呼びかけ

促すという巧みな唱導的文脈を構成しているのであり、覚憲的な「大乗国土」説の亜流と言えようか。

四　興福寺における肯定的国土観——蔵俊・覚憲・貞慶

さらに興福寺による最終的な編纂が予測され、鎌倉初期には成立していた南都修験の霊山縁起である『諸山縁起』を構成する「葛城縁起」を見ると、その一項目をなす「日本国葛木山金剛山入二仏記一事」に、『三国伝燈記』との関連が認められる。以下、便宜的に①②③に分割して論ずる（日本思想大系『寺社縁起』所収）。

①花厳経第四十五菩薩住処品云、
東北方有レ処、名二清涼山一、従レ昔已来諸菩薩衆於レ中止住、現有二菩薩一、名二文殊師利一、与二其眷属諸菩薩衆一万人一倶、常在二其中一而演説
海中有レ処、名二金剛山一、従レ昔已来諸菩薩衆於レ中止住、現有二菩薩一、名曰二法起一、与二其眷属諸菩薩衆千二百人一倶、常在二其中一而演二説法一

八十巻『華厳経』四十五巻「菩薩住処品」からの正確な引用であり（大正蔵一〇巻、二四一頁）、清涼山は「東北方」にあり文殊菩薩の住所、金剛山は「海中」にあり法起菩薩の住所であると同一形式の文で説く。金剛山と法起菩薩については『三国伝燈記』にもそのまま文言は一致する。

②故南都菩提院権別当上綱云、曇無竭法勇菩薩也、高僧伝第三云、釈曇無竭此云二法勇一、八十花厳法起云、六十

花厳曇無竭此同菩薩也、即弘二般若一法踊菩薩也、仏説二於東北方品一可レ弘二此経一云、法勇菩薩住二和国金剛山一弘二般若一也、法勤、法上、法起、法勇、皆是弘二般若一法踊菩薩見

南都菩提院権別当上綱は、覚憲の師であり興福寺の学僧として著名な蔵俊（一一〇四〜八〇）である。六十巻『華厳経』では法起菩薩は、梵名で「曇無《どんむ》竭《かつ》菩薩」と呼称されるのであるが、その曇無竭菩薩＝法起菩薩は別名が法勇菩薩なのである。そしてそれが『大般若経』を弘める法踊菩薩と同体とされる。つまり、

『華厳経』—法起菩薩＝〈法勇菩薩〉＝法踊菩薩—『大般若経』

と図示できるのであり、通音に基づいて『華厳経』と『大般若経』の説が習合しているのである。②の引用文中に「東北方品……」とあるのは、むろん先述したように『大般若経』「東北方品」である。

だが般若を弘める法踊菩薩は、実は「東北方品」には一切登場しない。法踊菩薩は同経の三九九巻「法涌（踊）菩薩品」に登場する菩薩で、三九八巻「常啼菩薩品」に現れる求法者たる常啼菩薩が、般若の教えを求め東方に旅して法踊菩薩と邂逅する筋立てである。この「東方」という要素も、むろん「仏法東漸」の歴史に符合する仏説として重要なのであり、「葛城縁起」は、『大般若経』の「東方」をキーワードとする法踊・常啼菩薩の物語である「法涌菩薩品」と末世の仏法繁盛の予言である「東北方品」を融合させ、それをさらに『華厳経』「菩薩住所品」に説く金剛山と法起菩薩に連環させるという複雑な言説操作を踏んでいるのである。法起・法踊同体説の強調によって華厳・般若の二経が融合しており、興福寺系統に特有の中世的言説の一齣かと思われる。

③問云、八十花厳、海中有レ処、名金剛山云、而海中是広諸山一多、争此文日本国金剛山知哉、答云、定恵和尚入唐記云、和尚言、平生有二契約一、談峯勝絶之地、東伊勢高山天照大神守護、西金剛山法起菩薩利生、南金峯

山大権薩埵待二慈尊出世一、北大神山如来垂迹抜二涼黎民一、而大織冠者是毘舎離城之居士浄名薩埵之垂迹、西金剛山之祠、豈非二和国葛木山一哉、其詞尤成レ証

漠然と海中にありとされた金剛山が葛城山に相違ないことを示すため、大織冠鎌足の息子定恵の「定恵和尚入唐記」（『談峯記』というテキストの異称と考えられる）を引き南都世界の四方を取り巻く山岳霊場のネットワークを示しつつ証明している。特に興福寺本願で維摩居士の垂迹たる多武峯の大織冠が強調され、鎌足―定恵の権威によって「金剛山＝葛城山」説を正当化する意図であって、鎌足への表白である『三国伝燈記』にも通じてゆく。

「葛城縁起」の②で蔵俊が説く、『華厳経』の金剛山の法起菩薩と『大般若経』の法踊菩薩との同体説は、覚憲と貞慶の言説を考える上できわめて重要となる。覚憲『三国伝燈記』には『大般若経』からの影響は不明確だが、『華厳経』「菩薩住所品」に基づく金剛山＝大和葛城山という説があって、それは日本が「大乗善根之界」という理解の根拠をなしており、また貞慶『心要鈔』には逆に『華厳経』からの影響は不明確だが、「帰二信般若一」「東北方国」といった『大般若経』「東北方品」に基づく一節が記されていたからである。

『諸山縁起』は「大峯縁起」「葛城縁起」「一代峯縁起」（笠置山の縁起）からなるが、個々の縁起の成立は当然『諸山縁起』以前に遡る。葛城山や大峯山の入口である金峯山も、中世では興福寺の勢力下へ収められてゆくのであり、治承の兵火に焼かれた興福寺堂舎のリストに葛城の一言主社のあったことが『玉葉』や『平家物語』に確認される。覚憲・貞慶の言説に照らしても、蔵俊が葛城山について、実際に②のような内容の秘説を語った可能性は想定できようか。覚憲『三国伝燈記』が、「如二縁起云一」以下に「大唐第三仙人、日本国役優婆塞、金剛山法起菩薩、金峯山大政威徳、箕面山龍樹菩薩、瀧基大聖不動尊、三世施主随類身、哀惜留跡、是箕面云々」と述べていたが、これは「葛城縁起」①の直前にもほとんど同文を確認できるのであり（岩波日本思想大系本、三五八頁）、役行

者と法起菩薩と太政威徳天《大聖》（修験における天満天神の別名）の同体を説くものである。『三国伝燈記』が、これに続けて「所以不レ可レ軽二此国一、諸仏大聖之所二居止一也、可レ貴二於其人一、菩薩乗姓之所二浮沈一也」と、仏の住まう霊山を根拠にした肯定的国土観を披瀝することは、師である蔵俊の先蹤を踏まえてのことであったのかもしれない。

そして『諸山縁起』の「葛城縁起」や『三国伝燈記』が引く「大唐第三仙人……」は、『箕面寺縁起』略頌に由来し、また「葛城縁起」の③は『談峯記』（定恵和尚入唐記）に見えていること、『箕面寺縁起』略頌や『談峯記』などは、覚憲の手元にもあったことが先行研究で指摘されているが[22]、『華厳経』「菩薩住所品」の法起菩薩と『大般若経』「東北方品」の法踊菩薩との習合説である②は、蔵俊の創作になるものであろうか。

また建仁元年頃の『金剛山寺堂供養願文』[23]は、慶雲なる僧の勧進に関わるもので、『讃仏乗抄』に収録されることからも貞慶起草と考えてよいが、そこに「夫金剛山者、正出二釈迦大師之所説一、現為二法起菩薩之居止一」として『華厳経』の金剛山と法起菩薩の説が記される。さらに『箕面寺縁起』略頌に基づき、「葛城縁起」や『三国伝燈記』にも導入される「法起菩薩―役行者」同体説が見え、法相宗を守護するとされていることも見逃せない[24]。『三国伝燈記』の「日本＝大乗国土」説が主に葛城山の存在に支えられていたように、同説を継承する『舎利講式』を草した貞慶も、『金剛山寺堂供養願文』から知られるように葛城山と関係を有し、また自らも笠置山という修験の霊山を拠点に活動を展開していた。この他、貞慶が金峯山本主たる蔵王権現への信仰を有していたことはすでに指摘されるが、貞慶筆『海住山寺修正会神名帳』にも大和の在地神祇として蔵王権現の他に「葛木一言主大明神」が姿を現している[25]。

以上のように蔵俊には、②に確認されるように『華厳経』による「金剛山＝葛城山」説と、『大般若経』「東北方品」を融合させた理解があったのではないか。それは弟子の覚憲『三国伝燈記』では、『華厳経』の法起菩薩の住まう葛城山を有するゆえに「日本＝大乗国土」とする明確な肯定的国土観（末世・辺土・劣機の克服）へ展開したのであり、辺土の観念も「大乗国土」のタームも現れていない蔵俊による②の言説は、いまだその一歩手前の地点、すなわち葛城山という個別霊山の神秘的権威化の範疇にあるものと判断できよう。そして「葛城縁起」は正安三年に覚憲が表白としての『三国伝燈記』を制作したのと、近い時期・状況の下で編まれたであろうとする先学の見解を首肯しつつも、(26)「霊山縁起」それ自体と、覚憲の志向する「国土観」との間にはいささかの懸隔を認めねばなるまい。

貞慶の場合も葛城山＝金剛山の説が確認されるとともに、『大般若経』「東北方品」も、末世・辺土・劣機という否定的観念の克服に大きく寄与していたのであるが、『舎利講式』の場合、覚憲譲りの「大乗国土」説を継承するも、それは葛城山や法起菩薩という南都の霊山縁起的な要素を外すことで、あくまで舎利の功能＝生身釈迦信仰を根拠とする普遍性を獲得しており、(27)儀礼の空間における積極的な「大乗国土」の顕現という、新たな文脈を作り出している点に何よりの特徴を認め得るのである。そのことは笠置寺再興に際して、法会を盛んにプロデュースし肯定的国土観の表明に努めた貞慶の姿が、よく留められているという意味でもきわめて興味深いのである。国土観（衆生観）をめぐる南都僧の中世的言説は、講式儀礼の領域にも深く及んでいた。

五　貞慶における肯定と否定の思想

ここまで蔵俊から覚憲を経て貞慶に至る、国土観の様相を仔細に分析した。中世初期南都の肯定的国土観は、蔵俊―覚憲―貞慶という興福寺法相宗の主柱たる師弟の法脈によって形成・継受されたというルートが想定されるよ

うに、貞慶の五段『舎利講式』という小さな窓を起点に、言説空間の広がりと組成をある程度見通すことができた。(28)
以上の議論を踏まえて、ここで改めて貞慶の『舎利講式』に立ち戻りたい。

　このように『舎利講式』は二段の終わりで、末世・末法／辺土・小国の克服を強く提示したのであるが、さらに三段「歎二末世神変一」で舎利の種々の利益神妙なることを讃えた後、後半部の四段「述二事理供養一」、五段「致二廻向発願一」では一転して、以下のように綴られてくる。

六趣四生之間、不レ知レ隠二何方所一。刀山釼樹之下、不レ弁レ沈二何苦患一。恵眼早盲、未レ向二三界慈父之芳顔一。法身独悴、空隔二八諦医王之撫育一。常在霊山之秋月、纔望二微月一兮消レ魂、泥洹双樹之苔庭、只聞二遺跡一兮断レ腸。孤露之悲肝葉増レ色　（四段）

夫三界穢土患累無レ絶、八苦愛海厭離有レ余。悪上重増レ悪、苦中弥添レ苦。未来永々、出離何日。就中人不レ生二自栴檀之種一。必有二父母一、有二親族一。身不レ住二于虚空之中一。豈無二恩愛一、無二眷属一。面々芳情、山岳雖レ重、一々報謝、有レ志無レ力。然間、風樹之悲易レ動、前後之別難レ抑。夜雨聞レ窓之腸、遺徳猶留二肝底一。秋風満レ衫之涙、余香未レ消二衣上一。非二只一世一亦及二多生一。展転無窮周二遍法界一。欲レ解二其一縁一、則愛結之称易レ纏、欲レ度二其一人一、亦牢獄之鉄難レ破。自行未レ立化他何及　（五段）

現世に迷うては仏の救済に隔てられ、悪を重ね苦を増す衆生の本来的な在り様と、自行・化他ともになし得ない宗教的無力が説かれる。

　これは正に徹底した衆生の本質凝視で知られる『愚迷発心集』が、

生二仏前仏後中間一、無二出離解脱因縁一、住二粟散扶桑之小国一、闕二上求下化之修行一。悲又悲漏二在世一之悲也。恨更恨沈二苦海一之恨也。何況自二曠劫一以来至二今日一、惑業深重、既所レ嫌二十方恒沙之仏国一、罪障猶厚、今亦来二五濁乱慢之辺土一

と語るがごとき否定的国土―衆生観の色調と、きわめて近似していることが理解される。『愚迷発心集』も本来、神仏に対し自己の懈怠・罪障を痛烈に発露する表白なのであり、『愚迷発心集』的な慙愧・懺悔の要素は、三段『春日権現講式』の一部にも看取される（第一部第三章を参照）。『舎利講式』における、生身釈迦の顕現という如来在世の儀礼的回復と、菩薩種姓に満たされた大乗国土という理想像は、一方で現世と自己（衆生）の迷妄性と罪悪性の認識を随伴させている。

また先述の『心要鈔』でも「第一菩提心門」の終わりで、愚者の自覚の転換と『大般若経』の言説を通じて得られた肯定的衆生観に対し、すぐさま「第二二利門」の前半部で、それを否定するがごとき文章に出会う。

生苦者衆生心識始託二母胎一。父母不浄執為二己有一。根形円満始赴二産門一。業風漂激生二大苦悩一。如下以二三百六十鉾一刺中壊其身上。出胎初落如三生剝レ牛触二肉墻壁一。若不レ受レ生亦无二余苦一。生是苦本。甚可二厭患一……嗚呼三界六道皆是牢獄

これは『往生要集』「厭離穢土」の「人道」や、『宝物集』巻二の「六道」に説かれた「人道」にほぼ同文があり『宝積経』によるものである。日本の衆生は他に優越せる菩薩種姓であったはずだが、ここでは根本的に父母の穢れた行為によって生じ、出胎の瞬間から大苦悩に見舞われるという。これはむろん娑婆世界に生まれ出たことが、苦しみの原因に他ならないという理解である。また『愚迷発心集』では、身体の八万四千の毛穴ごとに九億の虫が巣食うという穢れ観念にも近い身体観を綴るが、これも『往生要集』「人道」の不浄相を明かす部分に見え、『宝積経』に類例がある。貞慶の中の理念的な菩薩種姓としての〈日本人〉は、衆生という存在自体に刻まれた身体的な

否定性の前に動揺しているかのようである。仏教に通有の否定的衆生観と、中世的でナショナルな肯定的衆生観＝国土観との相克が、ここに認められよう。

　貞慶の場合、否定的国土―衆生観は、単に肯定的なそれを導き出したり、引き立てたりするためのレトリックとしてあるのではない。特に『舎利講式』は、否定と肯定が常に背中合わせの鋭い緊張関係としてあることを、その構造の内によく示すものである。そしてさらに『舎利講式』の五段目を読み進めてゆくと、二段目で言挙げされた肯定的な国土―衆生観を無効化するかに見える、『愚迷発心集』的な末世・辺土の悲嘆に満ちた状態を救うのは、やはり「遺身舎利、忽復㆓生身㆒、同放㆓光明㆒覚㆓悟行者㆒」という生身仏としての舎利とされており、最終的に「見仏聞法之力、早昇㆓無生法忍之位㆒、因円果満之行、普度㆓尽虚空界之生㆒」という不断の仏道実践が導かれる仕組みなのである。このように『舎利講式』は、肯定と否定の旋廻を止揚する形で、仏道実践への志向が獲得される儀礼なのである[29]。かかる儀礼構造は貞慶の心的構造に照応しているものと思しい。貞慶の精神世界に保持された否定と肯定の緊張関係。そこに根差すエネルギーは、彼の活発な南都復興運動へと供給されていたのである。

おわりに

　覚憲―貞慶はともに、「日本＝大乗国土」というタームで表現される肯定的国土―衆生観を有していたが、貞慶の場合それを『舎利講式』の中で巧みに披瀝しており、舎利の威徳によって劣なる日本国土とその衆生が神聖化されるという動態的《ダイナミック》な儀礼的構図が確認された。これは同じく貞慶の記した『唐招提寺釈迦念仏願文』には確認されない特色であり、貞慶撰五段『舎利講式』は、肯定的国土観の表明という彼の笠置寺再興における根本的な方向性にこそ、より一致するテキストと位置付けることが可能である。

中世という時代において舎利信仰は隆盛を極め、顕密寺院を中心に舎利をめぐる壮麗な儀礼が多様な展開を見せていた。典雅な表現で舎利の功徳を賛じ、諸階層の聴衆を魅了したであろう『舎利講式』は、そうした儀礼を代表するものと評することができ、貞慶以外の僧侶も盛んにこれを作成している[30]。それら諸々の『舎利講式』のうち、彼の五段『舎利講式』は美文もさることながら、それが内包する儀礼構造にこそ、ことに注目し得る特徴が見出されるのである。

貞慶の『舎利講式』は、彼の肯定と否定という内面領域まで反映された、少々特殊な内容を含むものとも見られるが、廃滅からの南都寺院・南都仏教界の復興による鎮護国家体制の回復（王法仏法相依論において、そのことは王法・国家秩序の回復にも繋がる）が一定の達成を見た時代状況と、肯定的国土観を表明している点で即応する性質が看取されよう。

次章で論ずるが、貞慶と親交があり大仏再生に邁進した重源の熱烈な舎利信仰は、霊宝たる室生寺舎利の盗掘にまで及んだ。重源と交友の深い醍醐寺座主の勝賢も、舎利信仰に篤く『舎利講式』を制作し、大仏に納入する舎利を加持しており、そこには九条兼実の『仏舎利納入願文』も介在してくる。南都廃滅以前に、覚憲によって興福寺大衆に披瀝された『三国伝燈記』に見える霊山縁起と肯定的国土観は、廃滅からの南都復興運動（それは思想課題でもある）を笠置寺において継続してゆく貞慶によって、舎利信仰の文脈と結合して『舎利講式』という儀礼の中に効果的に活かされたのである[31]。

注

（1）中世の「舎利―釈迦」信仰には重厚な研究史が存する。ここでは如意宝珠信仰も含めてそれらのごく一部を掲出するに留めざるを得ないが、近年の研究として、阿部泰郎「宝珠と王権」（『〈岩波講座東洋思想一六〉日本思想2』一九八九年）、浅野祥子「舎利と文学」（『国文学踏査』一六号、一九九一年）、同「舎利講式小考」（『仏教文化学会紀要』一号、一九九二年）、内藤榮「西大寺鉄宝塔・五瓶舎利容器について」（『仏教芸術』二五七号、二〇〇一年）、『仏舎利と宝珠――釈迦を慕う心――』（奈良国立博物館、二〇〇一年）、ブライアン・小野坂・ルパート「舎利信仰と贈与・集積・情報の日本中世史」（今井雅晴編『中世仏教の展開とその基盤』大蔵出版、二〇〇二年）、伊藤聡「重源と宝珠」（『仏教文学』二六号、二〇〇二年）、中村本然「真言密教の修法と如意宝珠」（『密教文化研究所紀要』一八号、二〇〇五年）を挙げておく。特に中世南都の舎利信仰については、比較的最近では中尾堯『中世の勧進聖と舎利信仰』（吉川弘文館、二〇〇一年）があり、生駒哲郎「中世生身信仰と仏像の霊性」（中尾堯編『中世の寺院体制と社会』吉川弘文館、二〇〇二年）には、重源や叡尊の生身仏と舎利の信仰が「霊性の継承」という視点から論じられている。

（2）『悲華経』と釈迦・舎利信仰については、成田貞寛「『釈迦如来五百大願経』の研究」（『仏教大学大学院研究紀要』七号、一九七九年）、三崎良周「鎌倉期の南都仏教における穢土思想と春日明神」（『密教と神祇思想』創文社、一九九二年）、野村卓美「悲華経と中世文学」（『国語と国文学』七〇巻八号、一九九三年）を参照。

（3）日本思想大系『鎌倉旧仏教』所収。

（4）『大日本仏教全書』四九巻所収。

（5）前注（4）参照。

（6）谷口耕生「新薬師寺蔵仏涅槃図考――中世南都の涅槃儀礼及び舎利信仰との関係を中心に――」（『仏教芸術』二五一号、二〇〇〇年）。

（7）続群書類従完成会。この日は「先公月忌、宗光大徳入来如レ例」とあって、次に連歌の題目についての記事が続き、さらに「宗光大徳談云……」とあるので、室町期公家の文芸的な環境と貞慶作との脈絡が読み取れるようである。また文明十年（一四七八）二月十五日条によれば「今日猶候番、仏涅槃日之□捧物各献二上之一、於二御前一舎利講式読二申之一……」とあり、この時期宮中の涅槃会では『涅槃講式』ではなく、『舎利講式』が単独で読まれていたと思しい。それは明応四年二月の記事も勘案すれば、明恵作や真言密教の専門的な覚鑁作のそれではなく貞慶作の五段式であった可能性がある。

（8）筑土鈴寛「講会並講式について」（『筑土鈴寛著作集』第五巻、せりか書房、一九七七年）に指摘あり。

（9）藤田経世編『校刊美術史料　寺院篇上』（中央公論美術出版、一九七二年）所収。

（10）春日明神の伝承は五段式だけではなく、貞慶作一段『舎利講式』もまた宝菩提院本・曼殊院本（ともに室町期写）によれば春日明神の所望によって書かれたとある。

（11）貞慶は興福寺の先輩にあたる玄縁の懺悔儀礼のテキストである『礼仏懺悔作法』（仏名講式）を受容し、その末尾に自身の作成した最も簡略な一段『舎利講式』を加えて次第を再構成したと推定されるのである。そして戒律の問題に関わって貞慶が懺悔・滅罪を重んじたことは、『礼仏懺悔作法』からの影響を受けて、個人的行法のために作成した『発心講式』の構造に明らかであることも第二部第五章で述べる。また彼の手になる三種の『観音講式』に対しても、滅罪意識の視点から仔細な分析がなされている。西山厚「講式に見る貞慶の信仰」（中世寺院史研究会編『中世寺院史の研究　下』法藏館、一九八八年）を参照。

（12）西村玲「中世の法相における禅受容」（『日本思想史研究』三一号、一九九九年）で論じられた貞慶理解はその代表と言えよう。

（13）山田昭全・清水宥聖編『貞慶講式集』（山喜房、二〇〇〇年）の解説参照。

（14）第一部第一章参照。

（15）貞慶は『神祇講式』の表白部分でも「神冥无二于外一、恭敬者、則顕二於祭席一。浄土非二于遠一、勤行者、則在二於道場一」と語る。〈神・仏〉や〈浄土〉＝聖なるものは儀礼の現場に顕現するのである。なお中世における生身仏信仰の重要性は、前注（1）生駒論文に詳しい。

（16）この点は、第二部第五章でも論及する。

（17）日本を大乗菩薩の国土とする先例が、平安前期の天台僧安然の『普通広釈』（『大正新脩大蔵経』七四巻、七五七頁下段）に確認でき、法相宗の聖典である『瑜伽論』によるとされるのだが、『瑜伽論』自体にそれらしい説は窺えない。

(18)この理解は後注(19)横内論文による。なお『三国伝燈記』については高木豊『鎌倉仏教史研究』(岩波書店、一九八七年)、市川浩史『日本中世の光と影――「内なる三国」の思想――』(ペリカン社、一九九九年)が詳しく分析を加えており、『今昔物語集』との関係から『三国伝燈記』に論及したものに、原田信之『今昔物語集南都成立と唯識学』(勉誠出版、二〇〇五年)がある。

(19)翻刻については、慶応義塾大学図書館本が、成田貞寛「覚憲撰「三国伝燈記」の研究」(『佛教大学大学院研究紀要』二号、一九六八年)と、新出の東大寺本が横内裕人「東大寺図書館蔵覚憲撰『三国伝灯記』――解題・影印・翻刻――」(『南都仏教』八四号、二〇〇五年)になされている。本章では双方を参照して引用している。なお仏教史書と定位される『三国伝燈記』が、本来は講式であったことを早くに看破したのは阿部泰郎氏である(「「雑賀上人夢記」――雑賀伝の新資料について――」〈『仏教文学』七号、一九八三年〉)。表白として伝来した東大寺本の発見はそのことを裏付けている。講式―表白＝儀礼テキストにおいて〈仏教史〉の語られていることが重要なのである。

(20)上・中・下という巻の分割や、「国土時代料簡先国土事」といった事書は、慶応義塾大学図書館本に見えるものであり、慶応本は中巻を欠いているが、東大寺本は全体を完備した善本である

(21)南都の霊山縁起を不可欠の要素とする国土観を有した『三国伝燈記』は、この後も興福寺が危機的状況に陥った際に、繰り返し寺内で脚光を浴びたことが、前注(18)市川著書で指摘されているのである。

(22)川崎剛志「日本国「金剛山」説の流布――院政期を中心に――」(『伝承文学研究』五六号、二〇〇七年)。この他、関連する川崎氏の論文として「『金剛山縁起』の基礎的研究」(『金沢文庫研究』三一七号、二〇〇六年)、「院政期における大和国の霊山興隆事業と縁起」(『〈中世文学と隣接諸学2〉中世文学と寺院資料・聖教』〈竹林舎、二〇一〇年〉)がある。

(23)『讃仏乗抄』(藤田経世編『校刊美術史料　寺院篇下』中央公論美術出版、一九七六年)所収。

(24)中世南都の縁起世界における法起菩薩の問題については、藤巻和宏「『長谷寺縁起文』に見る〈東大寺〉――役行者・法起菩薩同体説と伊勢参宮――」(『説話文学研究』三四号、一九九九年)を参照。

(25) 佐脇貞明「海住山寺文書」(『史学雑誌』七〇編二号、一九六一年)所収。また『禅学一同起請文』から、海住山寺には「学衆」「禅衆」の存在が確認されるが、前者は学侶階層であり、後者は堂衆階層であろう。さらに徳永誓子「当山派修験道と興福寺堂衆」(『日本史研究』四三五号、一九九八年)によれば、貞慶が戒律復興を呼びかけた興福寺堂衆は修験者でもあった。海住山寺の禅衆は修験的な存在と考えられる。

(26)「葛城縁起」②の「南都菩提院権別当上綱云」が蔵俊仮託の言説である可能性も否定はできないが、「葛城縁起」の編纂を承安三年近くに設定する前注(22)川崎論文は、『三国伝燈記』の「金剛山＝葛城山」説との関係から推して蓋然性が高いと判断される。ゆえに承安三年頃は、まだ蔵俊在世時であるから、興福寺で生存中の蔵俊への仮託がなされたということはいささか考え難く、本章では蔵俊仮託を証明することよりも、「南都菩提院権別当上綱云」→『三国伝燈記』という順序に従った。そのため特定個別の霊山縁起が国土観への射程を獲得したのは、正安三年という蔵俊在世中であったことになる。また「南都菩提院権別当上綱云」に見える、『大般若経』によった「東北方＝日本」説は、貞慶や栄西を遡る最初期のものかと思われる。また『大般若経』ではなく『法華経』が東北方国で流布するという説もあり、その東北方国とは日本であると日蓮が解釈していたことが、市川浩史「日蓮と「日本国」」(佐々木馨編『〈日本の名僧12〉法華の行者　日蓮』吉川弘文館、二〇〇四年)に指摘されている。

(27) この貞慶の国土観は、普遍的で汎用性を有したものであるため『舎利講式』は宗派を越えて享受されている。第一部補論参照。

(28) なお『諸山縁起』とほぼ同時期の十三世紀初頭成立説もある護国寺本『諸寺縁起集』(前注(9)『校刊美術史料寺院篇上』)に「大和金剛山者、法起菩薩説二般若一之所也」とあり、また時代は下るが鎌倉末の叡山の学匠である光宗『渓嵐拾葉集』巻第六に「華厳云、此去五百由旬一東方大乗流布国在、其中在二曇無竭菩薩一……案二華厳経説一云、常啼東請曇無竭菩薩合聞二般若一云、可レ知我国是曇無竭菩薩浄土也……」とあり、南北朝期の北畠親房『神皇正統記』(日本古典文学大系本)の「序論」では、神国論の枠組みを語るに際して「華厳経ニ「東北ノ海中ニ山アリ。金剛山ト云」トアルハ大倭ノ金剛山ノ事也トゾ。サレバ此国ハ天竺ヨリモ震旦ヨリモ東北ノ大海ノ中ニアリ」と記している。法起菩薩が般若を説く、常啼菩薩の求法が『華厳経』に説かれる、金剛山が東北方にあるとするなど、『華厳経』と『大般若経』の説が融合して広く流布する様がよく窺える。

(29) 五段『舎利講式』は、否定と肯定という貞慶の内面が強く反映された側面を有する講式と見えるが、それは舎利講の儀礼の空間においては、そこに参与する信仰者の共同性へと拡張され転位するのである。

(30) これらについては、第一部補論を参照。

(31) ただし『舎利講式』という儀礼の次第（テキスト）に刻印された熱烈な釈尊への思慕は、南都の新生運動に向き合う貞慶にとって、日本という現実的な国土を離れては有り得なかったと言える。明恵ほどには、天竺という理想的で想像的な〈外部〉へと、貞慶の思考と想像力は開かれてはいかなかったのである。

補論　貞慶撰五段『舎利講式』の展開

一　随心院蔵貞慶撰五段『舎利講式』

『舎利講式』と題されるものは講式中で最もバリエーションに富んでいる。講式史上に占めるその重要性は疑いないものであり、貞慶作（とされるもの）だけでも複数が存在し、伝本も多様である。よってここでは、貞慶の講式研究の補論として豊富な聖教・典籍類を蔵する京都山科随心院における筆者の講式調査を起点に、文献学的な基礎考察を行った上で、中世寺院における舎利講儀礼の展開の中に貞慶撰五段『舎利講式』を位置付けたい。

随心院聖教の中には表白文・願文・諷誦文・祭文の類とともに、流麗なる言語表現で信仰の空間を荘厳する講式が多数伝来している。現在、二十数点の講式類の書誌データを採録し、デジタルカメラによる撮影も終えている。表白・願文・講式などは法会・修法・灌頂・講といった祭祀の現場においてこそ機能する儀礼と不可分の聖教であり、また文学・思想史・国語学など諸研究領域に横断的に関わる資料として注目される。

これらについては、汲古書院から刊行された『随心院聖教類の研究』（一九九五年）に「六　諷誦文類（表白文・願文・講式等）資料」として山本真吾氏の要を得た概説がなされている。随心院所蔵の表白類のうち、代表的なものと言える第二二函七三号『啓白諸句』については、荒木浩編『小野随心院所蔵の密教文献・図像調査を基盤とする相関的・総合的研究とその探求』（大阪大学大学院文学研究科共同研究報告書、二〇〇五年）に、荒木浩氏による翻刻・解題が備わり、また『光明真言表白』の翻刻・解題を山崎淳氏が、荒木浩編『小野随心院所蔵の文献・図像調査を基盤とする相関的・総合的研究とその展開――vol. I』（科研費報告書、二〇〇六年）に掲載しておられる。

そしてとりわけ随心院の講式の中には貴重な作品が含まれており、院政期書写の源信作『普賢講作法』や文永六年（一二六九）書写の漢字交じり平仮名文で綴られた永観作『往生講式』などは、すでに貴重な古鈔本として『随心院聖教類の研究』に影印・翻刻・解題がなされている。この他にも、第五二函三号の江戸時代初期書写の三段『愛染秘密式』は、同内容の伝本が学習院大学の国語国文学研究室や上野学園大学日本音楽史研究所の金田一春彦コレクション、そして高野山大学図書館（一段部分のみ）などにも所蔵されていることが確認できるが、随心院本は漢字交じり平仮名文の講式である点が興味深い。『随心院聖教類の研究』にも若干、「善本解題」（四五一頁）に山本氏が紹介されているが、まだ影印・翻刻はなされていない。そして第五二函一四号の天文元年（一五三二）書写『如意輪講式』は一段の表白式で、嵯峨天皇の命で空海が作成した旨の奥書を有しており（むろん仮託）、これもいまだ広く紹介されたことのない種類の『如意輪講式』と思われる。今後も随心院蔵の講式類を翻刻・紹介してゆく予定である[1]。随心院蔵の講式類については、本書の終わりに資料編として目録を付しておいたので参照いただきたい。

さて随心院には現時点で確認したところ、写本の『舎利講式』が複数本伝来しており、随心院の講式伝本の中では『舎利講式』類が最も多い。

①第一函九号・内題『舎利講式』―鎌倉末の元亨二年（一三二二）奥書を有するもので、貞慶作の五段。

②第二函一二号・内題『舎利講式』―寛正七年（一四六六）書写本の明恵作三段『舎利講式』で四座講式の一

つ。

③第一八号四一号・内題『舎利講深秘之式』—伝弘法大師作の一段式。寛永十八年（一六四一）の書写奥書あり。

④五十二函一一号・内題『舎利講式』—守覚法親王作の五段『奥院舎利講式』で、近世中期書写と見られるが「表白」以下は欠落。

⑤第五二函一八号・内題『舎利講式』—④と同じ『奥院舎利講式』で寛文七年（一六六七）書写。

⑥第五二函一三号・内題『舎利供養講略式』—覚鑁作の一段式で、⑦の『舎利供養式』の略本。江戸時代初期書写か。

⑦第六五函二五号・内題『舎利供養式』—覚鑁作の五段式、江戸時代末期の書写か。

今回、資料編に翻刻した①元亨二年書写本の五段式は、鎌倉初期の南都興福寺の学僧として著名な解脱房貞慶作の五段『舎利講式』である。訓点が全く付されておらず、オコト点など訓点資料を重点的に収録した『随心院聖教類の研究』の「善本解題」にも掲載されていない。随心院の『舎利講式』の中には、博士など訓点を伴っており、法会で実用されたと思しきものと、奉納物として書写されたらしく訓点が付されていないものがある。

まず元亨二年奥書本の書誌事項を簡単に示しておくと、これは一巻の巻子本で料紙は楮打紙である。一紙ごとの法量は天地が二九・六㎝、幅は約五二・六㎝で、全十紙を継ぐ。無辺無界で、一紙あたりの行数は十八行前後、一行あたりの字数は十六字前後である。内題に「舎利講式」とある。外題は後人の別筆で「舎利講式」と端裏に打付墨書があり、見返しは欠落したものと思しい。尾題はなく博士・声点などの訓点、および蔵書印も無し。糊離れが激しいが、本文に虫損などによる難読箇所は一切認められない。訓点が記されないことからも奉納物と思われ、繰り返しの実用によって痛んだらしき形跡も窺えず、おおむね良好な保存状態と言えよう。なおこの『舎利講式』は、『随心院聖教類の研究』五一頁では、鎌倉・南北朝時代の貴重な古鈔本として、奥書のまま元亨二年の写本として扱われているが、これは本奥書と見るべきかもしれず、実際に書写された時代はさらに下る可能性も考慮される。そのように仮定した場合でも、元亨二年当時に存在した原本を忠実に書写したものには相違なく、資料的に価値あるものである。

貞慶は講式作家として周知の人物である。近年、貞慶の研究は特に講式を中心として国文学において進展著しいものがあり、講式研究会の『貞慶講式集』（山喜房、二〇〇〇年）は、その一大成果と評せるもので、翻刻と詳細な注解が備わり至便である。貞慶作と伝えられる信仰著作の中では、春日明神の講式・願文類に並んで舎利に関するものが多い。

一段『舎利講式』―『貞慶講式集』に翻刻

一段『舎利講式』―関口静雄「龍谷大学図書館蔵『諸講式集』」（『学苑』六七二号、一九九六年）に翻刻

三段『誓願舎利講式』―『貞慶講式集』に翻刻

五段『舎利講式』―『貞慶講式集』に翻刻(2)

『舎利発願』―高橋秀栄「笠置上人貞慶に関する新出資料四種」（『金沢文庫研究』二八六号、一九九一年）に翻刻

『舎利勘文』―伝貞慶作で大谷大学蔵や高野山三宝院に伝来（高野山本は『舎利十因』と称す）

この他にも『舎利講式』には、伝源信作五段『舎利講式』、覚鑁作五段『舎利供養式』、守覚法親王作五段『奥院舎利講式』（『金堂舎利講式』とも）、勝賢作六段『舎利講式』、明恵作七段『十無尽院舎利講式』、同三段『舎利講

式』、凝然作一段『舎利講式』、杲宝作三段『舎利講式』等々、著名な僧の作が数えられる。『舎利講式』はバリエーションとそれぞれの伝本が、とりわけ多彩な講式であり、中世の舎利信仰をひときわ鮮やかに彩った作品群である。

貞慶作とされる『舎利講式』のうち、真撰の可能性が最も高いものが五段式とされ、また同時に最も伝本が多いのも五段式である。『貞慶講式集』の解説で清水宥聖氏は、七種の伝本を紹介しておられる。そのうち、最古の写本と目されるものが、嘉元三年（一三〇五）書写の唐招提寺本であり、次が康永四年（一三四五）書写の西大寺本であるから、唐招提寺本の十七年後に随心院本（の原本？）が書写され、その二十三年後の南北朝期に西大寺本が写されていることになる。なおこの二本は、奈良国立博物館の特別陳列の図録『講式――ほとけへの讃嘆――』（一九八五年）に部分写真が掲載されており、唐招提寺本は表白と第一段が欠落している。『貞慶講式集』所収の翻刻は、東寺宝菩提院蔵の書写年次不明本（九函四号）を底本としており、清水氏はこの段階では唐招提寺本や西大寺本は披見しておられぬ由である。ニールス・グュルベルク氏の「講式データベース」には、現在、さらにこれを上回る多数の寺院に蔵された伝本の所在が入力されている。以上、『貞慶講式集』の解説とグュルベルク氏「講式データベース」に基づくところ、元亨二年奥書の随心院本は書写年次が明確なものの中では、西大寺本を凌いで唐招提寺本に続く第二の古写本の姿を現在に伝える資料となり(3)、欠損のある唐招提寺本に比した場合、年代的な位置付けとしては最古の完本の形態を知らせるものになるであろうから重要な伝本であり、本書の終わりに資料編として翻刻を行う所以である。

次に随心院本の系統や特徴からの位置付けを考えよう。清水氏は諸伝本の式文の特徴を比較・分析して、五段『舎利講式』を大きく第一類・第二類・第三類の三つの系統に分類している。第一類は式文に「弥勒」に関わる語

（弥勒信仰）が現れるもの、第二類はその弥勒に関わる語の部分が「阿弥陀」に関わる語（阿弥陀信仰）に置き換わるもの、第三類は弥勒に関わる語の部分が「弥陀及び弥勒」に関わる語に入れ替わっているものである。随心院本はこのうち、第三類に相当しており『貞慶講式集』所収のものと式文の差異はほとんど認められない。伽陀に関しても清水氏は諸本の対照表を作成しておられ、随心院本は大谷大学蔵本（余乙五）に近く、第五段の複数連ねた伽陀は、弥陀・弥勒双方に関わる構成となっている。(4)

　さてこれらがすべて貞慶作と言えるか、という問題がある。貞慶による法然教団批判は『興福寺奏状』によって周知のところだが、彼の阿弥陀信仰は決して否定されるものではなく、笠置遁世の時期、すなわち最初期の作である『発心講式』の第三段は「帰二弥陀願一」となっているし、最晩年の『観心為清浄円明事』にも「予深信二西方一」とあることはよく知られている。だが遁世以降、晩年までの阿弥陀信仰の具体的資料は寡聞にして知らない。おそらく貞慶が制作した当初の段階での『舎利講式』は、第一類のように弥勒信仰に関わる語が記してあったのではないか。それが弥陀信仰をも吸収して第三類となり、そこから本来の弥勒が外されて、阿弥陀のみとする第二類が成立したように思われる。

　弥勒がすぐに弥陀に置き換わるよりも、彼の五段『弥勒講式』にも明瞭なように、釈尊（舎利）と末世の当来導師たる弥勒という「本師の如来―補所の菩薩」形式の二尊信仰に、さらに弥陀が加わることで三尊信仰としてひとたび拡大化され、そこから弥勒を除外して弥陀を残すことで、釈尊（舎利）と弥陀という「発遣の教主―来迎の教主」という浄土教における遣迎二尊的な形態に変じたものと推定できる。ただ六段の『発心講式』が、一段「報二釈尊恩一」、二段「仰二弥勒化一」、三段「帰二弥陀願一」の三尊信仰で構成されているので、第三類も貞慶自身の作とすることは可能である。貞慶の信仰は、常に釈迦を根本とする諸尊信仰として組織体系化されている。たとえば五段『弥勒講式』の二段に弥勒の言として「我得二釈迦大師要契附属一」とあり、『地蔵講式』表白部でも「悪趣救レ生地蔵之悲願独勝、濁世施レ化釈尊之附嘱早定」の部分に明瞭なように、本師たる釈迦の〈附属〉が貞慶の諸尊信仰を保証しているのである。そして時期的に弥勒や、観音など異なる尊格の信仰が強調され、それぞれを主尊に据えた講式として浮上してくる。海住山寺時代の作である『値遇観音講式』の奥書では「但大都者以二釈迦・弥勒・観音一為二三尊一」[5]のような三尊信仰となっていることはつとに指摘されている。なお最古写本である唐招提寺本の系統は、筆者も奈良国立博物館所蔵の写真版で確認したが、第三類である。[6]

随心院本は、その奥書部分に、

于時元亨二年陬月下旬。以二先師和尚之七廻一、致二一切経王転読一之日。遂二於三四朝一之程、寓二于額安寺之裏一、以二転経之余暇一、終此式之書写。投二之於宗公之座下一、擬二之於彦叟之方見一而已。

執筆川叟了印書

合爪献　妙允和尚　足下

伏丐笑擲々々

とあることから知れるように、額安寺にて、先師の七回忌の法要の折りに書写されたものである。この額安寺とは南都の熊凝精舎の旧地に同名の寺院があり、鎌倉期には貞慶の舎利信仰や戒律復興運動を継承する西大寺の叡尊・忍性らが復興しているが、これであろうか。そうだとすれば西大寺本のように、貞慶の後嗣と言える南都律僧に受け継がれた本ということになる。「妙允和尚」については未詳だが、「川叟了印」については、牧野和夫氏が「中世聖徳太子伝と説話――律と太子秘事・口伝・「天狗説話」――」(『〈説話の講座　第三巻〉説話の場――唱導・注釈――』勉誠社、一九九三年)に紹介された『法隆寺舎利相伝他』(近世前期書写)という、西大寺流律宗に関わる太子信仰の口伝書の相承血脈に「……惣持　覚禅　了印……」とあることが見出される。惣持とは叡尊の俗甥の河内西琳寺の長老であり、『舎利講式』を書写した了印は、この叡尊・惣持に連なる西大寺流の僧である可能性が高いだろう。

二　中世寺院における貞慶撰五段『舎利講式』の伝播と享受

清水宥聖氏は、大谷大学蔵『舎利講式』（余大四七八）の、貞慶作ではなく法然作となっている清浄華院旧蔵天文三年奥書本を紹介しておられ、これはむろん「弥勒」が「弥陀」に置き換わる第二類の伝本である。この第二類は永徳二年（一三八二）に、「大伝法院之内中性院旧庵」で書写されたものが高野山金剛三昧院に伝来し、巻首表題下に「般若台作」とあり貞慶作を明示する唯一の伝本とされる(7)。かかる阿弥陀信仰を強調した伝本がすでに成立しており、それがいつの頃からか浄土宗にも受容されて、法然作となったのであり、貞慶作の根強い人気が窺える(8)。また浄土教系では、真宗の覚如にも『舎利講式』という作品があるそうだが、所在は知られていない(9)。状況や対象に応じた語句の入れ替えや式文の改作、あるいは他講式からの多彩な引用といったパッチワーク的な手法によって、再生産され享受の層を広げてゆくことは講式の一つの特徴と言える(10)。また前掲の龍谷大学蔵『諸講式集』所収の一段『舎利講式』には、

釈尊如㆓慈父㆒、自入㆓穢土㆒、救㆓世死之泥㆒。弥陀似㆓悲母㆒、遠住㆓浄刹㆒、導㆓菩提之岸㆒。非㆓二仏之方便㆒者、争離㆓三途之苦患㆒

とあり、「遣迎二尊」信仰とも合致し、弥勒信仰は現れないので、貞慶作と断定はできないが(11)、これも浄土教系寺院の受容を可能にするものと言えよう。さらに室町期の天台声明の指南書である『声塵要抄』にも、中世における

講式の代表格である永観の『往生講式』とともに貞慶作五段式も、これを読誦する際の口伝が「舎利講式読様事」として詳しく記されており、天台宗でも重視された講式であったことが分かる。また五段『舎利講式』の受容は、寺院内だけに留まらない。謡曲『舎利』[12]には、「常在霊山の秋の空。わづかに二月に臨んで魂をけし。泥洹双樹の苔の庭遺跡を聞いて腸を断つ」「孤山松間、徐々白毫の秋の月を礼し、蒼海浪上、遥かに紫台の暁雲を引かん」とあるが、これは『舎利講式』の四段と五段の麗句からの引用である。

講式の伝播・享受ということを考えると、講式には宗派色の強いものや特定の寺社に密着した地縁的性格の濃厚なものも多い。だがこの五段式を含め貞慶作とされる『舎利講式』は、比較的、改作の自由度が高く、また特定の宗派色も濃厚でない、舎利信仰としてはおおむね標準的な内容であるように見受けられ（翻刻本文を参照されたい）、貞慶の『舎利講式』類は南都・真言・天台・浄土の寺院に伝本が確認できる。この五段式がいつ、いかなるルートで随心院にもたらされたか詳らかではないが、特に真言系寺院には多く貞慶の『舎利講式』類が伝来しているので、その受容形態について検討しておきたい。その際、注目されるのは随心院の近隣にあって膨大な聖教を有する醍醐寺である。

真言宗における『舎利講式』については、これから触れる覚鑁以外にも、『諸宗章疏録』[13]によれば石山寺の淳祐、その弟子元杲、小野の曼荼羅寺（随心院）の成尊、醍醐寺の勝賢・成賢・憲深・教舜という数代に亙る三宝院の師弟など実に多くの学僧がこれを作成しており、一宗派でこれだけの数を誇るものはない。しかし現存していないものが多く、天台系では摂関期の源信作の五段『舎利講式』も真偽未決であるから、真言系でも院政期の覚鑁以前に当たる淳祐・元杲・成尊らについてはきわめて疑わしく、鎌倉以降の醍醐寺師弟の作については、勝賢作以外は現存が確認されていないものの、小野流（醍醐寺）における舎利法という修法（如意宝珠法と不可分の関係にある）と、それにまつわる秘説が活発に展開していた事例に即して、その存在を想定することはできよう[14]。

さて醍醐寺は実に多数の講式を蔵しており、二〇八函から二一五函周辺に集中している。貞慶作五段式に限ってみても、その最多保有寺院である。醍醐寺蔵『舎利講式』の伝来上の特徴は、何よりそれが〈顕〉と〈密〉に分類されていることである。その例を挙げてゆくと、

二〇九函一号『舎利講式〈密〉』（安土桃山）
同二号『舎利講式〈顕〉』（安土桃山）
同一二号―一『舎利講式〈顕〉』（江戸前期）
同一二号―二『舎利講式〈密〉』（江戸前期）
同一三号『舎利講式〈密〉』（室町中期）
二一一函三号『舎利講式〈顕〉』（南北町）
同四号『舎利講式〈密〉』（室町）
二一二函七号『舎利講式〈顕〉』（江戸前期）
二一三函一八号―一『舎利講式〈顕〉』（江戸中期）
同一八号―二『舎利講式〈密〉』（江戸中期）

などである。このように〈顕〉と〈密〉の一セットの形態をとって伝来している。またこれらの奥書・識語などを見ると、二〇九函一号には「此顕密二巻者、源長法印筆跡也……」、同一三号には「舎利講式〈顕密〉二巻……」、二一三函一八号には「舎利講式顕密両巻応二西住院主之厳命一書二写之一……」とあって、本来、顕教・密教の二巻セットで書写されることも多かったのであろう。そして内容を確認すると、すべて〈顕〉の『舎利講式』が貞慶の

五段式であり、〈密〉は覚鑁の五段『舎利供養式』なのである。(15)

さてこの顕・密の『舎利講式』がどのような法会として実修されていたか、その一端を室町期醍醐寺の年中行事や儀礼を窺うことのできる『満済准后日記』(16)に見てみよう。『満済准后日記』には清龍講・地蔵講・天神講・太子講など諸講会の記事が見え、そこでも各講式が読誦されたと考えられ、特に永享二年（一四三〇）二月二十二日条の太子講では興正菩薩叡尊作の三段『太子講式』が用いられている。そして醍醐寺では毎年三種の定期的な舎利講儀礼が開催されていた。

まず一つに正月晦日の舎利講があるが、これはほとんどの場合「舎利講如レ常」などときわめて記述が簡略で、どの舎利講式が用いられたのか詳細は不明である。二つ目は現在は廃絶しているが、二月十五日に挙行された釈尊の涅槃会で、『四座講式』が読誦される中に『舎利講式』も見られる。(17)永享三年（一四三一）の涅槃会の記事には「式栂尾上人作用レ之也。初座四ヶ法用。残三座二ヶ法用也。悉顕法用了。但舎利講密法用也。失念歟」（以下、傍線は筆者）とあり、翌永享四年（一四三二）の涅槃会でも「第二座舎利講。解脱」とあるため、実は明恵の『四座講式』と言っても、そのうち『舎利講式』は解脱上人貞慶の作を用いた変則型である。そしてこの涅槃会は真言寺院における顕教の儀礼であった。応永三十四年（一四二七）二月の涅槃会では「当年涅槃会於二金剛輪院一勤修了……涅槃講式定盛法印。伽陀定与。唱《顕》理性院僧正。散花宗済法眼。梵音覚深。錫杖超慶……」のように、式師と伽陀師を担当した僧と唱（如来唱の略）・散華・梵音・錫杖のいわゆる四箇法要（声明）を勤めた僧が記録される。以下『舎利講式』『羅漢講式』『遺跡講式』についても同様に僧名が記されるが、それぞれの講式に付随する法要の如来唱には、すべて横に小字で〈顕〉と付され、全体的に顕教立であることを示している。応永三十五年（一四二八）の涅槃会にも「涅槃講許用二四ヶ法用一。以下二ヶ也。悉顕唱散花也」とある。法要は顕法（顕教立）で執行される習わしであったため、永享三年の場合、『舎利講式』の法要のみを密法（密教立）で行ってしまったことは「失念」とされたのである。

三つ目は、二月の涅槃会に前後する一週間を期して行われる彼岸舎利講である。応永二十二年（一四一五）二月八日条には「時正中舎利講開白。式水本僧正。𑖪𑖽上人式。供養法在ㇾ之。前方便以後法用。四ケ。唱予……」とある。「𑖪𑖽（鑁）上人」とは覚鑁であり、彼の『舎利供養式』を用いた法会を行っており、四箇法要の如来唱は「予」とあるように満済が勤めている。応永三十四年（一四二七）二月二十六日条他によると卒塔婆（五輪塔）の供養作法もある。五輪塔の信仰は覚鑁以降中世に流布するものとされるが、[18] 宇宙を生成する五大要素《エレメント》を象徴する五輪塔は、同時に宇宙的な無窮性そのものである法身仏たる大日如来の三昧耶形でもあり、そこに生身仏たる舎利を納入することで、具体的な造形の内に生身と法身の不二・一如の理が示される。この応永三十四年や永享四年（一四三二）二月十五日条にも「式。𑖪𑖽上人」「式𑖪𑖽上人作」などとある。また永享三年（一四三一）二月の八日から十一日までの記事は詳しく、吉慶梵語讃・吉慶漢語讃・阿弥陀讃・四智漢語讃・心略漢語讃・西方四波羅蜜讃といった秘讃＝密教の声明曲が日々唱えられている。そして「此彼岸勤行予始ㇾ之。及二十余年一歟。専逆修且当時若輩声明稽古ノ為也。仍春季ハ供養法金界。秋季ハ台界也……」とあり、彼岸舎利講は覚鑁の〈密〉の『舎利供養式』を主体とする、満済の構想によって創始された密教立の儀礼であったことが判明する。

以上、『満済准后日記』を見る限りでは、〈密〉の覚鑁作による単独の儀礼は確認されるが、〈顕〉の貞慶作のみを用いた儀礼は取り立てて窺えない。[19] だが醍醐寺において顕教の儀礼で用いられた『舎利講式』が、本来の明恵作から貞慶作に代わっていることは、貞慶五段式への注目度を示しており、テキスト伝来の形態を見れば明らかなように、〈密〉の覚鑁『舎利供養式』に対して貞慶『舎利講式』のみがことに〈顕〉の一語を付されてきたのである。

また四座講式を形成する他の『羅漢講式』『涅槃講式』『遺跡講式』の醍醐寺の伝本には〈顕〉という書き入れは見られない[20]。このように満済は、覚鑁『舎利供養式』による密教立の彼岸舎利講を創始した。一方で顕教の儀礼である涅槃会の『四座講式』を、貞慶『舎利講式』に改編したのも、舎利講儀礼を重んじた満済であるという可能性も考慮されようか[21]。事実、満済は応永三十四年（一四二七）の涅槃会の記事では「伝供」の作法を記しており、「此作法一向予今案也。此儀式已及㆓二十年㆒了」といった儀礼の工夫を凝らしていることも知られる[22]。

三　舎利講儀礼における生身と法身

さて、こうした〈顕〉・〈密〉という『舎利講式』の分類は、当然顕教の内容を持つ貞慶『舎利講式』と密教の内容を持つ覚鑁『舎利供養式』という、それぞれの舎利信仰の内容理解に立脚したもので、それに則って、それぞれに密教立・顕教立という儀礼の様式を採っているので、両者の思想内容の分析に移らねばなるまい。そこで〈密〉の『舎利講式』としての覚鑁作『舎利供養式』[23]の内容（思想／世界観）に言及しておくと、これは時代的にも院政期の成立であり、後の『舎利講式』の盛行に先駆けるもので、密教の教義に即した作である。法身・報身・応身（化身）という仏の三身のうち、娑婆世界の歴史的存在である応身仏の釈迦を、永遠不滅の法身仏たる大日如来と同体と捉える仏身論が基調であり、「釈迦大師者法身性仏之応化」（二段）とされる。そのため釈迦の遺骨である舎利も「今此生身舎利、即彼法身全体也」（三段）となり、また「深禅定池底盍影㆓舎利於法身㆒」（三段）とも言われ、聖遺物としての「生身舎利」の具体性に法身の抽象性が融合し、さらに「観㆘已体有㆓法身舎利㆒自心即性仏駄都㆖」（三段）と説かれるに至る（駄都は舎利の別称）。

このように観法の実践の中で獲得される認識としての「法身舎利」という語が登場し、それは衆生が本来、自らの心に具有する性質（仏性／浄菩提心）に他ならないのである。『舎利供養式』は、そうした舎利の認識を通して最終的に自己と法身大日の一体観を会得せんとする実践的で高度な内容の講式であって、舎利はそのための縁、一種の〈方便〉と理解され、重点が法身大日に強く傾斜していることが何よりの特色である。ゆえに生身は常に法身との関係で現れている。そして『舎利供養式』の四段の裏書には「供二養十方諸仏法身生身舎利塔一」「能住則三金舎利、生身法身瑜伽之仏体也」のように、〈生身法身の舎利〉という観念が見られ、全体として『舎利供養式』には、後の貞慶・明恵のごとき釈尊在世より遠く隔てられた末世・末代への悲嘆的な雰囲気は全く見られない。

なお五段で構成される『舎利供養式』は、鎌倉後期の学僧である頼瑜の『真俗雑記問答鈔』巻第十八の三十二条「密厳院舎利講式事」（『真言宗全書』三七巻）によれば、「二段」「四段」が後人によって改変され表白も後補であるらしく、全体が覚鑁の作とは断言できないため注意を要し、「法身舎利」にしてもすでに経論に見えているタームであり、特に『大日経疏』巻六の「蓮華台上達磨駄都、所謂法身舎利也……」という句が流通している。

しかしこの他の覚鑁自身の言説に照らしてみても、覚鑁真筆本が伝来する『真言浄菩提心私記』（『興教大師全集』上）には三身論に関わる問答があり「化身名二釈迦牟尼一広如二諸経説一」のように、通常は釈迦は化身（応身）なのであるが、『金剛界礼懺文』に基づき「礼懺云作変化身釈迦牟尼仏者、是名二法身一也」と説いて密教では釈迦にも法身の位相があることを明かし、また「三十七尊皆是毘盧遮那一体性金剛界身……」「仏三身一体無二一……法・報・応化体同……三身一体皆平等、毘盧遮那自性身也文」として報身・応身の諸仏と法身大日の一体観（三身即一）を強調している。かくして応身仏たる釈迦が末世の形見に残した、生ける仏身としての「生身舎利」も法身仏たる大日如来と何ら矛盾しない存在となり、覚鑁が密教的な「法身舎利」に着目し、これを中世初頭の徐々に大きな展開を見せつつある舎利信仰の潮流に導入して、この講式の骨格とも言える生身法身不二の舎利という観念を打ち出したことは理解される。(24)

さてこの〈生身法身の舎利〉は、守覚法親王の『奥院舎利講式』五段にも明確に「夫既讃二生身法身舎利一……」(25)とある。また舎利・宝珠信仰に魅了されていた後白河院の息であり、仁和寺御室として後白河院権力を仏法の側から支えた守覚に、醍醐寺の法流を伝授した醍醐寺座主勝賢の手になる『舎利講式』の一段も、

> 色即是空故、謂レ之真如法性。空即是色故、謂レ之相好色身。当レ知、黄金膚即是法性之真色……雖レ如二芥子一、猶是遮那周辺之一分。雖レ似二玉砕一、無レ異二万徳円満之全体一(26)

とし、『般若心経』でも著名な対立する色と空の一致を説く一節に、法性（法身）と色身（生身）の関係を類比している。舎利を毘盧遮那仏（大日如来）の一部と見ており、これも生身法身舎利の信仰である。そして東大寺復興時の『藤原兼実願文』（寿永二年）の冒頭に「敬白　奉籠金銅盧遮那仏大像生身法身舎利事」とあることも注目される。(27)その後、大仏は生身仏と化し光明を放った等の奇瑞が『玉葉』に見える。

生身法身舎利の説は、真言密教の教学に基づく覚鑁『舎利供養式』を起点とするものであると考えられる。兼実の周辺には、舎利の秘伝に精通しており南都廃滅からの東大寺大仏再建に際して、大仏の胎内に納入する舎利を、他ならぬ重源の意向によって百日の間加持した勝賢が存在しており、彼は『玉葉』に頻出するように兼実との関係が深く、後白河院の近臣僧として王権護持の修法に腕を振るった人物であり、藤原通憲の息であるので、貞慶の叔父に当たる。勝賢の『舎利講式』作成の正確な時期は不詳ながら、この百日加持と関係しているものかと推測され、国家鎮護の象徴である大仏再生の鍵とも言える舎利の加持を担った勝賢は、舎利信仰史上に足跡を残したと言える。(28)また覚鑁に始まる大伝法院方の中心人物であり、真言系念仏をもって九条兼実の篤い帰依を受けていた仏厳上人聖

心の存在も重要である。こうした真言僧との交流が兼実の舎利信仰に影響しているに相違ない(29)。

舎利信仰の進展の中で、大仏再生に舎利の霊威が必要とされたため、この時期、舎利に対する真言僧と権力者の注目は、いわゆる釈迦への追慕の念というものを超えた過剰な高まりを見せていた。勝賢と密接な関係にあり、東大寺大勧進職にあって大仏再生に挺身した重源も舎利（宝珠）の神秘力に魅了されており、覚鑁系の念仏信仰の影響も指摘されている(30)。その弟子である空諦房鑁也は周知のように、中世における最大の舎利信仰の聖なるトポスである室生寺の舎利をついに盗掘するに及んで事態は騒然となり、重源は一時逐電してしまう。後白河院は鑁也を召し盗掘した舎利を持参させるが、後日兼実はこれを鑑定させた。その結果、鑁也は贋物を提出しており、これを見破ったのは他ならぬ兼実に近侍した仏厳なのである。彼は非常に舎利に精通した人物であったことが明らかとなるのだ(31)。

顕教の『華厳経』に基づくとされる東大寺大仏は、周知のように毘盧遮那仏という仏であるが、再建後の中世東大寺では、新たに密教の大日如来と同体――すなわち顕密一致の尊格――と認識されていた。このように法身の無窮性と生身の肉身性を具有する大仏像の再生にまつわって現象した、舎利をめぐる熱狂的な〈動き〉に伴って、覚鑁が重視した生身法身舎利の説は、講式作成をも通じて中世の真言寺院に定着していったと言えよう。

かかる舎利観念に関して〈密〉の『舎利供養式』と対をなす、〈顕〉の貞慶『舎利講式』はどうであろうか。貞慶の五段『舎利講式』の三段「嘆二末世神変一」という舎利の神変を説く段にも一箇所のみ、それらしく解釈可能な部分がある。

昔往二師子国一現身説法。相好光明宛如二生身一。自余小瑞何足レ為レ奇。嗚呼血肉非二血肉一。故金剛之杵難レ摧。色相而異二色相一。故劫焼之火無レ焼。此是成所作智之所変。此是最上無漏之現行。三身非二一異一。法性既顕二白玉之色一。万徳混二体用一。真智何隔二黄金之膚一……

舎利が生身の仏のように光明を放つという『善見律毘婆沙』に基づく、舎利信仰の中でも代表的な神変であるが、後半の特に「法性既顕二白玉之色一」は、舎利に法性（仏身論では法性身／法性法身とも）を見ているようであり、(32)「三身非二一異一」は舎利が三身を具足しているということであろう。また真言僧でもあった明恵の七段『十無尽院舎利講式』の四段には、「深入二観智一、即是法身。仰作二渇仰一、即是生身。何況非二唯法身ニモ為一レ体、不レ異二生身ニモ一」とあり、明恵作三段『舎利講式』にも二段末尾にほぼ同文が見える。(33)深い禅定の境地における認識として、若干だが生身・法身同一の認識が現れるものの、あくまでも歴史上の釈尊への追慕の情に貫かれており、今も読む者の心に強く訴えかけるものがある。

貞慶の五段式でも、舎利の仏身観を最も特徴付けるのは、先の引用部分の他にも、「遺骨永伝猶貽二利益於万二千歳之塵一。既云二尊体一何異二生身一。（表白）」、「遺身舎利、忽復二生身一、同放二光明一覚二悟行者一。（五段）」とあるように釈迦の現身＝生身の感覚である。また貞慶の一段『舎利講式』末尾にも「雖レ悲レ漏二生身利益一、猶喜レ遇二舎利流布一」、三段『誓願舎利講式』にも「若得二一粒一深心供養生身利益正等無レ異（表白）」とあるが、やはり「法身」「法性」の語は現れない。

このように見てくると、貞慶・明恵の釈迦（生身舎利）への追慕を強調した、現在も知名度が高い講式に対し、法身舎利の観念を打ち出した覚鑁の講式が先行して存在していた事実は見落とせないが、明恵も貞慶も強くその影響下にあったというわけではなく、むしろ顕教に立脚した生身舎利信仰の典型であったと言って差し支えあるまい。中世醍醐寺における涅槃会で用いられた、生身舎利への熱烈な渇仰に裏打ちされた貞慶作『舎利講式』と、彼岸舎利講で用いられた法身舎利の教学的理解に基づく覚鑁作『舎利供養式』は、踵を接するように挙行された二つの儀礼において、正に〈顕〉と〈密〉の講式として鮮やかな信仰世界のコントラストを醸し出していたと言えよう。

四　鎌倉称名寺の舎利講儀礼――生身法身の舎利と護国

今後、他の真言系寺院でも、こうした〈顕〉・〈密〉といった講式儀礼の形態が見られるか否か調査が必要であるが、[34]一例として東国に目を転じてみると、中世都市鎌倉における真言密教の拠点であった西大寺流の律院たる称名寺でも『舎利講式』が実修されていた。[35]醍醐寺の事例に少し先駆ける鎌倉末期、称名寺の大檀越たる金沢貞顕を願主とすると思われる、正月の七日八座（または七日七座）に及ぶ僧数百人による舎利講の大法会が貞顕のブレーンであった長老劔阿のもとで盛大に挙行された。[36]劔阿は室生の舎利を相伝した鎌倉の舎利（宝珠）信仰史の重要な人物であることは、第三部第九章でも触れるが、実はこの舎利も劔阿の『舎利相伝縁起』[37]によれば、鑁也の行蹟に倣う形でかつて覚日房という僧侶らが室生山にてほとんど盗掘同然にして得たもので、鎌倉に伝わり数人の伝授を経て劔阿の手にも至ったという、いささかいわく付きの代物であった。『金沢文庫資料全書』第八巻には、この正月舎利講に供された『舎利講式』のうち伝存する六本が「講一」～「講六」として収録されており、福島和夫氏の解説によると、この他に伝本を見ないものという。いずれも鎌倉幕府と執権北条氏の安穏、そして日本国土の擁護を祈念する全く真言系の講式儀礼で、〈密〉の『舎利講式』と言える。六本とも三段構成であり、必ず最後の廻向の段で〈鎮護国家〉を強固に打ち出す姿勢も講式としてはいささか珍しかろう。固有の場（寺院・宗派・権力）に密着したものであることも、貞慶や明恵の『舎利講式』とは異なる性質（信仰世界）として際立ち、ほとんど各本とも「生身・法身不二の舎利」信仰が表現されている。[38]

鎌倉中期には醍醐寺周辺で成立しており、先述のように『舎利講式』の作例もあると言われる三宝院の憲深の書写した、舎利に関わる秘伝書である『宀一山秘密記』(39)には、「文殊《ノ》浄菩提心即釈迦《ノ》舎利《ナリ》、釈迦《ノ》仏骨即大日《ノ》体性《ナルカ》故《ニ》、万法能生《ノ》本初《ナリ》、故《ニ》号二宝珠一《ト》、日本開闢之本源《ヲ》名《テ》云二鶏卵一《ト》、此指《ス》二今《ノ》宝珠《ヲ》一也」とあり、弘法大師が室生山に秘蔵した舎利（宝珠）が「守二国家一治二国土一」ことが強調される。覚鑁以来の「舎利＝大日」観による法身舎利信仰が室生寺舎利の性格を規定しているようであり、称名寺における舎利講儀礼の本尊も、やはりこうした室生伝来の舎利であった可能性が高く、なおさら護国の霊験が期待されたであろう。また「法身駄都（舎利）」は、鶴岡八幡別当頼助の『八幡講秘式』にも見えており(40)、真言密教において国土・国家を守護する舎利は、「生身法身の舎利」であると理解されていたのであろう。

さてこの幕府守護を祈願する、正月舎利講という儀礼だが、注目しておくべきは七日七座で行われる場合は、その三日目である三座に明恵の三段式が、そして最終日の七座に貞慶の五段式が修せられていたことである。そして七日八座の場合、初日の一座に修せられる『舎利講式』は、覚鑁作の五段『舎利供養式』の縮小改作版なのである。ここでは〈顕〉の貞慶作五段式も、〈密〉の『舎利講式』群によって成り立つ儀礼体系の一角を占めている。称名寺では覚鑁・貞慶・明恵という中世の名立たる講式作家による代表的な『舎利講式』が、一具の体系として（いわば顕密合行で）国土・国家を守護する体をなしているものと言える。中世顕密仏教における仏舎利儀礼の一大ページェントを、今は衰滅した称名寺の舎利講に窺うことができる(41)。

かくして院政期の覚鑁『舎利供養式』に端を発する「生身法身の舎利」は、鎌倉期劈頭の国家的大事業である大仏再生の営みから、鎌倉末期の東国寺院における国家鎮護の儀礼に至るまで、真言寺院内部においてフェティシュな霊宝（聖遺物）たる舎利を規定する重要な信仰機制として在り続けたと言えよう。従来、中世における生身仏信仰の興隆に即して、「生身」という位相に注目して立論されてきた舎利信仰であるが、このように南都（東大寺）の事例も含めて、真言密教界では実体としては「法身」という位相も重要な意味を担っていた。法身というアウラを纏った生身仏であり、顕・密一致という意義を象徴的に内在させた、生身法身の舎利という表現が多用され、そうした舎利信仰とその儀礼にこそ、鎮護国家の機能が強く期待されたのである。そしてここには抽象と具象の融会する中世的思惟の様態が、顔を覗かせていることを確認しておこう(42)。

だが覚鑁にとって舎利の法身的位相は、もとより舎利への極端な神秘的霊宝視よりも、舎利＝自己の〈心〉という普遍的な認識の獲得においてこそ、儀礼実践上の意味を発揮するものであった。またそれはすでに確認したような、釈迦への追慕を基調とする顕教の『舎利講式』、なかんずく懺悔・慚愧の発露を含む貞慶的な『舎利講式』世界との何よりの差異なのである。

注

（1）調査結果の一例を挙げると、第一函三三号の鎌倉後期書写の『涅槃講式』（書写者不詳）は、六段から成るかと思われる珍しいものである（書誌データは『随心院聖教類の研究』四四八頁を参照）。しかし巻子は完全に剝離し、明らかに錯簡を来たしていることが見て取れた。『涅槃講式』は源信や明恵の作（四座講式の一つ）が著名だが、ニールス・グュルベルク氏の「講式データベース」（www.f.waseda.jp/guelberg/koshiki/datenb-j.htm）によれば六段『涅槃講式』は、大原勝林院実光院所蔵『魚山叢書』所収本が確認されているのみであり、またこの随心院本は「講式データベース」に入力されている伽陀の配列情報に一致するため、同一の講式である可能性が高く、『魚山叢書』のマイクロフィルムを所蔵する上野学園大学日本音楽史研究所にて調査・照合させていただいた（当時は日本音楽資料室）。同時に『魚山叢書』本と対校することで随心院本の復元を図った。その結果、錯簡のみに留まらず、おそらく鎌倉後期に書写された時点で式文の脱落、前後の式文の入れ替わり、同一式文の重複、同筆ながらも後から別紙を途中に挿入して貼り継いだらしき部分などが明らかとなった。文意も『魚山叢書』本によらなければ不明瞭である。覚秀によって幕末に編纂された『魚山叢書』本に比して遥かに遡る伝本であり、花野憲道氏による『随心院聖教類の研究』の「善本解題」があるが、善本と評価し得るかは微妙なところである。ただし随心院本には『魚山叢書』本に無い独自の式文も含まれているようであるから、この講式の生成・享受の問題としては無視し得ぬところであろう。またいつより随心院に伝来したものか不明ながら、随心院と『魚山叢書』両本の式文の内容を総合して勘案すると、やはり元来は天台系の講式であることは確実で、天台でよく見られる三因仏性説や、三を開きて一に帰するといった三乗と一乗をめぐる議論を含んでいること、『法華経』の重視、中国天台の論書で湛然著『金錍論』の名が見えることなど、悉有仏性の思想を基調とする内容である。

(2)　山田昭全・清水宥聖編『貞慶講式集』（山喜房、二〇〇〇年）所収本五段式の初出は「貞慶舎利講式五題」（『大正大学綜合仏教研究所年報』一七号、一九九五年）である。

(3)　なお「講式データベース」によれば、醍醐寺には鎌倉後期と推定される貞慶作五段『舎利講式』（二〇八函三三号）が蔵される。事実ならば最古のものに属する伝本と言えるが、二〇〇〇年に文化庁から刊行された『醍醐寺聖教類目録』によれば、二〇八函三三号『舎利講式』は室町時代書写となっている。『醍醐寺聖教類目録』記載の資料は東京大学史料編纂所にマイクロフィルムが所蔵されており、筆者も閲覧した。

(4)　「貞慶作五段『舎利講式』の異同をめぐって――伽陀を中心に――」（『大正大学研究論叢』第四号、一九九六年）を参照。

(5)　『高野山講式集（CD―ROM版）』（小林写真工業、二〇〇一年）所収。

(6)　唐招提寺にも貞慶作五段『舎利講式』は二本伝来している。一本は嘉元三年本で、もう一本は文明九年（一四七七）本である。平岡定海氏は大著『日本弥勒浄土思想展開史の研究』（大蔵出版、一九七七年）で、貞慶の『舎利講式』に言及し、唐招提寺蔵本を引用している（二〇五頁）。引用部分からは第三類に相当するのだが、これは嘉元三年本であるか文明九年本であるかが明記されていない（おそらく嘉元三年本であろう）。そして三崎良周氏も『密教と神祇思想』（創文社、一九九二年）所収「鎌倉期の南都仏教における穢土思想と春日明神」の註（二九七頁）で、唐招提寺本の写しである東大寺図書館蔵の貞慶五段『舎利講式』を閲覧したと記している。

（7）前注（2）『貞慶講式集』二七〇頁参照。金剛三昧院本は前注（5）『高野山講式集』に所収。大谷大学本は筆者も実見した。

（8）『法然上人行状絵図』によれば、法然も叡山修行時代には「朝には自誓戒・舎利講、夕に臨終の行儀を修し……」たとある。また義山は『法然上人行状絵図翼賛』を著わしており、そこから近世の知恩院では『舎利講式』が毎日修されていたことが分かる。その『舎利講式』は、法然に仮託された貞慶作ではなく、『浄土苾蒭宝庫』（佛教大学図書館蔵本）に収録された、浄土信仰に基づく三段の『舎利講式』であろう。

（9）中野達慧「興教大師撰述に対する書史学的研究――講式・表白・願文・密観に関して――」（『密教研究』三五号、一九三〇年）の中に指摘あり。

（10）貞慶自身に限ってみても、彼は五段『春日権現講式』を改作して、三段『春日権現講式』を派生させている。第一部第三章では、このことについて両講式は、対象とする人々を異にした二つの信仰世界を、それぞれ〈詞章《ことば》〉によって創り出しているものと分析した。

（11）『〈続天台宗全書　法儀1〉声明表白類聚』所収。

（12）『謡曲三百五十番集』（日本名著全集刊行会、一九二八年）所収。

（13）『大日本仏教全書』一巻所収。

（14）中世真言宗における舎利＝宝珠信仰については、文学・歴史学・美術史に亙って多くの蓄積があり、とりわけ中世王権におけるその意味と機能に注目が集まっている。阿部泰郎「宝珠と王権――中世王権と密教儀礼――」（『〈岩波講座東洋思想一六〉日本思想2』一九八九年）、関根俊一「南都における中世舎利荘厳具の展開（一）（二）」（『仏教芸術』一九九・二〇四号、一九九一・一九九二年）、門屋温「〈宀一山土心水師をめぐって」（『説話文学研究』二三号、一九九七年）、内藤榮「西大寺鉄宝塔・五瓶舎利容器について」（『仏教芸術』二五七号、二〇〇一年）、同「「仏舎利と宝珠」展概説」（『仏舎利と宝珠――釈迦を慕う心――』奈良国立博物館、二〇〇一年）、伊藤聡「重源と宝珠」（『仏教文学』二六号、二〇〇二年）、上川通夫「如意宝珠法の成立」（覚禅鈔研究会編『覚禅鈔の研究』高野山親王院堯栄文庫、二〇〇四年）、松本郁代「鳥羽勝光明院宝蔵の『御遺告』と宝珠――院政期小野流の真言密教――」（『前同書所収）、中村本然「真言密教の修法と如意宝珠」（『密教文化研究所紀要』一八号、二〇〇五年）などを参照。

(15)『醍醐寺聖教類目録』（文化庁文化財保護部美術工芸課、二〇〇〇年）を参照し、東京大学史料編纂所蔵のマイクロフィルムで内容を確認した。

(16)『続群書類従』本を使用。

(17) 醍醐寺の涅槃会については、新井弘順「涅槃会の変遷――法要次第を中心に――」（『民衆の伝統的生活習慣に占める仏教法会の調査』元興寺文化財研究所、一九七九年）に解説がある。

(18) 中世の五輪塔信仰としては、重源の三角五輪塔も著名であるが、これについては起源が醍醐寺にあり、重源は勝賢との交友を通じてこれを受容したことなどが、内藤榮「重源の舎利信仰と三角五輪塔の起源」（『ザ・グレイトブッダ・シンポジウム論集第五号　鎌倉期の東大寺復興――重源上人とその周辺――』東大寺、二〇〇七年）で論じられている。重源と勝賢については後述する。

(19) 正月晦日の舎利講はそれに該当しようか。

(20) また醍醐寺に蔵される多種多様な神仏の講式には、他にかかる分類が見られない。

(21) 先掲した醍醐寺に伝来する貞慶・覚鑁の『舎利講式』だが、マイクロフィルムで確認したところ、たとえば二一一函三号の『舎利講式〈顕〉』は、『醍醐寺聖教類目録』によれば南北朝期に遡る写本とされ、外題に〈顕〉と付されるものの、表紙と外題は明らかに後補であり、当初からの内題には〈顕〉と付されていない。その他の伝本も勘案するに、おそらく〈顕〉〈密〉に分類する形式は、満済による顕教立て・密教立ての舎利講儀礼を画期とし、それ以降に寺内に定着したものであろう。

(22) なお室町後期成立で義演准后の識語も認められる『下醍醐年中行事』は、『満済准后日記』同様に講式についての記事も多々見受けられるが、毎月二十五日の天神講について「五段講式密行レ之、法用二箇、密、但二月・六月二箇月者、四箇法用顕也、法用次第如レ常」とある。菅原為長作五段『天神講式』は醍醐寺にも複数の伝本が確認されるように流布したものであり、式文は密教色を帯びていない。この天神講は儀礼としては顕教立・密教立を交えて勤修されるのであり、舎利講儀礼の場合との共通性を認めることができる。醍醐寺は真言密教寺院だが密宗だけでなく顕宗（三論宗）も存在し、寺内の儀礼には顕宗のみによって挙行されたものや、協同で行われたものもあったことが判明する。講式の場合、顕教・密教のバランスに配慮したものと考えられ、それは顕宗供僧・密宗供僧という寺内勢力の問題とも関連していよう。『下醍醐年中行事』には、講をはじめとした多彩な儀礼の経済基盤としての「料田事」もつぶさに記載されており、中世寺院における年中儀礼の執行体制を、ある程度具体的かつ総括的に窺うことができる好資料である。永村眞「醍醐寺所蔵『下醍醐年中行事』」（『醍醐寺文化財研究所研究紀要』九号、一九八七年）。また阿部美香氏によれば、貞慶の『琰魔講式』も醍醐寺に受容されていた（「堕地獄と蘇生譚――醍醐寺焔魔王堂絵銘を読む――」〈『説話文学研究』四〇号、二〇〇五年〉参照。そして真言僧が修学課程において多数の講式の勤行を行っていたことは、高橋秀城「東京大学史料編纂所蔵『連々令稽古双紙以下之事』をめぐって――室町末期真言僧侶の教養を探る――」（『仏教文学』三一号、二〇〇七年）に指摘されている。

(23)『興教大師全集』下巻所収。

(24)そして晩年の主著『五輪九字明秘密釈』（『興行大師全集』上）にも「法身舎利」の語が見える。

(25)清水宥聖「守覚法親王の舎利講式――紹介と翻刻――」（『密教学研究』三三号、二〇〇一年）参照。

(26)前注(5)『高野山講式集』所収。

(27)『平安遺文』四〇八九号文書。

(28)前注(14)伊藤論文参照。また重源と勝賢の関係については、藤井恵介「俊乗房重源と権僧正勝賢――東大寺東南院の聖宝御影堂の創建をめぐって――」（『南都仏教』四七号、一九八一年）を参照。

(29)兼実と仏厳の関係については、井上光貞『日本浄土教成立史の研究』（山川出版、一九五六年）、重松明久『日本浄土教成立過程の研究』（平楽寺書店、一九六四年）を参照。

(30)石田尚豊「重源の阿弥陀仏号」（『〈日本名僧論集5〉重源・叡尊・忍性』一九八三年）に指摘あり。また重源と勝賢の関係については、勝賢を如意宝珠・舎利信仰における重源の分身的存在と捉えた前注(14)伊藤論文を参照。

(31)空諦房鑁也と舎利盗掘事件顚末については、室賀和子「空諦房鑁也の内面世界」（『大正大学大学院研究論集』二二号、一九九八年）に詳しく、鑁也も覚鑁からの思想的影響を受けていたことが窺えると指摘している。菅野扶美「後白河院と舎利信仰」（『梁塵　研究と資料』二一号、二〇〇三年）は、「偽舎利を作る技術・それを見抜く技術が飛躍的に伸びていた」ことを想定している。なお鑁也の所持していた舎利・宝珠信仰を説く和製の偽経として『宝悉地陀羅尼経』が知られている。これは院政期には存在していたものとされ、主に醍醐寺三宝院の法脈において授受されている。内容的には釈迦と毘盧遮那仏（大日如来）の同体説や、「法身駄都」の語が確認される他、「敬二信駄都一、帰二命本覚宝珠設利一……観二念自性心中常住二如来大威徳設利一……」（設利は舎利の別訳）とあり、聖なる舎利や宝珠は他ならぬ自身の〈心〉の内に、本覚（仏性と換言してもよい）として本来具足されているものと観想すべきことが説かれ、本覚思想との関係が窺われる。また舎利は「如二汝心形一、如二仏心形一、互相置故、汝体仏体相互融、故既相互融性即非ㇾ二……」のように、仏と衆生の〈心〉の形象であって、法身大日と衆生の不二が説示され、舎利を信受する者は真の仏弟子であり「即是法身釈迦牟尼如来常住之体、是人即名二大毘盧遮那一、亦名二救世大阿闍梨耶一」とされる。以上の如き思想的特徴は、覚鑁が『舎利供養式』にて披瀝した「即身成仏の方便」としての舎利信仰に全く合致する。室賀論文には、道範の寛元四年（一二四六）奥書を有する東寺宝菩提院蔵『舎利要文』下巻の、「此経者大師将来之時秘密経也、宋朝代鑁也上人所二感得一也」という貴重な一節が紹介されている。空海将来だが秘経であったため流布せず、鑁也によって改めて「感得」されたのだという。『宝悉地陀羅尼経』は覚鑁の思想を基盤として、実際には鑁也自身も関与する形で、平安最末期頃に醍醐寺周辺（勝賢・重源らを含む）の舎利・宝珠信仰のネットワークの中から――勧修寺系統の舎利を一字金輪仏の種字（梵字）である母嚕唵《ぼろん》と同一視する説などを吸収しつつ――成立してきたテキストではなかったろうか。鎌倉中期にかかる資料ではあるが、『舎利要文』に見る「鑁也の感得」とは、そのことを暗示しているように思われる。同経をめぐっては、室賀論文の他に、①中山一麿「三宝院流偽経生成の一端――随心院蔵『即身成仏経』とその周辺――」（荒木浩編『小野随心院所蔵の密教文献・図像調査を基盤とする相関的・総合的研究とその探求』〈大阪大学大学院文学研究科共同研究報告書、二〇〇五年〉）、②牧野和夫・高橋悠介「四天王寺国際佛教大学図書館蔵『寳悉地成仏陀羅尼経』奥書識語と随心院蔵『大日如来金口所説一行法身即身成仏経』一巻の解題と紹介――宝珠・舎利と後醍醐天皇の周辺――」（『実践女子大学文学部紀要』四七号、二〇〇五年）、牧野和夫「新出『宝悉多陀羅尼経』（前欠）一巻をめぐる二、三の問題」（『随心院聖教と寺院ネットワーク』第三集、二〇〇七年）を参照。また諸宗に通用せる、いわゆる『舎利礼文』（四字を一句とする全十八句からなる）もまた簡潔な偈文ながらも、その思想内容を検ずるに、眼目が「生身・法身の舎利」と「即身成仏」にあることは明白である。不空三蔵作とする伝承もまた古来疑問とされており、けだし上記の動向の内より出づるものかと推察を廻らす次第であるが、後考を期したい。石川良昱「舎利礼文について」（『印度学仏教学研究』一一巻二号、一九五八年）は、江戸時代には小野流の成尊の作とする説のあったことを指摘している。『舎利礼文』は中世以降、広く流行したもので、東大寺凝然作一段『舎利講式』は、この『舎利礼文』の諸句を巧みに織り込んだ真言密教系の短編の講式であり（関口静雄「示観房凝然とその講式」〈『歌謡研究と資料』三号、一九九〇年〉）、作者不詳ながら同時期の嘉暦元年（一三二六）の奥書を有し「小野嫡流」の秘伝を謳う『舎利礼秘決』という注釈書が著わされ（随心院聖教七函二八号）、江戸時代の亮汰『舎利礼文鈔』（版本）へと続く（随心院蔵一四三函四号）。

(32)　谷口耕生「新薬師寺所蔵仏涅槃図考――中世南都の涅槃儀礼及び舎利信仰との関係を中心に――」（『仏教芸術』二五一号、二〇〇〇年）に指摘あり。また「法性既顕二白玉之色一」については鎌倉後期の僧我宝が、『舎利供養式』をきわめて詳細に解説した〈講式注釈書〉である『舎利供養式抄』上巻（国文学研究資料館マイクロフィルム・元禄九年版本）でも、「今舎利云二白玉一即云二法身舎利一意也」（一四丁表）と類似の説を述べている。

(33)　新井弘順「明恵上人の「十無尽院舎利講式」」（『豊山教学大会紀要』五号、一九七七年）の翻刻参照。

(34)　ニールス・グュルベルク氏によれば、伝源信作『摩訶迦羅天講式』と院政期の真言僧である宮僧正信証作『大黒天講式』について、セットで伝来する場合も多く、高野山高台院の伝本では伝源信作が〈顕〉、信証作が〈密〉とされていることを報告しており、醍醐寺の『舎利講式』の伝来形態に照らして興味深い。「『大黒天講式』訳注」（『日本漢文資料楽書篇　声明資料集』二松学舎大学、二〇〇六年）参照。

(35)　この他にも中世の律院における『舎利講式』をはじめとする講式の受容については、鎌倉時代に遡る中宮寺の『霊鷲山院年中行事』や、『法華寺年中行事』『大安寺年中行事』に、舎利講・文殊講・観音講など種々の講の名が月ごとに見えており、盛んに修されていたことが判明する。また『東大寺戒壇院年中行事』という室町期の資料には、貞慶作かは不詳ながら、戒壇院では『舎利講式』が布薩の儀礼と一体化しており、「布薩舎利講」として毎月厳修されていた。『円照上人行状』には、円照が講会を実修していたことや、観想法に長けた円照ゆえか、講会に伴って霊妙な奇瑞のあったことが記されている。

(36)　納富常天氏は剱阿について「貞顕の要請に応じ、政治的要路においても活躍し、貞顕の政治的生命を支えている」と述べている（『金沢文庫資料の研究』法藏館、一九八三年、三五八頁）。

(37) 納富常天『金沢文庫資料の研究　稀覯資料篇』（法藏館、一九九五年）所収。

(38) これらはそれぞれに興味深い内容を有しているが、いまだ本格的に論じられておらず、改めて個別に分析してゆく予定である。なお「講五」の一段には、勝賢『舎利講式』の一段から「色即是空故、謂レ之真如法性。空即是色故、謂レ之相好色身。当レ知。黄金肩即是法性之真色。白毫光豈非二中道之自性一。無相之相、異二凡夫相一、無身之身、非二妄情之身一。故非二三乗根縁一者、無レ感二仏出世一、非二広大著因一者、無レ見二仏真容一。在世之色身既如レ此。滅後之遺身亦可レ然」の部分が導入されている。鎌倉の真言寺院における鎮護国家の舎利信仰については、西岡芳文氏の「密華薗を破るもの」（『蒙古襲来と鎌倉仏教』神奈川県立金沢文庫、二〇〇一年）が興味深い。南北朝期には後醍醐天皇の政権を宗教的に護持した文観が『秘密舎利式』を撰している。その奥書には北朝・室町幕府の調伏・南朝繁栄・仏法興行への執念が綴られている。赤塚祐道「中世における舎利信仰の一考察――『秘密舎利式』と『道場観大師法最秘』をめぐって――」（『密教学研究』四二号、二〇一〇年）を参照。また谷知子氏は、九条兼実と慈円における舎利講儀礼とそこで詠ぜられた和歌の分析から、舎利と和歌の霊力によって社会を変革してゆこうとする二人の野望を読み取っている。同『中世和歌とその時代』（笠間書院、二〇〇四年）を参照。

(39) 『宀一山秘密記』は、藤巻和宏「〈資料紹介〉宝珠をめぐる秘説の顕現――随心院蔵『宀一山秘記』の紹介によせて――」（『古典遺産』五三号、二〇〇三年）翻刻本を使用。

(40) 第三部第九章を参照。これ以外にも鎌倉末期の文観作と推定される舎利・宝珠関係のテキストである『秘密源底口決』（国文学資料館編『〈真福寺善本叢刊第二期〉中世先徳著作集』臨川書店、二〇〇六年）、作者不詳だが『南無仏舎利口訣義軌』（『弘法大師全集』六巻）、凝然『舎利講秘式』（関口静雄「示観房凝然とその講式」『歌謡　研究と資料』三号、一九九〇年）、舎利法の秘説を集大成した我宝の『駄都秘訣抄』（『真言宗全書』二三巻）などにも法身の舎利の観念が看取される。

(41) 称名寺には、劔阿と交友があり鎌倉で活躍した安居院覚守による『安居院僧都問答条々幷式法則等』『式事　舎利講』『式師御口伝聞書』『式用心故実事　覚仙上人口伝』といった、講式読誦のための口伝書が伝わる。これらは劔阿の創始になる正月舎利講の儀礼執行のために用意されたと阿部泰郎氏は推測しており、正鵠を射たものと思う。

国文学研究資料館編『〈真福寺善本叢刊第二期〉中世唱導資料集　二』（臨川書店、二〇〇八年）「解説」二九一頁参照。

(42)　中世ほどに舎利信仰が隆盛を極めた時代はなく、中世人の精神世界や信仰世界に占めるその比重は決して無視し得ぬものであるが、〈死〉を表象して止まない遺骨でありながら、際限なき細胞分裂のごとくに増殖を遂げ、権力者によって奉請が繰り返される舎利は、〈生身仏〉として熱烈に渇仰されるという一種の矛盾とさえ見える様相を呈している。この死と生の止揚（一体融合）において顕れる超越性と永遠性は、それこそ〈法身〉という位相に相応しく、万物能生の根源たる宝珠の観念とも交響するのだと言えよう。以上のように、ここで対象とした「法身舎利」は、経典を書写したものを「法舎利」と称して仏像の胎内に納入する行為とは明確に異なるものである。

第二部　中世律僧の信仰と儀礼

第五章　貞慶『発心講式』と玄縁『礼仏懺悔作法』をめぐって

――本覚思想と懺悔の儀礼――

はじめに

ここまで貞慶の『春日権現講式』と『舎利講式』について論じたが、本章ではさらに『発心講式』と、これに影響を与えたことが指摘できる、興福寺別当玄縁の『礼仏懺悔作法』（別名「仏名講式」）について考察する。本章では特に、『発心講式』の懺悔《さんげ》と持戒の問題に注目したい。それが『礼仏懺悔作法』の内容とも密接に繫がるからである。『礼仏懺悔作法』に初めて注目されたのは、赤松俊秀氏である。赤松氏は延慶本『平家物語』の成立史的研究において従来の叡山文化圏のみならず、南都仏教界、なかんずく興福寺文化圏からの影響関係を重視された。そこで「倩ら罪業の根源を尋ぬれば、妄想顚倒より起こる。実相の理を思惟せば、妄想尽く空寂となるなり」という『礼仏懺悔作法』の一節が、延慶本『平家物語』の「山門大衆清水寺へ寄テ焼事」という、京都における興福寺末寺である清水寺を、敵対する叡山悪僧が焼き払った記事の中の、「罪業本ヨリ所有ナシ。妄想顚倒ヨリ起ル。心性源清ケレハ、衆生即仏也」という悪僧の言説として、玄縁の事跡をよく知っていたと考えられる『平家物語』の原作者によって利用されていると指摘された。(1)(2)

だが先取りして言えば、この両者の間に直接の関係は想定し難く、中世の顕密仏教界に広く共通して見られる思想傾向、すなわち「本覚思想」に基づく類似表現と見るべきである。本覚思想によって南都にも叡山にも同様の言説が共有されたと考える時、『礼仏懺悔作法』と密接な関係にある『発心講式』に、天台本覚思想のエッセンスとも言える『本覚讃』が引用されていることが注目されてくる。ことは『平家物語』成立史をめぐる南都興福寺と叡山天台の問題というよりも、顕密仏教界における本覚思想享受の問題なのである。(3)

さて、およそいささかなりとも体系化された思想を有する宗教において、「罪業」(悪・煩悩)の問題が浮上しないということは有り得まい。自己の犯した罪業への自覚と認識は、それが真摯なものであればあるほど、必ずや宗教者／信仰者を「懺悔」による「滅罪」へと導かずにはおかない。そしてそのことが信仰の新たな潜勢力となって、さらなる罪業累積の抑止力としての「戒律」という宗教実践を要請するに至る。そして罪を犯すということは仏教においては、おおむね戒律を犯すことに一致しよう。このように罪業・懺悔(滅罪)・戒律は、いわば三位一体の関係にあり、仏教においても信仰の力動的構造を示す好例となる。

そもそも仏教には「事」と「理」という、二元的分類概念が漢訳経典以降成立している。「事」とは具体的な現実相(衆生の領域)を、「理」とは本質的な永遠相(仏・真理の領域)を意味するので、一般的に「事」から「理」へと宗教レベル的に深化するという通念がある。(4) そして懺悔にも事の懺悔(有相懺悔)と理の懺悔(無相懺悔)の別がある。事懺《じさん》とは自己の罪業をそれとして直視してこれと向き合い、仏尊や衆僧の面前にすべてを「発露」、すなわち告白して啼泣するものとされ、多くは苦行的な身体行為としての修行であり、また儀礼として現象する。たとえば東大寺二月堂修二会＝十一面悔過などが想起されよう。また罪を内に隠蔽することは「覆蔵」と呼ばれ、悪を増長させるという。これに対して理懺《りさん》とは仏の悟境である真理としての空観に基づき、罪業への囚われ、換言すれば罪業の実体視を謬見として否定するという認識の転換をもって、空性の体得を目指すものであるから、きわめて観念性の強い懺悔法であり、その基調はむろん仏教的な唯心論にあることは言うまでもない。[5]

赤松氏が同一性を強調された、叡山悪僧と『礼仏懺悔作法』の言説は、正にこの「理懺」なのである。『大乗本生心地観経』（以下『心地観経』）の「報恩品」には、これが「観事滅罪門」「観理滅罪門」として立てられており、『観普賢菩薩行法経』（以下『観普賢経』）にも、明確に二門に名称分類されてはいないが、事・理の懺悔が説かれており、両経典とも根底に空思想を持つ。[6] 特に『観普賢経』は「行法経」とあるように、普賢菩薩の色身の観想、懺悔の法、そして仏から直接受戒する「自誓受戒」の簡略な次第などが説かれる実践系の経典である。[7]

中国仏教に遡及するならば、天台智顗は主に法華三部経の一つである『観普賢経』によって、『摩訶止観』巻第四上の第六章で止観成就の前方便として、持戒と懺悔を事・理の二門に亙って詳細に体系化している（事戒・理戒については後述）。また日本天台で広く修された、法華懺法という懺悔儀礼の原型となるテキストである、智顗の『法華三昧懺儀』でも、「第十座禅実相正観の方法を明かす」という部分で、『観普賢経』の所説である空の立場から理懺を説くが、それが禅観を伴いかつ行道や法華の誦経と連携して「法華三昧」という一つの懺悔儀礼・修行＝事懺として組織されている点が重要なのである。[8]

本章では、興福寺僧たる玄縁と貞慶の講式儀礼における懺悔の問題を、理懺の根拠となる『観普賢経』と『心地観経』の言説の展開を中心に、天台本覚思想のテキストなどと比較しながら考察してゆく。

一　『発心講式』の懺悔・滅罪説と本覚思想

南都の講式作家として著名な貞慶の『発心講式』であるが、これは春日神の冥告を受けて建久四年（一一九三）

に笠置山に遁世する前年の作で、貞慶最初期の講式である。『発心講式』は、一「釈尊の恩に報ぜむ」、二「弥勒の化を仰ぐ」、三「弥陀の願に帰す」、四「罪障を懺悔す」、五「菩薩戒を受く」、六「廻向発願」の六段から成り、貞慶自身の建久三年七月の奥書に「世尊の恩に依りて、慈氏(弥勒)の化を受け、知足天上安養浄土院に於て、且に弥陀に奉仕せんとす」(括弧内筆者)と記していることが最終目的である。この講式の特徴として注目しておくべきは、前半の一段から三段が各仏尊への讃嘆であり、兜率天(知足天)往生や極楽往生を期しており、最もポピュラーな講式の形態であるが、後半の四段・五段は一繋がりの「懺悔」と「授戒(持戒)」に充てられており、そこに主体的な仏道実践への志向性が強く認められることである。三仏への帰依を表明してその加護により菩提心を発し、仏道の成就を祈請するという内容が、前半・後半を通して構造的に把握される。さらに奥書から貞慶自身の日々の礼拝という個人的行法のために、「私の語を交えず」経論の「聖言」のみを綴ったものであることが判明する点も興味深い。経論からの引文のみで構成されるので、後の講式作成のためのタネ本的な性格も指摘されるが、何よりもこの時期の貞慶の信仰世界が如実に披瀝されたものである。(9)

また『笠置上人大般若理趣分奥日記』に建久三年八月頃、笠置寺の弥勒石仏の前で『大般若経』を書写していたが、「異念相交じる」という状態で納得ゆく写経ができなかったことを告白し、「悲しむべし恨むべし」と歎いている。山田昭全氏は「貞慶はそうした不安定な心的情態から脱却することをもくろんで本講式を著作したであろうと考えられる」とし、『発心講式』や『笠置上人大般若理趣分奥日記』他、貞慶の著作によく見える「蒙々緩々」という表現は、脱却すべき心的情況を示唆するものと言う。(10)貴重な指摘である。

菩提心を発することが、仏道の根幹であることには多言を要しない。貞慶や明恵など中世の南都仏教復興運動の担い手は、特に菩提心を重視していることが指摘されている。華厳教学を振興した明恵は、『摧邪輪』を著わして法然の専修念仏を批判したことは有名だが、それは菩提心を重視する立場から、往生行には菩提心は不要とする法然の見解に反駁するものである。さらに明恵は、菩提心そのものを礼拝対象とするきわめて興味深い実践を行っているのである。中央に三宝の名を記し、左右に『華厳経』に基づく四つの菩提心を記したものを仏の名号本尊のごとくに掲げ、これを礼拝する「三時三宝礼」という行法を、自ら公案して人々にも勧めているが、やはり本来は自行のために編み出したものであった。

貞慶の場合それに比肩するものが、この『発心講式』であると言えようか。貞慶が真摯に愚かで罪深い自己を慙愧・懺悔し、冥の加護を乞うべく神・仏に向けた表白である『愚迷発心集』には、「仰ぎ願はくは、三宝の神祇、愚意を哀愍して、道心を発さしめたまへ。一要もし成就せば、万事皆足りぬべきのみ」とある。[11]発心さえ叶えば仏道は自ずから成就すると言うのである。さらに『愚迷発心集』の原形である『道心祈請講式』も、菩提心を象徴する文殊菩薩や天照・春日といった神祇に発心を乞うもので、「つらつら出離の要道を思ふに、ただ一念の発心にあり。仰ぎ願はくは、無辺の三宝、一切の神祇、弟子が愚意を哀愍して、真実の道心を発さしめたまへ」と切実に訴えている。[12]さらに詳細に儀礼テキストとしての『発心講式』の、全体的な構造分析を行う必要があろうが、今は、

> 日々の礼誦の為にこの文を抄し畢はる。私の語を交えず、聖言を綴ると雖も、偈句は首尾を失ひ、文義は連続せず、愚、これを簡ぶ過恐れざるべからず。唯願はくは、如来丹誠を哀愍したまはんのみ

という奥書の一節に、仏尊とコンタクトする儀礼言語としての講式の性質が読み取れることを指摘するに留める。「偈句は首尾を失ひ、文義は連続せず」とは、単なる文章作成上の技巧を言うのではない。神仏に奏上する聖なる詞章《ことば》を作成することは、「これを簡ぶ過」を招く危険を孕む実践であり、常に「如来の哀愍」を願わざるを得ない。この一節を、そのような〈詞章《ことば》の実践者〉たる貞慶の実存的境位が内包された表現と見ておく。

さて本章の問題関心からは、第四段の「罪障を懺悔す」に注目したい。四段は『発心講式』の中でも分量が多く、続く五段で菩薩戒の受戒について述べた後、全体を結ぶ末尾の六段が「弟子某甲、願はくはこの懺悔の功徳を以て、一切衆生に廻施す……」と始まることからも、この講式において懺悔は主要なテーマであることが分かる。すべて経論の引文からなる『発心講式』の四段の中には、『観普賢経』と『心地観経』が引用される。いずれも空思想に立脚するものであるが、それに続けて、かの『本覚讃』という偈文が全文引かれているのである。

これを便宜的に三分割して掲載する（以下、資料を引用する際の傍線はすべて筆者）。

A心を観ずるに心無し。顚倒より起こる、かくの如き想の心は、妄想より起こる。空中の風の依止する所無きが如し。かくの如き法相は不生不没なり。何れの者かこれ罪、何れの者かこれ福。我が心、自ら空し。罪福は主無し。一切の法はかくの如く、住無く壊無し。諸法は解脱なり、滅諦なり、寂静なり。かくの如き相をば大懺悔と名づく

（『観普賢経』の一節）

B一切の諸の罪障も皆、（真）如なり。顚倒因縁の妄心より起こる。かくの如く罪相は、本来空なり。三世の中、得る所無し。内に非ず、外に非ず、中間に非ず。性相は如々にして倶に不動なり。真如の妙理は名言を絶えたり。唯、聖智のみ有りて、よく通達したまふ

（『心地観経』「報恩品」の一節）

C本覚心の法身に帰命す。常に妙法心蓮台に住す。本来、三身の徳を具足し、三十七尊、心の城に住せり。普門塵数の諸三昧は、因果を遠離し、法然に具足せり。無辺の徳海、本より円満せり。還って我、心の諸仏を頂礼す

（『本覚讃』全文）

天台本覚思想のエッセンスと言える『本覚讃』が、法相宗の興福寺に受容されていた顕著な例と言える[13]。だが従来これに関しては、全く注目された形跡がないのである。また田村芳朗氏・末木文美士氏によれば、平安前期の円

珍・安然あたりを初見とする『本覚讃』は、和讃体の『註本覚讃』、源信仮託の注釈書『本覚讃釈』から、同じく源信に仮託され、『本覚讃』全文を二度に亙り引用する偽書である『真如観』へと至る、院政期における心の原理を重視する、観心主義的な「心性本覚論」の原点に位置するものとされる[14]。ゆえにひとまず、中世の天台思想に目を転ずる必要がある。

二　天台本覚思想における『観普賢経』『心地観経』の言説と滅罪思想

そうすると興味深い事実に行き当たる。『本覚讃』の「三十七尊、心の城に住せり」の句に対して、『註本覚讃』では、

　三十七尊スミ給フ、心法本ヨリ形ナシ、内外処々ニアラネドモ、胸ノ間ノ方寸ニ、阿利耶識トゾナヅケタル

と敷衍的に語る[15]。そして『本覚讃釈』では、さらに「心の城」の一語を注釈して「我が心自ら空なり。罪福は主なし。心を観ずるに、心なし。法、法に住せず」と、件の『観普賢経』のAの一節を微妙に改変させつつ引用する。またそれに続けて、『心地観経』「波羅蜜多品」から、

　かくのごとくの心法、本、有にあらず。凡夫、迷を執して無にあらずと謂う。もし、よく心の体性空なりと観ずれば、惑障生ぜず、便ち解脱す

という一節を引いている[16]。そして「本有の心法は、一切衆生の理具なり」と語り、それを『註本覚讃』同様に「阿利耶識」であると捉えており、「心法即ち真如なり」とも言われている。

「心法」とは「色法」の対義語であり、認識主体としての心を意味する基本的な教学用語であるが、ここでは

『本覚讃』の「心の城」の語と結合し「本有の心法」という、より実体的で本覚思想的な概念に拡張されている。「心性本覚論」は、『本覚讃釈』『真如観』などに「心性」の語が頻出するところからそう呼ばれるのだが、ここでの「心法」も、本来、絶対的に清浄であり万象を生起せしめる発生原理である、中世天台的な「心性」の位相へと昇華しつつある。その過程に『観普賢経』と『心地観経』の言説が、明確に介在していることが理解される。また貞慶の『発心講式』と『本覚讃釈』とは、『心地観経』を引用する品《チャプター》は異なるものの、「報恩品」が罪相の本質を空とすることと（『発心講式』）、「波羅密多品」が体性空ならば惑障生ぜず（『本覚讃釈』）とすることは、空観に基づく同一論理に他ならない。ゆえに貞慶が『観普賢経』『心地観経』『本覚讃』の引文を連ねて、懺悔の説示を構成したことと、天台本覚思想テキストとの間には一定の類似性が確かに認められるのである。そして中世初頭の天台教学においては、本来的に無自性を説く空思想が、罪業・煩悩否定の形で心の清浄性・絶対性を弁証することで、実体的な心性本覚論の文脈に取り込まれているのである。ここに本覚思想形成上の特性の一端が見て取れる[17]。

この『本覚讃釈』は源信に仮託されているが、遡って源信の真撰書ではどうであろうか。そこで地獄・極楽の精緻な描写で知られ、観想念仏の実践を説く『往生要集』を見ると、

> かくのごとくの心法、本、有にあらず。凡夫、迷を執して無にあらずと謂う。もし、よく心の体性空なりと観ずれば、惑障生ぜず、便ち解脱す

という『心地観経』「波羅密多品」の文は、『往生要集』巻中の大文第五「助念の方法」の第四「止悪修善」にそのまま引かれている。だが項目が「止悪修善」であるように、その最後は「戒を破り已りて後、前の罪を滅せんが為に一心に仏を念ず……もし常に毀犯せば、三昧は成じ難からん」と、破戒の罪が観想念仏の成就を妨げるので、仏に対する懺悔が勧奨される。そして続く第五「懺悔衆罪」では、まず至心に発露涕泣して阿弥陀仏の白毫相の観想

を修することによる滅罪（事懺）を説く。続けて「心地観経に、理の懺悔を明かして云く」として、「報恩品」から、

一切の諸の罪障も皆、如なり。顚倒因縁の妄心より起こる。かくの如く罪相は、本来空なり。三世の中、得る所無し。内に非ず、外に非ず、中間に非ず。性相は如々にして倶に不動なり。真如の妙理は名言を絶えたり。唯、聖智のみ有りて、よく通達したまふ……

という、貞慶『発心講式』四段「罪障を懺悔す」と全く同文箇所を引いている。だが注意すべきは、そこからすぐさま『華厳経』と『仏蔵経』を引くことで、理懺説を「もろもろの罪障は空にして所有なしと観ずるもの即ちこれ真実の念仏三昧なるをや」、「諸余の空・無相等の観も、これに准じて、皆応に念仏三昧に摂入すべし」という、空思想に基づく念仏三昧の実践の内へ収めてゆく点である。

だが真如一元論の立場を謳う、源信仮託の『真如観』になると、[18]

悪ノ業ヲ真如ノ理ト観ズレバ、衆罪ハ霜露ノ日ノ光ニ当タルガ如シ。速ニ消失ヌ。普賢経ニ云、一切業障海、皆従㆓妄想㆒生。若欲㆓解脱㆒者、端坐思㆓実相㆒文、**実相**トハ**真如**ノ異名也。衆罪ハ霜露ノ如シテ、恵日能ク消除ス　（太字は筆者）

と説かれる。「一切業障海は、皆、妄想従り生ず。若し解脱せんと欲せば、端坐して実相を思え。衆罪は霜露の如して、恵日能く消除す」は、『観普賢経』が理懺説を総括する著名な五言六句の偈文である。これを拠り所にして、「実相＝真如」を主張するに至る。『観普賢経』では「実相」とはむろん空を意味し、『心地観経』「報恩品」には「実相の空」という語が見られる。だが『真如観』では、「真如ハ万法ノ体ナレバ……」と説かれており、真如は実体的で本質的な発生原理と解されているので、そのような真如に置き換えられた実相とは、もはや本来の空思想の

文脈からは大きく乖離している。さらに『真如観』は、「万ノ人ハ皆、一切有情ニ悉ク心有ト知レリ。其心ガ性ヲ仏ト名ク。サレバ虫蟻ケラ皆心有レバ仏也ト聞ム」とか、「此則一切衆生ノ胸ノ間ノ心蓮華台ハ、両部諸尊ノ所依、無始ヨリ以来、我身ノ胸ノ間ニ住シ玉ヒケル」という『本覚讃』に基づく表現や、「我身真如也ト知リテ、我及一切衆生悉具仏性ナリ」といった、衆生（の〈心〉）と仏との一体を執拗に繰り返し、また娑婆即浄土・唯心弥陀の思想を説く。

以上のことから、源信の『往生要集』に見られた『心地観経』の所説は、空・無相観に依って立つ「理懺即念仏」論へと展開しつつ、観想念仏による「厭離穢土・欣求浄土」の実践を支えているものと見ることができる。だが後に源信仮託の『本覚讃釈』になると、『観普賢経』の言説と相俟って心性本覚論の構成要素となり、自己肯定（現実肯定）へと転じてゆく。そして『百座法談聞書抄』[19]に記録された、天仁三年（一一一〇）三月十二日の「安楽行品」の説法では、三井寺の僧である実教房が、

> なにごとも、心ひとつよりおこることなれば……普賢経には我心自空とのたまへり。ただ心ひとつによりて罪もほろぼし、仏道にもいるべきなり

と、「我が心、自ら空し。罪福は主無し」の前半句を踏まえて説いており、続けて、

> 不空三蔵は、三十七尊住心城と中文を、行住座臥に誦し、一切有情にとなへてなむきかせ給ひける

とすることも、院政期における『本覚讃』と『観普賢経』の密接な関係として見逃せない事例である。また『真如観』には、

> タトヒ破戒無慙ナリ共、懈怠ヲダニセズバ、帯ヲセズ臥シナガラモ、只須臾ノ間モ、我身真如ナリト思ハン計ヲ、極テ安ク憑シキ事ヤハアル

とも説かれる。『真如観』とあるように、真如を観ずる実践を説くわけだが、本来、抽象的な真如を観ずる行は、仏尊の具体相をイメージする観想（事観）に対して、理観と呼ばれるきわめて高度な観想行である。それがここでは極端に易行化されており、修行無用論まであと一歩といったところである。

破戒して慙じるところのない悪人でも単に真如に思いを致せば良いというのは、理懺が実に安易な形で肥大化したものと言える。その行き着く先が、「罪業本ヨリ所有ナシ。妄想顚倒ヨリ起ル。心性源清ケレハ、衆生即仏也」と謳って清水寺焼き討ちの暴挙に出た、延慶本『平家物語』に見られる叡山悪僧の姿である。つまり、この悪僧の主張の前半である「罪業本ヨリ所有ナシ。妄想顚倒ヨリ起ル」は、「一切の諸の罪障も皆、如なり。顚倒因縁の妄心より起こる。かくの如く罪相は、本来空なり」という『心地観経』「報恩品」や、「心を観ずるに心無し。顚倒より起こる、かくの如き想の心は、妄想より起こる……我が心、自ら空し。罪福は主無し」、そして「一切業障海は、皆、妄想従り生ず。若し解脱せんと欲せば、端坐して実相を思え」という『観普賢経』の言説に導かれたものである。『心地観経』『観普賢経』が、空思想によって罪業の実体視を否定したことが、ここでは悪僧のイデオロギーとして機能しているのである。また『沙石集』に、

> 空ニ二有。一ニハ悪空。諸法ハ空也ト云テ、心ヲ恣ニシ、悪ヲツクル。二ニハ善空。諸法ノ空ヲシリテ、悪ヲ恐レ善ヲ行ズ。善ハ空ニ順ジ、悪ハ空ニ違スル故也トイヘリ(20)

と見える。無住の言う「悪空」の射程には、こうした空の曲解による僧侶の造悪傾向も含まれていよう。そして後半の「心性源清ケレハ、衆生即仏也」は、先の『真如観』が「普賢経に云、一切業障海、皆従二妄想一生。若欲二解脱一者、端坐思二実相一文、実相とは真如の異名也」と説いて、「我身真如なりと思はん計を、極て安く憑しき事やはある」と提示したような、自己の〈心〉を真如と見て絶対化する心性本覚論の端的な表現である。

また持戒持律を重視する栄西の『興禅護国論』で、「悪として造らざること無きの類」と厳しく指弾された、

行無く修無し、本より煩悩無く、元よりこれ菩提なり。この故に事戒を用ひず、事行を用ひず、只だ応に偃臥を用ふべし。何ぞ念仏を修し、舎利を供し、長斎節食することを労せんや

と、修行や戒律の否定を豪語する達磨宗徒の姿もこれらと同類であり、「只だ応に偃臥を用ふべし」は、正に『真如観』の「帯ヲセズ臥シナガラモ……」という姿勢に連なる。このような、およそ真摯な懺悔の精神の対極に位置するがごとき、無慚・無愧なる造悪・破戒の論理的根拠ともなり得る源信仮託テキストに披瀝された心性本覚論の形成過程に、語誌レベルからも確認されるように、『観普賢経』および『心地観経』の存在があったことを確認し得た。

三　中世仏教における事・理二元論の構造

如上、貞慶が講式上に構築した懺悔説における経論依用の形式は、空思想を変容させた『本覚讃』系統のテキストにおける、心性本覚論という中世天台教学の展開と共通するものと見なすことができる。『本覚讃』注釈において『観普賢経』『心地観経』が援用されたことと、懺悔の説示を構築するに際して貞慶が『本覚讃』『観普賢経』『心地観経』を並列的に配置したことは、全く同一の現象とは言えないかもしれないが、広く仏教界で理懺を説くものと理解される『観普賢経』『心地観経』からの引文に、『本覚讃』を加えることで貞慶の理懺説が成り立つのであり、その構造はやはり院政期の心性本覚論との共通的思考として把握することが可能である。

かかる共通的思考の基盤こそ、平雅行氏が述べるように、顕密仏教界に瀰漫する極端な「恵学偏重」の態度であ

ろう。[21]恵学とは戒学と定学という実践＝事によって獲得される仏教的智恵＝理である。たとえば『沙石集』では、参禅学道は必ず戒律を先とするべきであり、戒律によって清浄とならねば仏法は成就されないという前提のもとに、

古人ノ云、戒ニ非ンバ、禅ニ非ジ、禅ニ非ンバ恵ニ非ズ。是戒ニヨリテ定ヲ生ジ、定ニヨリテ恵ヲ生ズ。是ヲ三無漏ノ学ト云[22]

と説くものが「三学」の原則である。しかしこの時期、戒・定が欠落し、恵のみが強調されがちであった。これは広い意味での本覚思想として現象するもので、三学体系では確かに「恵学偏重」であり、別の視点から「事・理」のカテゴリーで把握すれば極端な「理偏重」とも言え、「唯心論的自我意識の追求」が主題となる心性本覚論では、それが顕著に窺える。[23]

たとえば戒について『本覚讃釈』では、「たとひ小戒なりといへども、これを破すればよく生死の海に沈むなり」としながらも即座に、「ただし持戒に事理の二戒あり。その中に、理戒勝れたり」と続け、たとえ暫くでも本覚真如に心を繋げるならば——つまりそれが理戒なのだが——無間地獄に落ちても救われるとする。[24]達磨宗のごとく、ことさらに事戒を保つ必要性がなくなるのである。

『往生要集』でもすでに、大文第五の第五「懺悔衆罪」で「もし一人に約せば機に順ずるを勝となし、もし汎爾に判ずれば理懺を勝となす」としており、大文第五の第六「対治魔事」には魔を対治するに念仏を用いるべきことを説き、それにまた「事・理」ありとする。事の念仏は称名念仏であるが、理の念仏とは『摩訶止観』の説く空観によって「魔仏一如」の理を諦観すること（これを事観念仏〈阿弥陀・浄土の相をイメージする観想念仏〉に対して理観念仏という）であるとし、比重は理に置かれている。具体的現象面たる事（衆生の領域）に対し、真如実相の境位である理（仏の領域）が価値的に優位とされることはむろんであるが、見てきたごとく中世には、事戒・事行を用

いずとする達磨宗の極論や、悪僧のように心性清浄の理に居直って造悪を正当化する現象が生起し、具体的な身体行為である三業（身・口・意）の裏付けを欠いた、実践性が希薄で観念的な理懺・理戒が主張されたのであった。[25]

理に偏重する心性本覚論が、さらに膨張・拡大する趨勢の中で、『観普賢経』の「我心自空、罪福無主……」の文や、「一切業障海、皆従妄想生……」の文は、叡山悪僧の自己正当化の文句とともに『諸経要文伽陀集』[26]という声明のテキストに収められ、また『観普賢経』の理懺説は、『梁塵秘抄』の今様にも姿を変えて謡われてゆく。さらに天台止観の影響下にある歌論書の『古来風躰抄』[27]は冒頭で、「我心自空・罪福無主」の説が煩悩即菩提を説くものとして提示され、同じく天台思想の影響の強い『宝物集』[28]巻第六も冒頭で、有相（事）・無相（理）の懺悔を説き『観普賢経』『心地観経』に言及する。このように理懺説は、中世の文学作品や歌謡の中に現れるなど、広く文芸の世界へも波及してゆくのである。また真言宗でも知道の仮名法語である『仏法夢物語』[29]が、

去ば善悪共に夢也と実に信ぜば、因果を越て無上覚を証すべし。其時は罪福都て主無が故に、五逆を作て仏果を証することも有るべし……是を無生の懺悔とは云也

と理懺を説く。「因果を越て無上覚を証すべし」という点に、因果を撥無する思考がよく窺える。

さて、その反動として極端な恵学という理への偏重に歯止めをかけ、政府からの悪僧批判にも応えるため、禅（定学）・律（戒学）の実践といったことが復興され、禅僧・律僧の勢力が興起する。[30]南都の貞慶は周知のように戒律復興僧（『戒律興行願書』等）であり、また法相の唯識観法の実践を説いている（『勧誘同法記』等）。ならば貞慶は恵学偏重とパラレルな関係にある理偏重に対しても、同様に事をもってそれを是正せんとする態度で臨んだと仮定し得るのではないか。次に貞慶に先行する南都の永観について瞥見し、『発心講式』以外の貞慶の講式における懺悔・滅罪についても確認しておく。

四　南都仏教における理懺説の展開

1　永観の場合

講式という儀礼の作成に際して、貞慶が大きな影響を受けた三論宗系浄土教家で真言僧でもある永観（一〇三三〜一一一一）について、その懺悔説を簡単に押さえておこう[31]。まず『往生講式』[32]の二段「罪障を懺悔す」では、簡略に事懺から理懺へと論が展開し、事理の懺悔に耐えられない者は弥陀の名号を唱えて懺悔せよと示す。最終的に『観普賢経』の「一切業障海、皆従妄想生……」という理懺の偈文を伽陀として締め括っている。次に『三時念仏観門式』[33]という講式は、破戒・懈怠を昼夜三時に発露・懺悔し、浄土を欣求するものと表白部に述べられている。その三段の「諸法無我を観ず」では、空観に基づく理懺の定型句である「我心自空・罪福無主」の説が引かれ、理懺を重視した論調となっている。そして、

極楽遠からず、眼前の境界なり。弥陀近くに在り、我が心蓮に住す。是を以て、迎摂来らず、浄刹を起こさず。而して十方を導く。往生去らず、娑婆を捨てず、而して九品を期す

など、天台本覚思想における娑婆即浄土・唯心弥陀と同様の理解を述べて、「一切業障海、皆従妄想生……」の伽陀で締め括る。

さらに永観の主張が最も体系的に語られた『往生十因』[34]の、特に「第九因　法身同体故」は、懺悔を主として説く文脈ではないが、罪業は妄想より生ずるとし、「妄想即空」「我が心空の如し、罪何ぞ住せん」など罪業は空なりと説いている。そして『心地観経』「波羅密多品」から、「かくのごとくの心法、本、有にあらず。凡夫、迷を執し

て無にあらずと謂う……」という件の理懺説を引く。また「念を心性に係けて、坐臥に懈ること勿れ、寤寐に忘れざれ……妄想の雲晴れて心性の月円ならん。是を如来自性清浄本覚法身と名づく……」と、常に清浄なる自己の心性を仏と観じることを説くところは、先の『真如観』が「たとひ破戒無慙なり共、懈怠をだにせずば、帯をせず臥しながらも、只須臾の間も、我身真如なりと思はん計を、極て安く憑しき事やはある」とするものに同値する。この他にも「心性本より浄し」「心性を見るに常住不変にして……」「心性は明浄なるが故に大智恵光明の徳あり」など、〈心〉を絶対化する語が繰り返し現れることからも、天台の心性本覚論に通じる点が多々『往生十因』には含まれており、「如来自性清浄本覚法身」という表現などはそれを強く思わせる。最後に「今行者の法身同体を観ぜば、妄りに自身を軽んじて、疑惑を生ずること勿れ」と結ぶ。

本覚法身は永観の教学の核である。心性が清浄であるゆえに自己が仏と同体であるとする永観の認識は、悪僧が「心性源清ケレハ、衆生即仏也」と語ったものと同一であり、総じて自己の罪業観を撥無する傾向が強く現れていることが看取される。このように永観の時点で、罪業を空とする認識と結合した清浄なる〈心〉の絶対視という、天台本覚思想と共通の論理構造が指摘可能である。ただしそれには、空海以来東大寺を中心として、南都に伝統を持つ真言密教からの影響も考慮されるところであり、永観が天台本覚思想と通じる論理構造を有するのは、先述したように真言・天台・法相といったセクトを超えた、顕密仏教界における恵学偏重（広義の本覚思想）という思想的共時性の結果と見たほうがよい。

2　貞慶の場合

貞慶はこうした永観の影響下に、『本覚讃』の全文を直接『発心講式』に取り込むなどの進展を見せるが、ここで問題としたいのは、そうした貞慶やその先蹤をなす永観の懺悔説における理の比重である。永観の浄土教には懺悔が深く根ざしていることは、つとに指摘されるところである。だがその懺悔の内実は、『往生要集』大文第五の第五「懺悔衆罪」が、事懺から理懺へと説き進めながらも、再度、「菩薩は必ず、すべからく昼夜六時に、懺悔と随喜と勧請との三事を修すべし」として、『十住毘婆沙論』の懺悔の偈である「十方の無量の仏は、知る所、尽さざるなし。我いま悉く前に於て、もろもろの黒悪を発露せん」を引いて、恒常的な事懺を勧めんとする立場と比較すると、やはり〈心〉の絶対化に伴う理懺重視であると言える。

そこで貞慶の場合であるが、無年記の三段『弥勒講式』[35]の一段「懺悔罪障」には、『発心講式』とほぼ同様に「我心自空、罪福無主……」云々の理懺説が引かれ、これを縮約した建仁元年の三段『弥勒講式』[36]の一段「懺悔罪障」でも、「我心自空、罪福無主……」を引き、「一切罪障皆如、顚倒因縁妄心起……」という『心地観経』「報恩品」の理懺の偈文を伽陀としている。建久七年の五段『弥勒講式』[37]の一段「懺悔罪障」でも、「衆相寂滅体是真如なり。光中には闇有ること無し。真如あに妄を容れんや。かくの如く観察するを無生懺と名づく」とあり、理懺説が確認される。

だが無年記『弥勒講式』では「我心自空、罪福無主……」の理懺の直後に、「衆悪を発露す」が言われており、二段「弥勒を称揚す」においては、一念の弥勒称名によってすら無量の罪が滅せられるとし、破戒の者も誠心に五体投地の懺悔や弥勒像の供養を行えば救済されるとしており、やはり事の要素は無視し得ない。これは『発心講式』二段「弥勒の化を仰ぐ」でも、全く同様に説かれているところである。また『文殊講式』[38]一段の「滅罪の利益を讃ず」でも理懺は見られず、事懺のみ説かれている。さらに建仁元年の三段『観音講式』、建仁元年の五段『観音講式』、承元三年の七段『値遇観音講式』の一連の作になると、観音の神呪による滅罪・往生が力説されてくる。

そこには従来から指摘される、貞慶の罪業観の時期的深化といった問題が考えられる[39]。

貞慶の懈怠・劣機・罪業意識が吐露された『愚迷発心集』では、『観普賢経』の「一切の業障海は、皆妄想より生ず。もし解脱せんと欲せば、端坐して実相を思え。衆罪は霜露の如し。恵日能く消除す」という件の理懺の一節が、

　衆罪は霜露の如しと説けども、慧日隠れて照らすことなく、諸法は影焔に似たりと聞けども、妄想現じて迷い易し。滅罪生善の志、心と事と調ほらず。発心修行の計、内と外と共に乖けり

という形で、深刻に受け止められている点には注目せねばならず、『道心祈請講式』にもほぼ同文が綴られている[40]。仏との対話と言える発露としての自己表白。それは儀礼言語であるが、そこに本覚論的理念と私的情念の格差が表出しているのである。これは天台本覚論に通じる構文法を採り、『観普賢経』の言説をそのまま引用していた、『発心講式』の四段「懺悔罪障」と齟齬するものであろうか。実は『発心講式』四段も理懺を論じながら、その末尾で現在十方界の諸仏に対し我を憶念したまへと語りかけて、「我、先に作る所の罪は、極重の諸悪業なり。今、十力の前に対し、至心に皆、懺悔す」と『金光明最勝王経』「懺悔品」の文言を引き、さらに一切の顚倒心の滅せられんことを仏尊に祈念している。懺悔に際して、仏・神という〈冥〉の照覧を乞う姿勢は、正に『愚迷発心集』を貫くものであり、これは仏尊との緊張関係においてこそ成り立つ「発露」の事懺である。宗教的に高レベルな懺悔法と位置付けられながらも、その反面きわめて抽象的であり具体的性を欠く理懺では、南都仏教復興を手がけてゆく実践家たる貞慶の身体に深く穿たれた罪業意識は、祓除し得ないものであったのだろう[41]。

貞慶も『発心講式』の懺悔説に引用していた『心地観経』「報恩品」だが、その「観事滅罪門」には三つのレベルの懺悔が説かれている。上根は「大精進を発して心に退無く、悲涙血に泣きて常に精懇し、哀感身に徧ねくして

皆血現はれ……」、中根は「一心に勇猛に諸々の罪を懺し、涕泣交《こもごも》横たわるも覚知せず、身に偏ねく汗を流して仏に哀求したてまつり……」、下根は「無上の菩提心を発起し、涕涙悲泣して身の毛豎ち……」とある。特に上根の懺悔は壮絶である。懺悔の念が全身からの流血をもって示されるのであり、血によって罪が贖われるのだというかのようである。そして「慚愧の水を以て塵労を洗はば、身心に清浄の器と為らん」と総括されるように、事懺は行者の激しい身体的・儀礼的実践に他ならないものと規定されている。『心地観経』は、かかる事懺に続いて、「観理滅罪門」（理懺）を説いてゆくのであり、また『観普賢経』も先に事懺を説き、そこから「時に十方の仏、各々の右の手を申べて行者の頭を摩でて、是の如き言を作したまはん……」という神秘体験を通して、例の「心を観ずるに心無し。顚倒より起こる、かくの如き想の心は、妄想より起こる……」という理懺の言説を綴るのである。つまり理懺とは、あくまでも行者の事懺を納受し嘉した仏によって、はじめて凡夫に開示される「罪業＝空」という真理の開示としてあるものなのだ。

さらに『観普賢経』には、仏に対して発露懺悔するならば、「尋《つ》いで時に即ち諸仏現前三昧を得む」とあり、また六根のうちたとえば眼根の罪を懺悔するならば、「此の人現世に釈迦牟尼仏を見たてまつり、及び分身・無量の諸仏を見たてまつり……」とされ、さらに夢中に仏が出現し法を説くとも言う。次章で詳述するが、こうした仏の幻視《ヴィジョン》は、「好相」と呼ばれるものであり、それらはすべて、事懺という儀礼実践によって得られる神秘的な力や利益として説かれている。この『観普賢経』は、「はじめに」で触れた、智顗の『法華三昧懺儀』の典拠となっている経典なのである。『法華三昧懺儀』は事懺と理懺の融合によって構成される懺悔の行であったが、「衆罪は霜露の如しと説けども、慧日隠れて照らすことなく……」と、『愚迷発心集』で貞慶が『観普賢経』の理懺の言説を読み替えたことは、こうした事懺の実践による〈冥〉との神秘的な感応を重んじ、理懺に偏重しなかったことの現れと

解することができるだろう。(42)

五　『礼仏懺悔作法』という儀礼

1　『発心講式』との繋がり

このように『観普賢経』の理懺を受容しながらも、「衆罪は霜露の如しと説けども、慧日隠れて照らすことなく」と語り、理に偏重しない貞慶の態度は、やはり院政期の永観とは異なるものと言わねばなるまい。こうした傾向の直接的な先駆は、貞慶と同じ興福寺の玄縁に求められよう。南都廃滅の直前に没した中院権僧正玄縁（一一一三～八〇）は、『興福寺別当次第』によると晩年の治承三年（一一七九）に同寺の別当に就任している。

その玄縁は赤松氏が注目した『礼仏懺悔作法』と名付けられた懺悔儀礼の次第書を著わしている。これは東寺宝菩提院所蔵の伝本に〔四八函三八号〕『仏名講式』とも称されるように、詞章《ことば》を読誦する形で進行する儀礼である。ただし通常、講式であれば、全体の章段構成（儀礼展開）を逐一言挙げし、祈願するところや得られる功徳などを述べる、イントロダクションとしての「表白」から始まるが、『礼仏懺悔作法』にはそれがなく、また懺悔（礼懺）儀礼であるゆえ、神・仏の広大な徳をひたすら美文で讃嘆することに主眼が置かれる講式の一般的性格からすれば、若干異なる部分もある。全体の構成を示すと、「先惣礼」「次伝供」「次導師登礼盤」「次法用、唄、散華、梵音」「次勧請」が、言わば導入の作法である。以下、この儀礼の中核をなす作法が続く。

「次懺悔」「次随喜善根」「次勧請諸仏」「次廻向善根」という四段の作法が、詞章の読誦という形式で展開する。そしてこの『礼仏懺悔作法』が『仏名講式』とも呼ばれる所以である、三千仏の礼拝に移る。過去千仏・現在千仏・未来千仏の三千仏の名号を記した『仏名経』を唱えて、一年間の国土衆生の罪業を懺悔する儀礼が、平安時代には年末に宮中や南都他の諸寺で多く修された仏名会である(43)。この『礼仏懺悔作法』は、仏名会を簡略化した儀礼なのであり、仏名会の中世的展開と言える。まず釈尊が過去世で師事した五十三仏を礼拝し、次に三千仏を礼拝するが、これも詞章読誦としてなされる。ここまでの「懺悔」「随喜善根」「勧請諸仏」「廻向善根」の四段に亙る作法と、二段に亙る五十三仏・三千仏の礼拝作法が、この儀礼の中核部分である。さらに「称名礼」「供養浄陀羅尼」「神分」「六種廻向」「錫杖」「廻向」など複数の結願作法をもって、一座の懺悔儀礼を実修し終えるのである。導入の作法や結願の作法は、他の講式や法会でも大同小異の手順でなされる。『礼仏懺悔作法』は、規模の大きな法会が、講式というコンパクトな法会へと組み替えられてゆく際の、中間形態をよく留めていると言える。

貞慶との関係でまず注目すべきは、「次懺悔」である。以下に全文を引用する。

若し善根を修習せんと欲はば、先ず応に罪障を懺悔すべし。我等仏子、一心に合掌し、敬ひて三世十方諸仏大聖に白す。①愚夫迷謬の類、無始の世従り以来、惑業を起造し、生死を輪廻し、貪嗔痴を為す。神心を纒縛し、身語意に由りて、業障を造作す。暴悪の心を以て、仏身より血を出だし、阿羅漢を殺し、和合僧を破し、父母を悩害し、賢聖を毀訾し、Ⓐ仏像を破壊し、寺塔を焚す。胎卵湿化の有情、皆な世世の恩所と雖も、彼の恩徳を顧みず、恣に其の生命を断ち、②他の財物を奪ひ、己の資具と為す。三宝物に至りては、犯用して慙愧無し。男女の境界に遇ひては、愛欲の染心を発し、詑生の縁を結びては、受苦の因を殖へたり。意に諂詐有りて、語は誠諦ならず。妄語綺語悪口両舌、正法を誹謗す。邪見を讃嘆し、法を非法と説き、非法を法と説く。法施財施、常に慳借を生ず。③求め来たる者有るとも、布施の心無く、斗秤に欺いて誑し、偽を以て真と為し、不浄の飲食を一切に施与す。瞋恚の猛火、数数に心肝を焦す。邪見の利刀、時時に善根を断つ。④善を行ふ者を見ては、喜びて罵辱を生じ、己に勝れたる者を見ては、深く嫉妬を懐く。⑤此の如き五逆十悪の道俗、誰かこれを作さざらん。自ら作して他に教え、作すを見て随喜す。設ひ今世に有て罪を造らざるとも、宿生に犯す所幾何ぞ。我等鬢髪を剃り、袈裟を着し、偸に比丘形を仮ると雖も、三業を慎まず、六情に誤り有り。⑥世尊の法律を奉行するを楽まず。師長の教示に相ひ随順せず。仏物を互用し、聖教と同座し、時時に犯す過、是れ重し。住みては伽藍を穢し、不浄の法を説く。生生の罪報、何ぞ免れん。Ⓑ悲きかな、比丘形と為るを以て、増して破戒無慚の責を蒙る。**倩ら罪業の根源を尋れば、妄想顛倒より起こる。実相の理を思惟せば、妄想尽く空寂となるなり。多劫海の罪霜深きと雖も、一刹那の発露に能く消ず。**一盞の灯燭を挑げて、万年の暗瞑を除くが如し。経の説に云く。「若し人、罪を犯して懺悔せんと欲はば、来世の苦果に深く怖畏を生じ、頭然を救ふが如く、応に懺悔し謝すべし。刹那の間も覆蔵すること勿れ。」と云云。而して性は懶堕を受け、行は勇猛ならず。日日時時の懺悔、克く堪うる所に非ず。**爰を以て布説戒の儀式に准じ、毎月両度の斎席を儲く。白月黒月之終日を点じ、丹心白業之時節と為す。各の覆蔵の心無く、発露の行を励ますべし。**仰ぎ願はくば、一代教主十方諸仏、真実恵真実眼を以て、弟子の丹誠を知見証明し、哀愍納受したまへ。今日の懺悔、大聖の護持に因るが故、已住の罪、速みやかに除滅するを得、未来の悪、更に復た作さず。伽陀に曰く、**衆罪如霜露等云云、**若人百千劫、造「諸極重罪」、暫時能発露、衆悪尽消除、

南無十方三世諸仏大聖、哀愍納受、懺悔発露三返

（太字は筆者）

そして傍線部の①～⑥を次のように並び替える。

①愚夫迷謬の類、無始の世より以来、惑業を起造し、生死を輪廻し、貪嗔痴を為す。神心を纏縛し、身語意に由りて、業障を造作す。暴悪の心を以て、仏身より血を出だし、阿羅漢を殺し、和合僧を破し、父母を悩害し

……⑤此の如き五逆十悪の道俗、誰かこれを作さざらん。自ら作して他に教え、作すを見て随喜す……③斗秤欺誑して、偽を以て真と為し……②他の財物を奪い、己の資具と為す。三宝物に至りては、犯用して慙愧無し……⑥世尊の法律を奉行するを楽まず。師長の教示に相い随順せず……④善を行う者を見ては、喜びて罵辱を生じ……

すると貞慶の『発心講式』四段のはじめの文章が、

我等、無始生死より以来、悪に随ひて流転し、諸の衆生と共に、業障罪を造り、貪嗔癡の纏縛する所となす。悪心をもって仏身の血を出だし、正法を誹謗し、和合僧を破し、阿羅漢を殺し、父を殺し。母を害ひ、身の三、語の四、意の三種の行は、十悪業を造りて自ら作すを他に教へ、作すを見て、随喜す。諸善人に於て、横ざまに毀謗を生じ、斗秤に欺いて誑し、偽を以て真となす。或ひは率都婆の物、四方の僧の物、現前の僧の物を盗みて、自在にしかも用いん。世尊の法律を楽って奉行せず。師長の教示には、相ひ随順せず。三業を行ずる者を見て、喜んで罵辱を生ず

と綴るものに、ほぼ一致するのである(44)。

先述のように『発心講式』は、経論からの引文で成り立っているが、この部分は「最勝王経少々略」と注記されており、『金光明最勝王経』巻第三「滅業障品」第五の文章によっている。一見して明瞭なように、この『最勝王経』の一文を玄縁は、六分割しながら自らの表現の中に溶かし込んで、『礼仏懺悔作法』「懺悔」の文を綴っていったのである。この一致は全くの偶然ではなく、貞慶が『発心講式』「罪障を懺悔す」を作成するに当たって、玄縁を参照した可能性を考えてよかろう。さらにこの『礼仏懺悔作法』の知恩院蔵本と大原勝林院実光院蔵『魚山叢書』所収の伝本には、末尾に「礼仏懺悔作法此の如し。次舎利讃嘆」とあって、『舎利讃嘆』が付されている。こ

の『舎利讃嘆』は、実は貞慶作と伝えられている一段の『舎利講式』なのである。そして最後に、

中院権僧正玄縁、御自行の為に要を取りてこれを草す。彼の先蹤を追はむが為に、更に此の新行を企つ。乞ふらくは、遠く伝来の葉、永く不退転ならむことを。願はくは、諸の衆生と共に、歴して諸仏に事へ、大乗を修学し、同しく正覚を成せむ。結縁を先と為し、広く法界の四恩に及ぼし、普く一切に廻せむが為に、敬ひ白す。

建久三年三月廿五日書写し了る

という奥書がある。この奥書からも、『舎利講式』を付加した人物は興福寺における玄縁の後輩であることになる。ニールス・グュルベルク氏は、その人物が貞慶であることは断言できないため保留されているが、(45)『発心講式』との関連性に鑑みれば、貞慶が自身の『舎利講式』を加えて、「此の新行を企」てた蓋然性は高いと言えるし、一段『舎利講式』の貞慶制作説もより補強されると思われる。

2　本覚思想と戒律復興

さて内容面についても考察を加えたい。太字の部分に注目すると、「倩ら罪業の根源を尋れば、妄想顚倒より起こる。実相の理を思惟せば、妄想尽く空寂となるなり」とあり、端的に理懺を示している。この一節は「罪業本ヨリ所有ナシ。妄想顚倒ヨリ起ル。心性源清ケレハ、衆生即仏也」という天台本覚思想に基づく、赤松氏が注目した叡山悪僧のイデオロギーとほとんど同一的表現である。だが玄縁は即座に「多劫海の罪霜深きといへども、一刹那の発露に能く消ず」と続ける。さらに罪業を一瞬たりとも内心に「覆蔵」すべからざること、怠惰なりとも勇猛心を発して、月に二度の「説戒の儀式」、すなわち布薩の儀礼を行うべきことを提唱する。そして「衆罪は霜露の如し……」という『観普賢経』の理懺の偈文とともに、「若し人百千劫、諸の極重罪を造るとも、暫時に能く発露せ

ば、衆悪尽く消除す。南無十方三世諸仏大聖、哀愍納受、懺悔発露三返」と、発露の事懺を強調して括る。『発心講式』四段も先掲の引用部分の後で、『観普賢経』『心地観経』『本覚讃』を連ねて理懺を説き、最終的に仏への「発露」による事懺を提示する形である。

布薩とは、戒律違反を仏・衆僧の面前で告白＝発露し、改めて戒律の条文を誦して護持を誓うもので、教団寺院にとって定期的に修される重要な共同体儀礼である。こうした事・理双修の懺悔から、布薩という儀礼への展開を『礼仏懺悔作法』が綴ることは、貞慶『発心講式』の四段「罪障を懺悔す」に続く五段が、「菩薩戒を受く」であることと照応するものと言えよう。五段で貞慶は法相宗の聖典である『成唯識論』所説の三聚浄戒（大乗戒）について記しており、それはまた『観普賢経』と『心地観経』「報恩品」自体の構造にも一致する。両経は事・理の懺悔を明かした後、大乗菩薩戒の自誓受戒の作法を、簡潔に説いてゆくのである。また『礼仏懺悔作法』は「廻向善根」の段で、「命終の時に臨み、必ず正念に安住し、弥陀弥勒の引摂を蒙りて、安養知足の往生を遂げむ」と阿弥陀浄土と弥勒浄土への往生信仰を披瀝する。『発心講式』も釈迦・弥陀・弥勒の三仏信仰であった。奥書には「世尊の恩に依りて、慈氏の化を受け、知足天上安養浄土院に於て、且に弥陀に奉仕せんとす」とあり、一段の「釈尊の恩に報ぜむ」では、舎利信仰が表出している。ゆえに『礼仏懺悔作法』の弥陀・弥勒信仰に、巻末の『舎利講式』を加えれば、『発心講式』と同様の三仏信仰となる。さらに『礼仏懺悔作法』に『舎利講式』が加えられ書写された建久三年三月の四カ月後に、『発心講式』が著わされているのであり、貞慶の『発心講式』と玄縁の『礼仏懺悔作法』には、このような種々の儀礼構成上の接点が認められる。

南都においても悪僧の非法は眼に余るものがあった。玄縁の場合、一見すると叡山悪僧のイデオロギーと同様に思われる理懺の言説を、受け取る精神そのものは大いに異なっていたのである。波線部（A）では「仏像を破壊し、寺塔を焚す」という、正に悪僧の行動が罪業として懺悔されている。貞慶の師であり玄縁の後に興福寺別当に補された覚憲[46]（一一三一～一二一二）は、興福寺の本願中臣鎌足の廟所であり南都における天台の拠点であった多武峯（妙楽寺）を、承安三年（一一七三）六月二十五日に興福寺の悪僧が焼き払ったことに末世の相を見て、三国の仏法伝来を語り正法護持を訴えた本邦初の仏教史を著わした。それが、本来は「興福寺本願大織冠藤原鎌足報恩講経講師表白」と言うべき、維摩経講讃の儀礼に供された長編の表白、すなわち『三国伝燈記』であったことは第一部第四章でも触れたが、『多武峰略記』や『百練抄』などの記録によれば、この一件の責任を問われて興福寺別当尋範は解任され、当時、興福寺の末寺たる清水寺の別当であった玄縁もまた、そのあおりを食らって職を停任されているのである。『三国伝燈記』には戒律復興の問題は含まれていないが、玄縁・覚憲ともに大規模な権門寺院の運営を掌る別当職に補任されているのであり、悪僧の乱逆という時代的な課題に直面していたのである。また『礼仏懺悔作法』「廻向善根」には、「更に伽藍の本願に望むらくは、過去の双親、此の懺悔滅罪の善根の引く所、苦を離れ得楽勝利に早く至らむことを」と記し、この懺悔儀礼の功徳による両親の離苦得楽を、伽藍の本願たる鎌足の聖霊に祈願しているが、この点にも『三国伝燈記』との脈絡を見ておきたい。

さて先ほど貞慶によるものかと推定した『礼仏懺悔作法』建久三年奥書には、「中院権僧正玄縁、御自行の為に要を取りてこれを草す」とあったので、貞慶の『発心講式』と同じく玄縁の個人的行法次第とも思われるが、月に二度の布薩の興行を訴える趣旨からも、やはり興福寺大衆に向けて作成されたものと想定される。玄縁・覚憲ともに儀礼を通じて、中世初頭の混迷せる興福寺僧団（あるいはその射程は広く南都仏教界へも及ぶか）の現状に対応せんとしたのである。貞慶も彼らと同じ志向を有したことはむろんであり、発心という仏道実践の始発を象る講式においてそれを表現したと言える。また貞慶はその晩年『戒律興行願書』[47]をしたため、興福寺堂衆に戒律の復興を呼びかけた。それは『戒律興行願書』が述べるように、興福寺堂衆（と東大寺堂衆）が当時は南都の「律家」と呼ばれ、東大寺戒壇院での国家的授戒会に参仕する宗教者であったからだが、知られるように堂衆は寺内の武装勢力としても存在していた。彼らに律家としての自覚を促すことによって、堂衆の悪僧化を規制する意図もあったのではないか(48)。

実際、『礼仏懺悔作法』の波線部（B）には、「悲きかな、比丘形と為るを以て、増して破戒無慚の責を蒙る」とあり、また「廻向善根」の段には、「或る経に云く。若し十戒を犯さば、苦倒《ねんごろ》に三世千仏を礼せよと云云。願はくは仏子等、決定して、破戒の衆障消滅し、戒品の功徳を成就せむことを」とあるように、破戒の罪を懺悔し持戒の実践を勧奨する、この儀礼テキストにおいて、理懺は本覚思想としてではなく悪僧の行動を規制する文脈の中で機能しているのである。貞慶が「衆罪は霜露の如しと説けども、慧日隠れて照らすことなく……」と、理懺説を『愚迷発心集』において読み替えた姿勢はこうした先例に求められようし、悪僧としての性質を胚胎する堂衆を戒律復興の主体に任じてゆくことは、『礼仏懺悔作法』に倣ったものとも見えてこよう。貞慶が『礼仏懺悔作法』を受容したと考えることは、後の彼の戒律復興という点からも重要な意味を持ってくる。

先述した『往生要集』に引かれた、『十住毘婆沙論』の懺悔の偈には、「十方の無量の仏は、知る所、尽さざるなし。我いま悉く前に於て、もろもろの黒悪を発露せん」とあった。凡夫の眼には不可視の〈冥〉なる仏。しかし仏のほうは我らの罪悪のすべてを照覧しているのである。仏は冥なる観察者＝〈知る者〉にして救済者である。『礼仏懺悔作法』は「勧請」の段において、儀礼の空間に過去現在未来の三千如来、すなわち宇宙に遍満する一切の如来を勧請する。また同時に「梵釈四王諸天衆、龍神八部諸護法、還念本誓来影向」ともあり、罪福・賞罰を掌る天上の神々も来臨影向するのであり、古代以来の悔過儀礼に等しい。仏・神との対話としての発露、そして仏・神の御前に自己を投げ出す実践、それは一種の冥界体験であり、罪業が身体化される瞬間でもある[49]。中世初頭における興福寺の懺悔儀礼たる『礼仏懺悔作法』も、正にそのようなものとしてあったのだ。

玄縁に先立つ興福寺出身の中川実範（?～一一四四）は、院政期における先駆的な戒律復興僧として知られるが、彼も布薩を再興しており[50]、次章でも述べるが叡尊・覚盛らも如法の布薩を再興して実修した夜には、戒律守護神である春日明神が随喜しているという霊夢を感得しているほどである。僧侶としての自覚に支えられた戒律護持は、教団寺院の正順なる運営の要である。持戒の実践に力を供給するためには、懺悔の儀礼（布薩）を定期的に修することが不可欠だったのである[51]。

おわりに――理懺・理戒と中世における〈心〉の問題

以上のように、南都の法相宗において理懺は、天台のごとき極端な心性清浄の理解へと、教義上の展開を見せることはなかったと評せよう。確認してきたごとく、空に基づく『観普賢経』『心地観経』の理懺の言説は、院政期に進展した理偏重思考の中で天台宗では実体論的な心性本覚論の形成に寄与するとともに、破戒・造悪をたやすく容認してゆくという懺悔の本義と反する態度をも生み出すに至った。一方、法相宗では一見これに類似しながらも、両経典は心の清浄性・絶対性を説く文脈ではなく、本来の懺悔の文脈で依用される傾向にあったため、事懺とのバランスを確保しつつ戒律復興という南都仏教界刷新運動の中に理懺の精神を生かすことが可能であった、と考えることができる。玄縁・貞慶らに見られる理懺と戒律の関係は、時代状況を異にするものの、貞慶の戒律復興運動を引き継いだ叡尊・覚盛らにも受け継がれたかと思われ、叡尊教団の受戒儀礼テキストである、『授菩薩戒用意聞書』

の「一、懺悔事」や『授菩薩戒作法』では、『観普賢経』『心地観経』の理懺説が偈文として唱えられていることが確認できる(52)。

天台においても『授菩薩戒儀(53)』という、授戒儀礼の次第として制定された最澄以来の伝統的な十二段階の授戒作法である「十二門戒儀」の「第四懺悔」は、「身を攀じて地に投げ、毛孔から血を流し、悲泣して涙を流して」発露する事懺から、「我心自空・罪福無主」という『観普賢経』の理懺への展開がきわめて詳細に説示されている。だが院政期の授戒儀礼の次第書として知られる曼殊院蔵『出家作法(54)』の「懺悔」の段では、罪障は「本有の法に非ず」「其の体は不可得なり」とされ、また「自性清浄の心に住する時、悪業重障悉く消滅す」といったことが簡潔に説示されている。心性本覚論の影響を強く受けて、不可得＝空の思想から心性清浄の観念へと転じてゆく理懺説のみが記されるようになってくるのである(55)。

このような天台の戒律観を濃厚に受けて成立したと思しい、叡山の黒谷流から浄土宗に受け継がれた授戒儀礼次第である『授菩薩戒儀則(56)』には、

此の円頓妙戒は、一得の後、破戒作悪すと雖も、永く失せず。これに依りて一得永不失戒と号す……此の戒は理に即するが故に、戒亦た常住なり

と主張される。また法然に仮託され、天台本覚思想の強い影響下にある『金剛宝戒章(57)』という授戒儀礼と戒律の注釈テキストでは、その上巻「授訓章」に「自性本有の真心」を明らめることが、すなわち「法性之浄戒」の獲得とされるなど、観心主義の心性本覚論に依って立つ理戒を基調とするものである(58)。そして南北朝期の天台本覚思想テキストである『等海口伝抄(59)』二巻「一心三観と円頓戒同異事」にも、

一念三千の犯悪を境と為し、一念三千の持戒を観と為す。境智不二也。何ぞ犯戒を論ぜんや……一得永不失と

云ふなり

とあるところに、理戒の問題点が見えてこよう。

さて、こうした院政期から鎌倉期の天台・法相における、懺悔と戒律をめぐる姿勢の差異は奈辺に起因するものだろうか。おそらく天台本覚思想が人間存在の源底に、無垢清浄なる「真識」（真如・本覚）である第九識（アマラ識）を措定し揚言したのに対し[60]、法相宗では伝統的に「妄識」とされる第八識（アラヤ識）までしか認めない立場から、宗内で中世を通じて八識と九識との関係が論議されたという（それはすなわち人間存在の真・妄／浄・不浄をめぐる議論に他ならない）、両宗の思想的差異をひとつの背景として想定し得るのではないか。法相の伝統的理解では「一切の有情の心性は本来的に清浄である」という立場を決して取らないのである。「九識体事」「心清浄故」という二つの論題をめぐる、短尺という論議資料が多数、南都寺院に伝来しており、その過程を知ることができる。論師によって解釈に多少の振幅は存するものの、貞慶や伝統的法相教学の大成書である『唯識論同学抄』を編纂した弟子の良算、また『法相二巻抄』などを著述した良遍ら、中世を代表する法相学匠の理解は、おおむねこれに一致している[61]。

中世天台はこの第九識を強調した。すでに述べたように真如（本覚）を万象の発生原理と位置付けており、衆生の本源的な〈心〉である第九識の顕現態が、現実の事象のすべてであると見なされる。かかる〈心〉を拠り所とする、先験的で無前提な凡夫肯定・現実肯定を結果する、真如（本覚）との強固な連続的世界においては、罪業意識は安易な形で解消され、事懺の実効性は空洞化すると同時に、もとより観念性の強い理懺説の肥大化を誘発する。そのことが理戒優位の主張と戒律護持の形骸化をも招いたと言い得る[62]。こうした天台における第九識＝真如と戒律との思想的結合は別稿で詳述しているが[63]、本覚思想的な理偏重が顕密仏教界に一般化する潮流の中で、南都仏教界の一角に懺悔の精神が発揮され、戒律の復興に繋がったこと、それは一部の突出した南都僧に限定される宗教的な「自覚」の問題ではあるかもしれないが、少なくともその運動を可能にした思想的な背景要因として、法相教学が涵養するシビアな衆生観や現実認識を、本章では想定しておきたい(64)。

天台においては、「罪業本ヨリ所有ナシ。妄想顚倒ヨリ起ル。心性源清ケレハ、衆生即仏也」のように、理懺は心性本覚論に他ならないものであった。法相の『礼仏懺悔作法』では、「倩ら罪業の根源を尋れば、妄想顚倒より起こる」という前半の句は天台の場合と同様だが、続く後半の句は「実相の理を思惟せば、妄想尽く空寂となるなり」という空思想の領域に留まっている。興福寺にも『本覚讃』が受容せられていたように、この「実相」が天台本覚思想的なニュアンスを纏っている可能性も否定しきれないが、「多劫海の罪霜深きと雖も、一刹那の発露に能く消ず」とあるように事懺が重視されていた。

自己の本源的な〈心〉を「妄識」と捉える法相では、「心性源清ケレハ、衆生即仏也」と続かなかった事実に留意すべきである(65)。聖なる仏は自己の〈心〉にこそ内在する、あるいは自己の身体が仏そのものである、そうした思想状況の裡において、『発心講式』と『礼仏懺悔作法』は、〈冥〉なる存在である仏を儀礼の空間に勧請し、自己は凡夫として仏に相対し罪業を告白する、言うなれば仏との人格的関係を基調とした、自己浄化の作用を志向する儀礼テキストとしてあったのだ(66)。中世初頭南都における仏教の自覚化と再興の気運を、この二つの講式儀礼は刻印しているものと言える。次章では、こうした先駆的な戒律護持への志向性を継承し、実践していった中世南都律僧の分析に移りたい。

注

（1）延慶本注釈の会編『延慶本平家物語全注釈　第一本』（汲古書院、二〇〇五年）。

（2）赤松俊秀「礼仏懺悔作法について」（『日本歴史』三〇〇号、一九七三年）。この言説は長門本、『源平盛衰記』、四部合戦状本にも見える。関連論文として同「鎌倉仏教の基盤」（石田充之編『俊芿律師――鎌倉仏教成立の研究――』法藏館、一九七二年）がある。

（3）後に赤松氏自身も「「悪僧」の信条と鎌倉仏教」（奥田慈応先生喜寿記念論文集刊行会編『仏教思想論集』平楽寺書店、一九七六年）で、本覚思想の影響下に「流布・読誦されていた偈を『平家物語』の作者が借用したと解するほうが妥当かも知れない」とも述べている。

（4）仏教教学における事と理の関係については、小林実玄「事事無碍と理事無碍――性起との関連に於て――」（『仏教学研究』一六・一七号、一九五九年）、竹村牧男「唯識説における「事」と「理」」（『仏教学』二号、一九七六年）、宮敏子「『往生要集』における「理」の念仏と「事」の念仏について」（『論集（印度学宗教学会）』七号、一九八〇年）、井筒俊彦「事事無碍法界・理理無碍法界(上)――存在解体のあと――」（『思想』七三三号、一九八五年）、同「事事無碍法界・理理無碍法界(下)――存在解体のあと――」（『思想』七三五号、一九八五年）、秋田光兆「事と理の構造――智顗と湛然の場合――」（『天台学報』三〇号、一九八九年）、斎藤明「事と理、覚え書き――仏教のダルマ(法)理論――」（『論集（三重大学）』六号、一九九〇年）など多数あり。

（5）理懺は西洋の罪業観と日本の罪業観の伝統を、精神史的に比較する際の分析視角としても注目されよう。

（6）牧野和夫「『冥途蘇生記』その側面の一面――『平家物語』以前を中心に――」（『東横国文学』一一号、一九七九年）も、『観普賢経』と悪僧の言説に天台本覚思想の側から論及している。『心地観経』と『観音賢経』は『大正新脩大蔵経』三巻・二九巻にそれぞれ所収。

（7）中世南都における「自誓受戒」の問題は、次章にて詳述する。

（8）『法華懺法』については、村中祐生「法華三昧の懺悔――その伝承と変容――」（『天台観門の基調』山喜房佛書林、一九八五年）と大内典「声明の美的表現力と権能――法華懺法の受容から――」（ルチア・ドルチェ／松本郁代編『儀礼の力』法藏館、二〇一〇年）を参照。

（9）『発心講式』は山田昭全・清水宥聖編『貞慶講式集』（山喜房、二〇〇〇年）所収。
（10）前注（9）『貞慶講式集』、二七九頁。また『発心講式』については、楠淳證「貞慶の弥陀浄土信仰の有無についての再検討」（『仏教学研究』五七号、二〇〇二年）、新倉和文「貞慶の阿弥陀信仰と『発心講式』について」（『岐阜聖徳学園大学仏教文化研究所紀要』八号、二〇〇八年）などがある。
（11）日本思想大系『鎌倉旧仏教』所収。
（12）前注（9）『貞慶講式集』所収。
（13）近年、ニールス・グュルベルク氏は、南都では「法相系本覚思想」が叡山天台とは別に院政期には独自に形成されていたという見解を若干述べている。「貞慶作三段『春日権現講式』諸本系統に於ける陽明文庫本の位置」（『梁塵』一九号、二〇〇〇年）参照。「法相系本覚思想」というものについては、本章で詳しく分析していないため今後の課題とする。また『本覚讃』については、吉原浩人「院政期における〈本覚讃〉の受容をめぐって」（菅原信海編『神仏習合思想の展開』汲古書院、一九九八年）を参照。
（14）田村芳朗『鎌倉新仏教思想の研究』（平楽寺書店、一九六五年）や、末木文美士『鎌倉仏教形成論』（法藏館、一九九八年）の「本覚思想における心の原理」を参照。本覚思想の研究史はきわめて重厚であるが、いまだその学術的な概念規定自体が議論の的であり、まことに煩瑣なものとなっている。本章では「本覚思想」という場合、便宜上、中世天台教学における自己肯定・現実肯定的な思想運動である、いわゆる天台本覚思想（狭義の本覚思想）ばかりでなく、天台宗以外に南都も含め広く中世仏教界において「本覚」というタームで語られる思想や、必ずしも「本覚」というタームを用いなくとも天台本覚思想と共通する特質を備えた思想は、ひとまず本覚思想と称する（広義の本覚思想）。
（15）日本思想大系『天台本覚論』所収。
（16）同前。
（17）『心地観経』は「観心品」で、「心法は本無なり」「心王・心所の法は本性空寂」「心性空なるが故に……」などと、心＝空の理解を説くが、心性本覚論の初期文献である『牛頭法門要纂』になると、「心性とは真空寂滅の理なり……故に本覚の理と名づく」として、「心＝空」と「本覚」が一つに関係付けられ〈心〉が実体化されてゆく。実体論としての「有」の思想であるとして本覚思想を批判的に論じたものに、袴谷憲昭『本覚思想批判』（大蔵出版、一九八九年）がある。なお、この空と本覚の論理は、「大元神」という伊勢神道における至高の神格の定立にも大きく影響している。山本ひろ子「変貌する神々――霊覚者たちの中世へ――」（『国文学　解釈と鑑賞』六〇巻一二号至文堂、一九九五年）を参照。中世神道と本覚思想については、黒田俊雄氏の長編論文「中世における顕密体制の展開」の「四　中世の神国思想」（『〈黒田俊雄著作集二巻〉顕密体制論』法藏館、一九九四年）を参照。

(18) 日本思想大系『天台本覚論』所収。

(19) 『百座法談聞書抄』（雲南堂桜楓社、一九六三年）。校註本文から引用。

(20) 日本古典文学大系本、五〇六頁。

(21) 平雅行『日本中世の社会と仏教』（塙書房、一九九二年）四七五頁参照。ここで平氏は例の延慶本『平家物語』の叡山悪僧の言説を引いている。

(22) 日本古典文学大系本、五〇五頁。

(23) 前注(17)黒田論文、一二二頁参照。

(24) この発想の典拠は『摩訶止観』巻第四上―第六章にある。

(25) 前注(14)末木著書によれば、天台本覚思想には観心主義的な流れ（心性本覚論）とともに、『三十四箇事書』に代表される現象世界即絶対を強調する「あるがまま主義」の潮流があるとする。『三十四箇事書』の四「三諦同異事」には「迹門の三諦をば理の三諦と云ひ、本門の三諦をば事の三諦と云うなり」とあり、二三「本迹二門実相同異事」には「迹門は理実相を演べ、本門は事実相を談ずるなり」とあって、理よりも事が重視されている。これは理に相対する事ではなく、現実のあるがままを肯定する絶対的な〈事〉である。心性本覚論的な理への過剰な偏重は、その極点における反転現象としての事実相の観念をもたらしたと言えよう。また一八「正了縁三因事」に十悪五逆罪の肯定説が見られるが、そこには最早、心性真如を覚知するという機縁さえ介在していない。

(26) 『金沢文庫資料全書　歌謡・声明篇』所収。

(27) 日本思想大系『古代中世芸術論』所収。

(28) 新日本古典文学大系本。

(29) 日本古典文学大系『仮名法語』所収。
(30) 前注(21)平著書、四七三～四七七頁参照。戒・定・恵の三学と中世律僧の問題は、次章で詳述する。また比叡山の悪僧については、衣川仁『中世寺院勢力論――悪僧と大衆の時代――』(吉川弘文館、二〇〇七年)に詳しい。
(31) 永観については、大谷旭雄他著『〈浄土仏教の思想七〉永観・珍海・覚鑁』(講談社、一九九三年)他を参照。
(32) 『浄土宗全書』一五巻所収。
(33) 『〈大久保良順先生傘寿記念論文集〉仏教文化の展開』(山喜房佛書林、一九九四年)所収の山田昭全氏による翻刻本を使用。
(34) 前注(31)に同じ。
(35) 平岡定海『日本弥勒浄土思想展開史の研究』(大蔵出版、一九七七年)巻末所収の翻刻本を使用。
(36) 同前。
(37) 同前。
(38) 前注(9)『貞慶講式集』所収。
(39) 西山厚「講式に見る貞慶の信仰」(寺院史研究会編『中世寺院史の研究　下』法藏館、一九八八年)は、貞慶の観音信仰への傾斜が懺悔・滅罪を通して分析している。
(40) 貞慶の罪業意識の深度については、西村玲「中世における法相の禅受容」(『日本思想史研究』三一号、一九九九年)が論じており、池見澄隆氏は『慚愧の精神史――「もうひとつの恥」の構造と展開――』(思文閣出版、二〇〇四年)の「悪死譚考」で、古代の『日本霊異記』に見られた、厳しい法相教学的人間観が、院政期の『今昔物語』の中では受け入れ難くなっていることを論じ、そこに人間救済を求めた時代的要請を見ておられる。この法相教学的人間観は、法相教学を身体化している貞慶ら自覚的な学侶の中では、中世でも活き続けたのである。
(41) 『宝物集』巻六には、藤原盛方の「露霜に　かはらぬ罪と　消つれど　朝日の山の　光をぞ待」という、『観普賢経』の一節を踏まえた歌が収められているが、これも理偏重の態度ではなく、貞慶に近い罪業認識である。
(42) 本章ではいささか、事と理を対立的に叙述する形となったが、本章の初出である「中世の天台・法相における懺悔と戒律について――『観普賢経』『心地観経』の「理懺悔」言説を中心に――」(『日本宗教文化史研究』九巻一号、二〇〇五年）の発刊直後、新倉和文氏は「貞慶による天台本覚思想の批判――事理不一不異説の発揮――」（『龍谷大学仏教文化研究所紀要』四四号、二〇〇五年）で、「本覚思想的な一向相即説が、平安末から鎌倉初の混迷期に合わなくなっていたことが大きい。一向相即説は時代の乱れを正すどころか、促進する機能をもっていたようだ。明恵は「あるべきよう」を主張したが、「事」の側の秩序回復が望まれていた。戒律復興を目指した貞慶、同じく栄西など、「理」から「事」へ降り立つことが要請された時代であった。しかし、その「事」は一向相即説を通過したうえでの「事」へ、つまりは事理の対立を止揚した教理へ高められなければならなかった」と重要な指摘を行っている。傍線部が「事理不一不異」ということであるが、中世法相教学が構想した事と理のあるべき関係性としての不一不異については、富貴原章信『日本中世唯識仏教史』（大東出版社、一九七五年）の蔵俊・貞慶・良算・良遍の思想解説の中で言及されている。

(43) 仏名会については、中野玄三『六道絵の研究』（淡交社、一九八九年）を参照。また仏名会は、鎌倉の称名寺や南都の戒壇院など中世の律院でも、戒律に関わる懺悔の儀礼として勤修されていた。福島金治「金沢称名寺の年中行事」（『金沢北条氏と称名寺』吉川弘文館、一九九七年）、高橋秀栄「鎌倉時代の仏名会」（『印度学仏教学研究』五三巻一号、二〇〇四年）など参照。また横内裕人『日本中世の仏教と東アジア』（塙書房、二〇〇八年）所収の『戒壇院年中行事』には、『仏名五十三仏式』の名が見えるが、これは『礼仏懺悔作法』（仏名講式）のことであろうか。あるいは近世の律僧伝である『伝律図源解集』の凝然伝に記載された著述目録には、幾つかの講式が見え、その中に『仏名会懺悔講式』（現存せず）があるがこれを指すものか。

(44) 『礼仏懺悔作法』「三宝物に至りては、犯用して慚愧無し」、『発心講式』に「或ひは率都婆の物、四方の僧の物、現前の僧の物を盗みて、自在にしかも用いん」とあるのは、「三宝物互用の罪」という戒律違反を指す。これが起因となって貞慶による南都戒律復興が惹起したと『雑談集』は伝えており、さらにその説話は叡山の律僧の知るところでもあったことは、拙稿「中世叡山の戒律復興――律僧恵尋の思想と国家観をめぐって――」（『佛教大学総合研究所紀要』一六号、二〇〇九年）で指摘した。

(45) 前注(9)『貞慶講式集』二四九頁参照。

(46) 『興福寺別当次第』（大日本仏教全書『興福寺叢書二』）によれば、玄縁―蔵俊―信円―覚憲となっている。なお蔵俊は覚憲の師であり、貞慶の思想にも大きな影響を及ぼした碩学だが、『日本仏教人名辞典』（法藏館、一九九二年）の蔵俊の項目には、その弟子として信円・覚憲の他に玄縁の名が記されている。

(47) 日本思想大系『鎌倉旧仏教』所収。

(48) 『玉葉』文治三年（一一八七）三月九日条によれば、東金堂衆が山田寺から仏像を強奪している。武装勢力＝律家ということ自体、中世寺院的な矛盾の一形態とも言えようが、興福寺・東大寺を中心とした中世南都寺院の堂衆が、戒律復興という貞慶の意志を実現した叡尊・覚盛らの新義律僧に対して古義律僧と位置付けられることは、松尾剛次『（新版）鎌倉新仏教の成立』（吉川弘文館、一九九八年）に詳しい。そして彼ら古義律僧たる堂衆が、新義律僧の運動に刺激され、伝統的な春日山での山林修行を強化することで中世南都の初期修験を組織し、後の修験道当山派の源流となっていたことを、徳永誓子「当山派修験道と興福寺堂衆」（『日本史研究』四三五号、一九九八年）が論じている。なお戒律復興僧としての貞慶という歴史的評価については、慎重な判断を要することを指摘したものに、下間一頼「貞慶像の形成――戒律実践の真相――」（中尾堯編『中世の寺院体制と社会』吉川弘文館、二〇〇二年）がある。

(49) これらのことは、前注(40)池見著書を参照した。特に氏は「対冥照反応。冥衆（冥界の存在）の照覧のもと、全裸の自己が一方的に透視されていることへの衝迫的煩悶」を慙愧と呼び、その「「慙愧」の精神は、仏教界にあっては個々の仏教者の人間観や自己意識の表明に関わりをもちつつ、懺悔儀礼の重要な素地として様式化された」（二一五頁）と言われるように、懺悔儀礼の問題には、よりその根底に慙愧という問題が横たわっているのだが、本章ではこれを対象化するには至らなかった。池見氏は、仏教倫理の問題に還元されがちな懺悔に対し、より奥行きをもった仏教的「恥」の文化の発掘を目指しておられる。一方で仏教倫理に回収するのではなく、懺悔を宗教体験のレベルとして捉える場合、全身からの流血を伴うという上根の懺悔や、また次章で詳述するように、自誓受戒を可能にする必須用件としての懺悔が、好相という仏との神秘的な邂逅をもたらすことなどを考慮するならば、慙愧以上に注目されるべき論点も見出せよう。

(50) 石山寺蔵本『布薩要文』が現存する。

(51) 『平家物語』の成立史的研究の一環としてだが、早くに『礼仏懺悔作法』を紹介した赤松氏は、そこから叡尊・

覚盛らの戒律復興の先駆性をも読み取っている（前注(2)赤松論文）。けだし卓見である。赤松氏は貞慶と玄縁の関係については触れていないが、本章では講式本文を通してその繋がりを考えた。

(52) 蓑輪顕量『中世初期南都戒律復興の研究』（法藏館、一九九九年）巻末に翻刻あり。

(53) 『大正新脩大蔵経』七四巻所収。

(54) 『京都大学国語国文資料叢書21』に影印本所収。

(55) とはいえ実範と同時期の融通念仏宗の祖とされる良忍にも『布薩略作法』『略布薩次第』があり、慈円も布薩を再興したと言われ、『布薩次第』が伝来する。叡山にも戒律復興の兆しは存したものらしい。小寺文頴「曼殊院蔵本『布薩次第』（慈円真筆）について」（『仏教学研究』三七号、一九八一年）参照。だが実際の持戒持律は、たとえば栄西や俊芿らによって叡山外部で確立されるし、恵尋・興円らによる鎌倉後期の円頓戒復興に至ってもなお、その運動は本覚思想に関わる種々の困難を抱えていたことは、前注(44)拙稿で論じている。

(56) 『大日本仏教全書』七二巻所収。

(57) 『続浄土宗全書』一三巻所収。

(58) さらに『金剛宝戒章』上巻「授訓章」には、「我等の三業は本来の仏性」であり、それがそのまま「中道自性金剛宝戒」であるとして、衆生の善悪のふるまいの総体である三業を、直に仏性＝戒律と説くに至る。また『伝信和尚伝』には「円戒は理具の本分にして敢へて以って謬り無し。自己の当体を以って持戒と為す」という言葉を伝えている。これらは精神性・観念性の強い円頓戒（天台宗が伝持する大乗戒）を平安初期以来、継承・展開してきた結果としての「爛熟」であって、具足戒を中心とする南都の戒律史との大きな差異である。

(59) 『天台宗全書』九巻所収。

(60) 武覚超「天台口伝法門と起信論」（叡山学会編『叡山仏教研究』一九七四年）参照。

(61) 北畠典生編『日本中世の唯識思想』（龍谷大学仏教文化研究所、一九九七年）の研究成果による。なお大須観音真福寺には、「第九識体」「心清浄故」が一具の形態で伝来しており建長三年奥書を有する。また中世仏教における〈心〉の問題が、古代神話を変容させてゆくという問題を、拙稿「中世的天岩戸神話に関する覚書」（『寺社と民衆』創刊号、二〇〇五年）で論じた。

(62)　こうした真如を万象の発生原理とする真如随縁説の思想的淵源をなすのは、如来蔵思想を披瀝する『大乗起信論』である。伝統的に法相宗は真如に能動的発生作用を認めない「真如凝念説」を正統的理解とし、如来蔵思想や本来的な心の清浄性を強調する「心性本浄」思想を否認しており、『大乗起信論』が重視されることはない。太田久紀「日本唯識研究——如来蔵思想の位置づけ——」(『印度学仏教学研究』二九巻一号、一九八〇年)などを参照。

(63)　真如随縁説に基づく天台の戒学については、前注(44)拙稿で仔細に分析した。

(64)　西村玲氏は「中世における法相の禅受容」で、貞慶や良遍が法相の「三劫成仏」論の難関を、信心と不断の実践修行によっていかに乗り越えんとしたかを論じている。この無限の彼方に成仏を設定する思想も、法相の人間観や現実認識の厳しさをよく物語っている。なお『平家物語』に言及しつつ、天台本覚と法相唯識の思想構造的差異を指摘したものとして、荒牧典俊「鎌倉仏教源流考——中ノ川実範の仏教思想について——」(『〈シリーズ「日本を考える」1〉言葉と文化』にほんごの凡人社、一九八六年)がある。

(65)　ちなみに叡山出身の親鸞も、『三帖和讃』草稿本で「罪業本ヨリ所有ナシ。妄想顚倒ヨリ起ル。心性源清ケレハ、衆生即仏也」と悪僧そのままに詠ったものを、「心性源清けれど、この世に真の人ぞなし」と初稿本で後半を読み替えて、天台本覚思想と大きく一線を画している。前注(2)赤松「礼仏懺悔作法について」参照。

(66)　最後に一言しておくと、理の一元論的思考はその高度な抽象性ゆえに、しばしば歴史の現実から遊離してしまう。たとえば『真言伝』の著者として知られる栄海は、治承・寿永の内乱から承久の乱を経て、元寇から南北朝の動乱に至る末世の時代相を見据えて、戦乱で死した亡魂への供養として『滅罪講式』を記した。それは、徹頭徹尾、密教の陀羅尼読誦の実践による事懺＝滅罪の儀礼としてあり、そこには理懺の要素は存在しないのである。理懺では「鎮魂」(それは「癒し」「救済」でもある)が達成されず、呪術的なものであれ、観念的・理念的な言説に終わらない宗教的行為の具体性こそが要求されたのである。また天台僧も治承・寿永内乱の鎮魂としての法華懺法を行っており(『玉葉』養和二年三月十六日・二十三日条を参照)、慈円は承久の乱後に大懺法院を再興し、滅罪の祈禱に尽くしている。中世は正に内乱・外寇による混乱を収束し、怨霊を鎮魂するために徳政としての懺悔・滅罪の儀礼が、国家レベルで権門寺院に要請された時代である。今後はそちらの検討も進めてゆく所存である。

補記1　八幡神は軍神ゆえに殺生を避けられず、その滅罪行為として放生会という儀礼があるのだが、『八幡愚童訓』甲本下巻（日本思想大系『寺社縁起』一九四頁・下）によれば、『観普賢経』の「罪福無主」の偈文が、この放生会を説明する八幡神の託宣文の中に引かれている。「罪福無主」偈は神の滅罪ともなるのである。

補記2　古代の事例だが、悔過について最近興味深い研究がなされている。長岡龍作「悔過と仏像」（『鹿苑雑集』八号、二〇〇七年）は、古代国家儀礼としての悔過儀礼に注目し、儀礼空間における仏像の機能という視点から、仏像の表現に鋭い分析を加えている。古代人が神仏に対して懐くリアリティや、「仏像と直接向き合う祈りの場」のメンタリティを分析の起点に据えるという方法である。また上川通夫「神仏習合と悔過」（『〈ザ・グレイトブッダ・シンポジウム論集第三号〉論集　カミとほとけ――宗教文化とその歴史的基盤――』（東大寺、二〇〇五年）は、古代の神身離脱説を「神々の悔過」として把握する。そして悔過儀礼が宗教政策のレベルで中央から地方に至るまで興隆されるが、その背景に古代アジアの国際的情勢と、その変動に影響される国家のイデオロギー的戦略を読み取っている。また古代・中世における悔過儀礼の総合的研究として、佐藤道子『悔過会と芸能』（法藏館、二〇〇二年）は非常に有益である。

※本章での資料の引用に際しては、漢文は私意にて書き下し、異体字は通用の字体に統一した。また一部カタカナ表記をひらがなに改めたり、濁点を付すなど読みやすくした箇所がある。『礼仏懺悔作法』は赤松俊秀『京都寺史考』（法藏館、一九七二年）所収本を参照した。

第六章　南都戒律復興における受戒儀礼と春日信仰の世界

——律僧とシャーマニズムの視点——

はじめに

南都仏教界では国家公認の官僧となるには東大寺戒壇院で、比丘の場合は二百五十からなる『四分律』に基づく具足戒（小乗戒）を受戒しなくてはならない。これに対して菩薩戒（大乗戒）とは、『梵網経』（梵網系）や『瑜伽師地論』（瑜伽系）など詳しくは所依の経論によって幾つかの系統に分かれるものの、十重禁戒とそれに付随する四十八軽戒から成り、それが「摂律儀戒」（止悪）、「摂善法戒」（作善）、「摂衆生戒」（衆生救済）の三聚浄戒によって統合されるものである。具足戒を受け一人前の僧（これを「大僧」という）となった上で、大乗菩薩の慈悲を身につけるべく受戒するというのが南都仏教界の前提的理解である。知られるように叡山では、あくまでも大乗の精神に立脚した菩薩僧の養成を目指した最澄が、南都での受戒を退け独自の大乗戒壇を樹立したため、激しい論争を惹起した。南都では一貫して大乗戒のみの受戒による大僧の成立を否認しているため、南都における戒律復興とは第一義的に具足戒の復興である。

中世南都の戒律復興運動は、興福寺より遁世した解脱房貞慶（一一五五〜一二一三）がその端緒を開くが、彼があるべき仏道を求めて笠置山に遁世する直前に、自己の信心を励ますために作成したと考えられる、六段構成の

『発心講式』の五段は「受二菩薩戒一」である。これは貞慶晩年の事跡として知られる具足戒の復興に直結するものではないだろうが、彼が遁世後の自己を大乗菩薩戒の慈悲の精神に立脚するものとした意志表明と受け取れよう。大乗戒は副次的な位置付けとはいえ、貞慶の場合もそうであるように南都でも伝統を有していたのであり、法相宗では所依の聖典である『瑜伽師地論』の「本地分菩薩地戒品」に大乗戒が説かれることから、中国以来、瑜伽系・梵網系などの大乗戒の注釈書が著わされてきたのである。そして貞慶の着手した戒律復興を実現に導いた覚盛・叡尊らも、かかる興福寺法相宗における戒律観の伝統のもとに出発するのである。

近年、戒律・律宗・律僧研究の進展は目覚ましく、従来からの研究もきわめて重厚な蓄積を有する。到底、今これらに詳しく言及する遑は無いが、歴史学では寺院史・教団史との関係で中世律宗と国家権力、律僧の社会的機能や存在形態が分析され、国文学では律僧と中世の文化との関係が明らかにされた。また仏教学では緻密に戒律観が分析され、非人救済などの社会的な諸活動で認知される叡尊に対し、覚盛の教学的意義が再評価されており、これらの諸成果から多くを学ぶことができる。

そもそも授戒とは教団の構成員を再生産するシステムである（在家の授戒は除く）。後述するように中世南都の戒律復興は、鎌倉初期に貞慶が興福寺内に戒律研鑽道場としての常喜院を設置し、器量ある堂衆を選抜して、その先鞭を付けたことを受けて、鎌倉中期の嘉禎二年（一二三六）九月に覚盛（一一九四〜一二四九）・叡尊（一二〇一〜九〇）・円晴・有厳の四人が自誓受戒したことによって実現する。叡尊以外は常喜院の出身で堂衆クラスの僧であったと考えられる。そして彼らは各所で独自に授戒儀礼を執行し、受戒した弟子たちを教団として組織してゆくのである。歴史学においては、中世南都の律宗教団を顕密仏教の改革派と見る立場がある一方で、これを「新義律宗」と称し、その宗教活動を新仏教の一類型として積極的に評価しようとする立場もあり、その位置付けをめぐって現在も議論がなされている。[1]

確かに戒を受けているか否かは聖・俗を分節する根本的な基準であり、教団にとって受戒は入門通過儀礼であるから、寺院制度史・教団史研究にとって有効な方法たり得る。とはいえ受戒は、単に教団規則の遵守を宣誓する形式的な作法や、僧侶としての自己倫理確認の儀式であると定義付けるだけでは不充分である。なぜなら「戒体」という戒の本質、あるいは戒の力の根源とも言うべきものを受者の身体内に獲得（これを「戒体発得」という）させることで、一人の大僧を誕生させることが授戒の目的なのであり、叡尊も「成㆓就戒体㆒、登㆓苾蒭位㆒……」（苾蒭とは比丘のこと）と述べているごとくである。[2]その意味では、授戒は仏教儀礼の根幹をなすものといっても過言ではない。後述するが本来、諸縁を欠き戒師が得られない場合に大乗戒にのみ許された受戒方軌であり、覚盛・叡尊らにとって「切り札」となった、仏から直接に戒を授かるという「自誓受戒」などは神秘的な儀礼と言えるのである。[3]

よって本章では戒律復興の実践に対し、中世律僧の儀礼という視座からアプローチするが、従来のように儀礼を教団史・制度史上の分析視角として用いるのではなく、「宗教体験」という文脈から捉えてゆく。そこでは戒体が重視されてくるのであり、また篤実な神祇信仰も浮上してくる。

本章では、こうした儀礼と体験という領域に着目することで、最終的に中世律僧の世界にシャーマニズムの問題を見出したい。かかる試みは、歴史学における教団史・寺院史の成果と相俟って南都律宗の実相を、より豊かに究明してゆくことに資すると考える。

一　戒律復興と授戒儀礼

1　「如法」の実現を求めて

戒壇院の律僧である凝然（一二四〇～一三二一）は『三国仏法伝通縁起』で、覚盛・叡尊らの戒律復興について「自レ爾已来如法持戒如教持律。次第相承充二満諸方一。不レ可レ知レ数」[4]、また『律宗瓊鑑章』で「行願具足。如法律儀。受随成満」[5]と記し、ともに南都戒の如法なる復興が成就したことを回顧している。「如法」とは、正しく仏説・仏意に適っているといった意味であり、宗教的価値を伴う「正統性」の表現である。[6]まず戒律復興僧の中で特に重要な覚盛・叡尊を中心に、如法というキーワードから戒律復興の問題にアプローチしてみたい。

そこで覚盛の主要著作である『菩薩戒通別二受鈔』を結ぶ跋文を引こう。

凡鈔出之趣、更無二他事一。時代及レ末、仏法至レ衰。雖レ欲レ作二(A)別受之軌則一、依レ無二授与之師範一、成二就比丘等戒一、不レ能レ為二仏弟子一。依レ之、設雖レ無二好師一、依二(B)通受之軌則一、(C)或自誓、(D)或従他、随レ応為レ令下成二七衆性一、而建二立僧宝一、久中住仏法上也[7]

（傍線は筆者）

ここからは、末世では仏法が衰退し戒律も凋落するため戒師（授与之師範・好師）たる僧侶が不在となり、たとえ形ばかり受戒しても、真の比丘になり得ないという認識が根本に存していることが諒解される。つまり戒師の不在という問題である。正しい戒律の知識に基づく授戒儀礼の確実な執行のために問われるべきは、何より戒師の宗教的資質なのである。また「七衆の性を成ぜしめ……」[8]とあるように、覚盛や叡尊のような男性の場合、比丘の〈性〉の成就が緊要の課題であった。受戒とは先述のように戒を受ける者の身体内に、戒体という妨非止悪の力の根源、すなわち戒の本体・本質が発得されるための儀礼なのであり、持戒清浄の然るべき僧が戒師を勤めなくては受戒しても、肝心要の戒体が発得できず、〈性〉が成就しないのである。

たとえばすでに平安初期に南都と戒律論争を展開した最澄の『山家学生式』（四条式）には、

二者小乗戒。依二小乗律一。師請二現前十師一。白四羯磨。請二清浄持律大徳十人一。為二三師七証一。若闕二一人一。不レ得レ戒(9)

とある。「白《びやくし》四羯磨《こんま》」は南都における授戒儀礼の中核的な所作であり、入門者への授戒に異議がないか僧伽（僧団）に確認するものであるが、重要なことは小乗戒である具足戒の授戒には、三師七証という十人の戒師が必要であり、それは清浄持律の高徳の僧でなくてはならないという条件が課されていることである。これを他者から受戒するという意味で「従他受」（傍線D）と言い、「自誓受」（傍線C）に対するものである。

また最澄には『顕戒論』があり、覚盛も著作に引用しているが、その巻中には「僧統奏曰。但能授人。不二如法一時、所レ受二戒。並不レ得(10)」とある。僧統とは南都の僧綱であるが、南都戒の理解では戒を授ける側の人（戒師）が「不如法」であれば、大乗戒も小乗戒も得られないというのである。戒師が持戒清浄の大徳ではない、端的に言って破戒僧であれば、授戒儀礼そのものが不如法となる。そうなれば戒体が発得されないのであるから、正しい持戒の実践も望めない道理である。さらに『顕戒論』を見てゆけばそのことは明瞭となる。同じく巻中には「夫像末四衆。犯二大小戒一。多不二如法一(11)」とあって、像法・末法の四衆＝出家者（比丘・比丘尼・沙弥・沙弥尼）は破戒のため不如法と認識されているのだ。

それゆえ南都側の十人の戒師を必要とする授戒儀礼の立場に対し最澄は、

論曰。小乗能授。凡聖十師也。大乗能授。但十方諸仏也。斯能授三師等。何有レ不二如法一。但伝戒凡師。是能伝

而不二能授一。不レ預二三師及七証一故……明知。諸仏能授。非レ不二如法一[12]

と明快に大乗戒の優位性を主張することができるのである。要するに小乗戒の戒師は人間であるから不如法の危険が付きまとうが、大乗戒の授戒儀礼では釈迦・文殊・弥勒の三仏が戒師であって、人間の戒師は戒律を仏尊から受者に取り次ぐだけである。最終的な戒律の伝授主体はあくまでも仏尊であるという神秘性を特に強調し、大乗戒の授戒儀礼に不如法は有り得ない、すなわち如法であることは自明だと言うのだ。

　叡山でも授戒儀礼は十二門戒儀と呼ばれる次第に則り、三人（ないし一人）の師僧が執り行うので従他受ではあるが、本質的には仏から伝授されるという観念が強く存しているのである[13]。山部能宜氏も「大乗戒は、究極的には、見仏体験における仏・菩薩との出会いの中で、彼らによって直に授けられるものである」ということが、すでにインド・中央アジア・中国で信じられていたことを論じている[14]。

　早くも最澄が、像末の不如法をもって南都戒に対する叡山戒の優位を語ったように、破戒が日常化し正しき戒師が望めない状況で授戒儀礼を執行しても戒体は得られないのだから、本当の意味での比丘性が獲得されず仏弟子と呼べる者が存在できないという覚盛の意識は、仏道に真摯な僧たちであれば身に迫るものがあったのではないだろうか。南都に遊学し律宗とも関係の深い無住は、『沙石集』の「律学者ノ学ト行ト相違セル事」で、戒壇院での授戒でさえ「戒壇ヲ走廻リタル計ニテ……」という有り様であったことを伝えている[15]。これではとても戒体の発得は望めまい。そしてかかる現状は、形式的に比丘である自己への真・偽の内省を覚盛にもたらしたのだと思われる[16]。

また叡尊も自己を「不レ脱二大賊之号一、可レ□二奈梨之果一[17]」とか、

　早年之齢剃レ髪改レ衣、愁似二形於沙門一、愚駿之意登レ壇望レ戒、猥仮二名於比丘一、五篇七聚之禁戒殆不レ聞二其名一、三衣六物之資具都無レ見二其相一、已不レ及二無戒之類一、寧有レ論二持犯之名一……敬開二律鈔一、以二如来之正法一、校二自

身之所行一、宛如三明鏡照二醜陋之形一、亦似三澄水宿二疲破之影一[18]

と痛切に吐露している。

平雅行氏は、院政期以降の顕密仏教界には、恵学に偏重し実践を無視・軽視する本覚思想が瀰漫しており、それが悪僧の行動を正当化するイデオロギーともなっていたため、これに対して戒学や定学を主体とする律僧・禅僧が、政府の悪僧対策に呼応した顕密仏教改革派として登場してくるという歴史的契機を想定している[19]。覚盛・叡尊らの自己（ひいては南都仏教界の現状）批判の言説も、かかる中世国家の宗教政策に呼応しつつ形成された意識としての側面もあるだろう。

2　自誓受戒への道

さて覚盛・叡尊らに先行し、興福寺の常喜院を拠点になされた貞慶による具足戒復興の試みが、具体的にはその前提としての戒律を習学するものであったことは、貞慶の『戒律興行願書』に明らかである。しかし『沙石集』が「律学者ノ学ト行ト相違セル事」に記しているように、常喜院における復興は充分な成果を挙げられず、「学ト行ト相違」すること、つまり戒「学」は復興されても、戒「行」の実践がそれに伴わないというのが実態であった。当初常喜院に学んでおり、戒学復興のみでは状況が打開されないという現実の中にあった覚盛にとって問題となったのは、現状の受戒では戒体の発得が不能であり、戒学のみでは持戒の実践には結びついてゆかないことであった[20]。先述の凝然が記したような「如法持戒」「如法律儀」が達成されていない現状を、彼はもう一つの主要著作である『菩薩戒通受遣疑鈔』で、「唯有レ学無レ行之恨、読レ文弥深、懐レ昔顧レ今之悲、披レ巻増切[21]」と、深く歎じている。

戒学はあれど持戒の実践がそれについてゆかない現実の克服。問題は戒律を護持する力をその身体にいかに獲得するかにあったと言えよう。それは末世においても、正しく戒体を発得可能な授戒儀礼は有り得るかという点に集約される。そこで如法の戒師を望めない場合に大乗戒にのみ許される、〈人〉ではなく直接に〈仏〉を戒師とする儀礼である自誓受戒に、彼らは踏み切るのである。しかしそれは大乗戒の得戒でしかないはずだ。南都の戒律復興とはあくまでも具足戒の復興（具足戒の護持される状況を作り出すこと）でなくてはならない。

だが彼らは、『占察経』や『瑜伽師地論』などの解釈を通じて、大乗戒の授戒儀礼の形式であるにもかかわらず、実は南都僧のアイデンティティーたる具足戒をも授かったことになるという、南都においてはきわめて革新的かつイレギュラーな理解にすでに達した上で自誓受戒を実行していたのである。この大小二乗融合の意味を持つ新たな受戒を「通受」（傍線B）と言い、一度の授戒で菩薩の性と比丘の性という二つの位格を獲得し得る画期的技法であった。[22] 覚盛は『菩薩戒通受遣疑抄』で「今通受名二比丘一者、戒行尽滅、師僧欠時、為レ興二絶法一、方顕二不共隠秘之門一」[23]とコメントしている。彼らにとって南都仏教界は正に「戒行尽滅」状態であり、自誓による通受はそのような現状を打開する隠された切り札（「隠秘之門」）であった。対して本来通り三師七証からなる十人の戒師を備え小乗の具足戒のみを受けることが「別受」（傍線A）と呼ばれる。[24] このようにして南都の戒律は復興されてゆくのであるが、こうした通受の理解は戒律復興運動の創始者であった貞慶にも無いものであり、彼らの自誓受戒と通受の解釈へは厳しい批判が向けられた。覚盛の『菩薩戒通別二受鈔』『菩薩戒通受遣疑抄』は、それらの正当化のための論理を詳細に展開した著作である。

また叡尊の自伝である『金剛仏子叡尊感身学正記』（以下『学正記』）の文暦元年（一二三四）条には、

常有レ残二一疑殆一、禀承嫡々行者多堕在二魔道一、猶レ如二身子一、将非三魔作レ仏悩二乱我心一耶、如レ是思惟、已経二年月一、未レ生二決智一[25]

とある。叡尊は密教を修学するも、真言僧の魔道への堕落の問題から戒律の護持を目指したことは周知のところである。「一疑殆」とあるが、仏を魔と疑うほどに彼の精神は追い詰められていたようだ。魔の跳梁する中世的世界を叡尊は生きていた。実は貞慶も魔道を問題としており『魔界廻向事』が伝わる。これは臨終正念の重要性を説いたものだが、「設魔王雖レ化レ形、悟則為二真仏一、設真仏雖二来迎一、迷還成二魔界一」と、魔・仏の境界がきわめて不透明であるとしており、行者的な実践感覚が窺知される。[26]貞慶晩年の戒律復興については、遠からぬ死を意識するなかで、死後魔道に堕ちることへの恐れから急速に戒律の問題が浮上してきたのではないかという指摘もあり、[27]魔が仏と化して心を乱すという叡尊の認識は貞慶に近似するものがある。そして僧侶の堕落に対する深刻な危機感が、魔の世界への恐れに裏打ちされており、そこから戒律復興へと向かう叡尊の問題意識は、仏法の衰退―僧侶の破戒を深く憂う覚盛とも、むろん強く共鳴したに相違ない。

また嘉禎元年条で「無レ成二律儀戒一、不レ可レ称二仏子一」との自覚を語る叡尊にとっても、如法の戒師の不在は如法の授戒儀礼の欠如＝戒体発得の不能を意味し、仏子（僧侶）を生み出せない根本原因に他ならない。戒体を発得できなければ持戒が伴わず魔道への堕落を結果するゆえ、この現実は克服されねばならない。叡尊もまた「師僧亦難レ於二別受軌則一有レ望無レ力……」[28]と、別受の困難な現状を記しているように、自誓受戒による通受という手段を用いることで、人師によることなく、不如法の恐れが一切介在しない仏尊の力によって戒体を発得した如法の比丘となることを志向したのである。そしてそれは顕密仏教界を脅かす魔道への対策であり、戒律復興運動へ挺身してゆくことを意味するものであった。

覚盛は形骸化し、凋落した戒壇院での受戒を「年年作法、雖レ追二旧蹤一、如法別受、都不レ可レ得也」[29]として、明確にその不如法を評する一方、自誓通受については「是則還為二登壇受戒一。師僧具足、如法興隆之因縁也。全非レ不レ用二戒壇受戒一[30]」と、戒壇院での十師を備えた別受に必要な、如法なる師僧を揃えるための方法であると、一応は表明している。だが『学正記』寛元三年（一二四五）九月条に「於二和泉国家原寺一、始二行如法別受苾蒭戒一」とあるように、自誓受戒より九年を経過して、彼らはついに自らが如法の戒師として、戒壇院とは関係なく別受の儀礼を挙行するに至るのである。かくして新たに戒体を発得した如法の仏弟子たちが次々と誕生し、叡尊・覚盛らの律宗教団が成立してゆくのである。そのことは先の『菩薩戒通別二受鈔』跋文の「建立僧宝」という一語に照応している。

この他にも『学正記』の暦仁元年（一二三八）条によれば、布薩という、寺僧が月に二度集会して戒律違犯を懺悔する寺院共同体儀礼が[31]、覚盛・叡尊によって再興されるが、それも「如法布薩」と表現され、感動のあまり覚盛は号泣するほどであったという。また『学正記』建長元年（一二四九）条では、法華寺で如法の比丘尼戒の授戒儀礼が行われたことで、ようやく七衆が揃ったことについて「日本国如法修行七衆円満始也」と記される。如法ということこそが、彼らの実現せんとした宗教的「価値」であり[32]、その焦点は授戒儀礼の問題にあったのである。

二　自誓受戒という儀礼

1　夢想と見仏体験

以上のように戒律復興には、まず如法の戒師の存在と彼らによる如法の授戒儀礼の執行が不可欠であり、それが持戒持律の成否を決する意味を持つのである。では次に覚盛・叡尊らが実践した自誓受戒という儀礼について確認してゆこう。先述のように大乗戒は仏に対し自ら戒の護持を誓うことで、戒を授かったことになる自誓受戒が許されており、しかも覚盛・叡尊らの理解は大乗戒の受戒形式によっても具足戒を受戒したことになるというものであった。むろんその際、戒の伝授主体は〈仏〉そのもの以外には有り得ない。幸いこれについて、叡尊が『自誓受戒記』というテキストを残している。

『自誓受戒記』は短編の記録ながら、誠に興味深い「宗教体験」を語っているのである。[33] 叡尊は、

但自誓受必用二好相一、好相者経云、若仏子滅度後、欲三好心受二菩薩戒一、仏菩薩形像前自誓受戒、乃至若不レ得二好相一、雖二仏像前受戒一、不レ名二得戒一云々

という前提から、「好相」の獲得を最重要視する。従他受ではなく自誓受である以上、仏尊の証明なくしては得戒を他者に納得させることはおろか、受戒成就の自己確信すら得がたいため、好相は不可避の要請である。そこで好相とは何かということだが、叡尊は経文から「仏来摩レ頂見二光華種種異相一」と理解する。つまり出現した仏に頭をなでられたり光り輝く仏華を見るなど、種々の神秘的なヴィジョンが好相なのである。さらに叡尊は、この好相が夢中に感得されるものなのか、あるいは覚醒時に見えるものであるのかという点を確かめるべく、唐代の法蔵や鑑真の弟子である法進の注釈に当たる。法蔵によれば覚醒時に好相を得ることはきわめて困難であるといい、法進によれば「夢中見」「覚悟見」のいずれでもよいとされる。

そして好相を感得することは「得レ滅レ罪」ことであり、好相を得て心に歓喜を覚えれば、それは「滅二其罪根一方堪二受戒一」こと、さらに「住二浄戒一」ことが可能となるものと理解し、「可レ感二夢相一之理思定畢」という点に落着した。正に好相の感得は神秘的な夢中の見仏体験に他ならない。そして好相は受戒にとって不可欠の前行であり、滅罪・懺悔の完了を告知するものであることが判明する。滅罪・懺悔によって清浄となった身体でなくては、聖なる仏戒は受けられない（戒体が発得されない）ということであり、『学正記』の嘉禎元年条には受戒しようにも「身

器不浄」であるとする叡尊自身の認識が見える。自誓受戒を説くことで著名な大乗戒経典である『梵網経』には、「得㆓好相㆒已、便得㆓仏菩薩形像前受㆑戒、若不㆑得㆓好相㆒、雖㆓仏像前受㆑戒不㆑得㆑戒」[34]とあるので、滅罪の完成としての好相の後、自ら戒律の護持を誓う順序であり、〈好相〉の感得如何が仏像前での〈自誓〉という段階に進めるかどうかに直結してくるのである。

続いて、『学生記』嘉禎二年条の八月には、

両三人（覚盛・有厳・円晴）既始㆓加行㆒祈㆓請好相㆒、自㆓九月一日㆒参㆓籠于東大寺羂索院㆒、可㆑勤㆓精進㆒云々

（以下、資料引用中の括弧内は筆者）

とある。嘉禎二年の九月一日から自誓受戒が開始されるため、その前行として好相を得るべく、すでに三人は加行に入ったということである。その加行の内実は当然、「致㆓懺悔㆒」ということであった。八月二十六日には三人は「已得㆓好相㆒」という。しかし叡尊は「未㆑得㆓好相㆒悲嘆甚深」という状況であった。そして「東大寺大仏殿通夜祈請之二十七日夜、於㆓戒禅院㆒□有㆓好相㆒」とあるように、自身もようやく好相を感得するに至るがつぶさには記さないとされている。その翌二十八日も好相は現れた。巳刻に大仏殿の毘盧遮那仏の御前で瞑目して好相を祈請していると、目を開けた瞬間、黄色い葉が複数降ってきたというものだ。これは白昼であるから覚醒時に得られたヴィジョンのようである。叡尊は「既如㆓光葉種種異相之経文㆒」として受け取っている。おそらく二十七日の好相も仏華を見たか仏の神秘的な摩頂か、そうしたものであったろう。

だが好相体験は順調に運んだわけではない。昼間に大仏殿で仏華を幻視した二十八日、夕方から重ねて戒禅院で好相を祈請するのだが、その夜半のことである。「叡尊親父将㆓一富貴人之女㆒五六歳許、賜㆓叡尊㆒命云以□女人、汝妻一期□之云々」。こともあろうに、戒律復興を目指し自誓受戒に臨もうとする僧に妻帯の命令が下ったのである。

性的な破戒の誘惑、あるいは妻帯による世俗への堕落を示唆するかのような夢と言える。「悟後思惟、不レ得二好相一、剰感二悪夢一、悲嘆難レ休」とはけだし当然であろう。煩悶しつつ彼はなおも仏前でひたすら思惟を凝らす。続いて「前夢想女者理也、戒即順解脱之本、解脱即理、又得戒者福田也」とある。女は「理」を象徴しており、「理」とは解脱のことである。また戒律は解脱の根本である。つまり夢の女は戒律の象徴である。このように叡尊はいささか強引とも見える「夢解き」を行うことで悪夢を吉夢に転換し、事態を乗り切ろうとしたのである。

　中世において夢は神仏からの啓示であった。天台座主を幾度か勤めたように顕密仏教界の中枢にあった慈円は、源平の争乱によって三種神器のうち宝剣が壇の浦の藻屑と消えたこと（レガリアの喪失）によってもたらされた「国家の危機」の最中、国王（宝剣）を象徴する一字金輪仏と王妃（神璽）を象徴する仏眼仏母＝玉女の交合によって王権が成就されるという神秘的な夢想を感得した(35)。親鸞は六角堂において性の悩みを解消する、いわゆる「女犯偈」を夢中に感得し、これを衆生救済の理念に読み替え、妻帯に踏み切ったが、観音の化身である玉女との交わりは罪でないとする「女犯偈」の原型は、東密の儀軌『覚禅鈔』に確認されるもので、それは寺院社会における女犯・妻帯の横行を追認・肯定するものであった(36)。さらに生涯不犯で知られる明恵もまた有名な『夢記』において、仏眼仏母・善妙神といった女性尊格の夢を頻繁に綴っている(37)。これらの例はいずれも性的な意味を帯びた女性尊格である。叡尊自身も興福寺学侶の実子である。彼は僧侶の女犯・妻帯によって生を受けた自らの存在の裡に、顕密寺院の世俗化と半ば公然とした破戒状況が刻印されていることを、鋭く感じ取っていたと言えようか。叡尊の好相解釈はかかる中世の寺院社会の現実と交差するものであったと見える。

　ゆえに夢に現れた女を、「理」「解脱」「戒律」を象徴する〈聖なる女〉と解したことは、僧侶の妻帯の肯定論理では決してないものの、「猶不快故祈請不レ休」という疑念の拭えない心境が正直なところであった。それは先掲の『学正記』に「将非三魔作レ仏悩二乱我心一耶」とあったような叡尊の精神の危うさにも通じよう。そこで眠ることなく、自身の密教の師であった長岳寺霊山院の阿闍梨をひたすら念じた。すると阿闍梨の前に「根本梵字両界紙広二尺許」が現れ、「感得之金剛界披二覧之一」したところ、「其後得戒之義止レ疑」という。両界曼荼羅を感得し、そのうち金剛界曼荼羅のほうを眼にすることで、ようやく納得できたのである。先の好相では理としての女を見たが、この理は両界曼荼羅では女性原理を象徴する胎蔵界に配当される。これに対し金剛界曼荼羅は「智」であり、男性原理である。こう考えると、連続する二つの好相を通して理智金胎不二の曼荼羅が感得された形となろう。

はじめは経典に説かれるような好相を得た叡尊であるが、彼のヴィジョンはそうした通常コースを外れ、ひとたび悪相かと疑われるものを引き寄せ、それを解釈し直す営為を経過して、最終的に聖なる曼荼羅を感得したのである。ここに好相の深化（宗教体験の深化）の一齣を見ることができよう。最後の好相も覚醒時に得られたもののようであり、それは密教の観想の一種に近い。長岳寺の阿闍梨が現れているが、彼は静慶という人物で、貞享元年（一六八四）の『伝律図源解集』下巻によれば覚盛から受戒しており、戒律復興運動に協賛したものと思われる(38)。叡尊は静慶から密教を親しく伝授されており、むろん観想の指導なども受けていたことが『学正記』の嘉禄元年（一二二五）条に見える。師僧の不可思議な導きで危機を脱したのであるが、法蔵が非常に困難とした覚醒時のヴィジョンを叡尊は感得できるレベルにあることが分かる。そして疑念の拭い難い夢想が最終的に密教によって克服されている点に、叡尊における密教の比重が窺えよう。

弟子が叡尊の言行を記録した『興正菩薩御教誡聴聞集』（以下『聴聞集』）の「十一月二十日最初四人同心通受成就事」という項目には、

余人（覚盛・有厳・円晴）ハ猶得戒ノ成否ヲ疑キ。度々祈請シ候シ。毎度ニ好相ハ候シ。某ハ惣テ無レ疑候。以

レ教勘レ之、一向身ハ不レ顧、偏ニ棄二身命一為二衆生一受候シ時ニ得戒之条少モ不レ疑候。其ノ上度々感二夢想一、一
定成ジタリト覚エ候[39]

とある。一通り自誓受戒を完遂した後も、受戒が如法に成就したかどうかに覚盛らは今一つ確信が持てず、その後もたびたび、仏尊に祈り好相を感得していたことが分かる。一連の自誓受戒の実践は、聖なる空間に参籠し一心に祈請することで感得される、儀礼的夢＝見仏体験に彩られた世界であったのだ。そして好相は、叡尊の場合がそうであったように疑／偽を孕んだ〈冥〉の領域との危うい交感であり、後に叡尊が弟子たちに「得戒之条少モ不レ疑候」として、自分は全く疑わなかったと〈信〉を強調したのは、その危うさを裏書きしていよう。

2　自誓受戒の深みへ

さて『自誓受戒記』には、曼荼羅のヴィジョンを目の当たりにしたことにより、「其後得戒之義止レ疑」とあったが、彼らが求めた「如法」性を保証する肝心の戒体は、どの時点で発得されたのであろうか。その点から今少しこの歴史的な自誓受戒の現場に迫ってみたい。『梵網経』のように好相感得を、あくまでも前行としての懺悔・滅罪の完了を意味する段階と見れば、そこで得戒＝戒体発得がなされたとは言い難い。だが自誓受戒が本来、仏から受戒するものであるという理解に立てば、自誓受戒の本質部分が、見仏体験である好相の感得という点に大きく傾斜することは予測できる。事実、これに続く記述はきわめて簡潔で、

同三十日与二円晴尊性房、有厳長忍房、覚盛学律房一、参二籠羂索院一畢、九月一日各自誓成二近事一叡尊、子時□□沙弥叡尊、子時、三日円晴有厳成二菩薩大比丘一畢、四日覚盛□叡尊自誓遂二素懐一畢、叡尊午初分成畢

と、一見淡々と述べるのみである。だがこの短文の中にも、好相を得た上は近事（優婆塞＝在家の修行者、五戒を守

る）、沙弥（見習い僧、十戒を守る）、菩薩比丘（二百五十戒を守る大僧）へと三〜四日の間に一気にステージアップしていった様が窺えるのであり、また「成二菩薩大比丘一」などの〈成る〉に、身体の変成《へんじょう》をも含意した表現を読み取っておくことは、この際重要であろう。

戒体は戒を受けようとする意志だけでは生じず、実際に戒師を礼拝するなどの動作と戒の護持を誓約する発語とが必ず付随しなければならないとされる[40]。戒体説は戒律の議論の中でもきわめて煩瑣な教学的領域であって、戒律観の根幹に関わるものだが、戒体には身体性ともいうべき側面が認められてよいと思う。本章では詳述は控えるが、戒体とは本来自己の身心の内に備わる「善種子」や「仏性」を、授戒という儀礼によって防非止悪の〈力〉に変換し、改めて受得するものとひとまず理解しておきたい[41]。この戒体が内部から受戒した者の身体に働きかけ、悪行を阻止し善行へと向かわせるのである。ここに戒体の身体性がある。そしてたとえば天台宗での大乗戒の授戒儀礼のクライマックスでは、戒師が戒律護持の意思を「よく持するや否や」と三度尋ねるのに対し、受者も護持の意志を「よく持する」と三度答えるのである。この三度に及ぶ受者に対する大乗戒護持の意思確認を「三聚浄戒羯磨」と言う。その応答が終了する刹那に戒体が発得されるのである[42]。

通受の儀礼については、叡尊が没した直後、弟子が叡尊の授戒儀礼を慕って、その備忘録として作成した『授菩薩戒用意聞書』と、戦国期の書写奥書を有するものながら、『授菩薩戒用意聞書』とも密接な関係にあり、叡尊在世時に実修されていた授戒の実態を推測せしめる『授菩薩戒作法』（全五冊本）という次第書が西大寺に伝来する[43]。この二種のテキストからも三度の羯磨が行われたことが判明する。第二羯磨が終了すると戒師から受者に「第二番羯磨已畢、今一番之羯磨、可レ成二就無辺戒体一……[44]」と促され、受者が三度目の戒律護持の意思を表明すると、ついに「三番羯磨已不レ違、戒法成就不レ可レ有レ疑[45]」と戒体の発得を戒師から告げられるのである。中世の南都では大乗戒を媒介させることで小乗戒を復興したため、天台の儀礼にかなり近づいた内容となっている。
『自誓受戒記』には「欲下自誦二弥勒所造自誓羯磨一速受中菩薩大比丘戒上」とあり、『瑜伽師地論』「本地分菩薩地戒品」に説かれる羯磨文を唱えたらしいことが分かる[46]。好相の感得によって、滅罪が完了し戒体発得の条件がすべて調い、そこから近事／沙弥／菩薩比丘という、各階梯で戒律を護持することを仏に自誓する羯磨の場面ごとに、近事／沙弥／菩薩比丘のそれぞれの戒体が段階的に発得されてゆく、という一連の宗教実践がこの数日に亙る自誓受戒の内容であったと理解できよう[47]。

だが断片的な『自誓受戒記』の記述には、少々不可解な部分もある。たとえば先に引用した好相感得後の簡略な記述によれば、覚盛と叡尊は菩薩大比丘への変成が、他の二人に比べて一日遅れているのである。これはステージアップが一日、二日、三日と予定調和的に進んだとは限らないことを予測させるものではないだろうか。また叡尊は、自分が近事／沙弥／比丘に〈成る〉ことのできた時間帯を、子時（午前零時）や午初分（午前十一時）であったと記録していた。となれば、他のメンバーもそれぞれ異なることが想定できる。それが何に起因するものか、『自誓受戒記』の限られた記述からは明確にし得ないが、これがもし戒法が成就したと自己確信できた時間帯のばらつきであったとすれば、自誓の段階でなされた実践は、単に羯磨文を読誦するだけのものではなかった可能性も想定される[48]。ともかく嘉禎二年の自誓受戒は、もとより確たる儀礼次第が備わらない、いかにも試験的な手探りの授戒儀礼であったことは確かである。それゆえに『自誓受戒記』とは言うものの、その記述の大半は「好相感得体験記」のごとき体裁であり、自誓受戒の本質部分が、自誓の前段階と言える好相感得の部分に傾斜しているのである。

このような最終手段とも言える自誓による通受に踏み切った点に、宗教的内実を喪失した人師による具足戒の相伝を刷新し、改めて仏尊に発する新たな戒脈を創始する意味が認められるだろう[49]。そのことが、戒体を発得し比丘としての性を成就するための如法なる授戒儀礼、すなわち一種のシャーマニックと評し得る見仏という神秘体験を不可欠とする自誓受戒によって切り開かれたことは強調されてよい(50)。

かくして覚盛・叡尊らに宿った如法の〈力〉は、彼らが執行する受戒儀礼という〈形〉を通して第二世代の弟子たちに継承される。さらに彼らが次なる如法戒師として授戒儀礼を行うことで、第三世代の弟子たちが漸次生み出されてゆくことになろう。そのようにして持戒清浄なる真の仏弟子に担われた仏法の世界を、末世に実現し得るのである。その意味では嘉禎二年の自誓受戒は、中世南都律宗にとっての〈起源〉としての儀礼であり、覚盛・叡尊らは新たな「如法」性のオリジンと位置付けられる(51)。

先述の『授菩薩戒用意聞書』には、「一、奉レ請ニ冥五師一事」という項目があり、「奉レ対ニ影向諸仏菩薩一重懺ニ悔無始罪障一、清ニ身器一、可レ為ニ戒所依一懺悔云々」とある。「冥五師」とは、〈顕〉の戒師に対し「不現前五師」とも言われ、戒師としての釈迦・文殊・弥勒の三師と、受戒の「如法」性を証誠する三世十方の一切如来、受者の同学としての一切菩薩を指す。授戒とはシャーマンの神下ろしのごとくに勧請された〈冥〉なる無数の仏尊に眼差される宗教空間であり、一切を照覧する超越者たる仏尊への真摯な懺悔を必須とする(52)。そして具体的な儀礼次第書である『授菩薩戒作法』でも、必ず「冥五師」が勧請され懺悔が行われている。

「冥五師」は、本来は天台の授戒儀礼に見られるもので、大乗戒の本来的な伝授主体が仏尊であることを明示する。天台からの影響が、大乗戒を表面化させた中世の南都戒に及んでいるわけだが、南都律宗の儀礼空間に影向する〈冥〉なる無数の仏尊への懺悔は、覚盛・叡尊らの起源としての自誓受戒が本質とした、懺悔の完了を告げる（そして戒法成就＝戒体発得を約束する）、好相という夢中見仏の境位と、構造的に通じていると見られよう。祖師たちの体験は形式化しつつも、儀礼テキストによって次代へと継承・再現されてゆくと言える(53)。

以上、『自誓受戒記』の断片的な記述に依拠したため、推測を交えつつ論じざるを得なかったのだが、自誓受戒の儀礼空間を能う限り復元し、覚盛・叡尊らの宗教体験の現場に肉迫せんと試みた次第である(54)。

三　南都律僧の神祇信仰

1　春日神と夢想・神託

このように中世律宗の起源となる自誓受戒という儀礼は、夢想と見仏体験に彩られた世界であった。こうした〈冥〉との交感という神秘性は、授戒儀礼の空間以外にも色濃く律宗寺院に確認できる。神祇信仰にもそれが明確に表出してくる。従来、律僧と神祇については主に叡尊を対象に異国調伏との関係で、石清水八幡宮での祈禱や伊勢参宮が注目されてきたが、ここではそうした多分に対外的危機に誘発された形での八幡や天照への信仰ではなく、春日神に注目したい。そして南都律僧の篤実な春日信仰からも、「如法」性という南都の戒律観の一面が照射できるのである。

まず『学正記』だが、その寛元元年（一二四三）条には、後に覚盛のもとで出家し中宮寺を再興する信如尼の嘉禎二年の夢として「春日山虚空在㆓俗女房僧四五人㆒。打㆓笏拍子㆒。歌㆓神楽㆒。其中僧捨㆓笏拍子㆒。興法利生可㆑有㆓御沙汰㆒」と記されている(55)。「興法利生」という語に象徴される戒律復興、そのための自誓受戒の歴史的瞬間が春日信仰と関わる夢想として得られている点に注意しなくてはならない。また仁治二年（一二四一）条には、前年の飢饉のため多くの同朋が西大寺を離れ散在する中で「如法自恣始勤㆓行之㆒、其夜暁感㆓夢想㆒、大明神御随喜由也、自恣以後、去年散在人多有㆓還住志㆒」とある。この大明神は『聴聞集』にも同様の話が記されており、春日神であることが分かる。西大寺で苦境の中、自誓受戒によって如法の比丘となった叡尊・覚盛らによって、如法の自恣が挙行された夜には春日神の聖なる夢想があったということである。自恣とは安居の最終日に行われる布薩＝懺悔儀礼である。

如法の授戒によって正しく戒体を発得すれば、内なる力としての戒体が働き悪を遮ると理解されているが、その功能は受者の心の強弱にも影響されるといい(56)、そのため「破戒」が生起する。これに対する懺悔儀礼もやはり如法であることが強く求められており、仏と衆僧の面前で犯戒の罪を発露（告白）し、戒律の条文を誦して再度、護持を誓うのであるが、その浄化の象徴《しるし》として、また儀礼の「如法」性の証として神は夢中に影向ましますのであって、これも正に儀礼によってもたらされる好相と言えよう。そして室町初期の『聖誉鈔』というテキストには、覚盛・叡尊らにより、ようやく如法の比丘尼教団が再建された記念すべき夜の夢が記される。

サレハ日本国ニ尼法ノ興行時到レリトテ。十六羅漢帝釈宮ニ参テ。御加護可㆑在由仰ラルト。夢ニ見ル者アリ。又春日山ヨリ金ノ橋ヲ招提西大ニ渡シテ。大明神諸神ヲ具足テ。御影向アリテ。戒法ヲ守リ玉ト云。夢ヲ見ル者アリ(57)

誠に荘重極まる神秘的夢相である。明確に春日神が「戒律守護神」として感得されている点が注目される。また神祇との密なる交渉は夢想のみに留まらない。『聴聞集』「中有不定事」によれば、叡尊の高弟である忍性は、東国において円心房という律僧に憑依した鹿島神（春日社一宮の祭神である）と、戒律などの問答を繰り広げ教示を得ている。律宗教団には巫者としての性質を有する僧がおり、ここでの忍性は言わば審神者の位置にあって、憑祈禱を思わせるものがある。シャーマニックな信仰の現場が如実に垣間見られるのであり、律僧が神祇からの霊感を得て託宣記の類を著わしたという伝承が確認される。たとえば蒙古退散を祈る叡尊らの弘安三年の伊勢参宮時には、天照に代わって牟山神が巫女に憑依し叡尊に対し半時に及び託宣しており、これを間近に見た弟子の性海が実際に「神託記」を残している。(58)また弟子・阿一の『異国襲来祈禱注録』には、石清水八幡宮でも叡尊ら衆僧の眼前で本殿の扉が開き、中から神の託宣のあったことが詳しく記されている。

こうした中世南都律僧の春日―神祇信仰の原点も、また貞慶に求められるのである。まず近年、金沢文庫から発見された貞慶の『社頭発願』に注目したい。(59)これは全体の一部が断簡として伝来するのみで成立年も不詳であるが、『社頭発願』とあるからには、春日の社頭で祈願した際の願文に相違ない。そこに臨終往生などの願とともに「又願《ハ》我尊《ヲ》為二戒和上一、受二菩薩戒一、如法成就《シテ》永不二毀犯一(60)」と述べている一文がある。これは春日明神の本地仏である「我尊」＝釈迦如来を戒師にした菩薩戒（大乗戒）の如法受戒を祈願しているのである。釈迦を戒師としており、大乗戒であることからも、自誓受戒が意識されている可能性がある。如法の問題とともに覚盛・叡尊らが大乗戒の授戒儀礼で戒律復興の突破口を開いたことへの影響を想起させるものがある。

さらに笠置へ遁世した頃に作成したと考えられている、貞慶の初期作品として著名な三段の『別願講式』（別名『春日講式』）の二段では弥勒の兜率浄土への往生を祈願するが、そこにも「誘レ我必発二菩提心一。為レ我自授二菩薩戒一(61)」とある。講式の縮約された一文であるが、『社頭発願』と共通している。そして先述のように遁世の直前に作成された、『発心講式』の五段も「菩薩戒を受く」であった。

知られるように貞慶の笠置遁世は、春日神の「冥告」、すなわち夢告によって実行に移されたのである。『社頭発願』も春日の夢告を受け遁世を実行するに際して作成された可能性が想定できそうであるが、ともかくここでは『社頭発願』『発心講式』『別願講式』から、遁世後の貞慶は大乗戒を身に纏う菩薩僧たる自己を目指したのであり、そこには彼が深く恃みとした春日神の存在が、大きく介在していたことを見ておきたい。(62)

また南北朝期の『唐招提寺解』では、早くも院政期に戒律復興の嚆矢となったとされる中川実範に関して、「年序稍久。興行更非二人力之所一レ及。我能可二祈請一。汝可レ致二懇祈一。実範上人専可レ仰二春日権現之冥助一。即企二春日社七日之参籠一。祈二律法之興行一之処。満七日夜有二霊夢一……」[63]とあり、そこから実範の夢解きが続き、戒律復興の成就という意味が見出されてくる。実範の先駆的な活動はどれほどの成果を上げ得たものか不明な点が多く、この説話も事実か否か詳らかでない。おそらく後の律宗の春日信仰が、実範にまで遡って投影され南都の律院にて語られた説話であろう。なお『律苑僧宝伝』の実範伝によれば、この参籠・祈請によって感得された夢想が、「好相」と記述されている。[64]

2　「如法」の守護者としての春日神

このように、中世大和に君臨する興福寺―春日社の宗教的権威、そして法相的戒律観の影響もあり律僧が親近する神祇は、何よりもまずもって春日神であった。その信仰の形態は主に夢想を通して示される、戒律の再興・護持を嘉し守護するというものであり、南都戒律復興の起源である、自誓受戒における好相の感得に通じるかのような語りになり得ている。律僧の宗教世界は霊的な託宣や儀礼的な夢想に満たされていた。

なお南都を基盤に能楽理論を発展させた室町期の金春禅竹の能楽秘伝書である『明宿集』には、

> 律ハ興正菩薩ノ律儀。御入滅ノ実否不レ知。秘伝ニ云、春日ノ一ノ御殿ニ入給フト云々。然バ翁ノ用身也[65]

とある。能楽の守護神である〈翁〉は春日神と同体とされているので、叡尊が春日の社殿で入滅したことをもって、翁の化身と見ているのだが、これは当然、翁を媒介とした春日神と叡尊との同体説に他ならない。鹿島神を祀る「春日ノ一ノ御殿」の本地仏は律宗の主尊たる釈迦であり、貞慶はそれゆえに受戒を祈請したのである。興律の祖、叡尊はついに春日神の化身とさえ伝えられるに至るのであるが、西大寺の『光明真言会縁起』にも「彼上人（叡尊）。釈迦文殊両聖化身。春日五社第一之御殿云々」[66]とあることから、おそらくもとは西大寺流の律僧が唱導し南都文化圏に流布した伝承に相違ない。以上の点に、中世において戒律と交わる形で展開した、春日神の変容の顕著な一例を確認できる。[67]

上述のように神祇との交わりが深い中世南都律僧なのだが、授戒儀礼の次第を見ると、かつて唐僧鑑真の弟子である法進が作成した東大寺戒壇での授戒の式次第（いわゆる法進式）や、これに基づく実範の式次第（実範式）には、神祇を儀礼の空間に勧請する「神分」が含まれるなど日本化が見られるが、叡尊らの中世南都律宗の授戒次第には「神分」が無いことも指摘可能である。[68]中世南都の戒律復興は、宋代の霊芝元照によって再興された四分律宗が泉涌寺の俊芿によって請来され、これが貞慶の頃に南都にも導入されたことが大きなインパクトとなっている。また覚盛・叡尊とともに自誓受戒した有厳は叡尊の弟子を伴って入宋し、戒律の典籍を請来しているなど、宋代仏教からの影響は無視できない。日本的信仰に鑑みて神分の作法が平安期の授戒次第には存在したが、宋代仏教の影響を受けた中世南都の授戒次第は、より戒律の原点に近づけるべく神祇の存在を授戒儀礼の場から意識的に省いたのであろう。[69]

律僧の神祇信仰への深入りからすれば、これは興味深い現象だが、叡尊自身が春日神の化身とまで中世南都で認識されていたことはきわめて重要である。なぜなら「実は春日神が戒律を復興したのである」という理解がここから導けるからだ。そこで近世の事例になるが、こうした戒律復興僧の根強い春日信仰に支えられた中世南都の戒律世界は、いかに受け継がれたものか瞥見しておきたい。

江戸時代後期に活躍した真言僧であり西大寺にも学んだ慈雲尊者飲光（一七一八～一八〇四）は、戒律復興僧として知られる(70)。彼は正法律というものを提唱する。それは『根本僧制』に「此の正法律は、内秘㆓菩薩行㆒、外現㆓声聞儀㆒を規模とす」と規定されるごとく、大乗戒を内に秘め、外儀には小乗戒を守るというもので、大小二戒融合の立場であり、中世南都の戒律観に一致する。慈雲は近世最初期の戒律復興僧である真言宗の明忍律師を敬慕している。戦国期から江戸最初期にかけて生存した明忍（一五七六〜一六一〇）は、西大寺に伝来する先述の『授菩薩戒作法』を書写した人物でもある。慈雲の著『人となる道』に「律師（明忍）律儀を中興せんと欲するや、これを春日社に祈って親り神託を受く」とあって、正に貞慶・実範のごとく神託を得たとされる。

また慈雲の再興した河内高貴寺の『高貴寺規定』第十条には、「槙尾の明忍律師、春日明神の神託をうけて自誓受戒してより已来、如法の律儀漸く宇内に顕はる」とあり、『律法中興縁由記』には、

直に和州にゆき、春日社に参籠して五十ヶの日夜至誠に祈請す。その満ぜる夜、夢か現か一老翁来り告ぐ、戒は是十善、神道は是句々の教と。告げをはりて第三殿に入りたまふ……京師に帰り、栂尾山に在って春日住吉の神前に好相を祈請し、自誓したまふ

とある。明忍は戒律と神道が表裏一体であるという秘説を、春日神から夢の託宣として受け取り、さらに持戒の清僧として知られる明恵の旧跡である高山寺の春日・住吉社の前で、好相を得て自誓受戒を遂げたというのである。神祇によっても好相がもたらされると考えられたようである。

そして『十善之系統』には、鑑真和上・如宝律師・豊安律師ら奈良・平安期の律僧の名を挙げた次に、

この三師、我邦にて法を伝えありし也。時に南都北嶺の争ひ出で来て、諸宗に我相ふかく如法をつぐ人なし。それゆえ春日大明神に附託也……春日大明神、凡そ四百年斗。折々は如法の僧あれども、法系相続なりがたき也。実範律師この師戒法相続のため春日社に参籠、神託を受けて法を伝へし也……

とあり、次に覚盛・証玄・凝然らの鎌倉・南北朝期の律僧の名を挙げ、室町期の戒壇院十六世長老の普一国師志玉に至る(71)。志玉については「本朝明朝両国の国師也。この時又如法の僧なく、春日大明神へ附託也……」とあり、さらに、

春日大明神、凡そ百四五十年斗、僧中に如法の人相続なし。明忍俊正律師　この人、其の師晋海僧正の指示によりて春日社に参籠、神託を受けて法を伝へし也

と記している(72)。

近世における明忍の戒律復興＝自誓受戒に際して春日神の啓示・託宣が不可欠であったという、神秘性を重んじる慈雲の認識が知られるが、これは上述したように中世以来の南都律宗における神祇信仰の伝統と判断されよう。そして見落とせないのは、南都ではやはり如法ということが最重要視されており、ゆえに如法の僧でなくては戒律が伝持できないこと、それが望めない時は、春日神が戒法を伝持してきたという神祇の存在を不可欠とする〈南都戒律史〉の認識である。こうした不如法な僧に代わって戒律を伝持する春日神は、叡尊に化身して如法なる戒律を復興する『明宿集』における中世的春日神の位相に繋がる。そして如法を戒律の根本的な価値基準としながらも、その如法は「断絶」する危険性を孕んだものであることも、ここから窺えるのである。

すでに論じたように如法なる戒律の護持される状況は、正しく戒体が機能していることの証だと言えるから、かかる如法の断絶は戒体の相対性を示していることになる(73)。戒体の相対性はいずれ如法の断絶＝破戒状況をもたらしかねず、戒律復興が再度要請されてくるのである。そうした衰退と復興の契機を常に孕んだものが南都の戒律であったことを、慈雲の〈戒律史〉認識は物語っているものと理解され(74)、戒律復興は中世の叡尊らがそうであったように不如法な人師に依らず、自誓受戒の儀礼における神秘体験をもって、戒体発得の境位に達するという形で実現

化されなければならないのである。

おわりに

本章は、律宗をめぐる寺院史・教団史など歴史学の諸成果や、仏教学における精緻な教学的戒律研究に学びつつも、そうした客観的な視座からなされた分析を、戒律の実践者の視座から、つまり戒律復興僧の主体的意識・内的論理の側から捉え返すという方法に自覚的であるよう努めた。

そのようにして得られた結果をまとめておこう。まず一節では、覚盛・叡尊らは荒廃した戒律から欠如してしまった「如法」性の回復を希求し、その方途を末世においても戒体を発得可能な自誓受戒に見出したことを論じた。二節では、彼らが試験的に実践した自誓受戒という儀礼は、仏から直接に戒を授かる点に眼目があり、本質的に好相という神秘体験の要請される〈冥〉との交感領域であったことを、『自誓受戒記』の解読を通して浮き彫りにした。三節では、中世南都律僧は戒律守護神として春日神を深く信仰したのであるが、それは好相体験に通じるかのような神秘譚として教団に伝承されており、さらに神祇の啓示によって神託記さえ編まれたこと、また夢想と託宣の神である春日神こそは、戒律復興を動機づける如法の問題と深く関わっており、南都戒の「如法」性を回復した叡尊を春日神の化身とする説からも、如法の守護者＝春日神という認識は中世に遡及し得ることを指摘した。

総じて南都律僧の宗教世界の基底には、夢想・託宣といったシャーマニックなエートスの強く作用していたことが見て取れる。如法なる戒律の復興という宗教課題を実現するための自誓受戒儀礼が纏う神秘性は、儀礼的夢などを特質とする神祇信仰が律宗寺院にきわめて深く浸潤することに寄与したのである。そしてかかるエートスは律僧の多様かつ積極的な宗教活動の原動力ともなっていたであろう。本章では紙幅の都合により、シャーマニズムの問題が、民衆的な信仰世界の統合や教団の組織形成上に果たした社会的・イデオロギー的な意義を分析するには至らなかった。今後さらにそうした観点を考慮しつつ、宗教儀礼と宗教体験の視座から、中世南都律宗の実相に迫ってゆくことを継続したい。

注

（1）顕密体制論と律宗については、細川涼一『中世の律宗寺院と民衆』（吉川弘文館、一九八七年）、大石雅章『日本中世社会と寺院』（清文堂、二〇〇四年）他を参照。他方、松尾剛次氏は『勧進と破戒の中世史』（吉川弘文館、一九九五年）、同『（新版）鎌倉新仏教の成立』（吉川弘文館、一九九八年）他で、「官僧」＝旧仏教と「遁世僧」＝新仏教というモデルを用い中世仏教史の構造を総体的に把握しようとしている。仏教学では、こうした歴史学の成果も取り入れた蓑輪顕量氏の『中世初期南都戒律復興の研究』（法藏館、一九九九年）が有益である。同書は石田瑞磨氏の先駆的な戒律研究である『日本仏教における戒律の研究』（在家仏教協会、一九六三年）に続く最新の研究であり、多くを学んだ。大塚紀弘「中世律家の律法興行」（『仏教史学研究』四八巻二号、二〇〇六年）も、律院の生活面に着目した新たな寺院史・教団史研究として重要である。なお興福寺・東大寺を中心とした中世南都寺院の堂衆が、戒律復興という貞慶の意志を実現した叡尊・覚盛らの新義律僧に対して、古義律僧と位置付けられることは、先述の松尾剛次『（新版）鎌倉新仏教の成立』に詳しい。そして彼ら古義律僧たる堂衆が、新義律僧の運動に刺激され、伝統的な春日山での山林修行を強化することで、中世南都の初期修験を組織し、後の修験道当山派の源流となっていたことを、徳永誓子「当山派修験道と興福寺堂衆」（『日本史研究』四三五号、一九九八年）が論じている。

（2）『金剛仏子叡尊感身学正記』（奈良国立文化財研究所監修『西大寺叡尊伝記集成』法藏館、一九七七年）の建長三年（一二五一）条。受戒と戒体については、土橋秀高「戒体について」（『印度学仏教学研究』二〇巻一号、一九七一年）、宮林昭彦「四分律宗の戒体論」（佐藤密雄博士古稀記念論文集刊行会編『仏教思想論叢』山喜房佛書林、一

九七二年）、佐藤密雄「戒体と戒の体」（恵谷隆戒先生古稀記念会編『浄土教の思想と文化』佛教大学、一九七二年）などを参照。唐代の四分律宗（南山宗）の開祖たる道宣は主著『四分律行持抄』で、戒律を戒法・戒体・戒行・戒相という根本的な四つのカテゴリーから論じている。

（3）近年、史学・文学・民俗学・仏教学といった諸分野において、学際的な仏教儀礼（宗教儀礼）研究が大きな成果を上げつつある。奈良女子大学学術研究センター設立準備室編『儀礼にみる日本の仏教』（法藏館、二〇〇一年）、松尾恒一・井原今朝男編『儀礼を読みとく』（国立歴史民俗博物館、二〇〇六年）、阿部泰郎編『日本における宗教テクストの諸位相と統辞法』名古屋大学大学院文学研究科、二〇〇八年）など参照。また中世の宗教世界における、儀礼／身体／体験の深みへと切り込んでゆく、山本ひろ子『異神――中世日本の秘教的世界――』（平凡社、一九九八年）は示唆に富む。

（4）『大日本仏教全書』一〇一、一二六頁。

（5）『大日本仏教全書』一〇五、四一頁。

（6）この如法は、天台宗の如法経写経や密教の如法愛染法・如法尊勝法といった修法など種々の用例があるが、戒律については、叡尊教団と関係の深かった無住の『沙石集』に、「如法ノ受戒」「如法律儀興隆」「如法ノ儀」「如法ノ持律」「如法ニ行ゼズシテ……」（巻三―五「律学者ノ学ト行ト相違セル事」）、「戒ヲ不レ守シテ……如法ノ比丘ニハツラナラズ。」「如法ノ持律」（巻四―一「無言上人事」）、「如法ニ戒行ヲ護リ……」（巻六―九「説戒ノ悪口ノ利益ノ事」）、「如法ニ出家ノ身トナリキ。」（巻六―一八「袈裟徳事」）などと頻出する（同じく無住の『雑談集』にも頻出）。

（7）前注（1）蓑輪著書所収の巻末翻刻本を使用（五〇六頁）。

（8）七衆とは、出家者の比丘（男）・比丘尼（女）／沙弥（男）・沙弥尼（女）／式叉摩那（女）と、在家者の優婆塞（男）・優婆夷（女）のこと。

（9）日本思想大系『最澄』三六四頁。

（10）同、三二三頁。

（11）同、三一五頁

(12) 同、三二三頁。
(13) 中世叡山でも戒律復興僧（戒家）であった鎮増の『円頓戒体色心事』に、そのことが強調されている。続天台宗全書『円戒1』二一四頁参照。
(14) 山部能宣「『梵網経』における好相行の研究——特に禅観経典との関連性に着目して——」（荒牧典俊編著『北朝隋唐中国仏教思想史』法藏館、二〇〇〇年）の二〇六頁参照。好相行の見仏には夢中と禅定中の二つのパターンがあり、山部氏によれば菩薩戒の受戒は神秘的で、時には「魔術的でさえある実践」とされる。中国を扱う同論文では日本の律僧には言及していないが、以下に論ずる叡尊らの場合も正にそうであると言える。また法相宗における菩薩戒受戒儀礼とその神秘的性格については、師茂樹「五姓各別説と観音の夢——『日本霊異記』下巻三十六縁の読解の試み——」（『仏教史学研究』五〇巻二号、二〇〇八年）も参照。
(15) 日本古典文学大系『沙石集』一五四頁。
(16) ただし覚盛でさえ自誓受戒以前は常喜院で酒盛りをしていたという、いささか不名誉な逸話も『興正菩薩御教誡聴聞集』「十一月二十日最初四人同心通受成就事」（日本思想大系『鎌倉旧仏教』所収）には伝えられている。
(17) 『自誓受戒記』（前注(2)『西大寺叡尊伝記集成』三三七頁）。「奈梨之果」は堕地獄の意。
(18) 寛元三年九月十三日の「叡尊啓白文」（前注(2)『西大寺叡尊伝記集成』三三九頁）。
(19) 平雅行『日本中世の社会と仏教』（塙書房、一九九二年）四七五頁参照。また平家の焼き討ちによって南都荒廃を招いたことに対する、南都寺院の反省が戒律復興に繋がったと、大石雅章氏が指摘していることも重要である。『日本中世社会と寺院』三五頁参照。なお中世叡山でも恵尋という律僧が戒律復興に着手するが、その背景の一端に叡山内部の経済矛盾（階層矛盾）が存したことを、拙稿「中世叡山の戒律復興——律僧恵尋の思想と国家観をめぐって——」（『佛教大学総合研究所紀要』一六号、二〇〇九年）で分析した。
(20) このあたりの事情は、曾根正人「中世初期戒律復興運動の戒律観とその背景」（『古代仏教界と王朝社会』吉川弘文館、二〇〇〇年）に詳しく、本稿も多くを学んだ。『戒律興行願書』には「三師七証為二得戒縁一。設雖二不清浄比丘一、設雖二不如法之軌則一、其中、若一人二人有二知レ法人一者、随分勝縁」（日本思想大系『鎌倉旧仏教』三〇四頁）とあるが、僧侶の多くが不清浄・不如法という状態では戒律復興に限界があるということが、覚盛・叡尊らの認識であり、自誓受戒に踏み切った動因であった。

(21) 前注(1)蓑輪著書所収の巻末翻刻本を使用（五一八頁）。

(22) 『菩薩戒通受遣疑抄』に、「受二得三聚浄戒一、護二持五篇七聚威儀一、継レ絶興レ廃、何背二仏意一」（「五篇七聚威儀」は、具足戒のことを指す）と説かれている（前注(1)蓑輪著書、五一八頁）。

(23) 前注(1)蓑輪著書、五一六〜五一七頁。

(24) 前注(1)蓑輪著書は、通受・別受の問題を教学面から詳細に論じているので参照されたい。なお「受戒」と「授戒」の表記だが、「通受」「別受」「自誓受戒」という固有の用語は通例に従って「受戒」と表記し、それ以外の一般的な意味で用いる場合は、受ける側、授ける側によって適宜、使い分けている。

(25) 『金剛仏子叡尊感身学正記』は前注(2)『西大寺叡尊伝記集成』所収本を使用。

(26) 貞慶と魔道については、清水宥聖「貞慶の魔界意識をめぐって」（斎藤昭俊教授還暦記念論文集刊行会編『宗教と文化』こびあん書房、一九九〇年）、筒井早苗「解脱房貞慶と魔道――「春日権現験記絵」を中心に――」（『金城国文』七五号、一九九九年）、細川涼一「旧仏教と能――貞慶と「第六天」・明恵と「春日龍神」――」（『国文学』三七巻一四号、一九九二年）を参照。

(27) 筒井早苗「貞慶と戒律――その説話をめぐって――」（『金城国文』七七号、二〇〇一年）を参照。貞慶が戒律を重視することは、かの『興福寺奏状』にもあるとおり専修念仏への批判的対応でもある。また貞慶の戒律復興への評価には慎重であるべきことを指摘するものに、下間一頼「貞慶像の形成――戒律実践の真相――」（中尾堯編『中世の寺院体制と社会』吉川弘文館、二〇〇二年）がある。

(28) 前注(17)参照。不如法の戒師という問題は、西洋キリスト教でも瀆聖の聖職者には、洗礼を授けるといった秘蹟《サクラメント》の権能が認められなかったことに通じる。

(29) 『菩薩戒通受遣疑抄』（前注(1)蓑輪著書、五一八頁）。

(30) 同前。

(31) 顕密寺院における布薩については、永村眞「寺内僧団の形成と年預五師」（『中世東大寺の組織と経営』塙書房、一九八九年）を参照。

（32）さらに如法ということについて述べておきたい。『菩薩戒通受遣疑鈔』に、「問。登二戒壇一不如法者、行レ之何為」という問いがある。不如法の授戒に何の意味があるのかということだが、覚盛自身はこれに対し、如法の受戒であっても護持しなければ意味がないという少々変則的な形で答えている。ここからは如法にこだわる覚盛らの姿が浮き彫りとなろう。つまり彼にとってもむろん不如法の授戒であってよいはずはないのだが、それは反面で授戒儀礼が如法でありさえすればそれでよいといった、儀礼に偏重した理解を導きかねない。彼は「雖二不如一、能護持者、猶名二尸羅一、不護持者、但身失也。非二法失一哉」とも述べる（尸羅は戒の意味）。これはきわめて重要な一節である。不如法の授戒でも実践者の決意しだいで戒律護持の有り得る余地を示し、同時に戒を護持できないのは実践者側の問題（身失）であり、それを安易に授戒儀礼の不如法（法失）に転化することを誡めているのである（前注（1）蓑輪著書、五二一頁）。これは短文であり、さほど重要な論題ではないかもしれないが、如法という宗教的価値へのこだわりがもたらすであろう誤解をも考慮した問答である。

（33）なお近世初頭にも西大寺流律宗の影響を受けた真言系の僧侶によって、戒律復興運動が展開している。その際も始発は好相を祈る自誓受戒であった。『律苑僧宝伝』（『大日本仏教全書』一〇五所収）巻十五の「明忍俊正」「恵雲寥海」「賢俊良永」「正専如周」「慧猛慈忍」の伝を参照。叡尊・覚盛らの事跡に倣ったものに相違無い。だが戒律の復興が僧侶側の内的契機としては、現状を「不如法」と認識することに発するとすれば、必然的に仏尊と直接的にコンタクトし、神秘的に如法の戒を授かることのできる自誓受戒が要請されるという論理的な仕組みも作用していよう。叡尊らはかかる論理の先蹤なのである。

（34）『大正新脩大蔵経』一四巻。また美術史の側からも、好相行の実践を重視し、そうした儀礼空間における仏像の意味を追求した井上一稔「唐招提寺木彫群の宗教的機能について」（『仏教美術』二六一号、二〇〇二年）があり、また内田啓一「西大寺叡尊と弥勒来迎図――東京芸術大学美術館本を中心に――」（『仏教芸術』三〇二号、二〇〇九年）も叡尊の好相行をキーとして弥勒来迎図を分析している。

（35）阿部泰郎「中世王権と中世日本紀」（『日本文学』三四巻五号、一九八五年）、田中貴子『外法と愛法の中世』（砂子屋書房、一九九三年）に詳しい。

（36）平雅行『親鸞とその時代』（法藏館、二〇〇一年）参照。

(37) なお明恵は『夢記』の中で、睡眠中のものだけでなく禅定中に感得したヴィジョンも「夢」として多数綴っている。
(38) 『大日本仏教全書』一〇五巻、四二頁。『招提千歳伝記』にも簡略な伝が掲載されている（『大日本仏教全書』一〇五巻、三五七頁）。なお長岳寺には、叡尊の弟子である覚如・定舜と有厳が宋から請来した「律三大部」二十具のうち一部が分配されている。
(39) 日本思想大系『鎌倉旧仏教』二〇八頁。
(40) 佐藤達玄『〈現代語訳〉律宗綱要』（大蔵出版、一九九四年）一四〇～一四一頁参照。
(41) 種子とは人間の根源的な〈心〉であるアラヤ識（本蔵識）に貯えられた（燻習された）善悪の潜勢力を意味するので、誤解を恐れず単純化して言うならば、心の善の資質・性質を戒体とするということになる。これを南山律宗の道宣が唱えた「種子戒体説」という。かつて拙稿「中世の南都と叡山における戒律観について」（『日本宗教文化史研究』一〇巻二号、二〇〇六年）で、「種子戒体説」を南都における戒体の基本的理解とし、西大寺教団ではこの他に仏性戒体説や、法相教学（悉有仏性を否認する）に基づくところの戒体説なども並存していたと述べたが、中世南都では法相的戒体説こそが中心であったことが、大谷由香『中世律宗における戒体思想の変遷』（博士論文、龍谷大学、二〇〇九年）に詳述されている。
(42) 天台の授戒次第と戒体説については、恵谷隆戒『円頓戒概説』（浄土宗宗務庁、一九六五年）に詳しい。
(43) 『授菩薩戒用意聞書』と『授菩薩戒作法』は、前注(1)蓑輪著書巻末翻刻を使用。
(44) 前注(1)蓑輪著書、六一四頁。
(45) 同前。
(46) 前注(1)蓑輪著書、一四五頁。
(47) 蓑輪氏は『授菩薩戒用意聞書』の「説相事」という項目を解説する中で、「また「戒体重発無きの由之れ有り」とあるから、叡尊自身が近事から近住、沙弥、苾蒭と階梯を上がるに際し戒体を重発するとは考えていなかったことが知られる」と述べておられる（『中世初期南都戒律復興の研究』三五二頁）。この「戒体重発無きの由之れ有り」の一節は、「受者事」という項目にも見られる。前後の文脈から判断するに、沙弥と沙弥尼は修行者としての階梯が等しく、戒体も護持する戒律も同一なので同時に授戒でき、また沙弥尼のうち具足戒を受けて比丘尼になるまでの二年間を特に式叉摩那と言い沙弥尼よりも護持する戒律（六法）が増加するが、本来的に沙弥尼と異質の存在ではないから、式叉摩那としての新たな戒体を重発することはなく（「戒体重発無きの由之れ有り」）、沙弥尼と式叉摩那はともに授戒儀礼を執行できるという意味で言われているのである。さらに比丘と比丘尼は修行階梯が等しいので戒体は同一だが、護持する戒律の数の差が大きいので、同時には授戒できないという。そして南都・北京の自誓受戒について説く『徹底抄』（嘉暦二年〈一三二七〉）にも、「問。式叉元《ハ》不レ得二戒体一。唯増学《ノミナリ》而已……」（『日本大蔵経』六九巻、二四六頁）とされる。以上のことから、仏教者としての階梯を上昇するための儀礼＝授戒を経るごとに、それぞれの戒体を発得してゆくのであり、戒体にも言わばランクがあるという理解が導ける。

(48)　『聴聞集』に、覚盛らは自誓の後にも得戒を確信せんがために、たびたび好相を祈請したとあったことも思い合わされる。

(49)　また寺院社会では実年齢ではなく、戒臈と言って具足戒を受けてからの修行年数が基準となる。松尾氏は、覚盛・叡尊らは自誓受戒の後、東大寺戒壇院での授戒による戒臈を否定していることを述べている（前注（1）松尾『（新版）鎌倉新仏教の成立』一九八頁）。このことは自誓受戒が、彼にとって僧侶としての新生体験であったことを意味しよう。そして彼らは自誓受戒以後、遁世僧となってゆく。

(50)　戒体の問題は、必ずしも覚盛の著作や叡尊の『学正記』『自誓受戒記』において表面化しているとは言い難いが、この点に注目してこそ、彼らが批判を覚悟で自誓受戒に臨み「如法」性の回復を希求したことの意味が充分に理解されるであろう。

(51)　近世前期の叡尊伝である『西大勅謚興正菩薩行実年譜』嘉禎二年条には「本朝菩薩通受自誓受具之元始也」とある（前注（2）『西大寺叡尊伝記集成』所収）。

(52)　〈冥〉からの照覧という宗教体験については、池見澄隆『慙愧の精神史――「もうひとつの恥」の構造と展開――』（思文閣出版、二〇〇四年）を参照。

(53)　受戒を可能とするために懺悔は必要であり、その完了を告げる好相は、自誓受戒を行った叡尊らにきわめて重視されたのだが、以後の教団においては儀礼テキストも整備され従他受となるゆえ、儀礼次第の中に懺悔が構造化される。しかし祖師の宗教体験の核とも言える好相の獲得もまた、別個に「好相行」として律宗教団に継承されてゆく。それは受戒儀礼の前行として課せられるもので、「好相日記」と呼ばれる聖教が伝来している。松尾剛次「夢記の一世界――好相日記と自誓受戒――」(『日本中世の禅と律』吉川弘文館、二〇〇三年)を参照。

(54)　神秘体験を至上視する中世の精神世界を描き出した研究として、佐藤弘夫『偽書の精神史――神仏・異界と交感する中世――』(講談社、二〇〇二年)は興味深い。

(55)　信如の夢想については、春日神の憑依・託宣を司る春日社の巫女と芸能の世界が、その背後にあることを阿部泰郎氏が論じている。『聖者の推参』(名古屋大学出版会、二〇〇一年)参照。

(56)　堀内寛仁「密教における戒律――苾蒭・勤策・近士授戒作法――」(日本仏教学会編『日本仏教における戒の問題』平楽寺書店、一九七五年)参照。

(57)　『大日本仏教全書』一一二巻、四八頁。

(58)　「伊勢御正体厨子納入文書」(『西大寺叡尊伝記集成』三三三頁)。この他、『律苑僧宝伝』の「信空伝」には、鏡恵による三輪神の「託宣記」の存在が記され、「源秀伝」にも鹿島神の神託があったとされ、「澂禅伝」にも自身が体験した「諸神顕現」に基づく「神託記」があったという(彼らはすべて叡尊の弟子)。また覚盛から受戒した戒壇院中興円照の伝記『円照上人行状』(『続々群書類従』第三所収)では、彼が春日神の霊夢に導かれ良遍に師事したとされ、覚盛の孫弟子である導御の諸伝記には、彼が春日神の申し子であり、夢殿で聖徳太子を祈念したところ童子に憑依して託宣があったことが記される。さらに南都系の戒律復興僧としての明恵には、瞑想中に示現した文殊菩薩から託宣を受け、『持戒清浄印明』(諸寺に多数の伝本あり)を授かるという神秘体験が伝承されており、全く同様の伝承は叡尊にも確認され、『仏性三昧耶戒灌頂印信』が西大寺に伝来している。戒律と神秘体験の繋がりを明示する興味深い事例であるが、詳細は別稿に譲る。夢想・託宣・予言などをめぐる日本のシャーマニズムの最近の研究としては、岡部隆志・斎藤英喜他『シャーマニズムの文化学』(森話社、二〇〇一年)が、シャーマニズム＝「超越的世界との交感・交信の技術または知の総体(七七頁)」という広い射程から、その可能性を拡張する議論を展開しており、本章もこうした視座に学んだものである。

(59)　高橋秀栄「笠置上人貞慶に関する新出史料四種」(『金沢文庫研究』二八六、一九九一年)。

(60) 戒律と神祇については、『行実年譜』弘安三年条によれば、叡尊が伊勢に参宮して天照に戒を授けたという伝承が見られ、また『本朝高僧伝』の「貞慶伝」は、笠置寺般若台で春日神が貞慶から受戒したと伝える。
(61) 平岡定海『日本弥勒浄土思想展開史の研究』（大蔵出版、一九七七年）所収。
(62) 『聴聞集』には、「笠置上人於テ春日ノ御宝前ニ論議ニ、大悲闡提ノ菩薩ハ悲門ハ終ニ雖ドモ無シト成仏スル義、依ル智門ニ故ニ必ズ成仏ス……」（一九八頁）という貞慶の説が引かれる。この「大悲闡提菩薩」は中世法相論議の重要なテーマで、衆生救済のため最後まで成仏しない菩薩のことであり貞慶が強調したものである。貞慶は春日神も、かかる「大悲闡提菩薩」と見なして崇敬したのかもしれない。
(63) 『大日本仏教全書』一〇五巻、五五頁。
(64) 『大日本仏教全書』一〇五巻、二四七頁。
(65) 日本思想大系『世阿弥・禅竹』四一四頁。
(66) 前注(2)『西大寺叡尊伝記集成』二五〇頁。
(67) また中世南都律僧は自ら中世神道説をも担ってゆくのだが（円照作『無二発心成仏論』、叡尊弟子の宣瑜作かとされる『三輪大明神縁起』、西大寺十一世長老覚乗記『天照大神口決』など）、そこには「戒律」の要素が一切介在してこない。この点については南都律宗と神国思想（国家イデオロギーとしての神祇信仰）の問題とともども稿を改める。
(68) 土橋秀高『戒律の研究』（永田文昌堂、一九八〇年）三五二頁。
(69) 前注(1)松尾著書『（新版）鎌倉新仏教の成立』一九二頁参照。
(70) 慈雲に関する最近の研究として沈仁慈『慈雲の正法思想』（山喜房佛書林、二〇〇三年）があり、また『戒律文化』三号（二〇〇五年）が、「慈雲尊者と正法律」という特集を組んでいる。
(71) 志玉と春日神をめぐっては、本書第二部第七章を参照。
(72) 以上の諸テキストのうち、『根本僧制』『高貴寺規定』『律法中興縁由記』『十善之系統』（尊者御所持本）は『慈雲尊者全集』六巻所収、『人となる道』は『慈雲尊者全集』一三巻所収。
(73) 有厳などは叡尊らとともに如法の比丘となったはずだが、何ゆえか後に退転して比丘戒を捨て、八斎戒のみを保ち斎戒衆の祖になったとされる。前注（1）細川著書参照。

（74）　貞慶も『戒律興行願書』で、戒律の衰退を「追レ時漸衰、必然之理也」「実是時代之令レ然也」と述べている。一方、中世叡山では、一度受戒したならば戒体は不滅（一得永不失）であるという戒体の絶対性が強調され、破戒を度外視する傾向も見られる。そこでは南都のごとき意味での、「如法」性の問題は浮上し難い。

補記　『興正菩薩再興三聚浄戒神秘事』『自誓受三聚浄戒作法』『受戒好相前行法則』『好相六時前行法則』『好相アルノコト』（以上、西大寺蔵）『自誓受三聚浄戒作法』（佛教大学図書館天性寺文庫蔵）『通受自誓受作法』（龍谷大学図書館蔵）『自誓通受戒作法』『自誓受苾蒭律儀問訣』『自誓受苾蒭律儀方軌』（以上、大谷大学図書館蔵）といった授戒儀礼次第書の調査も実施している。いずれも近世の聖教であるが、自誓受戒の実際を分析する上で重要なテキストと思われ、いずれ改めて論じる必要があろう。

第七章　春日神に抗う南都律僧

――死穢克服の思想――

はじめに

前章では鎌倉期南都の戒律復興運動の内実について、授戒儀礼と宗教体験の視座から論じたが、本章では説話における律僧の問題を分析することで、中世の戒律世界をさらに追尋してゆきたい。

『発心集』や『沙石集』などの著名な中世の仏教説話集には、慈悲心から民衆の葬送を行い、しかる後に恐れつつも神社に参詣した僧に対し、神は死穢を咎めず賞賛するという話が見える。かつて渡辺貞麿氏は、物忌みしなくなることを「神の中世的変革」と捉えて、その先駆として山王神の説話を高く評価された。そして死穢（穢れ）の禁忌と仏教の慈悲との矛盾を中世の神が主体的に引き受け慈悲を優先させる過程を、神の側に身をすり寄せる文体で描き出した(1)。一方で説話文学研究においては従来、注目されていないが、中世に活躍した南都律僧にまつわる伝記的資料には、彼らが葬送を行いそのまま神社に参詣したため、神はこれを厳しく咎めるものの、逆に仏教的な論理によって論破されるという興味深い説話が存在し、こちらも例外視し得ぬものである。後者の側から見た時、すでに周知のところである前者の説話は、改めてどのような位相にあると言えるだろうか。死穢（穢れ）／僧／神祇を三大構成素とする二種の説話を、本章では「中世死穢説話」と仮称し、類型的に把握して比較分析する。

また中世仏教史研究においては、「官僧」に対し本寺の交衆を離れ種々の制約から自由な立場となって多様な宗教活動を展開した僧侶の類型を「遁世僧」と把握している。かかる遁世僧のセクトとして律宗・禅宗・念仏宗が知られており、彼らが様々な官僧としての制約を離れ、穢れを忌むことなく葬送活動を行い、民衆救済を行ったことが論じられている(2)。説話に現れた神の姿の変容に焦点を絞った渡辺氏は、中世的な神と比較するため、平安時代の穢れ禁忌には論及されたが、中世における穢れ禁忌の社会（宗教界と世俗双方を含む）的実態にはほとんど触れられることがなかった。そこで中世仏教史の成果をも踏まえることで、二つの「死穢説話」の意味と機能を中世社会における穢れ忌避の実態も考慮しつつ捉えてみたい。ことに南都律僧の説話の位置付けにおいて、そのことは重要である。本章ではかかる問題意識のもとに、触穢観念の代表である死穢の克服という仏教的課題について考察を加える。そうすることで古代以来穢れの問題を核とする神祇信仰が、中世においてどう変容したのか、あるいはしなかったのかということがある程度鮮明になると考えられる。

一　死穢を容認する神

では具体的に死穢をめぐる神祇と僧侶の関係を、中世の仏教説話の中に見てゆくが、物忌みしない（穢れを忌まない）神ということについては慎重を期したい。流布本『発心集』四―十話「日吉の社に詣づる僧、死人を取り奇しむ事」（これは異本にも見られる）は、ある僧が日吉社に百日参詣を志すが、八十余日めに母を亡くして深く悲嘆に暮れる女に出会う。日吉社に近く「神の事しげきわたりなれば……」ということで葬儀も行い難く、どうしようもないと聞きもらい泣きしてしまう。僧は心を固め神もお許し下さるだろうといって、夜陰に紛れて死体を他所に

移し弔った。しかし僧は、

生れ死ぬるけがらひは、いはば仮のいましめにてこそあらめと強く思ひ、暁、水あみて、これより又、日吉へうち向きて参る。道すがら、さすがに胸打ちさわぎ、そら恐しき事限りなしとひどく慄く。さらに日吉二宮付近で、託宣神である十禅師神の憑依した者に呼び止められると、

心おろかなるやは。されど、のがるべき方なくて、わなくわななくさし出でたれば……身の毛よだちて胸ふたがりて、生ける心地もせず

という有り様である。それに対し十禅師神は、

人に信をおこさせんが為なれば物を忌む事も又、仮の方便なり。さとりあらん人は、おのづから知りぬべし。ただ、此の事人に語るな。愚かなる者は汝が憐みのすぐれたるより、制する事をば知らず。みだりにこれを例として、わづかにおこせる信も又乱れなんとす。もろもろの事、人によるべき故なり

と丁寧に説き示したのである(3)。

僧は一度は、穢れを形式的なものだと考えながらも、神の怒りを思い恐怖に駆られ、一方で神は穢れを「仮の方便」と語ることで僧の理解に肩を寄せる形である。しかしそれは、余人に語ってはならぬと神に禁じられる。なぜなら穢れ忌避意識こそが神祇に対する人々の「おこせる信」の内実だからである。そして「人によるべき」とあるように、穢れの容認は慈悲深い（「憐れみすぐれたる」）この僧の特例なのであり、かつこの僧が穢れ忌避の神祇信仰をきわめて強固に内面化していたがゆえである点、そして「此の事人に語るな」と警告された点を見落としてはなるまい。神による穢れの容認説話は、禁忌を犯した僧を神が賞賛するという一見逆説的な展開である。そこには慈悲心に基づく禁忌の侵犯が、渡辺氏の注目したような和光同塵に象られる中世的な衆生を救済する慈悲の神とい

う存在を、顕現させる構造が巧まれていよう。だが僧が「穢れによる神の怒り」を恐れるという古代以来の心性を保持する限り、死穢忌避の観念は中世においては中世的な形で、こうした慈悲の神が設けた「仮の方便」の裡に温存されていると見るべきではないか。そのことは次の説話がよく物語る。

慈悲の神については『沙石集』に顕著だが、まずは異本『発心集』四―三十七話「侍従大納言の家に、山王不浄の咎めの事」を見よう（本話は異本にのみ確認される）。これは死穢の問題かどうか限定できないが、不浄を咎められて病に伏した侍従大納言成通の祈禱を行う堪秀の前に、ここでも十禅師神が童女に憑依し現れたので、彼は毅然として神に、

何ノ経文ニカ、物忌セヨト説レタル。諸法ハ浄不浄无シトコソ侍ルニ、カク由シ无キ事ヲ咎メテ、人ヲ悩給フ事、太ダアタラヌ事也

と投げつける。それに対し神は、

ワ僧ハ学生トシテ、カクナマザカシキ事ヲハ言フカ。我ハ諸ノ聖教ニ、皆ナ文字毎ニ物忌セヨトノミ説レタルト見ルハ。ワ僧ノ学文ハ文ノ内ヲハ見ヌカ

として、さらに、

生死ヲ厭フ教ヘニ至リテハ一切ノ経論皆同シ心也。然ルニ、諸ノ衆生愚ニシテ空ク往キ反リスルヲ見レハ、生ル、モ悪ク、死スルモ悪キ也。是ニ依テ、衆生ヲ助ケンガ為ニ跡ヲ垂タレトモ、猶ヲ生死ヲハ忌メト禁メタル也。ワ僧ハ学生也。サラバヨシ、生死ナ厭ヒソト言文ヲ出セ。サレハ我レ物忌セシ

と託宣でもって答えたのである。僧は感動し非礼を詫びて神の物忌みの論理に信伏し、結局「今マヨリハ、我レ物忌仕ラン」と誓ってしまったのである。

「諸法ハ浄不浄无シ」とは、現象世界のあらゆる事物は本来的に無自性であるという仏教の根本的な空思想に基づく言明である。正に穢れを乗り越える論理が語られているのであり、本章の問題関心からしても注目せねばならない。しかしここでは神によって生死を厭うという出世間の価値観が、生（出産）と死の穢れという世俗的な禁忌の問題に巧妙にすりかえられている。(4) つまり空の衝撃よりも中世的理屈が勝り、穢れを忌むことが仏道を行ずることと同義となってしまう。そうなれば堪秀にこれを否定する必然性はない。穢れは克服されずに改めて仏教的に温存された結果となった。渡辺氏によればこの理屈は、『耀天記』や『諸神本懐集』他、後の仏家の神道書にも継承される。僧侶にとって仏教と神祇信仰の矛盾点を回避するのに、きわめて都合良く機能したのである。

そして『沙石集』の一―四「神明慈悲ヲ貴給事」には、「和州三輪ノ上人常観坊」という真言僧の説話がある。(5) 常観坊は吉野山参詣の途路、病で母を亡くし父も不在という境遇におかれた三人の子供が泣いているのに遭遇し、慈悲心から死体を野辺送りにして弔った。死穢のため吉野への参詣を中止し、三輪へ戻ろうとしたところ「身スクミテ、ハタラカレズ」という状態に陥る。「アハレ思ツル事ヨ。垂跡ノ前ハ密キ事ト知ナガラ、斯ル事ヲシツル時ニ、神罰ニコソ」と思い、しかたなく試みに吉野山に向かって歩いてみると少しの煩いもなかった。しかしなお死穢の恐れもあったので、遠くの木の下から神に祈りを捧げていると、吉野の神が社の巫女に憑依し走り寄ってきたので、神の怒りかと恐れていると「イカニ御坊、此程待入タレバ、ナド遅クヲハスルゾ。我ハ物ヲバ忌マヌゾ。慈悲ヲコソ貴クスレ」と語り、常観坊はありがたく思えてただ泣くばかりであったという。自身の本貫地である三輪の神に激しく拒絶された僧の行いを、吉野の神は慈悲深く納受したとされる点が、流布本『発心集』四―十話以上に印象的である。(6)

これに続けて、死穢とは直接には関わらないが、かつて恵心僧都も吉野に参詣の際、巫女に憑依した神と天台の法門について問答した時、神は教義の核心部に及ぶと急に思案しだし、「余ニ和光同塵ガ久ク成テ忘レタルゾ」と答えたことを、無住は「中々哀レニ覚レ」などと評している。さらに尾張の熱田神宮に性蓮房という僧が母の遺骨を携え高野山に参詣するついでに立ち寄ったところ、神官は遺骨を当然穢れと見なし、社頭に宿ることを許可しなかった。そのため門の脇で通夜していたところ、神の夢告を受けた神官がやってきて神殿に迎えようとするので、「母ノ骨ヲ持テ候ヘバ、エ参ラジ」と固辞するも、神官は「大明神ノ御下ニテハ、万事ヲ神慮ヲ仰ギ奉ル事ニテ候。今夜斯ル示現蒙リヌルウヘハ、私ニ忌奉ルニ及バズ」と答えた話を記す。

常観坊の説話は『沙石集』の影響下にあると見られる『金玉要集』巻十「三輪上人吉野参詣事」に同話が収載され、『直談因縁集』巻四では簡略化されて三輪の地名が欠落し、中世南都仏教の立役者である貞慶の話になっているが、同話が収載され、また『元亨釈書』巻十二にも見える。他に『類聚既験抄』にも三輪上人・恵心僧都・性蓮房の三話が簡略な形で記されている。そして三輪流神道の創唱者とされる鎌倉前期の僧慶円の弟子が記した『三輪上人行状』にも、

聖人参二詣於八幡宮一。戌始許歟。青女房立二小家之門一。悲泣歔欷。問レ之。答曰。去夜老母忽逝去畢。欲レ葬不レ叶。悲中之悲云々。相訪。臨二夜陰一負レ之。但垂跡前。忌二穢気一故。其夜祗二候馬場仮屋一……稍及二深更一之間。男一人来示曰。無縁葬事。尤奉二納受一。非レ所二禁忌一。近可二来謁一云々[7]

とある。簡略で文も稚拙なため臨場感に乏しいが、八幡に参詣しようとした時、母の死を悲しむ家の門に立った慶円は、穢れを承知で夜陰に紛れて死体を自ら背負って葬送し、憚りがあるため神社の馬屋に夜を明かさんとしたところ、神の化身と思われる男が現れ「無縁葬事」を嘉し、穢れを忌まず慶円を神殿近くに迎えたという。なお『三輪上人行状』には三輪神は全く登場しないが、『沙石集』はこれがベースであろうか。

以上の説話群から山王をはじめ、熱田・八幡・吉野も死穢を容認しており、中世ではこうした諸大社を筆頭に神社信仰において穢れが容認されてゆくような状況が一応あったかに思える。また最近の研究によれば、死穢の本質とは死者を出した家族以外がこれを忌避することにあるとされる(8)。言い換えれば家族にとって身内の死は特に穢れではないのである。ゆえにあくまでも葬送は家族の務めであり、穢れるため他人はタッチできないので、貧しい庶民は葬儀を行えず、死体を遺棄する結果となる。『発心集』『沙石集』などに現れるのは正にそうした庶民であるとされる。彼らに憐れみの手を差し伸べる死穢説話の登場は、中世仏教界におけるそうした慈悲の理念の存在を明確に示すし、神祇信仰と穢れ観念の展開において確かに重要である。

だが『発心集』の説話は、穢れ禁忌の仏教的意味付けとしても機能するのであり、無住自身は『沙石集』一―八「生類ヲ神明ニ供ズル不審ノ事」では「物ヲイミ、祭リヲ重シテ、法味ヲ奉ル事スクナキハ、返々モ愚ニコソ」と述べ「本地ノ御心ニ叶フベキ」ことを勧めているので、物忌みの風習に批判的であったのだろうが、常観坊の説話自体は例外的な穢れの容認に留まるものと見るのが適切であろう。なぜなら三輪神が死穢を忌む態度を翻したとは一切語られず、常観坊説話は反面で神に拒絶された僧の物語でもあるからだ。もし真に死穢の禁忌の否認を主張したいのならば、何よりも常観坊の本貫地である三輪の神が、これを許容する話柄にしなくてはならぬはずで、これではAの神は許したがBの神は許さなかったということにしかならない。なお「身スクミテ、ハタラカレズ」という状態は、吉野の神が常観坊を召して三輪へ返そうとしなかった意味に解する余地もあるだろうが、常観坊自身がこれを三輪神の「神罰ニコソ」と受け取っている点に、やはり三輪神の〈拒絶〉にウエイトを置いて読むべきことが示されている(9)。さらに『三輪上人行状』も、全体が慶円のシャーマニックな霊能を称揚する内容であるから、八幡神の死穢容認も彼の聖者性を印象付ける奇瑞という意味になり、特例的で普遍性に乏しく、直ちに死穢を否認する論理の提示とは見なし難い。

こうしたことは、次に中世に活動した南都律僧にまつわる説話を確認してゆくことでより明瞭となるのである。その上で、穢れを容認する神の説話の存在と、僧侶の実際の行動や神社における神祇祭祀の実態が、どれほど照応しているかということを考えてみなくてはなるまい。

二　死穢を克服する律僧――志玉と春日神／覚乗と天照大神

貞享元年（一六八四）に東大寺内の律院であった真言院の重慶が編纂した、律宗の代表的僧伝としてつとに知られる『伝律図源解集』の志玉伝をまず紹介したい(10)。志玉（一三八三～一四六三）は東大寺戒壇院十六代長老である。明に渡航し皇帝の面前で『華厳経』を講じて普一国師の号を与えられ、足利義教の帰依も篤く授戒している。後に鎌倉の称名寺や極楽寺などの律院に住した。また諸国に勧進して讃岐国の屋島寺を再興し、八十一歳で栂尾高山寺に示寂した。

勧進活動も中世律僧の特色であり、屋島寺再興も説話性豊かに語られているのだが、次のような神祇関係の説話に今は注目したい。

一公（普一国師＝志玉）或時有レ縁白毫寺辺貧人逝去之焼香ニ来臨ス。帰寺ノ次而春日社ノヘ参詣。然間山内俄曇テ黒雲覆レ社ニ。大風吹レ山毀二樹木一。雷電大震二動ス神社一。神人方々逃去。于レ時権現自排レ戸出現。則詫曰。聖人穢体ニシテ来。我忌レ之。一公答曰。始知衆生本来成仏。生死涅槃猶如二昨夢一云云。是則縁覚経文也。大明神和光同塵ニ接ハリ忘玉ヤ否ヤ。明神無言シテ歌ニ曰。我レ昔シ説置ク法リヲ忘ル、ハ。和光ノ塵ニ交ケリ。如レ是御詠歌在。自今已後此ノ文ヲ不レ可トテレ忘。擲二御幄ヲ一入二玉フ社壇ニ一也。

白毫寺辺の貧人の葬儀に関わったまま、春日社に参拝した志玉に対し、神はこれを厳しく咎め猛烈な祟りを発している。社の神人もこれを制御できず逃亡するが、志玉は出現した神と対峙し、「縁覚経」（『円覚経』）の「始知衆生、本来成仏、生死涅槃、猶如昨夢」という偈文を唱え、神として垂迹したため、本地である仏の教えをお忘れになったのかと切り返している。これに対して春日神は、長い間神の身であったため、仏教の教義は忘れてしまったと、いささか言い訳がましく和歌に託して答える。そして御幄を擲って社殿の内に後退する姿からは、志玉が見事に神の荒ぶる力を鎮めた様が際立つ。これは元禄二年（一六八九）に慧堅が編纂した『律苑僧宝伝』巻十四の「戒壇院普一国師伝」にも、若干簡略化した同内容の伝承が記されている(11)。

さて「自今已後此《ノ》文《ヲ》不レ可レ忘《トテ》」とは、『円覚経』の「始知衆生本来成仏、生死涅槃猶如昨夢」という偈文を指している。この『円覚経』のごく短い偈文の意味を、説話の文脈の中で敷衍的に捉えてみると、「衆生は本来的に仏なのである。生死輪廻する煩悩の世界と悟りの世界とはもともと一体であるから、生き死にの分別に実体などないのである。よって死穢などあろうものか」という言明として理解できる。この偈文は、仏と衆生が本来的に一体であるという真理を開示することで、死穢克服の論理を導いており、怒り狂う神も説き伏され沈静化せざるを得なかったのである。『円覚経』の偈文は、死穢克服の強力な呪文として機能しており、仏法を忘れた神はあたかも「実社神」を思わせるかのようでもある。前章で論じた律僧の守護神という仏法に帰した相貌をかなぐり捨て、穢れを忌み嫌う神祇本来の姿を露わにした春日神と志玉は出会ってしまったのだと言えようか。

死穢をめぐる中世南都律僧と神祇信仰の衝突といえる事例を、戒壇院長老志玉の伝に確認したが、これと頗る類似した説話が存在する。それはすでに松尾剛次氏が紹介している西大寺十一代長老覚乗（貞治三年〈一三六四〉没）

にまつわるものである[12]。これも近世資料であるが『三宝院旧記』によれば、覚乗は「天照皇太神宮之御氏寺」とされる、伊勢国の岩田山円明寺という「律宗禁戒之古刹」に住した。知られるように律と真言を兼学する叡尊は伊勢内宮に対する信仰が深く、西大寺流律宗は伊勢地方にも展開し、孫弟子の覚乗はその中心的人物であった[13]。そして覚乗は天照の本地を感得せんとし、そのためのイニシエーション（通過儀礼）としての百日間の伊勢内宮参詣を志す。

雖二風魔雨難一、一日不二懈怠一、到二結願之日一、過二斎宮一懸、有二旅人死亡者一、向二覚乗一乞二引導一、不レ辞者道之常也、即令二導師一、而後到二宮川畔一、一老翁出来向二覚乗一曰、即令二葬儀一、汚染不レ無如何、覚乗云、清浄戒無二汚染一、然相二応末世一、一旦帰二向寺一乎、問答未レ了、白衣童子不レ知二来処一、忽然而出、告二覚乗一、詠云、マテシハシ忘テンケリ久堅ノ□□ノ塵ニ交リテノチ、又偈云、月障月水清浄水、光明平等本来成就、自今以後、従二円明寺一来者無レ汚、告畢如レ影滅矣[14]

この後、さらに神との交渉を経た果てに本地仏が感得されるのであるが[15]、今は志玉と同様に、「不レ辞者道之常也」という態度で葬儀を行ったまま神に参じ、死穢を咎められた点に絞る。覚乗の場合は清浄なる戒律の力によって護られているため、穢れることはないのに一度寺に帰れというのかと、神の化身に反論している。これに対し天照は和歌をもって答える。春日神と同趣旨の歌であるから「□□ノ塵ニ……」部分は「和光ノ塵ニ……」である。さらに『円覚経』からではないが、死穢の他に女性の月の障りも本来清浄とする偈文を説き、覚乗だけでなく円明寺から来るすべての人について、穢れを問わないことを表明している。

春日神ほどに荒ぶってはいないが、二十二社体制の最高位にある伊勢内宮でさえも死穢を問わなくなったと、中世の律僧は主張していた消息が窺え、また春日・天照ともに律僧と死穢をめぐって対立があったとされる語り口に注意しておきたい。ここまでは志玉・覚乗ともに近世資料によって瞥見したのだが、神威をも頼むことになる国家的法会に勤仕するため触穢を忌避した官僧に代わって、鎌倉末からは禅僧・律僧・念仏僧が王家の葬送を専門に行っていくことが中世仏教史では論じられており、鎌倉後期の歌論書であり神国思想に立つ『野守鏡』下巻には、

しかるを禅宗のともがら神国に入ながら死生をいまざるがゆへに、垂跡のちかひをうしなひて神威皆おとろへて其罰あらたならず。是につきていよいよはゞからざるがゆえに、鬼病つねにおこり風雨おさまらずして人民のわづらひをなす

という禅宗への批判が見られる。(16)かかる事例から葬送に従事する中世の遁世僧たちには、ことに神祇信仰への対応として、それなりに死穢克服の論理が存在したはずであり、律僧は上記のような説を用いたのであろう。またそうした論理と説話が、近世になってから成立するという必然性は認め難い。

そして『沙石集』が、葬送の後に神に参詣するも死穢を忌まぬという容認を得た話に続けて綴る、神が長きに亙り垂迹しているため仏法を忘れたという恵心僧都説話は、明らかに志玉・覚乗の説話要素とも重なるため、律僧の伝承も中世説話と見て過つまい。おそらく恵心僧都説話との類似性からも、『沙石集』のような説話を南都律僧が受容しその主張が改変され、神が仏法を忘れたことは「中々哀レニ覚レ」などと評価されるべきものではなく、批判対象と化して、覚乗説話や志玉説話に変形されたというルートが想定されるのではないか。さらに異本『発心集』四―三十七話も堪秀が神に論駁する要素については、影響関係が想定されよう。

さて覚乗の説話に注目して律宗の葬送従事と穢れの問題に言及された松尾氏は、「もっとも、『発心集』『沙石集』といった説話集には、神社に参詣しようとした僧侶が、参詣の途中で若い女に母親の葬送をたのまれ、葬送をひきうけた後で参詣しようとし、御神体が現れて賞賛される、という類型の説話がある。それゆえ、覚乗の話も、その

一つのバリエーションとも言えるが、決定的に重要な点は、覚乗個人の穢れが無とされただけではなく、「円明寺から来るもの」といった具合に、いわば叡尊教団の僧侶集団全体が穢れていないとされている点である」(17)とされ、そこに例外的な個人ではなく、組織として西大寺流の律僧たちが、葬送活動に取り組める根拠を見ておられ妥当な見解と思われる。志玉の場合、『円覚経』の論理は戒律と直結するものではないが、覚乗説話の「自今以後、従二円明寺一来者無レ汚」に対応して、「自今已後此《ノ》文《ヲ》不レ可《トテ》レ忘」とあり、ともに「自今以（已）後」とされる点はやはり重要である。持戒の効験や『円覚経』の偈文によって、神（神社）に対し死穢禁忌への批判が恒常的・積極的に主張可能となったのであり、そこに中世律僧としての共通の志向性を確認できる。この点で覚乗・志玉の説話は、神と対峙しながらも結局、これに信伏した堪秀を描く異本『発心集』四―三十七話と、決定的に射程を異にするのである。

そしてさらに本章で特に問題にしたいのは、律僧と神の緊張を孕んだ対峙というシチュエーションである。『沙石集』には「神明慈悲ヲ貴給事」と題されているごとく、主題はやむにやまれぬ葬送に象徴される死者と遺族へ向けられた「僧侶の慈悲」を、神が賞賛し死穢を容認したことである。そしてそのことを通して、むしろ深く印象付けられる「神の慈悲」こそが真の主題である。ことに『金玉要集』では『沙石集』を受けて、慈悲を貴び穢れを忌まぬとする実に晴れやかな神の言葉に続け、仏法を忘れたという挿話は省き、

本《ヨリ》我朝神国《ナレバ》、上古末代神明《ノ》利益勝《レタリ》。大師先徳《ノ》建二立《シ》寺《ヲ》一必《ス》勧請神《トテ》、奉レ崇《メ》。和光《ノ》方便離《テ》、仏法《モ》難レ立《ニヤ》……神国《ニ》受レ生、神《ノ》子孫《トシ》、神気《トヲ》一《ニシテ》開闢《セシ》身《ナレハ》、尤《モ》可レ仰二神恩一者哉(18)

という神国思想の唱導によって結ばれるのである。これは穢れを容認する説話が、『野守鏡』の立場とも背反しない性質のものであることの証しである。逆に覚乗・志玉のように僧が神と対峙する話柄では、予定調和的な神国の

宣揚はたやすく結果できない。このように覚乗や志玉の説話は、『発心集』『沙石集』などと比較した場合の差異は明らかである。

慈悲による特例的な穢れの容認と、神との正面からの対峙を通過し、積極的に穢れ禁忌を批判することでなされてゆく、穢れに対する恒常的な克服はイコールとは言えず、慈悲による穢れの赦しは、論理による穢れの否認を、単純に導いたり保証したりするものではない。そこには「自今以後」という神の確約が欠落しており、何よりそれは神を論破することによって獲得されたものなのである。

三　死穢克服説話の思想

それでは如上の議論を踏まえて、本章で重視する南都律僧の説話を支える仏教思想の問題を瞥見し、次いで周辺資料に比較的恵まれた志玉説話を中心に、その説話生成を律僧の宗教活動に繋げて論じたい。

律僧は死穢を恐れないのだが、覚乗の場合それは律僧の律僧たる所以である、戒律護持の実践による清浄性という宗教的な力に裏打ちされていた。古代国家も官僧に治病や祈雨などの祈禱呪力の源泉としての戒行清浄を強く求めていた。平安前期の豊安の『戒律伝来記』には、「以二僧一百五十戒尼五百戒一授二与此土出家之類一。住二持仏法一鎮二護国家一……」[19]とある。中世でも唐招提寺中興の覚盛が書写した『覚盛願経』の奥書に「当年旱損、過レ此次年国土豊饒無レ並云々、当世持戒持律之威徳力歟」[20]とあり、西大寺叡尊の『興正菩薩御教誡聴聞集』「持斎祈雨事」にも、

爰以各持レ戒唱二宝号一給バ、善龍ト天人ト得レ力、自可レ下レ雨……此旱ハ非二僧ノ過一、国土ニ造レ悪故ニ衆生ノ業

報也。如レ此持レ戒修レ善給ハヾ……[21]

とある。また叡尊の「伊勢御正体厨子納入願文」の第三文書には、元寇に伴う鎮護国家祈願に際して、神祇に対し持戒清浄僧の法楽が有効という認識が見える。[22] 持戒清浄の功徳によって国家・国土を鎮護し豊楽ならしめんとする思想は、戒律の呪術性に由来するもので、古代から重要な機能として継続していたが、中世ではさらに持戒清浄の効験として、穢れ克服の機能も備わり、葬送活動などを可能としたことで民衆との直接交流が開かれたのである。

志玉の場合は穢れ克服の論理は、『円覚経』によって根拠が与えられていた。『円覚経』はつぶさには『大方広円覚修多羅了義経』という。中国成立の偽経とされ、仏性・如来蔵思想を積極的に推し進めた内容を持ち、衆生の世界と仏の世界の間の距離をゼロにする志向性を有す。中国華厳教学の大家である唐代の圭峯宗密は、『円覚経疏』などの詳細な注釈書を著わしており、華厳宗のみならず禅・天台でも広く重視された。[23] 日本中世の仏教思想においても、中国仏教の影響下に本経は重要な位置を占める。

たとえば恵心僧都源信に仮託される本覚思想文献であり、現象世界のすべてを根本原理である「真如」からの流出・顕現として捉え、自己の〈心〉をその真如や仏と同一視することで絶対化する『真如観』[24]は、「万ノ人ハ皆、一切有情ニ悉心有ト知レリ。其心ガ性ヲ仏ト名ク。サレバ虫蟻ケラ皆心有レバ仏也ト聞ヌ」「此則一切衆生ノ胸ノ間ノ心蓮華台ハ、両部諸尊ノ所依、無始ヨリ以来、我身ノ胸ノ間ニ住シ玉ヒケル」「我身真如也ト知リテ、我及一切衆生悉具仏性ナリ」といった衆生と仏との一体観を執拗に説示する中で、「大円覚経云、始知衆生本来成仏、生死涅槃猶如二昨夢一……」として引用する。この他の本覚思想文献にもよく見られ、『円覚経』による仏と衆生の一体観が本覚思想形成に与えた影響は無視できない。また華厳教学を重んじた明恵の『持経講式』は『円覚経』『華厳経十無尽品』『華厳経出現品』の三部を讃嘆する儀礼の次第書であるが、その第一段末尾で「南無大方広円覚修多羅了義経生々世々値遇頂戴」と唱え、「如二経云一。始知衆生本来成仏。生死涅槃猶如二昨夢一文」と引かれる(25)。また志玉自身も華厳を研鑽しており、その方面から『円覚経』に精通していことが推定され、『円覚経』を決め手とするあのような説話の結構となったとも言える。

さらには金沢文庫に蔵される達磨宗の文献である『成等正覚論』にも『円覚経』は顔を覗かせる。『成等正覚論』も〈心〉を重視する禅思想を披瀝するが、「自心即仏」「即心即仏、仏即衆生」を説示する第二段の末尾は、『持経講式』同様に「始知衆生本来成仏、生死涅槃猶如昨夢」という件の偈文で結ばれている(26)。日本中世では『円覚経』と言えばこの偈文に象徴されるのであり、広く享受されたことが分かる(27)。

『円覚経』を導入していた『真如観』には、さらに、

> タトヒ破戒無慙ナリ共、懈怠ヲダニセズバ、帯ヲセズ臥ナガラモ、只須臾ノ間モ、我身真如ナリト思ハン計ヲ、極テ安ク憑シキ事ヤハアル

という一節があって、あるがままの現実肯定的な性質がよく現れている。持戒を重んじた栄西の『興禅護国論』「第三世人決疑門」で「無二悪不レ造之類也」と厳しく指弾された達磨宗は、

> 無レ行無レ修、本無二煩悩一、元是菩提。是故不レ用二事戒一、不レ用二事行一、只応レ用二偃臥一。何労下修二念仏一、供二舎利一、長斎節食上耶云云(28)

と修行無用論を豪語していたという。達磨宗も『円覚経』を用いており、本覚思想的な傾向がきわめて濃厚な禅宗である。『真如観』と達磨宗の主張は、持戒という実践を軽視、あるいは無視する点で共通する。

鎌倉期の戒律復興は、かかる本覚思想によってもたらされた仏教界の造悪・破戒傾向への批判として展開されたが(29)、それゆえ仏と衆生の一体思想（煩悩即菩提）を打ち出す内容によって、破戒をも正当化した人々に受容され

ることとなった『円覚経』が、最も重度の穢れである死穢の克服論理として律僧の説話にも受容されたことは逆説的な現象に映るかもしれない。ともあれ志玉説話の場合は覚乗とも若干異なり、持戒清浄ゆえに穢れを克服しているという律僧としての自己認識に立つわけではなく、仏と衆生の一体という大乗仏教通有とも言える原理論を打ち出し穢れの否定に及ぶ点に、律僧というセクトや出家者の限定を超え、さらに普遍的な方向性が内包されていると評価できようか。

次に志玉と春日神の説話を素材に、中世南都律僧の神祇観を確認し、そこから彼らの宗教活動と説話生成の問題に移る。神は死穢を厳重に拒んでいるが、律僧はこれを全く忌避していない。律僧は実際のところ春日神をどう認識していたのか。

前章で詳述したように、鎌倉時代の嘉禎二年（一二三六）には、叡尊・覚盛らが自誓受戒を実行し、廃れていた戒律の興行がなされ、西大寺・唐招提寺を中心に民衆や非人の救済といった活動が展開される。志玉の住した東大寺戒壇院は、これを中興した円照が、真言院を中興した実兄の聖守ともども覚盛の弟子となったことから、鎌倉中・後期には戒律復興によって新たに成立した中世的な律宗教団の一角となった。鎌倉末期の『唐招提寺解』によれば、すでに院政期に南都の戒律復興を志していた中川実範に関して、

> 年序稍久。興行更非二人力之所一レ及。我能可二祈請一。汝可レ致二懇祈一。実範上人専可レ仰二春日権現之冥助一。即企二春日社七日之参籠一。祈二律法之興行一之処。満二七日夜一有二霊夢一[30]

と伝承され、室町前期の『聖誉鈔』には、

> サレハ日本国ニ尼法ノ興行時到レリトテ。十六羅漢帝釈宮ニ参テ。御加護可レ在由仰ラルト。夢ニ見ル者アリ。又春日山ヨリ金ノ橋ヲ招提西大ニ渡シテ。大明神諸神ヲ具足テ。御影向アリテ。戒法ヲ守リ玉ト云。夢ヲ見ル

者アリ[31]として覚盛・叡尊らにより、ようやく如法の比丘尼教団が再建された記念すべき夜に春日神が夢中に影向するなどの説話が語られる。また叡尊自身が記した『金剛仏子叡尊感身学正記』の仁治二年（一二四一）条には、前年の飢饉のため多くの同朋が離寺する中で「如法自恣始勤㆓行之㆒、其夜暁感㆓夢想㆒、大明神御随喜由也、自恣以後、去年散在人多有㆓還住志㆒」[32]とあって、西大寺で苦境の中、如法の自恣（布薩ともいう戒律違犯を懺悔する儀礼）が挙行された夜には春日神の吉夢が感得されている。

このように叡尊・覚盛以後の南都律宗では、春日神は戒律・律僧の守護神であったことが判明する。およそ律僧にとって広く神祇とは、戒律を守護する存在として理解されていたであろうから、志玉の伝承に託された春日神と律僧の鋭い緊張関係を語る一幕は、律僧を守護する神という律宗固有の神祇観と、穢れを禁忌として祓い清めることを勤めとする神祇祭祀の実態との間に存する違和が感じられる。

四　死穢克服（志玉）説話の背景と白毫寺の一切経転読儀礼

そのことを志玉説話の、〈場〉の問題に即して考えよう。春日社の神苑に近接する件の白毫寺は、『大乗院寺社雑事記』長禄三年（一四五九）九月二十七日条によれば、興福寺一乗院の祈禱所と記されている。建武二年（一三三五）の『南都白毫寺一切経縁起』（以下『一切経縁起』）によれば、鎌倉時代に叡尊が復興している[33]。また叡尊・覚盛の戒律興行に助力した興福寺からの遁世僧である良遍がここに住したことが知られている。そして聖守も白毫寺に住し、円照もここで良遍に学んでいる。さらに円照の弟子凝然も白毫寺で講義を行っており、二代目住持も円照の弟子道照が勧めたように中世南都系律僧の集う地が白毫寺であった。また重要なことは、『一切経縁起』によれば白毫寺は本来、春日神が最初に鎮座した地であったとされ、神が遷座した後に弘法大師が旧社地を乞うて尸陀林となしたと伝わり、「古塚塞レ路也。未レ審二何世人一。新墳盈レ衢也。不レ知二誰家客一。都鄙埋レ骸。遠近運レ歩」とされるほどの葬送の地であったことである。尸陀林とは中世民衆の共同墓地（いわゆる三昧）であり、律僧がこれを管理していたことが指摘されている[34]。そして周知のように白毫寺は中世都市奈良の境界地域にあって、地獄の閻魔王とその眷属の冥官たちを本尊として祀る寺院である。叡尊・円照以後の白毫寺は彼ら上位の律僧のもとに、深く民衆と接触する下級僧・聖の集まった場であり[35]、付近の住民も賤視された人々であったろう。『大乗院寺社雑事記』からは、ここに非人宿のあったことも判明する。

この他、室町期に成立した春日社の真言系神道書である『春夜神記』には、

大明神、自二平岡一移二住南都白毫寺ノ前ノ焼春日一ニ、其後本宮移御ス、弘法大師其ノ後大明神有二勧請一、成二尸陀林一ト給畢、

神人得度勝地也、御遷座之後雷火落焼テレ之、故ニ云二焼春日一[36]

とあって『一切経縁起』が春日社の神道書にも導入されている。「神人得度勝地」の意味は今一つ不明確だが、得度＝成仏と考えれば「尸陀林」なのだから、春日社の神人の葬送も行われたということになる。事実、『大乗院寺社雑事記』明応五年（一四九六）閏二月十三日条では、春日社の神官である中臣祐仲の葬儀がここで執行されている。この他、『大乗院寺社雑事記』からは白毫寺で興福寺僧の葬送が行われていることが多々確認される。こうした葬送空間が春日社の根源地とされてゆく中世の縁起は、志玉の説話の仕組みとも明らかに通底している。

そもそも『一切経縁起』は、白毫寺の代表的な春の年中儀礼である一切経転読法要の縁起である。そのことは奥書に、縁起が製された建武二年の転読が、西大寺五世長老賢善や西大寺僧であり当時は白毫寺の住持であった定泉

らによって「整二舞楽之儀一遂二供養一訖」とあるように、壮麗な儀礼として挙行されたと記される点に明らかである。この一切経転読の儀礼は、道照が、

発レ誓云。夫法不二孤起一要藉レ人而弘。人不二自安一依レ神而住。冀崇二一切経巻一兮。鎮備二尊神之法味一。弥仰二四所霊応一兮。成三就釈教之弘通一。如レ是誓已

と発願したことに始まる。彼は一夏九旬の間、日々春日社で経典を読誦し、断食を行って祈ったところ「夢見下黄衣神人懸二円鏡於榊枝一授中与大徳上」という奇瑞があったとされる。その結果、「属《(託カ)》二大宋之賓客一。誂二於大宋之摺本一」とあるように宋版一切経を得たのだが、帰朝の際に船は大嵐に遭う。「或向二面於秋津一。高声唱二慈悲万行之宝号一。或繋二想於春日一。深心誦二唯識三十之本頌一」して、船員らは春日神に祈り、その加護により無事に帰還した。そして白毫寺に建立した経蔵に一切経を納め「遂二転経儀一」げたと言い、「転読之大功」は「毎年之恒規」として永劫に継続すべきものとする。このように縁起では、一切経転読の儀礼は春日神への法施であり、春日神の加護のもとに勤修されるものという理解が窺える。

　さらに今少し立ち入って見るならば、道照の発願は尊神之法味・釈教弘通と、一般化して述べられているが、縁起本文の末尾に「同離二三界之苦域一。共到二四徳之楽岸一」とあり、また白毫寺という場の特性を考えると、何よりも死者の追善供養の儀礼が一切経転読であることは容易に看取される。つまり奈良の境界に立ち死穢を不可避とする葬送の寺院たる白毫寺を代表する一切経転読は、春日神に加護された死者供養の儀礼であったということであり、かかる白毫寺という場に注目する時、律僧にとって春日神は死者と関わる神でも有り得たことが窺えるのである。現在でも西大寺には、『一切経釈発願法』〔59—31〕『一切経釈』〔59—32〕『白毫寺一切経法則発結作法』〔59—34〕『一切経作法　白毫寺』〔59—36〕『白毫寺一切経作法』〔59—37〕など多くの関係次第書類が伝来しており、往時の儀礼の様を推察することができる（〔　〕内は西大寺

聖教の台帳番号）。『白毫寺一切経法則発結作法』と『一切経作法　白毫寺』を例にごく簡単に儀礼次第を復元すると、1表白、2神分、3勧請、4転経（読）、5願文、6諷誦文、7発願、8四弘（誓願）、9仏名、10教化、11経釈、12結願廻向となる。これらは近世写本であるが、『一切経釈』は永享二年（一四三〇）写本である。このテキストは経釈の部分のみであるが、上記の一切経転読儀礼の次第書の「経釈」段に該当するので、おおむねこれらの次第書は中世の儀礼の形式を伝えていると判断される。次第を読むと以下のような文言が注目される。「点二十箇日之光陰一、終二五千余之金章一者也」（表白）のように、十日ほどを要して一切経全体を転読する大掛かりな儀礼である。また「皆是詮二唯識実性之妙理一」（表白）とあり、「経釈」でも法相宗における三時教判が重視されているように興福寺・法相宗との関係が現れており、「弥増二春日霊光之赫々一」（表白）のように、法相・戒律守護神たる春日神への法施の儀礼であることが表明される。さらに「為二貴賤霊等皆成仏道一」（神分）、「過去霊等出離生死証大菩提」（発願）、「過去諸霊等為レ令二三亡晴三菩提月朗二」（四弘）、「南無帰命頂礼諷誦威力、過去霊等往生極楽」（仏名）といった表現は見落とせない。むろん天下安穏・万民快楽・五穀豊穣といった祈願の詞も含まれているが、この一切経転読儀礼には濃厚に死者供養の色彩がまとわりついていることは疑えない。白毫寺ではなく西大寺で勤修された一切経転読儀礼の次第も同寺に伝来しているが、白毫寺のような死者供養の性質は顕著ではない。

　さて先に検討したことから明らかなように、穢れ容認の説話群は諸社において神の慈悲を説くために受容された、普遍性をもった話型であるが、一方、伊勢・春日を舞台にした覚乗・志玉の穢れを克服してゆく説話にも、担い手は律僧に限定されるものの、ある程度は同じことが言えるはずである。そこでは神との論理を伴う対峙というシチュエーションが不可欠であり、固有名詞である僧の名や神の名、そして穢れ克服の論理も、持戒の清浄性や『円覚経』の思想などおそらく複数存在したであろうものを、唱導の場に応じて置換し得る〈語り〉であったはずである。[37]むしろ話型こそが本質であり、極端に言うと志玉の説話が、たとえば穢れの象徴である非人を救済した叡尊や、その他の円照や凝然など白毫寺と縁のある律僧のものでもよいのであり、むろん舞台も白毫寺と春日社でなくともフレキシブルに機能する。

　そのように理解することで、これに南都系律僧の宗教活動の理念を表明する唱導説話という意味付けが可能となるのだが、志玉の説話が白毫寺と春日社に関わって語られることには、すでに述べたことから理解されるように充分な背景と計算があったのである。ここでの志玉は白毫寺に蝟集し葬送に従事する下級僧・聖の象徴的人物として現れていると捉えることができ、『一切経縁起』が、白毫寺の尸陀林の開創を古の聖人空海に求め、さらに春日神との関係を強調してゆく必要があったように、清浄な神域と隣接する葬送空間との軋轢を背景として、常に死穢に触れる彼らの要請が汲み上げられ高僧に託された中世説話として成立していったことを推測せしむるに充分である。そしてすでに『一切経縁起』からは、儀礼の起源として「死者と関わる春日神」の姿が透けて見えているのであり、春日神に加護される死者追善の一切経転読儀礼は、神の名の下に律僧の葬送活動を正当化する機制でもあったかと想われる。また説話において志玉が弔った「貧人」も『発心集』や『沙石集』に描かれた遺族がそうであったように、充分な葬儀も行えず無縁墓地としての白毫寺に持ち込まれてくる庶民的な死者の投影なのである。

　このように葬送に関わる中世南都の律僧たちは、死穢を容認する説話との巧みな差異化が図られた覚乗・志玉のようなラディカルなタイプの説話を必要としたのであり、そこには和光同塵の慈悲によって死穢を容認する神を称揚する説話に対し、和光の塵に交わりすぎて穢れを忌まないという本来の仏法を忘れてしまった神を批判する反転劇の妙がある。そして『発心集』や『沙石集』の説話で死穢観念を相対化し、官僧が諸階層に亘る葬送活動を広く可能とするに事足りたのであれば、[38]遁世の律僧である覚乗・志玉の説話が厳然と存在する意味が充分に説明できなくなるのである。

五　説話と穢れ忌避の実態

1　山王神の場合

ここまで①『発心集』『沙石集』型の死穢説話と②律僧型の死穢説話の二類型を析出した。①はその本質において和光同塵による「神明慈悲説話」としての「死穢容認説話」であり、②は神祇との対峙を不可避（不可欠）とする「死穢克服説話」である。中世の穢れに対する態度の差が、一見類似した二種の話型における神祇への対応の確たる差となって表現されており、『発心集』『沙石集』型の説話を「死穢克服説話」として読むには限界がある。以下に、中世社会における穢れ忌避の実態面を確認することで、「死穢容認説話」と「死穢克服説話」の位置付けをさらに明確なものにしたい。

渡辺氏は異本『発心集』四―三十七話の前提として、堪秀のごとき反物忌みの立場が時代的風潮として存在したはずとする。では山王神の説話が語られた頃、叡山僧の信仰の実態はどうだったであろうか。熱心な山王信仰者であり、特に託宣神としての十禅師信仰から大きな影響を受けたと指摘されている慈円の場合を見てみたい。『慈円譲状案』[39]には「触穢人事」があり、そこでは弟子に自分の死後、即座に山王に参拝し往生を祈ってほしいとするも、「触穢之人持骨之人」のように直接葬送に関わった者については、三十日後に穢れが消えてから参拝するよう求めている。『発心集』の成立を一二一五年頃とした場合、早くも一二二五年に東国で成立したとされる『私聚百因縁集』にも『発心集』と同話が見られ、百日参詣の僧が穢れを容認された説話から、堪秀が神の穢れ忌避の論理に信伏した説話へと連続して記してある。慈円の死は『私聚百因縁集』と同じ一二二五年である。慈円はこの説話に無知であったろうか。当然、知っていたと考えるのが妥当である。彼はむろん天台座主という立場ゆえでもあろうが、伝統的に山王神に対して死穢を忌避する措置を講じている。

ここに二つの山王説話（十禅師説話でもある）の帰趨の一端が見て取れ、穢れの容認から穢れ忌避の論理への信伏という、『私聚百因縁集』の説話配列に存する意図も自ずと明らかであろう。すでに述べたように二つの山王説話は、反物忌みの立場を貫徹し得ないものであるのだから。慈悲を優先する神という理念を有する仏教サイドでも、死穢容認の説話と死穢禁忌の遵守は共存している。(40)『民経記』寛喜三年（一二三一）四月十六日条にも、「十禅師御前俄在二死人一之間、社頭触穢云々、彼祭延引之例、治承之外頗稀云々、可恐〻〻」とあるように、(41)死穢などあろうものなら山王の祭礼は決して執行できないのであり、もし祭礼に支障をきたせば、充分な神威の発現は望めない。ことは山王神を鎮守と仰ぐ、叡山の仏法そのものにも影響せずにはおかない。先掲の『金玉要集』が、「大師先徳ノ建二立《シ》寺《ヲ》一必《ス》勧請神、奉《トテ》レ崇《メ》。和光方《ノ》便離《テ》、仏法《モ》難レ立《ニヤ》」と述べていたことが想起される。

この他、鎌倉後期に最終的に成立した『日吉山王利生記』(42)巻第二には、一条摂政（藤原伊尹）の葬送によって触穢となった慈恵大師（良源）に山王神が祟ったため、祭文を書いて深く詫びたという説話が見える。

神も凡夫のしどけなきことをばいましめむがために、かやうに権者をもたゝり御す、大師もわれらなを神をおそるゝ日はおこたりつゝしみ申なりと、末代のおろかならむ輩に示し給むためなれば、もはらふかくうやまひよくつゝしみて、山王にはつかうまつりて、利生をもかうむるべきもの也

と権者＝仏が垂迹した慈悲の神は、凡夫教導の方便として穢れを咎めるという主張で、穢れ忌避を推奨している。(43)この一節は慈悲ゆえに穢れに対し祟る神と慈悲ゆえに穢れを容認する神が、言わば表裏の関係にあることを如実に

示す。続けて同じ慈恵大師の頃、病の老母を救った山王神に報いるべく叡山僧徒の供養に向かわんとした男が、今後家中に死人が出るため死穢（下人でも死したものか）が消えるのを待ってから実行するよう託宣を受ける説話を記す。さらに平安中期の日吉社の禰宜である祝部希遠が父の死に当たって物忌みしていたところ、

重服をはゞかるべからず、必神事にしたがふべしとぞ神勅ありける、されば祠官なるべきたぐひは、父母におくれてのち五旬だにもすぎぬれば、社参するにはゞかりなし

のように託宣のあったことを記すが、慈円の場合に比して、五旬＝五十日は死穢の忌みとして決して短くはない[44]。同話の「希遠社務の時までは、祭りの儀式も儼なりける」の一節からも、中世において理想化された希遠像は、死穢禁忌が社家において緩和していくことを象徴するものとはならず、むしろ忌みを遵守しようとする態度であろう。そして巻第六には、異本『発心集』と同じ堪秀説話を収め、最後に百日参詣の僧が死穢を容認された説話が位置するものの、『発心集』に見えなかった死穢禁忌を推奨する説話も新たに確認されるのであって、全体として山王神が死穢を忌まない性格に変じてゆくとは容易に判断できない。

また室町期の成立と目され、説話を豊富に含む天台系神道書である『神道雑々集』[45]の下巻三十七「物忌之事」も堪秀説話であり、それに三十八「慈恵大師物忌事」という件の説話が続くが、百日参詣の僧が死穢を容認された説話は収録されていない。『日吉山王利生記』を受けた『山王絵詞』の劈頭「日吉山王七社事」は、

不浄をにくみ潔斎をはけまし。懈怠の者にハ祟を成し。精進の人には徳をほとこし給ふ。是ニよりてみな神罰を恐。神恩を仰き。諸悪をととめ。諸善ニすすめハ、神道より心を清めて。終ニ仏道ニ入……仏界を神道に変しつつ。諸悪莫作の方便をめくらし。諸善奉行の化導を示給所なり

と、例の「神道＝仏道の方便」の図式を明示し、穢れ禁忌の立場を揚言している。ここでも堪秀説話は見られるが、

百日参詣の僧の説話は見えない。『神道雑々集』や『山王絵詞』では穢れの容認という態度にさえも慎重であると言え、かえって死穢を容認する神の姿を示す説話は除かれている形である。穢れ忌避よりも慈悲を優先させることは、仏教説話のレベルにおいても貫徹し得たものか否か。

2　春日神・八幡神の場合

次いで春日社に目を転じると、『発心集』に若干先立つ春日若宮の神主であった中臣祐明の日記である、『中臣祐明記』の建久九年（一一九八）五月の条が目を引く(46)。春日社神官の長官職である正預の中臣遠忠が「社司習令レ禁二断汚穢不浄一」という原則を犯し、死穢に触れたまま神役に奉仕したことを、祐明は「上代未聞之所行」「言語道断次第」と糾弾し「早依二重畳罪科一、永解二却彼神職一」せられんことを訴え、自分に正預職を兼帯させるよう氏長者に願い出ている。これは死穢が神祇祭祀の最大のタブーであるゆえにこそ、春日社の神官組織の内紛にあっては、政治的な切り札としても機能したことを明示している。物忌みをしないという神の説話が登場し出す頃の神社祭祀の実態はこうしたもので、鎌倉末期の徳治二年（一三〇七）でも、定舜房相伝の屋敷・田畠を彼の没後、春日社に寄進する際に後家尼の妙法は遺言によって「触穢以後、欲レ令二寄進一之所……(47)」と言っている。穢れは死者の出た家と敷地のみならず大和国の高市郡・十市郡・添上群に散在するその所領にまで及ぶとされている。春日社への所領寄進について、出家者はここでも自身の死穢の消滅に慎重を期しており、志玉が説話において対峙した死穢を忌む春日神の実態も、正にこのようなものであった。

また渡辺氏は流布本『発心集』四—十話で、神が穢れを容認することを「此の事人に語るな」と釘を刺した点について、『沙石集』などの後の資料には記されず、物忌みしない神の理解は社会的に受け入れられてゆくとされる。

その点で、仲蓮房という僧の話として『発心集』『沙石集』と同話を綴る、元寇以後に作成された『八幡愚童訓』乙本下三「不浄事」の全体を見ておこう。(48) まず神社では血穢・死穢・産穢などを忌むのであり、応神天皇（八幡神）の母である香椎の神功皇后（聖母大菩薩と尊称）すら自らの血穢を忌むとし、「況凡夫の不浄つゝしまざらんや」から始まる。続いて女犯の穢れや産穢への神罰の具体的説話を挙げ、

加様に不浄をいみ給ふを、御託宣に「汚穢不浄を嫌はず、諂曲不実をきらふ」とあれば、淫欲死穢はくるしからぬ事也とて、はゞからぬたぐひ多き事、神慮尤恐るべし。「諂曲不実を嫌ふなり」と告給をば都て改めず、汚穢不浄をくるしみあるまじと申様、前後相違の詞也。内心は清浄正直なれ共、外相にゆきふれの汚、利益の為に大慈悲に住ていさゝか不浄にあらんこそ、今の霊託の本意なるに任て浄穢をわかぬ者どもは、唯畜生にことならず

と実に厳しく糾弾している。「淫欲死穢はくるしからぬ事也とて、はゞからぬたぐい多き事」について、先に女犯などの具体例が挙がっているので、必ずしも誇張ではなくそのような事態がおそらく存したのであろう。とすれば神が穢れを忌避しないという理解も一部では影響力を有するに至ったことになる。

仲蓮房の説話はこの次に位置する。慈悲心より葬送を行ったものの神罰を恐れる仲蓮房に僧形の八幡神が顕現し、これを許す慈悲を示す。だが慈悲の神ゆえに祟ることはない、といった理解を未然に防ぐため、「大神は稍いかり、小神はしばしばいかる」という末社の松童明神の託宣を引き、神罰で「一家悉く病死」した例や「物ぐるひに成」ったなどの禍々しい説話を先例として連ね、

夫不浄と云は、婬欲・肉食・触穢のみにあらず、心の不信なるを云也。加様の冥罰も眷属の小神の御所行にて厳重の事あるをや

と結び、穢れ忌避が基調である。仏教の慈悲は主神を和らげたかもしれないが、一方で祟りの機能は眷属神に受け継がれた。さらに仏教は、身体的行為のみでなく心の内面についても穢＝不浄の範疇で問うという姿勢を、神祇信仰においてもより明確なものにしていったことが窺える。『八幡愚童訓』は「此の事人に語るな」と言うのではなく、しかし穢れ容認という神の慈悲に居直るがごとき不信心に陥らぬよう、反面にある神の峻厳なる相貌を、やはり説話をもって強調してゆくのであり、不浄＝穢れに対する慈悲と祟咎の二面性は複雑に一体化し機能している。中世における神の変革は、こうした事実と突き合わせながら考える必要がある。

不浄・死穢の禁忌をむしろ仏教の側から積極的に認めてゆく堪秀や慈恵大師の説話は、天台宗内部でのみ流布したようであり、慈悲に基づく葬送では死穢が容認され得るとする説話のほうが、宗派を越え僧と神の名のフレキシブルな変換によって、より広範に流通したのである。しかし穢れ容認の説話は一般化しつつも同時に、社頭の聖性と神祇信仰の秩序を維持するために、強い規制を伴って説かれたことは蓋し当然と言えるのである(49)。穢れ容認の慈悲性は穢れ忌避の峻厳性と共鳴することで、実際の神社の唱導における効果的な信仰機制となっていた有り様が、『八幡愚童訓』からはよく窺えるのであり、ここでも中世の神による穢れ容認説話は、穢れ禁忌推奨の説話と共存している。先述のように神道は仏道の方便であるから、僧侶が穢れ禁忌を強く否定せねばならない必然的な根拠は特になく、また慈悲ゆえの容認も有り得るということである。

さて『弘安二年内宮仮殿遷宮記』によれば、「往生人に死穢なし」という念仏僧の唱える死穢克服の論理が、鎌倉後期の在地には存在したが、伊勢神宮では「往生人といえども死穢あり」として、ついに公認されなかったという事実が判明する(50)。神社における穢れ忌避は、やはり強固であると言える。同じ時期の『沙石集』「神明慈悲ヲ貴給事」は最後に、承久の乱の頃に戦火を逃れ神社に避難した人々の中には死穢・産穢に触れた者もいたが、制止しかねた神官に「我天ヨリ此国ニ下ル事ハ、万人ヲ育タスケン為ナリ。折ニコソヨレ、忌マジキゾ」と熱田神の託宣があったとする。こうした戦乱のごとき非常時はともかくとして、鎌倉後期に至っても伊勢神宮をはじめ諸大社の穢れ忌避は厳守されていた。事実、鎌倉・室町期の『服忌令』が諸社に伝来している。死穢を重点に触穢の規定が詳細に記された『服忌令』を遵守することこそ神官の最も基本的な務めであり、これは参詣者にも適用されるものである。鎌倉・室町を通じて人・畜の死穢により、伊勢・賀茂・八幡・春日・山王・北野・祇園・住吉など諸大社において例大祭・臨時祭・遷宮・貴顕の参拝など神事が延引されたことは、文書や公家・社家の日記類から枚挙に遑ないほど検出される。『服忌令』は確かに機能しており、依然として神祇信仰は穢れ観念の母体であった(51)。

　そして中世後期の室町時代でも、三条西実清が春日社に参拝した後、一家ことごとく病に伏したので、占ったところ「神事不浄、奉レ穢二御社一之間、有二明神祟一之由」となり(52)、死穢のはずはないので随行した下女を拷問した結果、月の障りであったことが判明し、この下女は錯乱したまま死したことや、三条西実隆も長年仕えた下女が病に伏すや死穢を恐れ、絶命以前に寒風吹き荒ぶ鴨河原に捨てたことは著名である。当時の記録からはかかる諸例が検出され、「公家・武家・町衆を包み込む触穢の恐怖が渦巻」く様を描くことも可能であろう(53)。鎌倉初期から仏教説話に現れる穢れを容認する慈悲の神という観念・言説と、神社を基盤とする中世社会における穢れ忌避の強固な持続という実態は、全く同時代における並行現象であった。

　そこに神の慈悲を謳わず、穢れの克服を積極的に主張するタイプの説話が、鎌倉末以降の律僧に託され、伊勢や春日といった神祇信仰の拠点を舞台になおも登場してくる意味が認められるのである。流布本『発心集』四—十話において「物を忌む事」は「仮の方便」として温存されていた。そして神社祭祀の実態は言わずもがな、以降の仏教系説話から仏家の神道書に至るまで、この仏道の方便という理解に基づく穢れ忌避の姿勢を堅持したものと言え、それは異本『発心集』四―三十七話の堪秀の「今よりは、我物忌み仕らん」という態度そのものでもある。そのような形で穢れに拘泥し続ける垂迹神に対し、本地仏の立場から「仏法を忘れたのか！」と明確に反論・論破する「死穢克服説話」にとって、穢れ忌避の現状への根本的な批判として機能しなかった「死穢容認説話」は、その否定的前提として位置付けられるであろう。ゆえに「死穢容認説話」の幅広い享受を前提とした時、改めて「死穢克服説話」登場の意味が歴史的にも納得されるのである。

おわりに

以上、本章では『発心集』『沙石集』などの死穢説話と、西大寺覚乗に加え、新たに戒壇院志玉の死穢説話を紹介して、両者の話型としての比較分析を行うことで二種の死穢説話を、それぞれ「死穢容認説話」と「死穢克服説話」として類型的に差異化して位置付けた。そして穢れ克服論理についても仏教思想的に瞥見し、周辺資料に比較的恵まれた志玉説話について、春日社・白毫寺に関わる葬送と一切経転読儀礼の問題という固有の背景を探った。

さらに先行して広く展開した死穢容認説話に対し、遁世の中世律僧教団の成立以降に語られてゆく積極的な死穢克服説話は、確認し得る数量は僅少であるものの、内容面と説話の志向性からこれを重視し、その生成要因となる中世社会における穢れ忌避の実態面への論及を通じて、死穢容認説話の限界性を指摘した。いまだ推測の域に留まる論点もあるが、従来より説話文学研究の中で認知されてきた死穢容認説話＝神明慈悲説話に対し、新たに律僧の説話資料からの照射を試みた次第である。そこに神祇信仰＝神観念の中世における変容と持続の様相が映し出されている。

中世において死穢をめぐる現実的対応と説話（宗教言説）は、多様性と振幅を伴って展開していたのであるが、図式的に言えば、穢れ容認という態度が、穢れ忌避の一貫した伝統と新たな穢れ克服志向との狭間で緩衝となる形であろう。仏教説話がその固有の領域において開示する世界と制度化された穢れ忌避の実態との関係性[54]や、言説の社会的影響力については、今後も慎重に分析してゆかなくてはならず、本章でなしたものはそのための基礎作業である。

注

（1）渡辺貞麿「生死と神祇」「和光同塵・中世文学のなかの神々」「山王神における中世的変革」。いずれも『仏教文学の周縁』（和泉書院、一九九四年）に収録。

（2）松尾剛次「官僧遁世僧体制モデル」（『〈日本の仏教1〉仏教史を見なおす』法藏館、一九九四年）、同『中世の都市と非人』（法藏館、一九九八年）など参照。

（3）新潮日本古典集成『方丈記・発心集』。

（4）前注（1）渡辺論文「生死と神祇」参照。異本『発心集』は古典文庫三〇一冊を参照。

（5）日本古典文学大系本。

（6）吉野（金峯山）が厳重な物忌みと精進潔斎を必要とする修験の霊地であることを思えば興味深い。

（7）『続群書類従』九輯上所収。

（8）勝田至「触穢思想再考」（『日本中世の墓と葬送』吉川弘文館、二〇〇六年）参照。また中世の穢れ観念については、片岡耕平「中世の穢観念について」（『歴史』一〇二号、二〇〇五年）、同「中世の穢観念と神社」（『日本歴史』六八八号、二〇〇五年）、同「日本中世成立期における触穢観の変容と社会関係」（『史学雑誌』一一七号、二〇〇八年）を、中世末期における顕密仏教と黒衣の遁世僧の触穢思想をめぐる相克については、高田陽介「境内墓地の経営と触穢思想――中世末期の京都に見る――」（『日本歴史』四五六号、一九八六年）を参照。

(9)　このような『沙石集』を初見とする三輪の常観坊説話は、「Aの神に拒絶されたがBの神には受け入れられた」という形式である点が少々特殊である。無住が南都遊学中に聞き得たと思われるこの説話において、三輪神の峻厳性は、吉野神の慈悲性を引き立てる「巧み」であり、それは唱導に長じた無住の作為である可能性も想定されようか。ただしそのことは慈悲という理念が、中世の神の普遍的性格となることをある程度阻む結果をもたらすだろう。

(10)　『大日本仏教全書』一〇五巻所収。

(11)　志玉については、大屋徳城『日本仏教史の研究』(東方文献刊行会、一九二八年)が『蔭凉軒日録』を引いて将軍義教との交流に詳しく言及しており、また芳賀幸四郎『東山文化の研究　下』(思文閣出版、一九八一年)の五三二頁には「臥雲日件録・碧山日録・満済准后日記・蔭凉軒日録等によると、その頃における華厳教学の掉尾の最高峰であり、また律宗の大立物として一世に重きをなしていた」とされている。志玉は神祇と関係の深い律僧である。彼は東大寺僧であるから、春日神以外にも当然のことながら東大寺鎮守八幡への信仰も確認される。円照以降、戒壇院律僧は真言密教を兼学するが、真言密教佐々目流に関する八幡本地仏の供養次第を彼は書写しており、それが東大寺図書館に伝来する。本書第三部第九章を参照。

(12)　前注(2)松尾論文参照。

(13)　伊藤聡「伊勢の神道説の展開における西大寺流の動向について」(『神道宗教』一五三号、一九九三年)に詳しい。

(14)　『大日本史料』六編二四、八六七～八七一頁。

(15)　覚乗による穢体での参宮という違乱(タブー侵犯)は、本地仏感得譚の枠組みの裡にあるが、これは志玉の説話と共通する律僧が神に穢れを咎められ反論するモチーフと、すでに院政期の『本朝神仙伝』『続本朝往生伝』にも確認される日蔵伝・真縁伝・泰澄伝など僧侶(行者)による神の本地探求のモチーフが融合したものである。ちなみに『律苑僧宝伝』に見える叡尊の弟子宣瑜の伝によれば、彼が天照の本地を探求したことになっており、覚乗の伝は立項されていない。さらに天照本地探求説話のバリエーションとしては、恵心僧都を主人公にした略縁起なども存在する(むろん穢れの問題は捨象されている)。人物を替えて同じモチーフが語られることは説話の常態である。時衆の国阿に覚乗と類似した説話の存在することは、小野澤眞「時衆新知見六題」(『武蔵野女子大学仏教文化研究所紀要』一九号、二〇〇三年)に指摘あり。

(16)　大石雅章「顕密体制内における禅・律・念仏の位置」（中世寺院史研究会編『中世寺院史の研究　上』法藏館、一九八八年）参照。大石氏は葬送が官僧の手を離れ遁世僧に一任されてゆく背景に、穢れ忌避観念の深化があるとし、仏教史学会編『仏教の歴史的・地域的展開』（法藏館、二〇〇三年）の「第二部戒律と儀礼」では、持戒の呪力と穢れの問題にも言及している（二六四〜二六五頁）。原田正俊「中世の禅宗と葬送儀礼」（『前近代の史料遺産プロジェクト国際研究会報告集』東京大学、二〇〇二年）も、国家的祈禱と神祇の関係における死穢の問題を指摘し、中世の伊勢神宮や醍醐寺における死穢忌避の強化と、反面で禅宗が穢れ観を一定程度、相対化したことを指摘する。また禅僧が触穢期間中に、これを忌避せず伊勢へ参詣したことが『康富記』享徳三年（一四五四）十月二十四日条に見える。この他、中世に活躍した禅僧には土地の神祇を化度する説話が伝承されるが、ここに「神におもねらない精神」を見る広瀬良弘「曹洞禅僧における神人化度・悪霊鎮圧」（『禅宗地方展開史の研究』吉川弘文館、一九八八年）は、律僧説話に照らしても興味深い。

(17)　前注(2)松尾著書『中世の都市と非人』一二三頁。なお本章の初出段階である「中世死穢説話小考」（『国語国文』八七九号、二〇〇七年）の注(17)で、筆者は次のように記した（傍線は新たに付した）。

ただし松尾氏は『中世の都市と非人』の注（一二八頁）において、「『沙石集』巻一「神明慈悲ヲ貴給事」では、大三輪寺（中世において西大寺末寺）の常観房が、話題の主であるが、彼も律僧であることに注目したい」とも述べておられる。さらにこれに先立つ『救済の思想』（角川書店、一九九六年）では、「大和三輪山の常観上人というのは、藤原基通の息子で、奈良の大三輪神社の神宮寺の大三輪寺の僧侶である。上人と呼ばれていることから遁世僧であるが、十三世紀の末には、大三輪寺は叡尊教団の寺となっていたから、常観房は叡尊の弟子の一人であろう。すなわち、この話は叡尊教団の僧侶が慈悲を優先して、穢れを恐れなかったことをも示している」（七四頁）とも推測しているのである。Ⓐ詳述は避けるが常観房については、鎮西の出身とされる慶円との同一人物説と、慶円と協調関係にあった別人説がすでに唱えられている。仮に叡尊の弟子とするならば、慶円とは別人で時代もいささか下ることになる。Ⓑそして常観房が近衛基通の子であるというのは、従来なされていない新たな指摘だと思われるが、いかなる資料によったものか一切言及されていない。もしも関白氏長者である藤原基通の子が叡尊の弟子となっているのならば、叡尊関係の資料にその存在を確認できそうなものであるがいかがであろうか。大三輪寺が西大寺末寺となることは事実だが、これと系列を異にした神宮寺として平等寺（興福寺大乗院末寺）が慶円によって中興されており、また『三輪上人行状』の慶円説話と『沙石集』の常観房説話との類似性は見逃せない。ゆえに穢れを恐れた常観房の説話を律僧系の説話と見ることは、本章の分析に照らしても躊躇されるのであり、何より『三輪大明神縁起』といった神道書を作成し、中世的な三輪信仰を形成してゆく西大寺系の律僧が、三輪神に拒絶される説話はいかにも不自然ではないだろうか。

まず（B）については、無住の『雑談集』五―四「上人事」にその説の見えることが確認される。本書第三部第十一章「死穢と成仏――真言系神道書に見る葬送儀礼――」の初出である「中世の葬送儀礼と神祇信仰――神道書の一隅から――」（『寺社と民衆』四号、二〇〇八年）の注(3)において訂正した。（A）については、小林直樹「無住と金剛王院僧正実賢の法脈」（『説話文学研究』四四号、二〇〇九年）において、慶円が醍醐寺の実賢の弟子であることが指摘され、さらに南北朝期に遡る本奥書を有する資料を用いて慶円が常観房と同一人物であることも論じられている。従うべき見解であろう。

(18)　磯馴帖刊行会編『磯馴帖・村雨篇』（和泉書院、二〇〇二年）所収。

(19)　『大日本仏教全書』一〇五巻所収。

(20)　『鎌倉仏教』（奈良国立博物館、一九九三年）一八四頁参照。

(21)　日本思想大系『鎌倉旧仏教』所収。

(22)　奈良国立文化財研究所監修『西大寺叡尊伝記集成』（法藏館、一九七七年）所収。

(23)　末木文美士「『円覚経』解明の視点」（『インド哲学仏教学研究』四、一九九六年）など参照。

(24)　日本思想大系『天台本覚論』所収。

(25)　ニールス・グュルベルク「明恵作『持経講式』について」（『大正大学綜合仏教研究所年報』二〇号、一九九八年）。

(26)　『金沢文庫資料全書』一巻「禅籍篇」所収。これも実は三段から構成される講式である。ちなみに先掲『沙石集』の「神明慈悲ヲ貴給事」に続く「和光ノ便ニヨリテ妄念ヲ止ムル事」は、熊野山の僧が東国から参詣した女人に懸想し東下りする途路、長い人生を一睡の夢に見て悟るところがあり、その後さらに修行に専念したというものであり、最後に「円覚経ニハ始知衆生、本来成仏、生死涅槃、猶如昨夢ト説キテ、実ノ覚ヲ開キテ見レバ、無始ノ生死、始覚ノ涅槃、タダ一念ノ眠ナリ」と総括されているが、死穢を問題とする「神明慈悲ヲ貴給事」との間に脈絡はない。

(27) なお『円覚経』の偈文は、『沙石集』や、中世神道書にも散見されるのである。

(28) 日本思想大系『中世禅家の思想』所収。

(29) 本書第二部第五章を参照。

(30)『大日本仏教全書』一〇五巻所収。

(31)『大日本仏教全書』一一二巻所収。

(32) 前注(22)『西大寺叡尊伝記集成』所収。

(33)『大和古寺大観』七巻所収。

(34) 細川涼一『中世の律宗寺院と民衆』(吉川弘文館、一九八七年) 参照。同書によれば、河内西琳寺の屍陀林は叡尊が点定したとされている。室町期の『戒壇院年中行事』によれば、戒壇院律僧は盆行事として施餓鬼勤行とともに屍陀林勤行を修していたことが分かる。『戒壇院年中行事』は、横内裕人『日本中世の仏教と東アジア』(塙書房、二〇〇八年) 所収。

(35) 上田さち子「叡尊と大和の西大寺末寺」(大阪歴史学会編『中世社会の成立と展開』一九七六年、吉川弘文館) 参照。

(36) 神道大系『春日』所収。

(37) 律僧に託された穢れ克服説話が、穢れ容認説話に比して僅少であるのは、もとより神の慈悲を謳う神社の唱導に副わないため在地に定着し難いものであったろうことと、担い手である律宗勢力の衰退に起因するかと思われる。また東国で作成された初期の親鸞の絵伝には「平太郎因縁」という段がある。そこでは東国出身の平太郎（後の真宗高田派の祖真仏）が熊野に詣でる際、無縁の死者の葬送を行い、触穢の身で熊野詣を敢行したところ、夢中にて神に厳しく咎められたが、親鸞が出現し仏法の論理で平太郎を弁護し、神もこれを受け入れ認めたとされている。これも宗祖と神の対峙と言えるので、死穢容認説話よりも死穢克服説話に分類される。平太郎説話については、小島恵昭「『親鸞伝絵』の熊野不浄参詣をめぐる諸問題」（『印度学仏教学研究』三七巻二号、一九八九年）など参照。

（38）『大日本古文書・東大寺文書之十二』所収「嘉暦三年（一三二八）十月五日仰詞、同六日衆議条々」（一四八頁）によれば、奈良の新在家の北にあった非人温室を、ハンセン病の「穢気」を嫌って、西大寺律僧が盛んに非人に施行した般若寺の近辺に移転させる東大寺の意向が記されている。国家的寺院の中枢である東大寺ゆえなおのことではあるが、死穢の他、ハンセン病の穢れなど、官僧にとって穢れ忌避の制約は強固であった。また春日社司の日記である『中臣祐賢記』（『春日社記録　二』所収）の文永六年（一二六九）三月二十五日条には、叡尊・忍性ら西大寺律僧が北山非人二千人を集め大規模な施行を行ったことが、「希代勝事」と批判的に記されている。春日神官の穢れに対する差別意識とも読み取れよう。

（39）『鎌倉遺文』一七九二号文書。

（40）伊勢神宮を重視する最初期の両部神道書である『中臣祓訓解』は、古代以来の大祓祝詞を密教の理論で注釈的に論じたものである。たとえば「諸法如二影像一。清浄無二瑕穢一。取レ説不レ可レ得。皆従二因業一生……神宣命也。祝詞也。謂宣レ之。即一心清浄。常住円明義益也。是修二浄戒波羅蜜多一。観レ之不可得妙理也」と見え、祓を戒律に繋げるなど仏教サイドのテキストなのだが、その末尾は「神主人々。須以二清浄一為レ先。不レ預二穢悪事一。鎮専二謹慎之誠一。宜レ致二如在礼一矣。是則神明内証之奥蔵。凡夫頓証之直道者乎」である。神の内証＝成仏への道として、日常において穢れを忌避し清浄であるよう努めよと呼びかけている。こうした仏家の神道を受けて登場する伊勢神道を大成した『類聚神祇本源』「禁誡篇」では、「故神人守二混沌之始一。屏二仏法之息一。崇二神祇一。散斎致斎内外潔斎之日。不レ得二弔レ喪問レ疾食レ宍。不レ判二刑殺一。不レ決二罰罪人一。不レ作二音楽一。不レ預二穢悪一。不レ散二失其正一。致二其精明之徳一」と、穢れに関わる禁止事項が述べられる。「屏二仏法之息一」としているが、仏家による『中臣祓訓解』が提起した「神明内証之奥蔵・凡夫頓証之直道」という論理のもとに、穢れは従来通り忌避されているものと見える。

（41）『大日本古記録』所収。

（42）神道大系『日吉』所収。

（43）平安期の良源に託されたこの説話は、「末代のおろかならむ輩に示し給むため」とあることからも、中世の官僧の葬送と死穢に対する意識をよく反映していよう。

(44)『物忌令』によっては、死穢は百日の忌みと規定するものもある。
(45)天理大学付属天理図書館蔵本を披見した。
(46)『春日社記録一』所収。
(47)『鎌倉遺文』二三一一七号「鏡恵屋敷・水田寄進状」。
(48)日本思想大系『寺社縁起』所収。
(49)『日吉山王利生記』所収の百日参詣の僧の説話も、『発心集』とほぼ同文であるから「此の事人に語るな」と釘をさしている。『発心集』に遅れる『日吉山王利生記』にとって、死穢を容認する神が社会的に一般化していたのなら、これは最早不要の表現ではないか。むしろ削除したほうが神の慈悲としては効果的であろうが、そうはなっていないのである。なお石清水八幡と穢れの問題については、山田雄司「怪異と穢との間――寛喜二年石清水八幡宮落骨事件――」(東アジア恠異学会編『怪異学の技法』臨川書店、二〇〇三年)がある。
(50)千々和到「仕草と作法」(日本の社会史八巻『生活感覚と社会』岩波書店、一九八七年)。中世伊勢神宮と穢れの問題については、岡田重精「中世神宮服忌令について」(『皇學館大学神道研究所紀要』三号、一九八七年)、飯田良一「中世後期伊勢神宮における穢と不浄」(西垣晴次先生退官記念宗教史・地方史論纂編集委員会編『宗教史・地方史論纂』刀水書房、一九九四年)などがある。
(51)『服忌令』には五辛を忌むなど仏教も影響している。神社信仰と『服忌令』については、野地秀俊「中世における寺社参詣と「穢」」(伊藤唯真編『日本仏教の形成と展開』法藏館、二〇〇二年)、三橋正「『諸社禁忌』について――古代から中世への転換期における穢の諸相――」(『明星大学研究紀要〈日本文化学部・言語文化学科〉』一七号、二〇〇九年)など参照。
(52)『荒暦』応永十三年正月十三日条。
(53)横井清「中世の触穢思想」(『中世民衆の生活文化』東京大学出版会、一九七五年)参照。また中世の穢れと仏教思想については、池見澄隆『中世の精神世界』(人文書院、一九八五年)所収「〈不浄〉の軌跡――精神史的考察――」「禁忌と念仏――中世民衆の意識動向――」「卑賤観念と仏教――横井清氏の所説・検討――」も示唆に富む先行研究である。

（54）　これに関して阿部泰郎「湯屋の皇后」（『湯屋の皇后』名古屋大学出版会、一九九八年）は、光明皇后施湯行説話を現実の浄・穢の差別を転倒させる挑発的物語として読み解きながら、それが中世国家の支配秩序の一面でもあった点を指摘しており示唆的である。社会的な信仰実態に対する、宗教言説の照応と乖離（あるいは超越）を充分に見極めなくてはなるまい。

第八章　叡山律僧の受戒儀礼と山王神

――本覚思想およびシャーマニズムとの関係から――

はじめに

第二部ではここまで中世南都律僧の宗教世界に対し、授戒儀礼・神祇信仰・神秘体験などに注目しつつ、分析を展開してきた。第二部の終わりに当たる本章では、目を中世叡山へと転じたい。そこでは南都律僧との間に、どのような共通性と差異性が見出されるであろうか。

さて近年、中世の律宗・律僧についての研究が、諸方面からなされ大きく進展しており、ことに南都の戒律復興運動には注目が集まってきた(1)。一方、叡山でも戒律復興がなされたが、こちらの研究蓄積は、南都に比してまだ充分とは言い難い状況であり(2)、なお検討すべき論点は多い。

戒律の復興は、その荒廃を嘆く僧侶の宗教的自覚の問題であるには違いないが、それでは一般論に留まる恐れもある。平雅行氏は、院政期以降、戒・定・恵の三学のうち恵学のみが偏重され、戒律・禅定の実践を等閑視する風潮が強くなるが、これが天台宗においては本覚思想として現象するといい、「罪業本ヨリ所有ナシ。妄想顚倒ヨリ起ル。心性源清ケレバ、衆生即仏也」と謳って清水寺焼き討ちの暴挙に出た叡山悪僧の姿を『平家物語』から挙げている。凡夫を即自的に如来と同一視し、罪業や悪を恐れず修行も無用とする議論が本覚思想の特徴であることは周知のところである。こうした本覚思想が悪僧の行動を正当化していたのであり、そこに鎌倉時代に入ってから、中世国家の悪僧対策に呼応して顕密仏教界の実践性を回復せんとする改革派たる禅僧・律僧が登場してくる歴史的背景を、平氏は想定されている。(3)

鎌倉初期の貞慶に始まる南都戒（小乗戒）復興は、鎌倉中期には叡尊・覚盛らによって達成され、叡山でもそのインパクトを受けて鎌倉後期には戒律復興がなされていく（南都に対して叡山は大乗戒であり、これを円頓戒とも称する）。叡尊とほぼ同時代を生きた恵尋（?〜一二八九）が、その運動を担い、「戒家」と名乗ったのである。

また曽根原理氏は、僧兵（悪僧）の増長によって叡山の伝統的秩序は崩壊しつつあったが、戒家は戒律復興によって秩序再建を目指したとされた。そして山王神という〈原理〉によって現象世界は形成・運営されるという理解が、戒家による衆生利益の活動理念であったことを論じている。(4)

戒家も叡山の僧であるため本覚思想の影響は大きいのだが、彼らがそうした思想状況の内部で、どのように秩序再建を志向する戒律護持の実践を打ち出していったのか、本章では如上の中世宗教思想史の成果を踏まえた上で、戒家の本覚思想への論理的対応を神祇信仰の視座から具体的に考察していく。

その際、特に「戒体」をめぐる議論に注目したい。なぜなら戒体とは、戒の本質であり悪を止め・善を修する力の根源だからである。(5)そして「授戒」とは、単なる形式的な僧団の入門儀式ではなく、かかる戒律の生命とも言うべき戒体を、受者が自己の身体内に獲得（「戒体発得」という）するというきわめて重要な意義を有するもので、その意味では仏教儀礼の根幹をなすと言っても決して過言ではないのである。よってまず戒家の授戒儀礼の構造を確認し、そこから戒家では戒体が深く神祇（日吉社の十禅師神）と関係付けられていたことを論じ、本覚思想の問題へと展開してゆきたい。

一　戒家における授戒儀礼と山王神

戒家による授戒儀礼は独自のもので「戒灌頂」と呼ばれる。中国天台以来の伝統である顕教の「十二門戒儀」という授戒次第をベースに、密教の灌頂の要素を取り入れた「顕密一致」の儀礼である。また特別な秘印の伝授などがなされる点に特徴があり、「受戒即身成仏」を説くなど本覚思想が濃厚である。戒灌頂はきわめて複雑な作法で組み立てられた儀礼であり、時代や流派によっても差異があるが、簡単にその概略を示しておこう。

戒灌頂は伝授壇（外道場）と正覚壇（内道場）の二重構成である。まず伝授壇では十二門戒儀に則った授戒儀礼が進行する。十二門戒儀は、『授菩薩戒儀』(6)という最澄作とされる次第書によれば、

1開導、戒師が受者に戒律の功徳を説き、持戒の決意を促す段。

2三帰、受者が仏・法・僧の三宝に帰依する段。

3請師、不現前（冥）の五師を授戒儀礼の空間に勧請する段。釈迦如来は霊鷲山、文殊菩薩は清涼山、弥勒菩薩は兜率天の各浄土世界から戒壇に勧請される。

4懺悔、仏尊に無始よりの罪業の滅除を祈り、心身を清浄にして受戒に備える段。全十二段の中で最も詳細に解説されている。

5発心、上求菩提・下化衆生の大願を発する段。

6問遮、受戒を妨げる大罪を過去に犯していないか戒師が問いただす段。

7正受戒、戒師が大乗戒を統括する三聚浄戒（摂律儀戒・摂善法戒・摂衆生戒）について、受者に護持の意思を

「よく持するや否や」と三度問う。対して受者は「よく持する」と護持を三度宣言する段。ここで戒体が発得される。一度目の意思確認において「十方法界境上微妙戒法。悉皆動転。不㆑久当㆔応入㆓汝身中㆒」とされ、二度目の意思確認で「此妙戒法即従㆓法界諸法上㆒起。遍㆓虚空中㆒集㆓汝頂上㆒」とされ、三度目の意思確認で「此妙戒法入㆓汝身中㆒。清浄円満。正在㆓此時㆒。納㆓受戒法㆒」とされる。授戒儀礼を通過することで、宇宙に遍満する戒の〈力〉は発動し、受者の身体にそれが集約・充塡される（戒体発得）という実践感覚が如実に窺える。

8証明、受者が正しく戒律を授かったことを、仏尊に証明してくれるよう請う段。

9現相、受者が正しく戒律を授かったことを、仏尊が証明して瑞相を顕すとされる段。「涼風異香異声光明種種異相。於㆓十方世界㆒此相現時……」と説かれている。授戒の威力は全世界に及ぶとされるのである。

10説相、戒師が大乗戒の十重禁戒について説き、受者に護持の意思を問う。対して受者は護持を宣誓する段。

11広願、受者をして受戒の功徳を一切衆生に廻向せしめる段。

12勧持、止悪修善に勧め、仏道成就の実践道への邁進を勧める段。

という十二段階の作法である(7)。戒灌頂ではこの第七段階である「正受戒」において「五瓶灌頂」が執り行われる。これが伝授壇の中核的な作法であり、五つの宝瓶から仏智の水を受者の頭上に灌ぐのである。ここで戒体の発得されたことが伝えられる。

次の正覚壇は特に秘儀性が強い。授戒儀礼の場は『法華経』「見宝塔品」に説かれる釈迦・多宝の二仏が多宝塔内に並座する場面の儀礼化であり「塔中相承」と呼ばれる。ここでは師から伝法の証としての道具類が説法の後に授与される。それは三衣・鉢・坐具・明鏡・法螺・法瓶などである。この次に「鏡像円融」の教義を示す鏡を用いた秘事が行われ、正覚壇の最重要作法である、複数の印相の伝授に移る。

それらには通常よく知られた印相も含まれるが、最も注目すべきものは「師資冥合の合掌」というものである。「師ノ右ノ手ヲ以テ、資ノ左ノ手ノ腕ノ上自リ之ヲ合シ、師ノ左ノ手ヲ以テ、資ノ右ノ手ノ腕ノ上自リ之ヲ合ス」(8)というように、両者はそれぞれ両手を絡ませるかのごとく交互に用いて合掌をなすのである。さらにその上で額を合わせ両足裏をも合わせることで、身体五箇所を活用した合掌ができあがる。(9)このようにして「見宝塔品」の神話的な時空と化した授戒儀礼の現場において、正しく師から弟子へと戒脈が相伝されるのである。

この戒灌頂の原型は恵尋の頃にすでに成立していたものとする見解もあり、彼の『円頓戒聞書』にも外道場・内道場という語が確認される。ただしそれはいわゆる戒灌頂の伝授壇（外道場）・正覚壇（内道場）とは、少々意味内容が異なるのだが興味深いものである。恵尋は、

内道場ト云者、我等己心中也。外道場ニテハ外相ノ威儀ヲ整ヘテ作法受得スレハ。我等己心中仏界ヲ為二能化一。九界為二所化一。仏菩薩天神等ノ内証五分法身為二戒満一。内道場ニ来也(10)

と説いている。

実際の授戒儀礼の空間は外道場であり、内道場とは自己の心であるという。授戒の儀礼を経ることで受者の心は仏界の境位を獲得するのである。そして戒徳を満たさんがために仏菩薩がその身体内に飛来するとされている。(11)これは自己の内なる仏性が覚醒するという意味に解されよう。授戒は正に身体的時空なのである。

このような授戒儀礼が戒灌頂なのであるが、その儀礼空間には山王神が祀られる。『鎮国灌頂私記』には導師である戒和上が、山王神の尊形（絵像）が掲げられた前で灯明を捧げ神供の作法を行うとあり、『戒灌授法』では「奉レ勧二請山王権現一者、円宗擁護誓深」ためとしている。『戒灌伝授次第』には、戒和上が山王と祖師絵像の前で

焼香・一礼する作法を記す。この他に「神分」の作法では、儀礼の空間は、戒法が成就される場であるので、その法味を捧げるために梵天・帝釈・四天王・天龍八部衆から日月星辰・閻魔王、そして天照大神・八幡神・王城鎮守の諸神・山王神・日本国中一切神祇までが、「冥衆定降臨影向シタマフラン」と勧請され、『般若心経』が読誦され、『大般若経』の名が唱えられる。さらに『大乗戒壇院記』には「春秋ノ受戒灌頂之時、奉幣シテ敬テ祈リ丁寧ニ鎮国セヨ。受戒之時ハ有二大明神ノ御座一……従二先年一創テ置二御座ヲ於壇上ニ一」とある。(12)

こうした次第書を見る限りでは、山王神は「伝授壇」(外道場)に祀られるのみであり、その礼拝作法もきわめて簡略なものである。円宗(天台宗)擁護の誓いによって道場外護のために祀られるとあるが、実は戒灌頂の儀礼空間における山王神という存在は、決してそれだけの意味に留まるものではない。

二　山王神をめぐる戒律思想

まず戒家の開祖である恵尋の『天台菩薩戒真俗一貫抄』(以下『一貫抄』)から山王神と戒律の関係を確認していきたい。『一貫抄』の冒頭の第一条は「山王出世本懐在二灌頂与大乗戒一事」となっており、「大小比叡山王三所出世本懐、只在二開示悟入仏之知見利益国土一也。所レ言仏之知見者灌頂与二大乗戒一也」と円珍の『垂誡三条』に基づく言説が引かれている(山王神道関係の諸書に頻出)。山王神の本誓とは国土の利益であり、それには灌頂と大乗戒が不可欠であるという意味である。続く第二条は「十禅師戒師事」であり、中世に託宣神として信仰を集めた十禅師神についての教学的な意味付けがなされている(13)(十禅師神については次節で詳述する)。

また恵尋の孫弟子たる興円(一二六二〜一三一七)の『円戒十六帖』の「山王一心三観事」も実に興味深い。ま

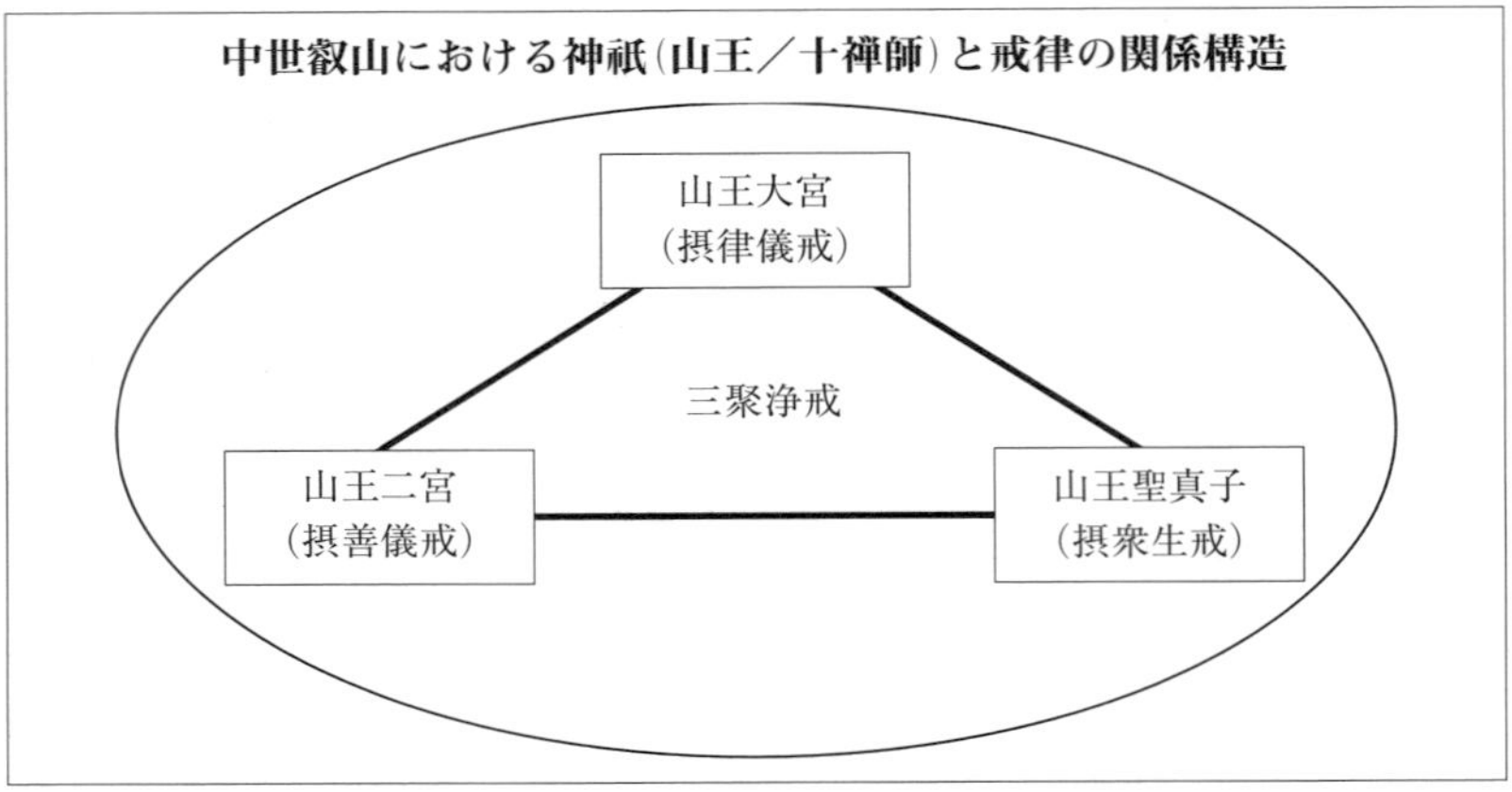

図1　興円『円戒十六帖』「山王一心三観事」（山王三聖戒体説）

ず「戒体発得釈、八分カリダ心上発二月輪之戒体一云々、其八葉者我等肉段根也。戒体者九識大円鏡智也。是月輪戒体習也。以レ之両所三聖習也」とある。[14] 八分カリダ心とは、八葉の肉段根すなわち心臓の意味であり、その心臓の上に授戒によって月輪形の戒体が発得するという。その戒体は第九識（無垢清浄な人間の根源的な〈心〉で真如・仏性とも同一視される）であり、仏の智慧である大円鏡智そのものでもある。しかもこの月輪戒体が、両所三聖（山王三聖）である大宮・二宮・聖真子の三神に他ならないというのである。これを「山王三聖戒体説」と呼んでおく（**図1**参照）。

続けて「爰以御受戒以後大師奉レ付二御宝号一時号二法宿花台聖真子一也」[15] とある。最澄は山王三聖に授戒し、それぞれ法宿菩薩、花台菩薩、聖真子という法名を奉ったとする神明授戒の伝承が説かれる。さらに「爰以我等戒体発得以二境智冥合一両所三聖申也。塔中受戒以後以二我身一為二両所三聖一也」とある。塔中受戒とは、戒灌頂の正覚壇のことである。我々衆生も受戒し戒体発得して以降は、その身体は聖なる山王神へと変成したのだと説く。「境智冥合」とは正に俗なる衆生と聖なる仏・神との神秘的交感の謂いである。

またこの山王神の本迹関係についても戒家は独自の主張を見せてい

る。興円は恵尋の説として、「戒家意、高高峰安置三身究竟即妙覚之三身也。是迹門仏果也。坂本三聖神明申凡地之明神。理即妙覚之三身也。是本門仏果也。是随分秘蔵事也」と語る。(16)「高高峰安置三身」とは比叡山上に安置される薬師・釈迦・弥陀の三仏で山王三所の本地仏とされる。これは「究竟即妙覚之三身」とあるように、六即の最上位であり完全な悟りを獲得した「究竟即」にある仏である。(17)しかし戒家はそれを、方便を意味する「迹門の仏果」と位置付ける。対して叡山の麓の坂本の山王三所は垂迹であるから、その意味では「凡地之明神」なのだが、六即の最下位であり、一切衆生悉有仏性ゆえに人間は原理的には仏であると説く「理即」の段階にありながら、すでに「妙覚」を具足している点が本覚思想的に高く評価され、逆にこちらが「本門の仏果」として宗教的価値が転倒されるのである。「随分秘蔵事」とされる所以であり、また本覚思想によって通常の仏本神迹説から、神本仏迹説へと逆転していく方向性が示されているかに思われる。

さらに恵尋の説として「我等色心受想行識山王也……受二円頓戒《ヲ》一者山王為二我体《ト》一来三住身内《ニ》一者也(18)」というように山王が戒体であることをきわめて直截的に提示し、衆生の心・身（総合的身体）が山王と同一となる旨を伝える。このような戒家の戒律観は、抽象的な〈心〉ではなく肉身感溢れる自己の生命活動の根源である心臓の上に戒体を発得することや、「山王為二我体《ト》一来三住身内二」という表現に如実に見て取れるように身体性が顕著と言える。

興円に法を受けた光宗（一二七六～一三五〇）の『渓嵐拾葉集』「戒家部」の「十禅師得名事」には、「故観心山王者以二十禅師一為レ本習也。今非二山王《ノミニ》一、日本国中大小神祇皆以二十禅師一為二総体一也、故神道約者十禅師主給也(19)」とある。山王の諸神は十禅師神に集約され、さらに十禅師は日本国中の神祇すべてを本来その内に含む絶対的な神格とされる。ここからは、受戒すれば戒体発得して十禅師と人間が身体的に合一するのみならず、十禅師は一切神祇の総体であるのだから、円頓戒の受戒によって人間の身体は神祇で満たされるというきわめて神秘的な戒律観が窺えよう。

授戒の次第書そのものによる限りでは、一見、戒灌頂の儀礼空間においては脇役でしかないように思われた山王神という存在は、このように実に深く戒律へと浸潤していたのであり、特に山王三聖戒体説から見れば、正に授戒儀礼において本質的な重みを有していたことが明らかになろう。

さて戒灌頂に奉掛される絵像は山王三聖であったのだが、十禅師神を日本国神祇の総体とまで位置付ける、光宗の十禅師中心主義的な言説からも判明するように、十禅師神は山王諸神の中でも特別な意義を担う存在である。以下に、この十禅師神に射程を定めて、「中世叡山の戒律世界」の実相に迫ってみたい。そこからは何ゆえ戒家が神祇を重んじたのか、その思想的要請は何に基づくものであったのかが明らかとなるのである。

三　戒家における十禅師信仰の特質——賞罰神のリアリティーとシャーマニズム

そこで次に恵尋の『一心妙戒鈔』「十禅師戒体事」という項目を見よう。引用は一部に留めるが、全体は長文に亙っており重要な論題であることを窺わせる。

先就二垂迹御名言一申者、十者十界無二欠減一之義也。無二欠減一者円満義也。円者頓義、頓者十界皆仏界義也。禅者止義也。止者遮レ悪持レ善義也。摂律儀摂善法戒也。師者戒師也。戒師引二導一切衆生一、即饒益有情戒也。所謂木叉為レ師云此心也。若爾者十禅師者円頓戒師也。惣者三聚浄戒体、別者利衆生戒体也。御名言付顕給也(20)

とあり、続けて十禅師の本地仏は地蔵・不動・弥勒であって、それらは本来一体とされている。

大乗戒＝円頓戒とは、『梵網経』に説かれる十の重要な戒と、それに付随する四十八の比較的軽い戒からなる。

それが「摂律儀戒」（止悪）、「摂善法戒」（作善）、「饒益有情戒」（衆生救済）の三聚浄戒によって統合されるのであり、三聚浄戒―十重禁戒―四十八軽戒と体系化されている。「十禅師」の「十」は円頓戒の円・頓の義であり、「禅」は悪を遮り善を持する摂律儀戒と摂善法戒を表し、「師」は衆生を導く師であり饒益有情戒の表示ゆえに、十禅師神は「三聚浄戒体」であると結論付けられている。

神名の解釈を通じて、〈十禅師神〉の内に円頓戒の大綱たる三聚浄戒の本質を見出しているのであり、これを「十禅師戒体説（A）」と呼んでおく（「十禅師戒体説（B）」については後述）。神名こそが神の本質開示に他ならないのである（図2参照）。戒家が日吉社の中でも十禅師神をきわめて重視し、戒学の枢要に位置付けていたことが明らかとなるが、それではこのような言説さえ生成してくる、中世の十禅師社とはどのような信仰空間であったのだろうか。

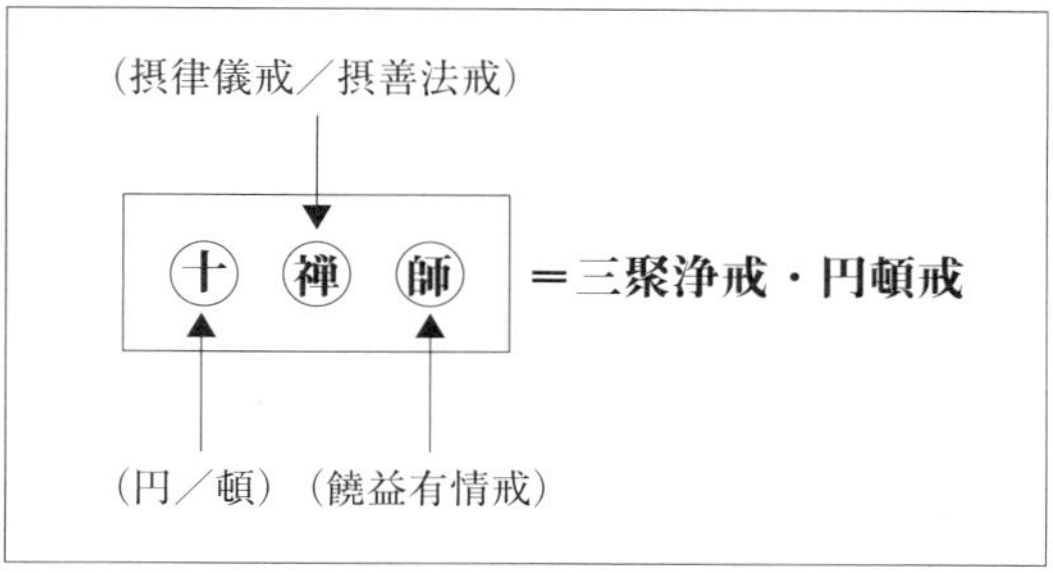

図2　恵尋『一心妙戒抄』「十禅師戒体事」（十禅師戒体説A）

中世の日吉社は、「山王三聖」として尊称される大宮・二宮・聖真子の三社を中核にした七社を上七社と呼び、そこに中七社・下七社と呼ばれる摂社群を加えた山王二十一社の体系が成立する。さらに上七社は、最澄が大和の三輪神社の大物主神を勧請して創建したという伝承を有する大宮と、これを取り巻く摂社群によって形成される西本宮グループ、そして日吉社の地主神である二宮を中核とする東本宮グループの二圏域にその信仰を系統化できるが、十禅師社（樹下社とも称す）は東本宮グループに属する摂社である。

その祭神に関しては、藤原氏の祖神であり南都の春日社の主神である天児屋根神とする説、天孫である瓊瓊杵神とする説、平安京の賀茂神とする説など資料によって多岐に亙りいささか実体を掴みにくいのである。だが頂上に金大巌と呼ばれる巨大な磐座が存在し、周囲に古墳も点在する神体山としての八王子山を背にしている点などから、十禅師社が地主神の系列の中でも特に古い起源を有し、日吉社の原初的信仰の系譜を引いているという指摘には留意したい。

また『梁塵秘抄』の四句神歌に「東の山王恐ろしや、二宮客人の行事の高の御子、十禅師山長石動の三宮、峰には八王子ぞおそろしき」(21)と見えているように、日吉社は霊験顕著な神々として貴賤の広範な信仰を集めていたが、その中でも中世の十禅師神は、巫覡に憑依し僧俗に対して託宣を下す荒々しいシャーマニックな霊山の童子神として認識されていたことも論じられている。

こうした憑依・託宣を職能とするのは、十禅師社を拠点に二宮系の諸社に供奉した、「廊御子」や「寄気殿」と呼ばれる男女の巫者（シャーマン）集団であった。『廊御子記』によれば、廊御子は十禅師神が、慈円のもとに通いできた子を始祖とすると伝えている。この他、「樹下僧」と呼ばれる堂衆階層の社僧が十禅師の祭祀に当たっており、彼らは死霊管理をも担った法師巫と推察されている。さらに東本宮圏域には、「乞食非人」と卑賤視された「宮籠」らも存在し、床下祭祀を行っていたことが判明している。十禅師社の床下にも井戸が設けられており、それはいにしえの湧水点祭祀の形跡を留めるものである(22)。

さて十禅師神の姿態としては若僧形もあるが、ことに童子形に表現された際の図像は、聖徳太子の童子形に似ることから同体視され、太子信仰に篤い慈円はその晩年、夢想による十禅師神の託宣を深く恃み、精神的支柱にしていたことも知られている(23)。巫者としての廊御子の始祖伝承は、かかる慈円の十禅師信仰に根差していることは明らかである。十禅師信仰の諸相については先行研究に譲るが、戒家もまたかかる十禅師神のシャーマニックな信仰に関心を示しているのである。

慈円の場合は夢告であったが、憑依はより直接的に身体を介してなされる神との交渉である。巫覡への十禅師の神がかりが熾烈な神威の発露であったことは、それが日吉・叡山で「クルイ（狂い）」と言われたことによく表出している。恵尋自身も『円頓戒聞書』で「於二神殿前一種々キネ（支禰―筆者補）等ガ、クルイスルモ、皆仏菩薩結二怨念一者メシヨセテ、令二帰依心住一、成二和合義一」と述べているのである。これは実に興味深い説である。(24)

この前後の文脈によれば、山王神は仏菩薩の垂迹であり、その仏菩薩も成仏以前は輪廻生死を繰り返す衆生であった。その過去世において互いに遺恨・怨念を抱いた者を、神は巫覡に憑依して呼び寄せ、宿世の怨念を消滅させて帰依・和合に導くとされている。仏教思想によって論理化されてはいるが、中世叡山の戒学書の挟間に神霊憑依のシャーマニックな現場が顔を覗かせていることを見逃してはならない。この他、『日吉山王利生記』や『山王霊験記』など神明説話集にも、十禅師関係説話が多く採録されている。それらも皆、夢想・憑依によって託宣を下す神としての十禅師の姿を、いきいきと伝えているのである。

恵尋が円頓戒の本質＝戒体を見て取ったのは、このような性格を有する十禅師であった。興円が『円戒十六帖』で述べていた山王三聖戒体説では、十禅師は含まれないものの、十禅師戒体説こそが、戒家の構築した戒学の中で思想的に重要な意味と機能を果たすことになるのである。さらに中世叡山の戒学における神祇の言説を確認してゆこう。

記家の正嫡であった義源は光宗の師匠であり、その光宗が興円の弟子となっているように、義源も戒家の戒律復興運動に協賛した人物であった。その著作の『山家要略記』「十禅師名二麁乱神一事」には、「為二慈悲質直之者一施二利益一。是名二十禅師一。為二穢悪邪欲之者一、成二夭怪一。是名二麁乱神一」という口伝が記録されている。善人には恵みを垂れる十禅師だが、悪人に対しては麁乱神と化現し、罰としての災難を下すというのである（図3参照）。麁乱神(25)

十禅師（利益・賞）＝麁乱神（夭怪・罰）
｜　　　　　　　　　　　　｜
慈悲正直（善人）…×…穢悪邪欲（悪人）

図3　義源『山家要略記』「十禅師名麁乱神事」

とは祟り神として恐れられた荒神のことであり、憑依によって発現する十禅師の霊威は、荒ぶる神の性質に繋がるのである。

次に興円の作と考えられる『円頓戒法秘蔵大綱集』（以下『大綱集』）を紹介する。これはすでに窪田哲正氏の論文「円頓戒法秘蔵大綱集について」で若干の考察がなされており、「円頓戒の法門の核心に「信心」を据えた、信心受戒説ともいうべき主張」が本書の特色として把握されているが、「全篇に色濃く反映した山王信仰と結びついた円頓戒思想もあるが、これは今後の研究課題(26)」とされているので、本章ではこの点に注目しなくてはなるまい。

『大綱集』の「第一戒法教主」の中の「九　両所三聖為戒体事」には（「戒体」ではなく「戒師」が正しい）、

以二両所三聖一為二戒師一可レ云乎、尋云、山王者吾師外授戒外護也、非二正戒師一歟如何、答、両所三聖者円戒受二大師一為二道俗男女七衆通受戒師一、戒家以二神明賞罰一、習二遮悪持善戒法一也、所謂三聖者釈迦弥陀薬師三仏法宿花台聖真子是也、以二両所神明一為二陰陽父母一弥陀如来従レ本垂レ迹成二神明一、聖真子権現申也、何故名二聖真子一者、受二仏々精気一垂レ迹給、故奉レ名二聖真子一也、梵網経真是諸仏弟子説、法花経我等今日真是仏子、山王御受戒可二口伝合一云々……大宮権現出二寂光宮一成二三界慈父一和二光衆生一調二皆成仏機一、二宮権現者辞二東方浄域一成二穢土人一治二一切衆生五住二死病一、聖真子権現者従二西方極楽世界一来二娑婆世界一導二十悪五逆衆生一引摂九品蓮台一、是則三聖垂迹御本意也、大宮者調二皆成仏機一故成二摂善法戒教主一、二宮治二五住二死病一故成二摂律儀戒教主一、聖真子引摂十悪五逆衆生一故為二摂衆生戒教主一……(27)

といった問答がある。

大宮・二宮・聖真子の（山王）三聖が、それぞれの本地仏（釈迦・薬師・阿弥陀）の救済機能に基づき、摂善法戒・摂律儀戒・摂衆生戒（饒益有情戒）という三聚浄戒の教主（戒師）に配当されているのだが、特に見逃せないのは、「戒家以㆓神明賞罰㆒、習㆓遮悪持善戒法㆒也」の一節である。戒家は神祇の賞罰機能を、悪を遮り善を持するという戒律の機能そのものと理解しているのである。中世叡山の律僧たちが、神祇信仰を戒律思想へと大きく取り込んでいった背景には、まずもってこのような論理があったことを押さえておく必要がある（図4参照）。

このように義源は十禅師の賞罰機能を説き、特に麁乱神としての性質に着目し、山王三聖によって議論を展開した興円は、神祇の賞罰機能を戒律の機能に直接的に類比していた。この二つが接する地点、すなわち十禅師神の賞罰機能と戒律の機能を結合させる説も存在するのである。興円の所説を光宗が記した『戒家智袋』の「十禅師戒体事」には、「仰云。本地地蔵菩薩也。垂迹者炎王也。悪縁起戒体習事也。地蔵菩薩摂善摂生二律義也。炎王笏持。威儀直衆生造悪瞋。是摂律儀戒也」(28)とある。

光宗の『渓嵐拾葉集』「戒家部」の「十禅師戒体之事」はこれを敷衍して、

> 相伝云、十禅師戒体者悪随縁戒体事云也、悪随縁者地獄戒体之事為㆓秘蔵㆒也、謂意者、十禅師者本地地蔵菩薩也、地蔵菩薩垂迹閻魔王也、炎王者悪随縁戒体也、衆生造悪瞋也、故炎王者摂律儀戒也、地蔵菩薩者善随縁戒体也、摂善法戒也、此菩薩度㆓衆生㆒願深重故、摂衆生戒也、仍地獄相貌者三聚浄戒体也習也云々(29)

と説く。

十禅師神は本地仏にも諸説あるが、地蔵とする説が最も主流であった。その地蔵は地獄の閻魔王にも垂迹するというから、十禅師神と閻魔王はともに地蔵の垂迹として同体関係で結ばれ

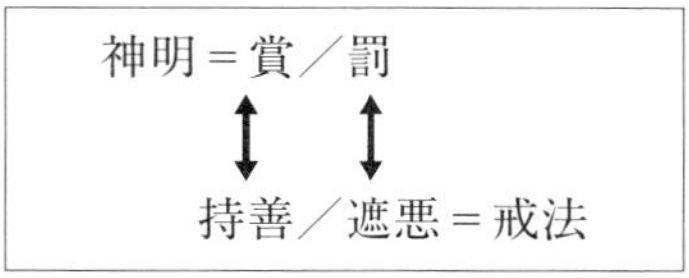

図4　興円『円頓戒法秘蔵大綱集』

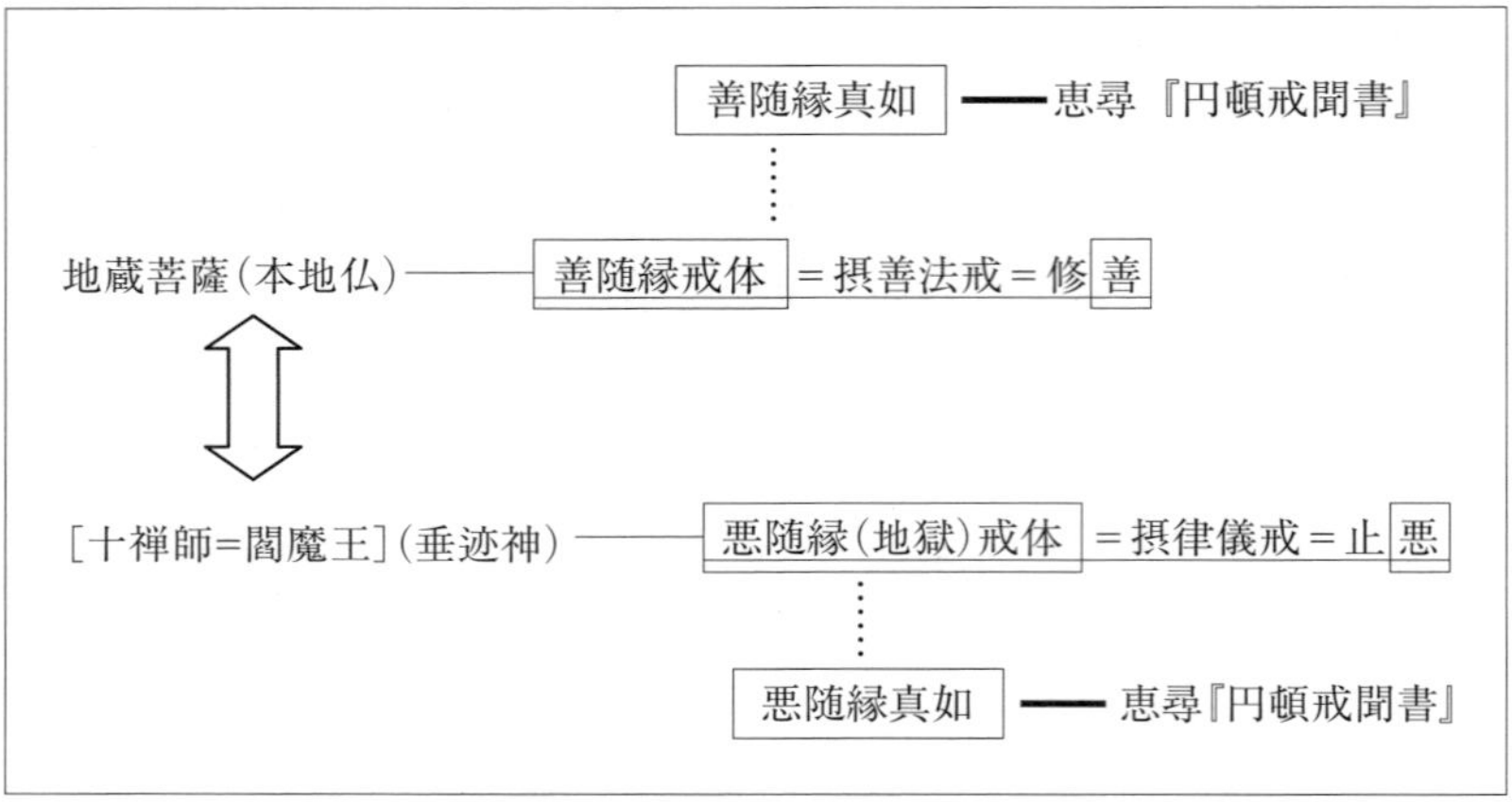

図5　光宗『渓嵐拾葉集』「十禅師戒体は悪随縁戒体の事」（十禅師戒体説B）

る。そして閻魔王は衆生の造悪に怒る存在であり、止悪の戒である摂律儀戒の戒体＝悪随縁戒体とされている。反面で地蔵は修善の戒である摂善法戒と衆生済度の戒である摂衆生戒（饒益有情戒）の戒体＝善随縁戒体である。「善随縁戒体」（善の戒体）・「悪随縁戒体」（悪の戒体）なる教理概念については後述するが、これは『一心妙戒抄』の神名解釈による十禅師戒体説とは異なり、本地垂迹説に基づくものである。これを「十禅師戒体説（B）」と呼んでおく（**図5**参照）。

　またこの「相伝云」が「十禅師戒体者悪随縁戒体事云也」に始まり、「地獄相貌者三聚浄戒体也」と総括されるところに、戒を通じて悪＝地獄の問題を見据える姿勢の看取されることは重要である。換言すれば地獄＝悪の問題に即して戒律の意味を捉える論理を媒介したのは、地蔵を本地とする十禅師神という中世日吉社の代表的な神格だったのであるが、ここでは悪を誡めるという戒律の本来性によって、地蔵よりも閻魔の存在がクローズアップされているのである。

　先述した恵尋の『一貫抄』第二条の「十禅師戒師事」にも、十禅師の本地は地蔵であり、閻魔王とも同体であること、地獄で罪人を呵責しつつ、三種菩提心の利益を得せしめることがごく簡単にだが記されている。十禅師と閻魔の関係は、「相伝云」とあることからも、戒家の祖たる恵尋まで遡り得るのである。中世に流布した本地地蔵説を基に、閻魔王の存在を呼び込んだ十禅師信仰は、恵尋以降の戒家に固有なものと判断される[30]。

さて佐藤弘夫氏は、不可測の祟りを振りまき荒ぶる古代的神祇に対して、中世の神祇は仏法に基づく価値基準によって顕著な賞罰機能を行使する存在へと、その性質が変化するとされる。そして人々の行為に目を光らせ厳格な賞罰を下すという任務は、遥かな浄土世界の取り澄ました仏たちでは不可能であり、その存在を可視的・感覚的にリアルに実感できる必要があるとし、これを「怒る神」と把握している[31]。

『大綱集』に「以二神明賞罰一習二遮悪持善戒法一也」とあったものは、実にこの中世的な神観念の戒律への応用であった。また荒神と習合して悪人を罰する十禅師神や、閻魔王と一体化し摂律儀戒の機能に則って衆生の造悪に怒る地獄戒体・悪随縁戒体としての十禅師神は、正に「怒る神」としての性質を持った存在である。そして中世日吉社の中でも十禅師社こそは、「クルイ」と呼ばれた神顕現に最も強く彩られたシャーマニックなトポスであった。このように現世に垂迹し賞罰権を行使する怒る神としての十禅師神は、生々しい憑依託宣を回路として、中世日吉社における〈神〉の存在を、最もリアルに体現していたと言えるのである[32]。

以上の考察を踏まえた上で、このような十禅師神が戒体であることが、中世叡山の戒律にとっていかなる思想的意義を有したものかを、最後に検討せねばならない。

四　十禅師戒体説の思想背景

「山王三聖戒体説」や「十禅師戒体説（A）」に比して、複雑な構造を有する「十禅師戒体説（B）」という、戒家における特殊な神祇信仰の成立背景を探ることは、叡山の戒律復興運動が直面した思想課題を考えることに直に繫がるのだが、結論を述べるならば冒頭で触れたように、そこには本覚思想の問題があったのである。衆生を含む一切万象（現象世界）の生成原理を真如と見る本覚思想にとって、〈悪〉の問題は常にアポリアとなる。いわば絶対的な〈善〉である真如の前に、〈悪〉の存在性は相対的な仮象とならざるを得ないため、〈悪〉が直視されず没却される傾向はきわめて強い。

天台教学史から見て戒体をめぐる議論は諸説あり煩瑣なものであるが、中世以前より円頓戒の戒体を真如（仏性）に求めるという立場が叡山における一つの伝統としてあり、恵尋の『円頓戒聞書』「戒体事」にも「真如仏性以為二戒体一」という文言が先行文献から引用される。真如＝仏性の顕在論であり、「心性源清ケレバ、衆生即仏也」とあったように、心の絶対的な清浄性を前提とする本覚思想においては煩悩即菩提・善悪一如が強調され、その現実肯定の思想性は造悪・破戒を容認し修行無用論に至ることが論じられてきた。

一例として仮名交じり文で平易に綴られた本覚思想の入門書と言える『真如観』には、

①真如ハ万法ノ体ナレバ、仏界及九界、此真如ノ中ニ具足ス……

②我身真如也ト知リテ、我及一切衆生悉具仏性ナリ……

③万ノ人ハ皆、一切有情ニ悉ク心有ト知レリ。其心ガ性ヲ仏ト名ク。サレバ虫蟻ケラ皆心有レバ仏也ト聞ム

……

④此則一切衆生ノ胸ノ間ノ心蓮華台ハ、両部諸尊ノ所依、無始ヨリ以来、我身ノ胸ノ間ニ住シ玉ヒケル……

⑤悪ノ業ヲ真如ノ理ト観ズレバ、衆罪ハ霜露ノ日ノ光ニ当ガ如シ。速ニ消失ヌ……

⑥タトイ破戒無慙ナリ共、懈怠ヲダニセズバ、帯ヲセズ臥シナガラモ、只須叟ノ間モ、我身真如ナリト思ハン計ヲ、極テ安ク憑シキ事ヤハアル……

などと説かれている。(33)

これらを総合すると、真如は現象世界（と仏界）の本質であるから、人間存在そのものでもあり、かつ衆生に内在する仏性に他ならない①②。かかる真如・仏性を重視することで仏と衆生は、聖俗の境界をやすやすと飛び越え③④、罪・悪もたやすく解消され、破戒や修行の軽視に至る⑤⑥ということになる。

また栄西が『興禅護国論』で、「悪として造らざること無きの類」と厳しく指弾した禅の一派である達磨宗は、本覚思想の色彩がきわめて強く、「行無く修無し、本より煩悩無く、元よりこれ菩提なり。この故に事戒を用ひず、事行を用ひず、只だ応に偃臥を用ふべし。何ぞ念仏を修し、舎利を供し、長斎節食することを労せんや」として、『真如観』の⑥のごとき戒律の無視や修行無用論を公然と主張していたとされる。(34)

だが小乗戒と大乗戒の兼持を主張する以前の栄西の作とされる『円頓三聚一心戒』にも、南都の小乗戒を貶し叡山の大乗戒の称揚を急ぐあまり、「此戒ヲ受テノ後ニハ海ニ入タル水ノ如シ。皆戒ノ功徳ト成テ全ク留マル罪過無シテ本分ノ仏海ノ戒体也。犯セル罪過ハ戒ノ功徳トハ成テ仏海ニ加レリ。此戒受後ニハ時副日ニ副テ戒ノ功徳ノミ広多ニシテ破リ犯スト思ナシ。大海ノ徳ノ不思議ナルニ能々心得合スヘシ」(35)など、非常に極端な主張が目立つ。「本分ノ仏海ノ戒体」すなわち衆生が本来具足せし仏海のごとき戒体（真如・仏性）の無窮性の前には、破戒など物の数ではないのである。ひとたび受戒したならば、いかなる破戒行為によっても戒体それ自体は失われないことを天台の戒学では伝統的に「一得永不失」と言うが、『円頓三聚一心戒』に顕著なように、中世では本覚思想の裡で一得永不失の観念は肥大化し、造悪の肯定論理としても機能するのである。

『円頓戒聞書』にも「一得永不失事」があり、「三千森羅《ノ》万法。何者《カ》非二真如実相一。一切《ノ》諸法皆戒法《ナレハ》悪《トシテ》無レ可レ名レ犯《ト》……所謂真如実相以為二戒体一。一切諸法皆是戒法、何有二非戒法犯戒法一等文釈文等甚《タ》多レ之可二委細見一レ之[36]」と説かれる。『真如観』①に真如は万法の体とあったように、かかる真如が戒体であるならば、三千森羅万法・一切諸法（現象世界）が戒律そのものと解されるのも論理の必然であり、そこでは「何有二非戒法犯戒法一等文釈文等甚《タ》多レ之」のように、破戒・持戒の区別さえも放棄する、正に『円頓三聚一心戒』のような主張（釈文）が弥漫していたのである。

恵尋はさらに、

若邪見ノ人云ク……一切皆仏法也。仏法ノ中ニハ無二犯戒一等文、若爾ハ受二此戒一者、淫盗殺妄恣ニ犯ストモ、有二何ノ事一耶。此事甚以不便也。此戒尤能ク可レ持也。所以三千森羅ノ法ハ、皆仏界ノ変作ナレトモ、悪報ト随縁スルヲハ可レ捨。善業ト随縁セルヲハ可レ取者也。故ニ此戒ヲハ随縁真如ノ戒ト云也。戒ハイマシメトヨム也。若一切皆仏法ナレハトテ、不レ立二持毀一者、以レ何戒ノ名ヲ立耶[37]

と続ける。

ここでも「邪見ノ人」による『円頓三聚一心戒』のごとき本覚思想的な戒律理解が挙げられているが、「此事甚以不便也」として恵尋はこれを明確に批判し、持戒・破戒を厳密に区別すべきことを説いている。そして注意すべきは「悪報ト随縁スル」真如と「善業ト随縁セル」真如が説かれていることである。

これについて『円頓戒聞書』の別の箇所には、

尋云。一切諸法皆随縁真如ナラハ、何ヲ所縁対治トシテ戒品可レ立耶。師云。付二随縁真如一善悪ノ二有レ之。悪ノ体者。其体ヲ不レ替シテ随縁シ。善体者。善体ナカラ随縁スル也。同随縁真如ナレトモ善悪体格別ナレハ。此悪キ随縁真如ヲ為二対治一。善キ随縁真如ニ立二戒名一。随縁真如ノ戒ト名ル也(38)

とある。森羅万象が真如の自己展開（これを「真如の随縁」という）であるならば、いったい何のために戒律があるのか、つまりこの現象世界が真理の活きた姿ならば、ことさら悪を正す戒律など必要ないはずだというのである。本質としての真如と、現象としての一切諸法を無媒介に相即させる、「現象即本質」論としての本覚思想ならではの疑義であるが、これでは善・悪の分別が無化され、遮悪(退)持善の法門としての戒律が成り立つ余地がない。恵尋はこれに対し、真如には善・悪の二つがあり、悪の真如を対治する善の真如を戒と呼ぶのだという、「善悪二種真如」説とも言うべき特異な戒律論をもって対処している。戒家も天台本覚思想を教学的な前提とした上で、なお実践性の回復を志向したのだが、ここに叡山の内部で戒律護持を論理化してゆくための営為が、なかなかに困難であったことが示されていよう。

そしてこの点にこそ、戒家が戒学の内部に神祇信仰（特に十禅師神）を大きく導入した理由が求められると考える。つまり恵尋が『円頓戒聞書』で用いた「悪随縁真如」「善随縁真如」という語が、先述した光宗の『渓嵐拾葉集』において「善随縁戒体」「悪随縁戒体」と言われてゆくことは、真如＝戒体の説に照らせば至極見やすい道理であり、ここに十禅師神が結合すれば、「十禅師戒体説（B）」が形式的には成立するのである。

「形式的に」と言ったのは、『円頓戒聞書』の場合、「悪報ト随縁スルヲハ可レ捨。善業ト随縁セルヲハ可レ取者也」とあったように、悪の真如は否定的価値体であるが、『渓嵐拾葉集』における悪の戒体は遮悪持善の法門たる戒律の「遮悪」の力を表していると考えなければならないからである（これに対して善の戒体は「持善」の力を表す）。要するに「十禅師戒体説（B）」とは、十禅師の別体としての閻魔王を呼び起すことで、本覚思想の難点を補正せんと図ったものであろう。「悪随縁真如」とは奇妙な概念に思えるが、それは律僧として恵尋が〈悪〉の問題を等閑視し得なかったことの証左である。

恵尋は本覚思想の真如一元論的な傾向の内部にありつつ、その真如に〈悪〉の性質的側面を持たせたのである。そして恵尋の段階で「十禅師戒体説（B）」の論理が完成していたか明確ではないが、少なくともその後継者たちは、中世的神祇の賞罰機能を戒体へと及ぼそうとした。この中世的神祇の賞罰機能は、正に十禅師と同体である地獄の王である閻魔の、衆生の造悪に怒り罰するという機能によって補強され、それがそのまま悪随縁戒体となることで、戒律の「遮悪」の実効性の保証が期される形である。地蔵を善の戒体として論ずる項目が別立されていない点からも、〈悪〉の問題が主に焦点とされたことが窺える[39]。

恵尋は『円頓戒聞書』で、「円頓戒者一得永不失トハ云ヘトモ、長時ニ不レ修シテハ不レ可レ有事也[40]」と述べ、不断の戒律の護持を実践せんと志向した。そしてそれは以降の戒家の基本的な立場であった[41]。それを思うとき、「十禅師戒体説（B）」は誠に戒家固有の神祇信仰と評価できるのである。

おわりに

はじめに詳しく確認したように、戒灌頂の儀礼において山王神は中心的な位置を占めていないかに思われたが、こうした思想・教学を通覧した上は、山王神を代表する十禅師神の重みが実感される。儀礼次第と口伝的な言説を総合することで儀礼に秘された十禅師の姿と戒家の信仰世界が、鮮やかに浮上してくるのである。そして戒体を身体（〈心〉・心臓）に発得するという秘伝を考え合わせれば、戒灌頂は「神・人一体説」（心・神同一観／神内在観とも言う）の世界でさえあり、[42]それは畢竟、戒律の内在的理解に他ならないものである。

また戒の本質たる戒体は、人間と世界の根本原理である真如（仏性）に強く求められたが、そのことは中世叡山の戒律を教団規則や僧侶の自己倫理から大きく逸脱させかねないものであった。だが恵尋は『円頓戒聞書』で、「但彼真如ト云者。万法ニ所レ備以二仏性一非レ為レ体。真如事相ニ顕テ而成二戒体一法有耶。若爾者、以二事法一可レ為レ体ト云御難ニモ不レ可レ違歟」[43]と言う。一切存在に普遍する観念的な真如・仏性ではなく、具体的に活きて働くもの、人間の実践上において確認されるものと捉えて、事相・事法の戒体を唱えているのである。

「十禅師戒体説（B）」とは、十禅師と閻魔王の同体説によって共鳴・強化された「怒る神」としての賞罰機能を戒体へと及ぼすことで、戒律の実効性を活かしていくための仕組みと言える。これは戒家の思考が始覚と本覚との緊張関係の狭間にあることでもたらされたものと判断されるが、[44]シャーマニックな霊威の横溢する十禅師への注目や授戒儀礼によって十禅師と神人合一するという身体性の強調、十禅師＝閻魔説による〈悪〉への視線などは、実際の戒律護持が希薄化していた円頓戒に対して、戒体のレベルで実践性を付与し自己規律を強化する機制となり得るであろう。その意味で「十禅師戒体説（B）」は、事相・事法の戒体にとって一つの理想型なのである。かくして神祇と戒律の結合は、天台本覚思想と戒律の矛盾を止揚せんとする論理であり、中世宗教思想史上の課題に根差したものであったことを結論したい。

かくのごとく〈神祇〉の領域と〈戒律〉の領域が本質的に同一化したことは、「中世叡山の戒律世界」の実相を何より鮮烈に示すものである。ベーシックな戒律観を遥かに超えて、律僧は神という日本的な存在に戒律の本質を見出し、戒律（と儀礼）を回路として神祇を衆生に内在化させた。それはインドに発祥し本来は外在的な教団規則であり、大乗仏教において仏教者の自己倫理としての色彩を強くした戒律が、思想化・身体化してゆく運動の極点であったとも言える。仏法の根幹である戒律の〈日本化〉、その最も突出した局面をここに認めたい。

注

（1）南都の戒律復興をめぐる従来の研究史については、第二部第五章・六章・七章で適宜紹介している。

（2）松尾剛次「恵鎮円観を中心とした戒律の「復興」――北嶺系新義律僧の成立――」（『勧進と破戒の中世史――中世仏教の実相――』吉川弘文館、一九九五年）、寺井良宣「中古天台期の叡山（黒谷）における籠山修行」（『叡山学院研究紀要』二〇号、一九九七年）、同「求道上人恵尋の「一心妙戒」の思想」（『天台学報』三九号、一九九七年）、同「黒谷流による叡山戒律復興の思想――興円の『一向大乗寺興隆篇目集』を中心に――」（『西教寺真盛と日本天台の思想』永田文昌堂、一九九七年）、同「比叡山黒谷の恵尋『円頓戒聞書』にみる思想的特質」（『叡山学院研究紀要』三二号、二〇一〇年）など参照。

（3）平雅行「中世仏教の成立と展開」（『日本中世の社会と仏教』塙書房、一九九三年）四三七～四七七頁参照。戒律を護持し禅定を修することで（仏の）智恵を獲得するというのが三学の本来的立場である。また本覚思想は重厚な研究史を有するが、田村芳朗『本覚思想論』（春秋社、一九九〇年）、大久保良俊『天台教学と本覚思想』（法藏館、一九九八年）など参照。

（4）曽根原理「叡山大衆の相依論――戒家と記家の思想から――」（『徳川家康神格化への道――中世天台思想の展開――』吉川弘文館、一九九六年）。なお中世の山王信仰のまとまった成果としては、菅原信海『山王神道の研究』（春秋社、一九九二年）がある。

（5）戒家の山王信仰については、すでに平沢卓也「山王の受戒――中古天台における神祇観の一斑――」（『東洋の思想と宗教』二二号、二〇〇五年）があり、「山王受戒説」について詳しく分析されているが、本章は「山王戒体説」の思想史的意義を問うものである。戒体については、土橋秀高「戒体について」（『印度学仏教学研究』二〇巻一号、一九七一年）、佐藤密雄「戒体と戒の体」（恵谷隆戒先生古稀記念会編『浄土教の思想と文化』佛教大学、一九七二年）、小寺文頴「伝教大師の戒体論」（叡山学会編『叡山仏教研究』永田文昌堂、一九七四年）、同「安楽律における戒体論争」（『天台学報』一九号、一九七七年）など参照。

(6)『大正新脩大蔵経』所収本。

(7)十二門戒儀については恵谷隆戒『円頓戒概論』（大東出版、一九七八年）の「授戒の形式」に詳しい。

(8)山本ひろ子「戒家と大黒天――大黒天法と戒灌頂をめぐって――」（『異神――日本中世の秘教的世界――』平凡社、一九九八年）、四四八頁参照。

(9)戒灌頂については、大久保良順「重授戒灌頂の興起」（『天台学報』二二号、一九八〇年）、野本覚成「玄旨灌頂より戒灌頂へ」（塩入良道先生追悼論文集刊行会編『天台思想と東アジア文化の研究』山喜房佛書林、一九九一年）、色井秀譲『戒灌頂の入門的研究』（東方出版、一九八九年）なども参照。

(10)続天台宗全書『円戒1』二二五頁。

(11)円頓戒を重んじた法然の弟子である信空による授戒次第書『授菩薩戒儀』（『専修学報』九号、一九四一年所収）にも、「号二之戒体一、有レ信来、無レ信不レ来」とある。

(12)『鎮国灌頂私記』『戒灌授法』『戒灌伝授次第』は続天台宗全書『円戒1』所収。この他、同書所収の惟賢『菩薩円頓授戒灌頂記』にも、関連する説が見える。

(13)『一貫抄』は叡山文庫真如蔵本を披見。

(14)続天台宗全書『円戒1』九七頁。

(15)続天台宗全書『円戒1』九八頁。

(16)続天台宗全書『円戒1』九八頁。

(17)六即とは六段階の修行によって得るそれぞれの境地を言う。

(18)続天台宗全書『円戒1』九八頁。

(19)『神道大系・天台神道上』四四八頁。

(20)続天台宗全書『円戒1』二六三頁。

(21) 日本古典文学大系『和漢朗詠集　梁塵秘抄』所収本。
(22) 十禅師の信仰史については、影山春樹『神体山』(学生社、一九七一年)、山本ひろ子「中世日吉社の十禅師信仰と担い手集団」(『寺小屋語学・文化研究所論叢』三号、一九八四年)、名波弘彰「『平家物語』に現れる日吉神社関係説話の考察――中世日吉社における宮籠りと樹下僧――」(『文芸言語研究(文芸篇)』九号、一九八四年)、佐藤真人「中世日吉社の巫覡について」(『国学院雑誌』八号、一九八四年)、嵯峨井建『日吉大社と山王権現』(人文書院、一九九二年)、橋本正俊「『山王霊験記』形成の一端――宝池房証真を中心として――」(『説話文学研究』四三号、二〇〇八年)などを参照。また十禅師とも関わるものとして網野暁「日吉社組織における大行事の位置」(『年報中世史研究』二三号、一九九七年)がある。
(23) 山本ひろ子「霊告をめぐる慈円の精神史的一考察」(『寺小屋語学・文化研究所論叢』二号、一九八三年)、山口剛史「慈円の日吉十禅師信仰について」(『神道史研究』二五七号、二〇〇八年)を参照。
(24) 続天台宗全書『円戒1』二二一頁。「クルイ」については、『平家物語』巻第二「一行阿闍梨之沙汰」に、鶴丸という童子に十禅師が憑依した記述があるが、それは「身心をくるしめ五体に汗をながひて、俄かにくるい出でたり」という壮絶なものであった(日本古典文学大系『平家物語　上』一四五頁)。
(25) 続天台宗全書『山王神道』一五八頁。
(26) 『印度学仏教学研究』三〇巻一号(一九八一年)参照。
(27) 西教寺正教蔵「戒疏五番箱」所収本を披見。
(28) 続天台宗全書『円戒1』一三七頁。
(29) 神道大系『天台神道(下)』四四六~四四七頁。
(30) 平安前期の五大院安然の『普通広釈』には、円頓戒を受戒していれば、たとえ破戒しても戒そのものの利益が絶大であるので、地獄に堕ちても閻魔王として自在に振舞うことができるという説がある。栄西も『円頓三聚一心戒』(後述)で、この説を引きひたすら円頓戒を称揚するが、恵尋は『円頓戒聞書』にこれを引きつつ、時には菩薩が衆生救済の過程で破戒することがあり、そうした菩薩は悪道には堕ちないが、その報いによって神祇として顕れるという興味深い神祇観を披瀝してゆく(二二〇~二二一頁)。戒家における閻魔王の意味はすでに考察したとおりであって、恵尋に始まる戒家の神祇信仰には、破戒／地獄／悪といった問題が纏綿していると言えよう。

(31) 佐藤弘夫『アマテラスの変貌――中世神仏交渉史の視座――』（法藏館、二〇〇〇年）の「祟る神から罰する神へ」、同『偽書の精神史――神仏・異界と交感する中世――』（講談社、二〇〇二年）を参照。

(32) 『発心集』の「日吉の社に詣づる僧、死人を取り奇しむ事」では、死者を弔ったため社参すれば神罰が下ると懼く僧に、「慈悲」という仏法の価値を基準に、十禅師神は巫者に憑依して穢れを容認し僧を讃える（ただし特例として）。ここからも十禅師神が賞する／罰する機能を主に掌っていたのであり、その賞罰は十禅師神が託宣神であることによって顕著に表出している。本書第二部第七章を参照。

(33) 日本思想大系『天台本覚論』所収本。

(34) 日本思想大系『中世禅家の思想』所収本。中世南都における本覚思想と戒律の問題については、第二部第五章でも論及した。

(35) 多賀宗隼『論集中世文化史　僧侶編』（法藏館、一九八五年）に翻刻。

(36) 続天台宗全書『円戒1』二四六頁。

(37) 続天台宗全書『円戒1』二四六頁。

(38) 続天台宗全書『円戒1』二三三頁。

(39) 恵尋は、「①万象森羅……無始ヨリ悪随縁真如ニ被レ牽生死流転スルヲ……（『円頓戒聞書』二一八頁）」、「②但皆真如ニテハ有トモ、悪サマヘ顕タルハアシク、能《（善）》ク顕タルハヨキ也。（同、二五一頁）」、「③衆生界ト云者、悪キ随縁真如也。此物者至二仏果一モ、全ク不レ失二其体一物也。而ニ仏菩薩叶二妙覚位一為二衆生利益一九界形状ヲ下候時キ、此ノ悪随縁ノ法随テ随縁シテ、迷謬顛倒衆生ト成也。是即迷真始也。然ト云テ、全仏界湛然寂静方カワロ《（悪）》ク迷出トハ不レ可レ云也。（同、二二九～二三〇頁）」とも述べている。詳述の遑はないが、真如に無明が熏習することで諸法が生じるとする『大乗起信論』の説と通じるようである。また③で、悪の真如の現象体である衆生は、成仏の後も悪の真如を性質として保持するゆえに、再び衆生に化して迷妄の世界を救うことができるという議論には、いわゆる「天台性悪思想」との関係性が想定される。ちなみに恵尋はここでは、原理的には「衆生」を〈悪〉と把握しているようだが、『一心妙戒抄』では一切衆生・森羅万象も仏身の顕れであり「功徳の法門」であると積極的に肯定する箇所もある（続天台宗全書『円戒1』二八五頁）。さらに晩年の作である『一貫抄』では、真如随縁説に基づく真如一元論的な戒学をもって王権・国家を積極的に荘厳し正当化するなど、現実（現象世界）肯定的な性格が強い。なおこの『一貫抄』からは、貞慶の戒律復興にまつわる興味深い説話が見え、叡山の戒律復興に南都からの影響が窺える。そして恵尋の戒律復興運動が、寺院の祈禱力の問われた蒙古襲来を経過した後、「不退行法」（日常的な祈禱・勤行）の担い手であり「戒行」に努めることで、より実践的に「皇帝本命道場」（叡山）を支えている堂衆・行人的階層の側から、学侶との間に生じた寺内の経済的矛盾の見直しを主張するという、政治色の強い内容を孕むようになることまでも、『一貫抄』からは見て取ることができる。拙稿「中世叡山の戒律復興――律僧恵尋の思想と国家観をめぐって――」（『佛教大学総合研究所紀要』一六号、二〇〇九年）を参照。

(40)　続天台宗全書『円戒1』二一七頁。

(41)　しかしそれが当の戒家の内部においてさえ揺らいでいる一面は、前注(39)拙稿ですでに指摘したところである。この問題は南都の小乗戒との兼修を説いた、近世叡山の戒律復興運動である「安楽律」へと最終的に持ち越されていくものと考えられる。

(42)　中世的な神・人一体説については、伊藤聡「伊勢灌頂の世界」（『文学』八巻四号、一九九七年）に詳しい。また本書第三部第十一章でも神・人一体説に基づく葬送儀礼次第を分析し、それが南都律宗に関係していた可能性についてもいささか推測を及ぼした。

(43)　続天台宗全書『円戒1』二五三頁。

(44)　「本覚と始覚の冥合」ということが、『円頓戒聞書』や『一心妙戒抄』に複数回説かれている。

第三部　中世真言密教の信仰と儀礼

第九章　頼助『八幡講秘式』と異国襲来
――鶴岡八幡の調伏儀礼と中世神道説――

はじめに

第一部では貞慶による春日の講式を分析したので、本章では中世において春日神と対をなす八幡神の講式を取り上げる。また貞慶が作成した春日の講式は顕教の講式であるが、ここで扱うのは密教の講式である。さて中世の八幡信仰をめぐる縁起・神話・説話については、『八幡愚童訓』など石清水八幡系統の資料が主流と言えるが、東国の鶴岡八幡宮にも『八幡講秘式』という講式がかつて存在し、そこには一般的な本地釈迦・弥陀説とは異なる八幡本地愛染説や、八幡と他の尊格との同体説、あるいは八幡と舎利・宝珠信仰など、いわゆる中世神道説へと繋がる問題が凝縮されている。本章ではその成立背景と信仰世界を、詳しく段階的に考察してゆく。それはいまだ僅少な、神祇系講式研究のさらなる拡充に寄与することともなろう(1)。

また本章では、この講式が、大掛かりな異国調伏儀礼の一角に位置付けられて機能していたことを重視したい。そのことによってこの講式の生成の過程を明らかにすることができるのである。講式はそれ自体が講という儀礼の式次第となっているのだが、たとえば貞慶作『神祇講式』が、神祇灌頂という一連の儀礼作法の中で読誦される例が確認されるように、儀礼の一部を形成する場合も多い(2)。

そして頼助の『八幡講秘式』に見える本地愛染説は、西国の石清水八幡にも影響を及ぼしたものと想定され、久我長通が作成し石清水に奉納した五段の『八幡講式』にそれが窺えること、また愛染を本地とする八幡の本地供法が修されていることも確認できる。本地愛染説が西国にもたらされた具体的な経路（ネットワーク）など石清水の問題については第十章で論及する。

以上のことから、講式・神道書・儀軌といった寺院聖教を連関させ、神功皇后の三韓遠征譚などの著名な八幡縁起・説話類とは、また異なる中世的八幡信仰の展開に迫りたい。

一　内容と思想・信仰

『八幡講秘式』は、奥書に「本云　弘安九年八月日　頼助記之」とある一段からなる短編の表白式である。高野山大学図書館に寄託され、表紙に「中院／ハ真／10」とある。表紙左肩に「八幡講秘式」、右下に高野山の院家「長福院法明」と打付書きされる(3)。秘式とは秘密式のことで真言宗に特有の講式の様式であり、伝空海作や覚鑁作の講式などに見られる。真言僧の個人的行法用テキストとしての性格が強く、独演・独唱される場合も多いだろう。講式研究に先鞭をつけた筑土鈴寛氏は、真言系の講式は「固い理屈張りである。式文の文学的価値は殆んど無い」としてきわめて低い評価を与えている。「秘密式」はその最たるものであろうが、今後、正当に評価され研究されてゆく必要を感ずる(4)。

以下に、『八幡講秘式』の重要と考えられる部分を、Ａ・Ｂ・Ｃのように分割して掲載する（通行の字体に改め、私に句読点を施し、部分的に対句的な表現を再現できる形にして引用）。

A敬白両部三宝、法身駄都、高祖弘法大師遍照金剛、八幡大菩薩、大小神祇等境界
而言、夫以如来以三密利衆生。分身舎利経巻神道是也……

B高祖人依三密軌則、救含識。加之
過去号天照尊、
現在称遍照尊。
名国於大日本国、自然道理能作性浄法界摩尼宝也。
国為身密、
双円性海　自性清浄之華蔵故。
神為意密、
重如月殿是自性円明精霊故
遍照金剛之大我都　其浪日月是法爾作業荒神也……

C殊高祖全身法身駄都也。
此是　身心愛染之源底也。
此愛染明王諸仏高祖諸神法体也。就中八幡大菩薩此明王之応化也（Dの式文に直結）

D今此菩薩無所居、唯澄信楽水云々。明王又但住衆生心相中云々（Eの式文に直結）

E面上三目是云八幡三所、
頂上白輪顕本地之高徳。
八幡又勇士之本尊也。本地弓箭秘印表之。慈悲深重故号大菩薩。是身心愛染化用也（Fの式文に直結）

Ｆ依レ之、舎利愛染不離之塔婆是ヲ云二如法愛染ト一。高祖留身ノ入定愛染金剛ノ微細定也。

高祖ノ前身是云二天照大神宮一。明王ノ応迹是云二八幡大菩薩ト一……

Ｇ受二生于大日ノ本国一、忝モ為二天照ノ尊余稟ト一

依二高祖之芳訓一、蒙二三密之聴許一

酬二八幡之加持一、期二自心之成仏一

皆是法身駄都之化用也……

いささか意味の取り難い部分もあるが、そこに現れる尊格や特徴は次のようである。冒頭のＡで講式儀礼の諸本尊として、駄都＝舎利／高祖弘法大師／八幡が挙げられる。そして「如来三密配当句」に基づく一説が続く（後述）。Ｂでは弘法大師と天照尊が同体化し、さらに日本国が如意宝珠であると観念されているようである。なお知られるように、中世では舎利と宝珠は同一視される。(5) また大師と荒神の習合説もここに顔を覗かせており興味深い。Ｃには舎利／大師／愛染／八幡の同体関係が、まとめて提示され、Ｄの一節で八幡と愛染が衆生の〈心〉と融合する。Ｅでは本迹関係で結ばれた八幡と愛染が、勇士（武家）の本尊と説かれる。Ｆになると、Ｃで示された舎利／大師／愛染／八幡の同体関係の上に天照が結合する。末尾近くのＧにおいては、天照と国土の問題や、大師と八幡の利益が舎利に集約される形となる。

以上を通して見ると、釈迦・弥陀の本地説は一切現れず、八幡の本地を愛染明王としている。そして仏舎利（駄都）＝宝珠を媒体にして、弘法大師と愛染明王の同体が説かれる。また弘法大師の前身は天照大神とされ、「大日本国」の名辞に及ぶ。(6) 中世において八幡（石清水）と天照（伊勢）は、天皇家祖神として〈二所の宗廟〉と称されなる。ここでは二神を直接的に同体化させているわけではないらしく、本地仏である愛染と天照の同体も明示されな

い。弘法大師との同体説を介在させねば、八幡―愛染に繋がらない点で、天照の位置付けは構造的にいささか弱いようではあるが、式文に繰り返し現れ不可欠の存在として強調されている。(7) さらに大師と荒神の同体説らしき一句も含まれるのであり、荒神もまた中世の神仏世界に異彩を放つ存在であるが、本講式の内部世界では、いか程の役割を負ったものか不明であり、少々、例外的に現れているかと判断されるため今は措く。そうすると最終的に、

①八幡―［本迹関係］→②愛染＝【舎利（宝珠）】＝③大師―［前身］→④天照

という舎利（宝珠）を媒体にした四尊一体の信仰構造が抽出される。『八幡講秘式』は、これら秘説のエッセンスが、縮約された簡潔な一段の表白式として結実した短編の中世神道書（神祇書）と言えよう。

後述する蒙古襲来との関係で「勇士之本尊」とされる点もポイントであるが、八幡の本地として中心尊格である愛染が「住二衆生心相中一」とされること、つまり愛染―八幡と衆生心の一体観という点については、『妙覚心地祭文』(8)にも心・神一体観が説かれ、読誦される音声言語テキストとしても共通する。あるいは愛染に表象される衆生の〈心〉に媒介された神人一体観を説く、鎌倉中期頃成立とされる『伊勢灌頂』のごとき簡略な作法書にも『八幡講秘式』は性格的に通じよう。(9)

二　成立背景をめぐる諸問題

1　作者頼助とその門下

東国顕密仏教界の重鎮である頼助（一二四六～九七）は、四代執権北条経時の子で、時頼の甥にあたる。北条一門出身者ではじめて、幕府の宗教センターであった鶴岡八幡宮の第十代別当に補任される（弘安六年～永仁三年ま

で在任）。鎌倉の佐々目谷の遺身院を拠点に大いに活躍し、醍醐寺の守海・安祥寺の良瑜・仁和寺の開田准后法助らに学び、小野・広沢両流を一身に統合したと言える。とりわけ仁和寺御流を鎌倉にもたらした功績は大きく、頼助の門流は「佐々目流」と称される。彼は東寺二長者に登り、東大寺別当を勤めた他、左女牛八幡（京都六条若宮）や高野山金剛三昧院・醍醐理性院を管領し仁和寺法務も歴任する他、畿内有力寺社に影響力を持ち、佐々目大僧正と呼ばれた(10)。

『鶴岡社務記録』（神道大系『鶴岡』）などによれば、十一代別当政助（北条宗政の息）や、東寺一長者に登り同じく佐々目大僧正と呼ばれた十七代別当有助（北条兼義の息）ら北条氏出身の頼助門下も相次いで八幡宮別当や供僧に就任している（十六代別当顕弁も北条顕時の息であるが天台寺門派である）。そして幕府滅亡後に活躍した十九代別当頼仲も頼助の弟子である。この他、弟子に京都槙尾の我宝・久我家出身で醍醐寺地蔵院流の大僧正親玄ら多数の付法弟子が『血脈類聚記』（『真言宗全書』三九巻）に確認される。この『血脈類聚記』の著者は、頼助の有力門下で西院流の重鎮でもある元瑜で、彼は鶴岡二十五坊のうち、仏乗坊の供僧となっている。別当就任後、頼助は周囲を別当の強力な支配下にある「進止供僧」で固めてゆくが、これは後述するように北条氏の対鶴岡政策の一環である(11)。また『太平記』巻二「三人僧徒関東下向事」には、文観らの幕府調伏の祈禱が露見した際、佐々目の頼禅僧正という人物が祈禱の本尊・壇などの指図を検分し、調伏法に相違ないことを証明している。北条氏出身者の多い頼助門下の佐々目流の鎌倉幕府における役割がここに窺えよう。執権・幕府の精神世界に、佐々目流の僧侶は比重を占めたものであろう。

2　座不冷本地供の概要

『八幡講秘式』は、内題「八幡講式一段秘」の右横に「座不冷常住《ざさまぬ》」と記され、これが本講式を考察する際の決め手となる。『鶴岡八幡宮寺社務職次第』（神道大系『鶴岡』）には、頼助について「同（弘安―筆者）八年乙酉三月十七長日座不冷本地供養法始行」（一四八頁）という一文が見られる。江戸天保年間の資料のため制約はあるが、『新編相模国風土記稿』の巻之七十三（大日本地誌大系四〇巻）からその詳細が知られる（以下『風土記稿』と略す）。

座不冷壇所　回廊中の巽隅にあり、日夜不断勤行の所にて、天下安全国土豊穣を禱れり、本尊は秘仏にて御正体と号す（鎌倉志曰、御壇を構へ、鏡に弥陀の像打付たる物を厨子に入、鎖をおろしてあり、）又十一面観音、金銅薬師等を安ず、その修法は本地供六座（弥陀・薬師・不動・愛染・正観、音・十一面観音）仁王講八幡講各一座、新古大般若経各十巻、最勝王経一巻、五部大乗経五巻を転読す、供僧十二院の衆徒、一昼夜を限り交替（朔日より二十四日に至り、十二人の衆徒、臈次に任せ交代す、二十五日より、古院家七院臈次により勤修す、）して勤修怠る事なし、故に座席冷かならざるの義に取て、座不冷の行法と号す（六七頁）

ここから「座不冷常住」の「座不冷」とは、鶴岡で厳修される数多の仏事・修法の中の頼助創始になる「長日不断座不冷本地供」を指し、弘安八年（一二八五）に始行された八幡の本地仏供養の儀礼と判明する。「座不冷壇所」という祈禱空間の常住物として、本来この講式は伝来したのである。そこから本地愛染説を説く『八幡講秘式』の弘安九年（一二八六）奥書にある「頼助記之」は、頼助が作成したという意味であり、座不冷本地供で実修された講式と断定される。そして『風土記稿』によれば、すぐさま正応元年（一二八八）には座不冷本地供の料所が寄進される。永仁元年（一二九三）にも「鶴岡八幡宮、座不冷本地供養法衆中二供料事一……」（六八頁）とあり、荘園が補充され経済基盤が整えられてゆく。当然これは座不冷本地供が、幕府公認の儀礼であったことを意味する。(12)

鎌倉期の鶴岡には、本地仏である阿弥陀の来迎の二十五菩薩に準えた二十五坊が存在し、『鶴岡脇堂供僧次第』（『続群書類従』四輯下）によれば、二十五坊の供僧と脇堂供僧十人の中から出仕する五人を合わせた三十人で座不冷の祈禱に勤仕している。『鶴岡八幡宮寺供僧次第』（『続群書類従』四輯下）によれば、二十五坊はそれぞれ特定の祈禱を勤修するよう組織されており、その内訳のみ記すと最勝王経衆六人・大般若経衆六人・法華経衆六人・供養法衆六人・諸経衆一人である。これに対し座不冷本地供を勤修する人々（いわば座不冷衆）は全二十五坊を横断し、かつ脇堂供僧をも動員して組織されたのである。正に鶴岡一山を挙げての祈禱が日々挙行された形になる。頼助は執権北条時宗に重用されているのだが、元瑜筆『異国降伏祈禱記』（『鎌倉市史』史料編一、六二六号文書）によれば弘安四年に時宗の命で、「宿老之仁」を差し置いて抜擢され異国降伏の如法尊勝法を修している。(補注1)このことを勘案すれば、規模の大きな座不冷本地供の始行も時期的に、倦むことなく継続された異国調伏の状況下においてなされたに相違ないだろう。講式に、「本地弓箭之秘印」が「勇士之本尊」の表示とされる点などはそれを示唆する。

先の『風土記稿』によると、座不冷本地供では実に多様な行法が修されており、その中に「八幡講一座」が位置していた。複数挙げられる本地仏の中には愛染も確かに含まれていたが、そこに引用された『新編鎌倉志』の記述からは、依然として最も重要な本地は秘仏の阿弥陀御正体という認識が存在したことが判明する。ただ『風土記稿』には、「愛染堂　楼門の西にあり、像は運慶の作長三尺即八幡の本地仏なり」（七三頁）とも記されている。鶴岡八幡における新たな本地愛染説をおそらく頼助が唱え、門下が別当・供僧に就任してゆく過程で、これが徐々に定着していったのであろう。鶴岡には真言系と天台寺門系・天台山門系の三勢力が存在し、それらが別当や二十五坊の供僧に補任されており、中でも寺門系の勢力が強かった。だが鎌倉幕府滅亡後の頼仲以降、別当は真言僧で固定化し供僧も真言僧にほぼ独占される形となる。『鶴岡八幡宮寺社務職次第』の二十一代別当尊賢の項には応永十八年（一四一一）「於㆓八幡宮㆒長日本地護摩愛染王被㆓始行㆒」とあり、座不冷本地供とはまた別種の祈禱のようだが愛染説の強化は明らかであって、それもこうした鶴岡山内の宗派勢力の推移に対応しているのである。(補注2)

三　『八幡講秘式』と幕府の祈禱

1　愛染法と本地愛染説

『異国降伏祈禱記』によれば、弘安四年の祈禱では、頼助は当初、尊勝法ではなく愛染法を修することを進言していた。『吾妻鏡』など諸資料を見ても、幕府安穏のための愛染法は枚挙に遑なきものである。『親玄僧正日記』の正応六年一月十日条には、「自二今日一二十壇護摩、於二社頭一被レ始レ之……」以下の記事があり、これは鶴岡での大規模な異国降伏祈禱と思われる。そこで頼助は愛染法を、親玄は仁王経法を担当しているのである。また「今度御祈人数佐々目・愚身云々、佐々目如意輪護摩、愚身愛染護摩也」（永仁二年四月二十三日条）という記事もある。佐々目は頼助で、愚身は親玄のことである。頼助・親玄師弟はともに鶴岡で祈禱を行い、双方とも愛染法に習熟していたのである[13]。なお『親玄僧正日記』では、親玄は愛染法を最も多く修している。本地愛染説には、鎌倉における佐々目流の頼助・親玄らの愛染法実修の問題が存しよう[14]。

鶴岡八幡はもとより武家の守護神である。調伏の効験を有する愛染を本地とすることによる、八幡の霊威の大幅なる増強を、修法の実践者である頼助は企図し、さらにそこには、はじめに示したように弘法大師・天照も動員されていた。諸宗に普遍的な尊格である本地釈迦・弥陀説による八幡信仰とは異なる、鶴岡八幡の新たな信仰世界の展開が、異国襲来という国難に対処する幕府の調伏祈禱要請の結果としてもたらされたのである[15]。

2　愛染と天照

頼助に仁和寺御流を伝授した法助が、彼に宛てた「法助置文案」（『鎌倉遺文』一五一四五号）には、「一、所レ令二付属一霊宝並道具等事」という項目があり、そこには「大神宮如意珠二顆」が含まれていた。この天照と宝珠（舎利）の関係に、愛染が結合した内容を持つ『大神宮啓白文』（『弘法大師全集』五巻）というごく短編の神道書（神祇書）がある。これは空海に仮託され後に広く流通したものである。ここからの一句で、諸書に引用される「如来の身密は舎利なり、如来の語密は経巻なり、如来の意密は神明なり」を踏まえた一句が、『八幡講秘式』にもAには「夫以《レハ》如来ハ以二三密《ヲ》一利《ス》二衆生一。分身舎利経巻神道是《レ》也」として、またBには「国為身密……神為意密……」という変形で見えていた。さらに音声言語としての表白である点でも、『大神宮啓白文』と『八幡講秘式』はきわめて近い位相にある。牟禮仁氏によれば『大神宮啓白文』は、仁和寺保寿院流の開祖永厳周辺の作とされ、保寿院流は覚成から御流の大成者たる守覚法親王へも伝わる。「**愛染**―【**舎利**（**宝珠**）】―**天照**」の関係（様々な形で広範なテキストの内部に存在したものであるが）を、頼助が八幡の講式の中に籠めた背景には、自身が法脈に連なる仁和寺系の神道説の作用も考慮されよう。(16)

また幕府御家人の天照信仰は、東国における伊勢神宮領荘園（御厨）の展開に象徴されるが、『八幡講秘式』のGには「受二生于大日ノ本国一、忝《モ》為二天照尊《ノ》余裹《ト》一」とあった。「大日の本国」とは、日本生成以前、海中に〈大日如来の印文〉が蔵されており、日本は仏法繁盛を約束された土地であったため大日本国と称するというもので、いわゆる「大日本国説」を指す。頼助はその日本国に生まれ合わせ「天照尊の余裹」となったことが、「忝い」という認識（神国・仏国観）を表明して、天照を鎌倉政権の守護神である鶴岡での、異国祈禱に用いる『八幡講秘式』という儀礼テキストの内部に導入し、最終的には八幡との同体化をも図ったと言える。それは西国の公家政権の主神を、鶴岡八幡が自己の信仰世界に取り込んだということでもあるが[17]、ここでの天照は何より弘法大師の「前身」であって、中世の真言的世界の存在であるという固有性を見落としてはなるまい[18]。

3　佐々目流と称名寺

『八幡講秘式』は、幕府の権威を支える宗教言説とその世界（神仏のコスモロジー）が集約的に表出したもので、元寇後、さらなる拡大を続ける幕府権力の儀礼的象徴化とも読めてこよう。とはいえ八幡本地愛染説や、その他の同体説は頼助の創案ではないのである。また周知のように、称名寺の文庫に多数の神祇書が本格的に収集されるのは、二世長老の剱阿（一二六一～一三三八）以降だが、種々の真言系の神仏同体言説などは、すでに都市鎌倉にもたらされていたと見てよい[19]。しかし頼助の『八幡講秘式』はこうした言説を、幕府の公的な実際の儀礼＝座不冷本地供の一角に具現化し、そこで異彩を放ったものなのである。

さらに剱阿は『舎利相伝縁起』[20]で知られるように、室生の舎利（宝珠）を相伝した鎌倉の舎利（宝珠）信仰史上の重要な人物でもある。彼のもとで称名寺では六種一具の『舎利講式』が草され、正月に七日八座の僧百人による舎利講の大法会が挙行された。それはいずれも北条氏と幕府の安泰を祈る真言系の舎利講式であり、一本には「高祖大師云」として『大神宮啓白文』に基づく、例の「高祖大師《ノ》云《ク》如来留《メテ》二三密《ヲ》一利二益《玉フ》生《ヲ》一留《ルハ》二身密《ヲ》一是《レ》舎利《ナリ》留《ルハ》二語密《ヲ》一是経巻留《ルハ》二意密一是神明《ナリト》　云々」を引き、続けて「何況《ニヤ》吾朝大日本国者《ハ》天照太神、点《シテ》二閻浮《ノ》鬼門《ヲ》一、開《キ》二我国《ヲ》遮那印文《ノ》海底《ニ》一……」と記される、大日本国説を踏まえた記述が目を引く[21]。とりわけ頼助以降、舎利（宝珠）と一体化した形での天照信仰が、幕府の宗教儀礼の場に頻繁に登場してくるのではなかろうか。称名寺には舎利と舎利法に関する知識・聖教が収集されていた[22]。その力は幕府の宗教的護持に向けられたわけだが、佐々目流の頼助は、いち早くこうした神祇説と融合した舎利（宝珠）信仰によって、『八幡講秘式』を組み込んだ新たな八幡本地供を鶴岡で実修していたのである。

四　『八幡講秘式』周辺の口決と行法次第

1　口決類から講式へ――真福寺蔵『八幡大菩薩』と『八幡講秘式』

先述したが本地愛染説や舎利（宝珠）・弘法大師・天照との同体関係は、頼助の創案ではない。すでに『八幡大菩薩』（『〈真福寺善本叢刊〉中世日本紀集』に翻刻）に見えている。これには醍醐三宝院流の実印（西大寺流律僧でもある）の弘安九年奥書があり、頼助が講式を作成した年である。第一条「八幡大菩薩御体事」で「先、日輪頂戴《シタルハ》、愛染王《ノ》本地《ヲ》表《シ》……」のように本地愛染説を語っている。本書の前半の五丁表には文永十年（一二七四）の識語もあるため、本地愛染説は頼助の『八幡講秘式』に先行するものと判明する。本書は『中世日本紀集』の解題（阿部泰郎氏）にあるとおり、実印奥書の内容から、八幡・大師・愛染の三尊同体を説く旨が理解される。だがその他の雑多な口決も含まれ、全体が断片的な口決の集成であって、関心の所在もむしろ宝珠（舎利）にこそある。ゆえに第九条に「天照大神宮御事」があるが、これが八幡・愛染・大師同体の構造の中にいかなる位置を占めるものなのか、すこぶる不明瞭であると言わねばならない。

『八幡講秘式』では、天照は「大日の本国」という国土観の表明として一連の文脈に確固として組み込まれ、四尊同体説が構築されたのである。『八幡大菩薩』の第九条「天照大神宮御事」には件の「大神宮啓白文」も引用される。頼助が『八幡大菩薩』（に類するテキスト）を披見したか否か不明だが、個々の口決レベルでは同様の知識に基づいていたのであり、これを明確な修法目的（異国祈禱）のために、一篇の儀礼テキストへと鍛えあげたと言える。（補注3）

2　頼助門下の八幡行法次第など

頼助の『八幡講秘式』を受けて彼の門下は、八幡の行法次第を作成していることが確認できる。それは『八幡大菩薩法』（東大寺図書館蔵・一七一函―五六八号）で、奥書に頼助弟子の巻尾（槙尾＝西明寺／平等心王院）の自性上人我宝（?～一三一七）が、同じく弟子の有助のために作成したとある。表紙に真言院神護殿の打付書きがある。これは第二部第七章で詳しく触れた戒壇院十六代長老の志玉が書写したものであり（応永十九年）、もとは新禅院の蔵本であった。これは八幡の神体を観想し供養する念誦法の次第で、八幡・愛染・舎利＝宝珠という要素が出揃っているが、『八幡講秘式』のように天照や弘法大師との同体説までは見えない。対象をより八幡に絞った形である。また他に新禅院旧蔵『八幡本地供次第』（東大寺図書館蔵・一七一函―五六九号）の文和三年（一三五四）書写本があるが、『八幡大菩薩法』とは内容が異なるものである。

さらに我宝には舎利法の注釈書である『駄都秘訣抄』（『真言宗全書』二三巻）もある。延慶三年（一三一〇）に鎌倉佐々目谷（おそらく遺身院）で我宝自筆本を、弟子の頼宝（観智院杲宝の師）が書写した旨の奥書がある。七巻からなる、真言の仏舎利信仰に関わる秘説を類聚した比較的大部なテキストである。その中に「為二如意宝珠法身舎利ト一（八頁）」、「愛染明王ノ遍照無余界ハ天照太神高祖大師等也（二七頁）」、「愛染王ト者舎利也。舎利ハ宝珠也（四二頁）」、「弥陀愛染一々ノ性海皆是レ同一也……八幡大菩薩弥陀愛染ノ御事。是レ又即事而真ノ道理也（九八頁）」といった表現が見出せる。全体として舎利＝宝珠・愛染・天照・大師・八幡の同体関係が成立しており、かかる教学的蓄積から『八幡大菩薩法』という事相書の生成する様が如実に窺えよう。八幡の念誦法も我宝の舎利（宝珠）への研鑽・信仰という点から見れば、やはり舎利（宝珠）法の一つのバリエーションと位置付けられる。

このように佐々目流頼助の『八幡講秘式』に続いて、弟子の間で八幡の行法次第が編まれた。それが南都における八幡信仰の拠点である東大寺の真言院・新禅院さらには戒壇院でも（正確な時期は不明だが）享受された。八幡本地愛染説そのものは頼助以前に成立していたが、言説の儀礼における具体化として『八幡講秘式』は早い段階のものと思われ、我宝・有助の例に照らせば、むしろこの実践的な講式を起点として、種々の本地供行法次第が生成してゆくのではないか、とすら推測せしむるものがある。[23]またかかる資料群から、中世真言宗の八幡信仰は舎利・宝珠の信仰と一体であるのはむろんだが、さらには我宝の場合に顕著なようにむしろ舎利・宝珠信仰の内部から生成していたとも言えよう。このようにして秘密式という講式は、中世寺院の修法伝授の言説空間内に位置付けられるのである。

おわりに

最後に本章の論点をまとめておく。北条氏出身の頼助の鶴岡別当補任以降、北条氏出身の佐々目流に連なる僧侶の別当が現れる。幕府滅亡後だが頼助の弟子の別当頼仲以降、寺門・山門系の別当・供僧を退けて鶴岡は東密系にほぼ集約される。頼助の別当補任はその起点をなすものと見てよいが、より重要なことは相対的に自立した寺社機構を保っていた鶴岡八幡への、北条氏による支配体制の強化という点であり、これは得宗専制の進行と連動している。[24]頼助の別当在任時も比率的には寺門系の供僧が数の上では勝っていたのであり、それらを巻き込んだ鶴岡一山挙げての不断の座不冷本地供の創始が可能であった背景に、異国襲来という国難に乗じた得宗勢力の意向を読むことはたやすいが、別当として頼助が創始した座不冷本地供は、配下の進止供僧を中核とした鶴岡供僧集団の意識を糾合し、一山を統制する効果をも期待したものと思われる。そうであれば、一連の座不冷本地供の構成要素である、愛染以外の本地仏や読誦される諸経が、新奇なものではなく以前から鶴岡で重視されたものであったことも、他宗派の供僧への配慮の可能性が考えられる。頼助は既存の本地仏体系の中に愛染を「仕掛けた」のである。[25]

ゆえにこの祈禱儀礼の焦点として『八幡講秘式』に注目し、そこに頼助の独自性と主張を見た。そこでは本地愛染説をはじめ、東密世界で練成された秘説の粋が結晶していた。そして幕府権力の伸張に伴い、頼助自身が畿内有力寺社へも支配権を拡大したように、東国を超えた日本全土に及ぶ神威の主張を籠めて、〈日本国主〉たる天照を動員した国土観も提示された。天照との同体化は八幡の神格の拡張であり、鶴岡という空間における八幡信仰の変容を象る。それを幕府の祈禱僧であった頼助は、〈秘密の講式〉という実践的・儀礼的な言語《ことば》の様式を用いて行ったのである。このように『八幡講秘式』には幕府の政策にも、宗教言説のレベルで対応する性質が認められるが[26]、本章はそれらをアプリオリに政治的イデオロギーと判断するのではなく、頼助の儀礼実践の側から見えてくる八幡神の宗教世界の問題として捉えんとしたものである。

注

（1）本書第一部第三章も参照されたい。

（2）西教寺文庫正教蔵『神道灌頂修軌』（神書二番箱）を参照。また天理大学附属天理図書館保井文庫蔵〔KK―80―23〕『春日講式』

附金剛経結願作法』（近世書写）は、「毎日看経作法」として『金剛般若経』を供養し、もって春日神に廻向する儀礼次第書であるが、その中で一段『春日講式』が読誦されている。

（3）『高野山講式集（CD―ROM版）』（小林写真工業、二〇〇一年）にも収録。

（4）筑士鈴寛著作集第三巻『中世・宗教文芸の研究1』（せりか書房、一九七六年）の二一頁を参照。秘密式の研究には、その行法的な性格からも真言の観想や念誦の次第などを参照する必要がある。

（5）それは「能作性摩尼宝」とあるように、真言密教の秘伝に従って舎利などを材料にして人工的に制作された宝珠を指している。江戸延宝年間の『新編鎌倉志』巻之一（『大日本地誌大系』一九巻）には、鶴岡の内陣に能作性宝珠が納められたとあり注目される（一〇頁）。中世の宝珠・舎利信仰に関しては、阿部泰郎「宝珠と王権」（『〈岩波講座東洋思想一六〉日本思想2』岩波書店、一九八九年）参照。

（6）この関係は院政期の成尊『真言付法纂要抄』（『大正新脩大蔵経』七七巻）に由来する。

（7）中世神道では、天照・愛染同体説は著名である。伊藤聡「中世日本における太陽信仰」（松村一男・渡辺和子編『太陽神の研究　上』リトン、二〇〇二年）に詳しい。また鎌倉末の真言神道書『鼻帰書』（神道大系『真言神道下』）では弘法大師は阿弥陀とも八幡とも天照とも同体と説かれる。

（8）『弘法大師全集』五巻。

（9）伊藤聡「伊勢灌頂の世界」（『文学』八巻四号、一九九七年）参照。

（10）『密教大辞典』の「佐々目流」の項によれば、本来、同流は鎌倉に下向し佐々目谷の遺身院に住した守海に発するものであるため、醍醐寺三宝院流の中核をなす「報恩院流」の異相承と定義されるが、佐々目流は鎌倉の地名に基づいているように、関東で発達した独自の真言法流として位置付けるべきであろう。特に守海の弟子であり実質的に佐々目流の立役者である頼助に注目し、仁和寺御流と融合した独自性を評価する必要がある。福島金治「仁和寺御流の鎌倉伝播」（阿部泰郎・山崎誠編『守覚法親王と仁和寺御流の文献学的研究　論文編』勉誠社、一九九八年）を参照。

（11）この点は吉田通子「鎌倉後期の鶴岡別当頼助について」（『史学』五四巻四号、一九八五年）に詳しい。また、これに先行して湯山学「頼助とその門流」（『鎌倉』三九、一九八二年）がある。佐々目流の頼助とその弟子たちについては、櫛田良洪『真言密教成立過程の研究』（山喜房佛書林、一九六四年）が有益である。また鎌倉幕府の宗教構造をめぐっては、佐々木馨『中世国家の宗教構造』（吉川弘文館、一九九八年）があり、これに対する批判的研究として平雅行氏による一連の実証的研究が継続されている。「鎌倉幕府の宗教政策について」（『日本古代の葬制と社会関係の基礎的研究』（科研費報告書、一九九五年）、「定豪と鎌倉幕府」（大阪大学文学部日本史研究室編『古代中世の社会と国家』清文堂出版、一九九八年）、「将軍九条頼経時代の鎌倉の山門僧」（薗田香融編『日本仏教の史的展開』塙書房、一九九九年）、「鎌倉山門派の成立と展開」（『大阪大学大学院文学研究科紀要』四〇号、二〇〇〇年）、「鎌倉における顕密仏教の展開」（伊藤唯真編『日本仏教の形成と展開』法藏館、二〇〇二年）、「鎌倉幕府の将軍祈禱に関する一史料」（『大阪大学大学院文学研究科紀要』四七号、二〇〇七年）、「鎌倉寺門派の成立と展開」（『大阪大学大学院文学研究科紀要』四九号、二〇〇九年）、「鎌倉中期における鎌倉真言派の僧侶――良瑜・光宝・実賢――」（『待兼山論叢』四三号、二〇一〇年）を参照。

（12）『風土記稿』のように、古院家七院の僧を含む全十二人に縮小しているのは、戦国期に荒廃し院家が七院に減少し、徳川家康によって十二院に復興されて以降である。

（13）『親玄僧正日記』は、『中世内乱史研究』の一四～一六号（一九九三～九五年）に全文翻刻されている。また正応六年十一月十五日・永仁二年九月二十三日条には、幕府護持の神である三島神社についても親玄による本地供の実修を確認できる。同日記には、頼助も正応六年七月二十二日「今日佐々目三島進発了」とあり、しばらく滞在しているが、そこで本地供を修したものか。親玄については、高橋慎一朗「『親玄僧正日記』と得宗被官」（五味文彦編『日記に中世を読む』吉川弘文館、一九九八年）、伊藤一美「鎌倉における親玄僧正の歴史的位置」（『鎌倉』九七号、二〇〇三年）、石田浩子「醍醐寺地蔵院親玄の関東下向――鎌倉幕府勤仕僧をめぐる一考察――」（『ヒストリア』一九〇号、二〇〇四年）、同「南北朝初期における地蔵院親玄流と武家護持」（『日本史研究』五四三号、二〇〇七年）ほかを参照。

（14）この他、佐々目流と愛染法の一例を挙げると、真福寺蔵『愛染法次第』（『大須観音宝生院真福寺文庫撮影目録』五四九頁）は奥書によれば嘉元四年（一三〇六）に実印が書写したものだが、それはもと佐々目法印御房（頼助）の所持本である。

(15)　蒙古襲来については、相田次郎『蒙古襲来の研究』(吉川弘文館、一九五八年)、黒田俊雄『蒙古襲来』(中央公論社、一九六五年)、網野善彦『蒙古襲来』(小学館、一九七四年)、海津一郎『蒙古襲来――対外戦争の社会史――』(吉川弘文館、一九九八年)など参照。蒙古襲来時の寺社祈禱体制や、その恩賞としての神領興行法、「神々の戦争」という中世の戦争観については、海津一郎『中世の変革と徳政――神領興行法の研究――』(吉川弘文館、一九九四年)、同『神風と悪党の中世――南北朝時代を読み直す――』(講談社、一九九五年)、同「異国降伏祈禱体制と諸国一宮興行」(一宮研究会編『中世一宮制の歴史的展開　下(総合研究編)』岩田書院、二〇〇四年)、伊藤邦彦「鎌倉幕府「異国降伏」祈禱と一宮――守護制度との関係を中心に――」(前同書所収)などを参照。

(16)　牟禮仁『中世神道説形成論考』(皇學館大學出版部、二〇〇四年)参照。ただし高橋悠介氏は、現行の『大神宮敬白文』より、舎利・経巻・神明を三密に当てはめる「如来三密配当句」のほうが、先に成立・流布していたものとされる。「円満井座の舎利と禅竹」(『ZEAMI』三号、森話社、二〇〇五年)に詳しいので参照されたい。なお『渓嵐拾葉集』には頼助入滅に際して仁和寺に能作性宝珠を返還しようとしたところ、龍神がこれを欲して妨害したという(『大正蔵』七六巻、五四五頁下)。やはり鶴岡には能作性宝珠が存在し、それは法助伝来の天照の神体とも言うべき太神宮の宝珠であったろう。

(17)　一方ですでに鎌倉前期の慈円は、その歌集である『拾玉集』に収めた石清水で詠んだ「八幡百首」の序文に「吾大菩薩者釈迦弥陀一如之和光、神宮八幡同体之本源也」と記しており(『拾玉集(上)』明治書院、二〇〇八年、三二七頁)、八幡の本地仏である釈迦と弥陀の一体と、伊勢と八幡の一体が対句となっている。確かに慈円は、かの『愚管抄』でも、天照(天皇家)・春日(摂関家)・八幡(武家)という三神の盟約説をもって公武の融和を主張しており、その八幡はむろん武家の守護神としての(鶴岡)八幡を指している。だが「八幡百首」は石清水八幡が対象なのであり、これはあくまでも伊勢神宮と石清水八幡宮が、ともに天皇家の祖神として二所宗廟と称されることの延長上において、二神一体となって公家政権を守護することを語った表現である。

(18)　鎌倉幕府と天照について新田一郎氏の「虚言ヲ仰ラル、神」(『列島の文化史』六号、日本エディタースクール出版部、一九八九年)がある。室町期の式目注釈書類の検討を通して、『御成敗式目』など関東の法令では末尾の起請文に天照を勧請しない習慣があり、それは天照が日本の本源的領主であった第六天魔王を騙して日本国を領有した、虚言の神だからであるという対天皇・西国認識の存在を指摘する。だがそれは幕府の権威の宗教的なる根源神が天照では有り得なかったという意味では至当であるが、むしろ式目注釈書という法的言語内に固有な認識として重要なのであり、鎌倉期東国武士の認識として実体的に一般化できるかは微妙なところであろう。また一方でこの問題については、東国固有の天照観念の存在を追及し、第六天魔王の国譲神話をもって虚言の神たる天照という言説を東国に流布させた主体として、伊勢内宮の権威に対抗する外宮の御師を想定する、鈴木善幸「第六天魔王説話の受容とその機能――『神道集』における第六天魔王説話の位置――」(『歴史の広場』七号、二〇〇四年)がある。なお東国武士と伊勢信仰については河合正治「伊勢神宮と武家社会」(萩原龍夫編『伊勢信仰1』雄山閣、一九八四年)他を参照。

(19) 佐々目流の聖教は、称名寺の剱阿に多数伝授される。鎌倉における佐々目流の影響力は無視できない。金沢文庫寄託の佐々目流聖教の一端については『秘儀伝授』(金沢文庫、一九九二年)や『仁和寺御流の聖教』(神奈川県立金沢文庫、一九九六年)に図版が収載されている。『大須観音宝生院真福寺文庫撮影目録』や『石山寺の研究　深密蔵編』などにも佐々目流聖教が確認される。

(20) 納富常天『金沢文庫資料の研究　稀覯資料篇』(法藏館、一九九五年)。

(21) 『金沢文庫資料全集　八』二四二頁。六本の『舎利講式』については福島和夫氏の解説あり。

(22) ブライアン・小野坂・ルパート「舎利信仰と贈与・集積・情報の日本中世史」(今井雅晴編『中世仏教の展開とその基盤』大蔵出版、二〇〇二年)を参照。

(23) この他にも、頼助以降に成立したと思われる八幡行法次第を、西大寺・金沢文庫他に複数確認している。一例として『八幡本地行法私次第(外題「大日次第」)』(『真福寺大須文庫神祇書図録』二〇〇五年に部分写真掲載)は、年次未詳ながら写真掲載部分から判断するに東大寺の『八幡本地供次第』とほとんど同内容である。また観智院杲宝『弘法大師法』(東寺御影堂旧蔵、『仏海』一九六九年に翻刻)は、この『八幡本地供次第』を基に弘法大師の要素を再度加えて派生させたテキストであり、興味深い。

(24) 前注(11)吉田論文参照。なお鶴岡内の別当・供僧をめぐる宗派バランスの流動は鎌倉時代を通じた現象である。

(25) 鶴岡でも基本的には本地阿弥陀説が主流であり、巨大な阿弥陀像である鎌倉大仏も、鶴岡八幡の本地仏として像立されたものであることが金沢文庫の説草『大仏旨趣』（三三〇函三八号）から判明している。鎌倉末期に関東の安居院の関与のもとに成立したとされ、唱導的要素の濃い鎌倉幕府の「王権神話」としての性格を有する真名本『曽我物語』でも、鶴岡八幡の本地は阿弥陀である。座不冷本地供といった特別な儀礼の空間において、秘説としての愛染明王は意味を持つのである。

(26)　なお本章では東国鎌倉における八幡と愛染と天照を問題にしてきたが、西国で元寇に際してこの三者に祈った僧侶としては、西大寺叡尊が想起される。石清水八幡では鎌倉末の正安二年（一三〇〇）に社家の尚清が、八幡善法寺にて「百日愛染王護摩」などを行うことを発願している（『鎌倉遺文』二〇六二一号）。石清水における愛染信仰は、叡尊による異国祈禱の影響が予想されるが、いまだ八幡の本地仏とはされていないのである。石清水の問題は次章で論ずる。

（補注1）『異国降伏祈禱記』については、伊藤一美「弘安四年四月「異国降伏祈禱記」の歴史的意義」（『鎌倉』九一号、二〇〇〇年）を参照。

（補注2）鶴岡八幡宮の組織と供僧の活動については、川上淳「鶴岡八幡宮における供僧について」（『駒沢史学』二五号、一九七八年）、同「中世鶴岡八幡宮の血脈相承と法流の発展」（『史正』八号、一九七九年）、永村眞「鶴岡八幡宮寺両界壇所の成立と存続の要因」（『神奈川県史研究』五〇号、一九八三年）、吉田通子「鎌倉期鶴岡八幡宮寺の宗教的特質とその役割について」（『日本仏教史学』二一号、一九八六年）などを参照。

（補注3）ちなみに蒙古襲来の祈禱に関わる講式としては、弘安年中に南都系律院であった東山太子堂白毫寺の円光上人良含の弟子・知道が作成した五段『光明真言講式』があり、「廻向段」に「夷狄懐仁一、太元賊徒仰二聖明一、君臣合体、諸憂之改化帰二淳素一……」と見える。ニールス・グュルベルク「知道上人作五段『光明真言講式』の伝本考証——高山寺本系統を中心として——」（『三康文化研究所年報』三〇号、一九九九年）を参照。

第十章　久我長通『八幡講式』と南北朝争乱

——石清水八幡の密教修法と本地説の展開——

はじめに

講式研究は昨今盛況であり、中世文学では講式研究会による『貞慶講式集』の成果が注目される。しかしそうした中でも神祇系講式への研究は手薄であり、また秘密式（秘式）と呼ばれる真言密教系講式への過小評価は、依然として払拭されていない。本書の第一部第三章と前章では、神祇系講式や真言密教系講式についても分析を加え、中世の信仰史における位置付けを考察した。本章は特に前章の成果を受けて議論を展開する。以下に前章を簡単にまとめておく。

第十代鶴岡八幡宮別当の頼助（一二四六～九七）は、北条氏出身ではじめて別当に就任した人物であり、鎌倉で隆盛した「佐々目流」という真言密教法流の立役者として知られる。彼は元寇に際して、鶴岡で長日にわたる「座《ざ》不冷《さまぬ》本地《ほんじ》供《く》」という八幡神の本地仏供養の儀礼を弘安八年（一二八五）に始行する。それは幕府の意向を受けた大掛かりな異国調伏祈禱であり、そこで読誦された弘安九年奥書を有する『八幡講秘式』の近世写本が高野山に伝来する。この『八幡講秘式』の内容を分析する際に注目すべきは、八幡の本地仏が中世社会に流布した阿弥陀あるいは釈迦ではなく、愛染明王とされている点である。八幡本地愛染説は真言宗の秘説であり、『八幡講秘式』に先行する文永十年（一二七三）の識語を有する口決集である真福寺蔵『八幡大菩薩』（仮題）の中に確認される。このような先行する口決集を、講式という儀礼のテキストに「鍛えあげた」ものが『八幡講秘式』なのであり、言説の儀礼における具体化と言える。

そして調伏尊としての本地愛染が、垂迹八幡の神格を強化する構図が見て取れ、「八幡又勇士之本尊也、本地弓箭ノ秘印表レ之」の一節には、武家の守護神（軍神）としての愛染＝八幡の認識が現れている。さらに『八幡講秘式』において見落とせないのは、おそらく『八幡講秘式』が資料的な初見かと思われる、八幡―天照同体説である。これは西国公家政権の主神である天照を、東国武家政権の主神である鶴岡八幡が自己の信仰世界に取り込んだことであり、蒙古襲来を契機に西国へ幕府権力が拡張してゆくことに符合する現象と理解することができる。実際に頼助も畿内有力寺社へ支配権を拡大していたのであり、『八幡講秘式』には幕府の政策と〈宗教言説〉のレベルで対応する性質を看取することが可能なのである。

中世八幡信仰の縁起・言説を考察する上でも、かかる八幡の講式類は重要なテキストであり、諸寺社に多数の伝本が確認されるが、石清水八幡宮にも三段と五段の二つの『八幡講式』が伝来しており、五段式は久我長通（一二八〇〜一三五三）の作である。本章ではまずこの二種の本文を比較分析することで三段式を「流布本」と位置付け、そこから五段式（久我本と仮称する）が増補される形で展開したという見通しを提示する。そして阿弥陀・釈迦を八幡の本地仏とする通説に立つ三段式は、天台の安居院の圏域で成立した可能性を論じ、さらに本地愛染明王説を打ち出す久我本の真言密教的特質に注目する時、その成立には久我家と密接な関係にあり、鎌倉幕府の祈禱僧としても活躍していた醍醐寺地蔵院流親玄の弟子である房玄の影響が窺えることを指摘したい。親玄は鶴岡八幡別当であった佐々目流の頼助の弟子であり、房玄は石清水八幡で室町幕府の要請によって、八幡本地供養の密教儀礼を実修しており、その際の本地仏は愛染明王であったことが想定されるのである。

前章は、講式の信仰世界を歴史的背景の中で分析する試論であり、「神の中世的変容」を政治権力による宗教構想や政策との関連で把握することを目指したものである。そして八幡神〈一般〉の問題としてではなく、東国鶴岡八幡宮に固有のコンテクストを重視し、鶴岡八幡固有の信仰世界を描くことに努めた。本章でもそうした視角に立ち、特に久我本に注目して、これを南北朝初期という歴史的背景と中世神道説のコンテクストの中に定位し、そこから室町幕府の八幡信仰と武家祈禱の問題にも言及する。

一　石清水八幡宮と二つの『八幡講式』

1　流布本と久我本

西国における八幡信仰の中心拠点であり、宮寺と称するように仏教寺院でもあった石清水八幡宮にも、先述のように三段式と五段式の二種の『八幡講式』が伝来する。そして章段構成は以下に示すが、この両者には緊密な同文関係が認められる。一例として三段式と五段式の一段「賛二嘆本地功徳一」には、

自二高貴一至二卑賤一、誰不レ帰二弥陀誓願一、誰不レ欣二安養浄刹一哉、一詣二社壇一、僅聞二神徳一、併預二摂取不捨之利益一、
同結二往生極楽之勝縁一[1]

とあり、三段式と五段式の最終段である「廻向発願」には、「聖朝安穏、国家泰平」などとある。ここからは、極楽往生・鎮護国家の祈願が共通の要素として確認できる。ただし本章の最後で改めて指摘するが、それぞれの信仰世界には差異が認められるのである。[2]

まず両者の構成と伝本・伝来ルートなどの基本情報を記す。

○三段『八幡講式』

　表白

　一段「賛二嘆本地功徳一」

　二段「奉レ明二垂迹因縁一」

　三段「廻向発願」

三段式は最も伝本が多く存在するため、以下これを「流布本」と位置付ける。

①石清水八幡宮本（書写年代不詳）

②魚山叢書所収本（本奥書は一四〇九年）

③高山寺本（一四一五年写）

④醍醐寺本（一四五七年写）

⑤宇佐八幡宮本（一六二一年写）

⑥薬師寺本（一六三五年写）[3]

⑦埼玉県川口市峯ヶ岡八幡宮本（一六九四年写）

⑧高野山大学図書館寄託（真別所）本（一六九九年写）

⑨上野学園大学日本音楽史研究所蔵本（書写年代不詳）

○五段『八幡講式』

　表白

一段「賛二嘆本地功徳一」
二段「奉レ明二垂迹因縁一」
三段「入二秘密一謂二内証一」
四段「講二最勝王経一為二法施一」
五段「廻向発願」

五段式の奥書には次のようにある。

此八幡講式者、久我家御本也、後中院太政大臣長通御作也、久我家大納言具通、以二御自筆一被二書写一、委細令レ点給、可レ為二門流之重宝一矣、
康暦二年庚申五月二十七日　権僧正興雅記レ之
長禄三年己卯卯月二十五日　於二鳩嶺宮寺一謹而令レ写訖、　八幡山西橋坊良増

五段式は北朝方の公家である久我長通の作で、(4)孫の具通の書写本を康暦二年（一三八〇）に興雅が書写したことが判明する。(5)そして興雅写本をさらに長禄三年（一四五九）に、良増なる石清水八幡宮の社僧が書写したものである。

長通は南北朝初期の暦応三年（一三四〇）に太政大臣に任じられ（一三四一年辞）、翌年には奨学院別当・源氏長者に就任している。この講式の正確な成立年次は記されていないが、伝来ルートは、久我長通→久我具通→興雅→良増と概ね明確である。ここでは「久我本」と仮称する。公家など僧侶以外の俗人が作成した講式は僅少と言え、その意味でも貴重な作品である。伝本としては仁和寺・高山寺・西大寺にも確認され、この三本は石清水本と奥書が、ほぼ一致するため同一系統の写本としてよい。そして両者の関係として重要なことは、久我本から三段目・四

段目を抜き取れば流布本にほぼ一致するということである。ともに一段「賛㆓嘆本地功徳㆒」では、釈迦・弥陀の本地説を挙げ、特に弥陀信仰を重視し極楽往生を祈る形ではあるが、注目すべきは久我本の三・四段目である。

流布本と久我本は、いずれが先行して存在したのであろうか。五段式を「縮約」したものが三段式であり、これが広く流布したのであろうか。あるいは逆に三段式が五段式へと「増補」されたのであろうか。(6)

2　安居院と流布本

『八幡講式』についてはすでに新城敏男氏による言及がなされている。(7) 新城氏はまず五段からなる久我本をごく簡単に紹介した上で、以下のように述べている。

講式には他にこの三・四段を省いた三段講式がある。しかし、八幡講式はこれらをはじめとするものではなく、「転法輪鈔目録」に「八幡講式　一帖」と見え、鎌倉中期以前には成立していた。八幡講式（三段式）の首文は「為八幡宮法楽長日法華講表白」（『転法輪鈔』所収—筆者補）の冒頭と、第二段は（久我家講式も）「参議左兵衛督成範卿八講結願表白」（『転法輪鈔』所収—筆者補）の首部分とほとんど同文である。久我家講式の第四段は「言泉集最勝王経」と酷似する

『転法輪鈔』（建長年間〈一二四九～五五〉以前成立）、『言泉集』(8)（『転法輪鈔』以降成立）など安居院澄憲・聖覚の唱導テキストと、三段式・五段式の二つの『八幡講式』が文献的繋脈を有しているという事実の指摘は重要である。

『転法輪鈔目録』からは、「八幡講式一帖」が『涅槃講式』『迎摂講式』『如意輪講式』『随意講式』『霊山講式』『観音講式』『報恩講式』『十種供養式』など全十一タイトルの講式類として一結にされていたことが判明する。『報恩講式』は金沢文庫蔵『釈門秘鑰』内に現存し、『十種供養式』は河内金剛寺に伝来するが、東寺宝菩提院蔵『涅槃講式』は現在所在不明である。また澄憲作とされる『如意輪講式』は高野山金剛三昧院他に伝来する。その他の

講式の存在は不詳であり、『八幡講式』も肝心の本文が現存していないが、叡山の唱導を担った安居院は表白・願文以外にも多くの講式を作成していたのである。そこに何段式かも詳らかではないが、ともかく『八幡講式』が含まれていたことに注目しておきたい(9)。

流布本の冒頭の表白部に一部引用された『為八幡宮法楽長日法華講表白』は、村上源氏出身の嵯峨清涼寺別当任雅の要請で作成された比較的短編の表白である。任雅は八幡神に「我大菩薩」と呼びかけ、「於レ我者曩祖也、故帰依無二一意一渇仰准二一心一也」と自己の至誠心を表明する形であり、八幡神（応神天皇）から任雅に至る二十五代の系譜も表白の後ろに記されている。またこの表白に記される法華八講の儀礼が期するところは、「天下泰平、海内安寧」にも増して、先祖聖霊の追善供養にあるのだが、それは「依二此功徳一我氏列祖傍親離レ苦得レ楽。祖母双親皆是同姓也。必蒙二大菩薩之汲引一定証二三菩提之妙果一」というきわめて特徴的な言辞となっている。ここには任雅の両親や先祖が八幡神と姓を同じくする血縁関係にあり、そのことが救済の確定性を支えていることが端的に示されている。血の論理（血族観念）に基づく中世的な〈家〉の信仰形態とその理念が窺えるが、そうした法会の施主に関わる特徴的な箇所は周到に講式には引かれていない(10)。

そして『参議左兵衛督成範卿八講結願表白』は、流布本・久我本ともに二段目のほぼ全体に亙って引用されているが、澄憲の兄弟であり桜町中納言と呼ばれた藤原成範のための表白である。「一乗」を核とする成語が頻出し、天台宗の立場がいささか強く表出している。さらに久我本の四段目に酷似するという『言泉集』の『最勝王経』とは、『金光明最勝王経』を講じるための経釈である。

新城氏は安居院の『八幡講式』というものが、「久我本―流布本」の以前に存在しており、流布本は久我本から三段・四段を省いたものと見ているようである。氏の指摘によりつつ、まずは次のような図式を立てたい。

1　安居院『八幡講式』……／／……久我本（五段）→流布本（三段）

これは五段から三段への縮約として両者の関係を定位するものである。安居院の『八幡講式』は実態が不詳であるため、これと久我本・流布本との具体的関係について確定的なことは言えないが、表白類の活用からして影響関係は疑えないものである。

そして先述のように三段式・五段式ともに二段「奉レ明二垂迹因縁一」で、天台的色彩の強く表れた『参議左兵衛督成範卿八講結願表白』から長く詞章を引くが、そこに、

……開成皇子書二般若一、与二黄金於夢中一、伝教大師講二法華一、授二紫衣於眼前一、或感二行教和尚九旬安居一、移二枌楡栖於山城之月一、或悦二聖武天皇大仏御願一、催二雲雨行於和州之風一

とある。

奈良時代に勝尾寺（平安時代以降、天台宗の有力寺院）の開成皇子による『大般若経』書写の大願を八幡神が援助したこと、筑紫国で入唐を控えた最澄と八幡神が邂逅し、最澄は『法華経』を講じ八幡神から袈裟を賜ったこと、宇佐から石清水に八幡宮を勧請した行教和尚、聖武天皇による大仏建立の大業を守護した八幡神といった諸伝承が、巧みな対句と典雅な表現を用いて凝縮されており、八幡神の縁起叙述としての一文である。だが中世の八幡の縁起・説話では周知の話柄と言える高雄神護寺での空海と八幡神との邂逅といった真言宗系統の伝承については記されておらず、久我本・流布本ともにひとまず天台宗の影響有りと言える。[11]

しかし次の二点には留意しておく必要がある。一点目は、先述のように新城氏は久我本の四段「講二最勝王経一為二法施一」は、『言泉集』所収の「最勝王経」という経釈に酷似すると言う。確かに久我本四段目では章題のごとく「最勝王経を講ず」としてごく簡略な経釈が綴られているのだが、経釈は大意（経典の大意）、釈文（経題の解釈）、

入文判釈（序分・正宗分・流通分の三分割）という手順で行われるため、当然形式は共通する。だが文章そのものを比較してみると酷似するどころか大いに異なるのであり、実は空海の経釈である『最勝王経解題』と同文関係が認められるのである。二点目は、新城氏は特に着目していないが、三段「入㆓秘密㆒謂㆓内証㆒」には、東国鶴岡八幡の『八幡講秘式』のように、八幡本地愛染明王説など真言密教系の言説が綴られていることである。しかも一段目で中世社会に流通した釈迦・阿弥陀本地説を綴りながらも、三段目ではかかる通説的な認識に対して真言密教における「内証」を明かすというのであるから、八幡本地愛染明王説が開示されている意味は大きいと言わねばならない。

二　二つの『八幡講式』の先後関係

かくして三・四段目が真言密教の影響下にあることは明白であるから、久我本は言わば天台的要素と真言密教的要素が交錯する形として把握される。また久我本の表白部は流布本と異なって安居院の『為八幡宮法楽長日法華講表白』からの引用は見られず、文章内容は大きく異なるものとなっている。こうした特徴に留意するならば、久我本よりも安居院のテキストとの関係が濃密な流布本は、実は『転法輪鈔目録』の「八幡講式一帖」そのものである可能性も考慮し得る。施主である任雅や成範に直接関わる箇所を避けつつ、その表白の詞章を一部巧みに再利用する形で講式作成がなされた、という可能性である。むろん、どの流布本にも安居院の銘は確認されないのであり、この点は慎重な判断を要する。流布本の澄憲作表白からの引用部分以外についても、澄憲の他の表白類と表現のレベルで詳しく比較してみる必要があるが、澄憲は自己の作成した表白を再利用・転用した例があり[12]、また『言泉集』「舎利（四帖之二）」には「報恩講式舎利段」が収録されていることから、表白作成に供するべく講式文が準備されていたことが分かるのであり、表白の再利用によって講式が作成されたことも想定し得る。たとえ澄憲や聖覚自身の作でなくとも、流布本が安居院の圏域で成立したことは首肯される。

『転法輪鈔』は、澄憲の作品を中心に息子の聖覚が編纂したもので現存する分量は少ないが、『転法輪鈔目録』によれば全八箱分数百結が存在したという。その第二箱には中川実範の作と注記された『眉間白毫集』や、「高野大師御作」と注記された空海の『大日経解題』『金剛頂経解題』『法華経解題』などが含まれる（しかし『最勝王経解題』はリストアップされず）。そして七箱に含まれる講式の中でも『霊山講式』は二帖あり、「一帖他人」の注記がある。安居院の作ではないものも含まれているわけだが、かかる注記がない以上、『転法輪鈔目録』に名の見える『八幡講式』は澄憲作と見て大過ない。改めて両者の構成と素材を示す。

○三段『八幡講式』

　表白――――「為八幡宮法楽長日法華講表白」

　一段「賛㆓嘆本地功徳㆒」

　二段「奉ㇾ明㆓垂迹因縁㆒」――――「参議左兵衛督成範卿八講結願表白」

　三段「廻向発願」

○五段『八幡講式』

　表白

　一段「賛㆓嘆本地功徳㆒」

　二段「奉ㇾ明㆓垂迹因縁㆒」――――「参議左兵衛督成範卿八講結願表白」

　三段「入㆓秘密㆒謂㆓内証㆒」

四段「講㆓最勝王経㆒為㆓法施㆒」――○空海『最勝王経解題』×『言泉集』「最勝王経」

五段「廻向発願」

このように久我本は、先行して天台の安居院の圏域で成立した流布本をベースにしながらも、表白部から安居院のテキストを削除し、一・二段目の後に新たに真言密教的な三・四段目を加えた、三段式の「増本系」と位置付けるほうがテキスト展開として自然と言えるだろう。流布本はほとんど密教色の窺えない顕教的な信仰世界であり、久我本は真言密教の要素を強く含んだ顕・密融合的な信仰世界であるという差異が浮上してくる。逆にこのような複雑な顕・密融合的な型の講式が先に成立しており、そこから真言的要素を抜き去って、かつ表白部を安居院のテキストに基づくものに作り替えることで、天台的・顕教的な信仰世界へと一元化するごとくに再編したと考えることは、あまりに困難である。

上述のことから改めて次の図式を立てたい。

2　安居院『八幡講式』＝流布本（三段）**→久我本**（五段）

これは三段から五段への増補という理解である。久我本から三・四段を省けば流布本に大体は一致するのだが、久我本の表白部は「夫大菩薩者、朝家崇重之大社、源氏擁護之神明也」の詞章に始まり、五段「廻向発願」も流布本に比して文章の書き換えが目立つ。流布本では「共到㆓浄刹之岸㆒……共到㆓楽邦㆒……」とか、「八宗興隆、碩学成㆑林、一乗流布、修行満㆑山、反㆓末法於像法㆒、教行更盛、斉㆓辺国於中国㆒、勝利無㆑彊……」とある。浄土信仰や、八宗なかんずく天台仏法による末法・辺土観の克服志向を表明するが、真言色の強まった久我本ではそこが削除され、新たに付加された「槐門蓮府之月無㆑傾……」など大臣家（槐門・蓮府はその漢名）たる村上源氏擁護の言辞が目を引く。

村上源氏は摂関家に次ぐ官職として、太政大臣・左大臣・右大臣の官職を世襲できるが、中院流がその正嫡とされ、その中院流も久我・土御門・堀川・北畠・六条などの諸家に分流している。長通はその久我家に生まれるが、久我家は長通の父通雄の代から、ほぼ太政大臣を世襲する家筋となっている。久我本の作者である長通は、従来マイナーな人物であった。だが近年「久我家文書」の研究の進展によって、建武政権期に久我家領荘園の失地回復に辣腕を振るった人物として評価されており、さらに彼の代以降、久我家は源氏長者を独占し、村上源氏中院流諸家のうちで卓越した地位を獲得するに至ることを、岡野友彦氏が分析している。また八幡神は一般に武家源氏の氏神と言われる場合が多く、鶴岡八幡などはそうであるが、本来は公家源氏を中心とする源氏全体の氏神であったことも同氏の強調するところである(13)。

久我家がそうした公家源氏の正統であってみれば、源氏長者であり同家の家門興隆に尽力し、建武政権期から南北朝初期を巧みに生きた政治家たる久我長通にとって、八幡神は正に中世的な〈家〉の守護神として篤く尊崇されるべき存在であった(14)。任雅の法華講表白が、血の論理をもって先亡の廻向を期した彼岸の信仰であったとすれば、長通の講式は「槐門蓮府之月無レ傾」とあるような此岸（現世）の信仰に比重が掛かっている。彼は先行して存在した流布本を受容し、久我家の繁栄の願いを籠めて自ら講式を作成して、石清水八幡で講会を開き読誦したものと考えてよいだろう。そうした歴史的事実を踏まえるならば、久我家の守護神を祭祀する儀礼テキストの書写奥書に「可レ為二門流之重宝一」と記されていた意味も闡明となる。久我家の画期をなす長通の作であり、孫の具通も書写しているように、久我家当主によって伝持され、かつ具通は加点していることからも実際に八幡講という儀礼の場で当主が読誦した消息が偲ばれる。正に〈家〉の祭祀の要と言えるテキスト＝門流の重宝だったのである。

そして流布本の三段「廻向発願」では、「聖朝安穏、国家泰平、風雨順時、穀稼豊穣、賤唐止レ瞋、回禄除レ妖、

納二兵於武庫一、飼二馬於花山一……」と綴られたものが、久我本の五段「廻向発願」では、

聖朝安穏、国家泰平、刑錯而不レ用、断罪之杖蒲朽、政直而不レ乱、敢諫之鼓苔深、何況、禁中花鮮焉、久添二万春之色一、汾陽日明矣、遥耀二千秋之光一、加レ之、象岳隴山之雲鎮聾、槐門蓮府之月無レ傾……

と書き換えられている。一見して流布本が平準的な鎮護国家の表現を出ないことに対し、久我本の方は国家観念の射程が「禁中」「槐門蓮府」というように公家政権に向いており、その千秋万歳を祈念すること切なるものがある。久我本は対句を凝らした流麗なる式文の内に、固有の歴史性と信仰世界を刻印しているものと見える。

三　石清水八幡宮における本地愛染明王説

ここまで流布本・久我本の先後関係について、新城氏の研究に学びつつ試みに二つの図式を提示したが、最終的に流布本から久我本への増補として理解されるべきこと、真言系寺院における伝来が目立つものの、流布本の成立圏を安居院（の周辺）に求めるべきことは妥当であると言える。

以下、さらに久我本の特色について考えてみたい。特に安居院の影響を指摘した反面で新城氏が看過した久我本の真言密教系の要素、すなわち三段目に綴られた八幡本地愛染説などは、真言の秘説として見落とせない。だが従来は中世浄土教の展開との関わりから、八幡信仰研究においては本地阿弥陀説への考察が中心を占めていた。美術史家の清水眞澄氏が、鶴岡八幡の愛染堂本尊像について「本地を愛染明王とするのは誤り」(15)とされたことからも明らかなように、本地愛染説はこれまで正当な評価・位置付けがなされていない。しかし前章の成果を受ける本章では、近年の急速な中世神道研究の進展に即して、これこそ中世における八幡信仰の確たる一側面として強調したい。

一般的な八幡本地説についてだが、建保年間（一二一三〜一九）成立とされる八幡の縁起・秘伝集成である『宮寺縁事抄』では、本地釈迦説・本地弥陀説が並存しており、蒙古襲来以降の鎌倉後期の成立（一三〇〇年頃）とされる『八幡愚童訓』の乙本上巻「本地事」にも、この両説の止揚を図る言説が見られる[16]。一方、真言宗では前章で詳細に論じたように、本地愛染説が秘説として登場してくる。鶴岡八幡でも鎌倉政権を支える有力な真言密教法流である佐々目流の立役者たる頼助作の『八幡講秘式』（弘安九年〈一二八六〉）と、「座不冷本地供」（弘安八年〈一二八五〉）という頼助創始の異国調伏儀礼を画期として、本地愛染説の重要性が確立され、室町期を通じて関東鎮護の修法の中に継承される。

繰り返すが真言系の影響下にある久我本では、三段目でこの本地愛染説に説き及ぶ。当該部の式文を抜き出すと、それは、

大菩薩者愛染明王之化現也、載二熾盛之日輪一、坐二赤色之蓮華一、誠有二深故一哉、天平勝宝託宣云、我者真言興起、往生極楽之薩埵也、本是真言祖師也、善無畏三蔵者、即我也云々、臨二深秘一者、亦宝珠体也……

というものである。日輪を光背とし赤色蓮華に座するという（僧形）八幡・愛染両尊格の図像的共通性に、「誠有二深故一哉」という同体説の神秘性が見出されている。愛染明王が日輪を戴くゆえに、太陽神たる天照大神とも同体化し、そこから種々の秘説が生成することはよく知られている。また中世密教・中世神道の言説世界を貫く至宝たる宝珠もその姿を見せており、八幡・宝珠同体説も東国の『八幡講秘式』をはじめ、八幡本地供養法の次第書類にも必ずと言ってよいほど頻出する。

こうした日輪を媒介項とする愛染・八幡の図像的共通性による同体説や宝珠の問題は、『八幡講秘式』の原点とも見える中世神道書『八幡大菩薩』（鎌倉中期頃成立か）の「八幡大菩薩御躰事」に確認される[17]。また久我本は「天

平勝宝託宣」として、八幡神が実は真言八祖の一人である善無畏三蔵であるとする。これは通常「太祖権現御託宣」と呼ばれ、すでに『宮寺縁事抄』にも確認され、鎌倉後期に撰述された聖然の『東大寺八幡験記』にも継承される。八幡・善無畏同体説は、久我家による祖神としての石清水八幡崇敬の点からも、『宮寺縁事抄』などの知識が石清水別当（田中家・善法寺家）を通して同家にもたらされたものかもしれないが、本地愛染説については、蒙古襲来以前の『宮寺縁事抄』や『八幡宮御巡拝記』は言わずもがな、蒙古襲来以後の『八幡愚童訓』甲本・乙本など石清水サイドの資料には確認できないのである。また『東大寺八幡験記』や『八幡宇佐宮御託宣集』といった諸資料にも見出すことができない。

さてそこで八幡と愛染との関係を考える時、叡尊と西大寺流が想起される。叡尊の弟子阿一の記した弘安四年の『異国襲来祈禱注録』に、

彼大菩薩御託宣云。可ㇾ送二鏑矢一。即御前庭弓弦妙音天響鏑目出二如ㇾ雷響一。而指ㇾ西飛行云々。件鏑矢思円上人年来御持尊之愛染明王御執持之鏑矢也。故于ㇾ今彼西大寺愛染明王者鏑矢一持給云々。天下安寧。併明王御威光抃興正菩薩御信力……[18]

とある。石清水八幡における叡尊らの祈禱に応え神は鏑矢を送ると託宣し、それが西大寺の愛染の鏑矢であったという。これは『八幡講秘式』に記される「八幡又勇士之本尊也、本地弓箭（愛染—筆者補）ノ秘印表ㇾ之」という一節にも通じるが、愛染・八幡の「本地—垂迹」関係が明示されているものとは見なし難い。

弘安の役以後、いまだ厳戒態勢にある東国の鎌倉幕府主導により、鶴岡八幡別当頼助のもとで供僧を総動員した大規模な座不冷本地供の祈禱体制が布かれ、『八幡講秘式』はそこで読誦されたのだが、それに先駆けて軍神（調伏尊）としての愛染への信仰を有する叡尊が、西国の石清水八幡で華々しく異国調伏儀礼を勤修したことは、愛染

と八幡を邂逅させる機縁となったかと思われるのだが、宗教言説の上でも、また具体的な儀礼の空間においても、両者の習合は眼に見えた展開を示していないようである(19)。叡尊の祈禱と活躍をクローズアップし、もって八幡の神威顕揚を企図する『八幡愚童訓』（甲本）のどこにも、八幡本地愛染説の片鱗すら窺えないことは、その証左と言えよう(20)。

このように考えてみると、大々的に本地愛染説を綴る久我本『八幡講式』は、石清水における八幡本地説の変容を語る初期的な資料と位置付けられる。石清水における本地愛染説の顕在化、その背景には何があったのだろうか。それは何らかの〈戦《いくさ》〉にまつわるに相違なく、また久我本の成立時期にも関わる問題でもあるのだ。注目すべきはやはり南北朝の動乱であり、そこで活躍したある祈禱僧の存在である。

四　地蔵院房玄による本地愛染説に基づく儀礼

1　親玄とその弟子・房玄

すでに前章で論じたごとく、八幡本地愛染説は何よりも蒙古襲来への宗教的対応として、別当頼助によって創始された鶴岡八幡での調伏儀礼において具体化したものである。自性上人我宝は京都槇尾の平等心王院（現・西明寺）を再興した人物だが(補注1)、鎌倉では頼助の弟子に名を連ね活躍していた消息が知られており、同じく頼助の弟子であり鎌倉時代最後の鶴岡八幡別当となった有助のために愛染明王を本地とする八幡神供養の行法次第を考案し『八幡大菩薩法(21)』を著わしている。これは現在、東大寺に伝来するものであるが、むろん本来は鎌倉で著わされたものであろう。

結論的に言えば、筆者はこのような東国武家政権の守護神である鶴岡八幡の本地愛染説に基づく真言密教的な信仰形態と儀礼が、西国の石清水八幡と久我長通にもたらされた可能性を指摘したい。ゆえにそこに介在するのは、頼助の法脈を汲み、鎌倉で活動していた真言僧で、かつ久我家と縁があり石清水とも接点の確認できる者となろう。そうした諸条件を考慮する時、次の僧侶の存在が浮上する。

それは親玄と房玄という師弟である。親玄（一二四九～一三二二）は、久我家出身の醍醐寺地蔵院流の僧侶である。地蔵院流は中世において多様に分岐した醍醐寺三宝院流の中で、きわめて有力な位置を占める法流である。親玄は久我通忠の子息で、久我長通は通忠の曾孫に当たる。頼助の弟子でもあり、正安元年（一二九九）以降、鎌倉の佐々目流の拠点である遺身院に住し、また二階堂永福寺別当にも補任される。鎌倉末期の政治・社会情勢を伝える『親玄僧正日記』の正応五年（一二九二）二月二十七日条によれば、頼助の大僧正辞退よって権僧正に昇進しており、これは頼助の内々の計らいであったらしく、彼は頼助門下の重要人物として鎌倉の顕密仏教界で活躍している。そして師弟ともに愛染明王の修法に習熟していたことは前章で指摘した。鶴岡八幡の供僧には補任されていないが、鶴岡で各種の祈禱を修しており、頼助の弟子で鎌倉幕府滅亡後に、足利尊氏の推挙で第十九代別当となる頼仲（一二六六～一三五五）は、頼助の没後に親玄にも弟子入りしている。そして親玄が東国各地の八幡宮に、支配権を及ぼしたこともすでに指摘されるところである[22]。また長通の子息である覚雄《かくおう》は、房玄と並ぶ親玄門下筆頭の弟子であった。

重要なのは、この親玄の弟子である房玄（一二八二～一三五一）であり、本章では彼がキーマンとなる。房玄は地蔵院流の中でも特に「房玄方」の祖とされる。鎌倉幕府滅亡（一三三三年）以前は親玄同様、鎌倉を拠点に将軍祈禱に勤仕していたことが明らかにされており、延慶二年～応長元年（一三〇九～一一）にかけて、鶴岡八幡で親玄より『秘抄』を伝授されている。時宜を見て幕府滅亡以前に上洛して後醍醐天皇に接近し、建武政権の崩壊以後は室町幕府の祈禱僧に転身している[23]。江戸時代の『続伝灯広録』の房玄伝によれば、後年、頼助の遺跡である佐々目谷遺身院に住したという[24]。

房玄の最晩年の動向は、彼の著名な日記で南北朝期の重要な資料である『貞和四年記』（一三四八）、『観応二年日次記』（一三五一）から[25]、ある程度詳細に辿ることができるが、そこに八幡本地愛染説に基づく祈禱儀礼が確認されるのである。まず貞和四年正月一日条だが、年末の十二月二十八日に高師直が石清水八幡に一万騎の軍を進めたと記すことに続けて、「自㆓一日㆒別行始㆑之。八幡本地供。為㆓天下静謐、海内安全㆒也」とする。そして正月二日条には師直が八幡から出陣し、五日条には楠木正行が討ち死にし（四条畷の合戦）、十一日条には「予帰洛」とある。房玄は幕府の軍事行動に呼応して祈禱を修していること、その結果、見事に戦果の挙がったことが分かる。「予帰洛」とあることから、この八幡本地供は軍事的要衝であった石清水で行われたと判断される。

2　房玄とその弟子・清算の八幡本地供儀礼

また同じく十一日条に収録された文書にも注目したい（以下、資料の傍線は筆者）。

武家御祈禱事、御教書云。
天下静謐祈禱事、殊可㆑被㆑致㆓精誠㆒之状、如㆑件。
貞和三年十二月二十日　（足利）直義判
中納言法印（房玄）御房

八幡本地護摩勤㆓行之㆒。進㆓巻数㆒畢。返状云、

天下静謐御祈禱、八幡本地護摩勤行御巻数、令㆓披露㆒了、仍執達如㆑件。

貞和四年正月十一日

散位（安冨行長カ）判

前山城守（二階堂行直）判

沙弥（二階堂時綱）判

中納言法印御房

公家御祈禱事、院宣云。

天下静謐御祈禱事、近日所㆑令㆓沙汰㆒也。別可㆑被㆑抽㆓丹誠㆒之由。

院（光厳上皇）御気色所候也。仍執啓如㆑件。

十二月廿四日　大蔵卿（高階）雅仲

謹上　中納言法印御房

修㆓仏眼護摩㆒御巻数返事云。

御巻数執達了。謹言。

正月二十日　（四条）隆蔭

貞和三年の十二月二十日に武家（室町幕府）は、足利直義発給の御判御教書をもって房玄に天下の安穏を祈らせ、十二月二十四日には、公家（北朝）が院宣をもって同じく房玄に祈禱を命じていたのである。傍線部にあるように

公家祈禱の場合は仏眼仏母を本尊とする護摩の儀礼であるが、注目したいのは武家祈禱が八幡神の本地仏の護摩であったことだ。

このように房玄は貞和三年の終わり頃から翌年のはじめにかけて、石清水八幡で祈禱を勤仕していたのである。そして公・武政権が房玄に求めた「天下静謐祈禱事」の内実は、むろん南朝勢力の鎮定に他ならない。実際に軍事行動と呼応しているからには、調伏祈禱として修されたことが推察される(26)。

以上、『貞和四年記』では房玄が八幡の祈禱を行っているが、それが本地愛染説に基づくものかどうか、今一つ判然としない。だが『観応二年日次記』にはそのことが示されており、また久我家との密接な関係も現れているので確認してゆこう。『観応二年日次記』の三月十六日条には、大覚寺内の子院である不壊化身院（西大寺末寺）の長老が「八幡本地供」を行ったという記事がある。

大覚寺長老自㆓南都㆒帰㆓当寺㆒了。彼長老為㆓武家祈禱㆒。八幡本地供。春日本地（供脱カ）。大力男三箇所本地供勤ㇾ之云々。
八幡本地《ハ》愛染王、春日地蔵《ハ》天津児屋根尊云々。大力男不動《ハ》是即天岩戸ヲ排給神是也。自㆓大覚寺㆒帰京了

この不壊化身院長老は西大寺十世長老となる彦証房清算（一二九八～一三六二）という律僧である(27)。日記によれば房玄はたびたび、不壊化身院を訪ねているが、清算が西大寺から大覚寺に帰ってきたので、房玄は彼に会いに行き、その日のうちに帰京したということであろう。注目すべきは清算についての説明のようにして差し挟まれた傍線部であり、彼もまた武家祈禱として八幡本地供を実修する僧侶であったのだ。

清算は貞和二年十月二十日に房玄から伝法灌頂を受けたことが確認され(28)、同五年には『灌頂唐和大事秘伝』(29)を不壊化身院において伝授されているように、房玄の有力な弟子の一人であった。八幡本地愛染説も房玄から教授されたものと想定できる。なお先述したように西大寺流の開祖たる叡尊は、八幡・愛染それぞれに縁が深い僧侶であっ

た。日記の断片的な記載ではあるが前後の文脈を見ても、八幡の本地を愛染とする説を、釈迦や阿弥陀説に対する「異説」として扱う姿勢は見られず、それは房玄自身の立場もこれと同様であったためと判断できる。「武家祈禱」とあるように、房玄の灌頂弟子であった清算も、室町幕府のために南朝勢力を鎮定するための密教修法を実修していたのであり、師たる房玄の祈禱活動と連関したものであった可能性も高い。

また清算は、親玄の所持した地蔵院流聖教を、戦火を避けるために師である房玄から預かっていたが、房玄から後述する五智輪院を伝領した嫡弟の親恵が、これを運び出さんとしたため、覚雄とともに親恵と対立した経緯もあり、ここからも清算が地蔵院流の一角に確たる位置を占める人物であったことが分かる。[30] 一般に後宇多院が拠点とした大覚寺は寺名が示すように、南朝側（大覚寺統）の寺院であったと理解されがちである。だが実際にはこの時期には、むしろ北朝系勢力が優勢であったことが明らかにされているので、[31] 大覚寺に住する僧が対南朝の祈禱を行っても不思議はないのであり、南北朝初期における房玄と清算の政治的スタンスも一致していたのである。[32]

そして『観応二年日次記』からは、房玄が石清水八幡では、五智輪院という寺院を拠点としていたことが分かる。二月六日条には、前月の一月二十九日から七日間の八幡本地護摩を始行しており、「八幡本地護摩今日結願。仍錦禅今夜五智輪院ニ通夜之間。今朝早旦ニ於二五智輪院一対面申了」とある。錦禅とは錦小路禅門＝足利直義であり、頻繁に房玄と面会していることが記事に見えるが、当該期は正に足利尊氏と直義が対立した観応の擾乱のまっただ中である。この祈禱は直義のために修した尊氏方調伏の祈禱であり、[33] 対南朝祈禱ではあるまい。この祈禱期間内の二月一日条には、八幡信仰に関わる龍宮の宝珠の秘説も記されており、こうした神道説が、修法の実践と無縁でなかった消息が窺えよう。[34] 房玄はその八幡本地護摩の結願の翌日から、さらに二週間延長して八幡本地供を修し、二月二十日にはその巻数を直義に進呈しているのだが、この戦勝祈願の最中の二月十八日条には、直義軍は見事に尊氏軍を撃破したことが記されている。[35]

五　南北朝〜室町期における本地愛染説の進展

1　久我家と房玄

『観応二年日次記』には、この房玄が「久我殿壇所供僧」に補任され、盛んに久我長通邸の壇所に祗候し祈禱している記事も見出せる。房玄には公家からも石清水八幡での祈禱要請が出されていたが、久我長通邸での祈禱にも動乱鎮定の祈りが含まれていただろうか。少なくとも長通自身は後述するように『八幡講式』の廻向段の末尾で、「国家静謐、偏因㆓我神之擁護㆒、都鄙之安全、専在㆓此社之加被㆒……」と、久我家の守護神たる八幡（我神）に対し源氏長者として、積極的に内乱の鎮静化を祈念する詞章を刻んでいる。〈家〉の守護神の本地供が、貴族の邸宅の壇所で勤修されたことは、貞和四年以降毎月晦日に一条家（一条経通邸か）で藤原摂関家の氏神である春日神の本地供を修した際の次第が、随心院聖教の中に伝来していることからも明らかである。[36]

長通邸の壇所で房玄が行った祈禱が、仮に本地愛染説による八幡本地供であったとするならば、久我本で本地愛染説が特記されることも頷けよう。このように房玄は久我家の祈禱僧であったが、それは長通の子である覚雄が、房玄と並ぶ親玄門下の両翼として両者が密接な関係にあったゆえと思われ、覚雄が父長通に房玄を推挙したらしきことも、『観応二年日次記』に見える頻繁な両者の対面記事から窺えるところである。[37] 以上のことから久我家出身の親玄の弟子であり、石清水八幡で本地愛染説によって修法を行っていた実績を有し、また久我家の祈禱僧でもある房玄が、長通に八幡本地愛染説を伝えた可能性が想定される。[38]

頼助に遅れること約半世紀、南北朝動乱を歴史的背景として石清水でも八幡本地愛染説が現れ、実際に南朝鎮定のための密教修法を、房玄という祈禱僧（とその周辺の僧）が修していたことを確認し得た。またそれは観応の擾乱という政治局面においても効力を発揮した。鎌倉佐々目流の圏域に身を置いた地蔵院流の親玄の弟子である房玄が、鶴岡の座不冷本地供に倣って石清水八幡へも、愛染を本尊とした本地供という密教儀礼を導入した蓋然性がここに認められよう(39)。それは久我本に明らかなように、本地愛染という東国の武家政権において具体化した八幡信仰の形態が、西国の公家源氏の八幡信仰に受容されたということでもあるのだ(補注2)。

2　武家祈禱と八幡本地供儀礼

また貞和三年の末に足利直義が石清水八幡での八幡本地供を命じていることからは、すでに建武二年（一三三五）の『相州文書』(40)内に、

寄進　鶴岡八幡宮　武蔵国佐々目郷美作権頭知行分　足立郡　右為二座不冷本地供料所一、奉レ寄之状如レ件、建武二年八月廿七日源朝臣（足利尊氏）

とあるように、足利尊氏が鶴岡八幡の座不冷本地供に料所を施入していた事実も想起されてくる。この他に『鶴岡八幡宮寺社務職次第』の別当頼仲の項によれば、建武四年に「吉野凶徒退治之御祈禱之事、院宣並御教書」が到来し、彼は大威徳護摩などの調伏儀礼を勤修している(41)。こうした祈禱体制の下で、座不冷本地供にもさらに力が入れられたであろう。東西両所の八幡宮で愛染を本尊とする対南朝祈禱の本地供の儀礼が勤修されていたのである(42)。さらに貞和四年九月十五日には足利直冬を大将とする南朝攻撃に際して七日間の鶴岡における愛染王護摩が修され、文和二年（一三五三）六月十三日にも足利尊氏違例によって鶴岡で「本地古摩」を始行したとも、『鶴岡社務記録』(43)

に見えている。

房玄の法脈にある地蔵院流の弘鑁（一三六二～一四二四）の説を弟子が記録した『弘鑁口説』[44]には、

又八幡ノ本地供ノ事自他流ニ習有レ之、大方ノ習ヒテハ八幡三所御本地或ハ阿弥陀ノ三尊ト云或ハ釈迦ノ三尊ト云両義盛リニ有レ之……但本地供ト申時ハ当流ニハ大途愛染ト相伝アリ、総シテ愛染ハ諸社ノ本地供ニ用事常ノ事也

とある。八幡本地供について阿弥陀・釈迦説がある中、地蔵院流では八幡の本地は愛染であるとする〈習《ならい》〉が喧伝されるところに（実際にはもちろん地蔵院流に限定されない）、房玄の影響が見て取れる。また愛染は諸社通有の本地仏としながらも、特に「八幡本地供」という修法に際しては、これでなくてはならないという語気が含まれる点に、本地愛染という言説が座不冷本地供という儀礼の実践において具体化した、頼助の場合と通底するものを認めることができる。

弘鑁とほぼ同時期の醍醐寺座主満済の日記である『満済准后日記』には、応永三十一年（一四二四）十二月二九日条・同三十二年六月十八日条・同三十二年十一月九日条・同三十三年五月十八日条・同三十三年九月十九日条他に、石清水八幡での「室町殿御祈」としての「四季御祈」という祈禱の記事がある。村井陽子氏は、

四季御祈のうち三季は、寺門・山門・東密の護持僧が季ごとに交替で石清水八幡宮寺に参籠し、社頭の西廻廊に於いて本地護摩を修するものであり、寺門・山門では八幡神にいかなる本地仏を充てたのか不明であるが、醍醐寺三宝院流に連なる東密の護持僧が結番の際には、愛染護摩を修したのである

と述べている[45]。応永三十三年五月十八日条では愛染護摩を、やはり地蔵院の僧正である弘乗が勤めており[補注3]、こうした室町期の四季御祈の源流は、南北朝期の房玄による八幡本地護摩に求められると言えよう。かかる四季御祈とい

う国家的儀礼の内に、石清水八幡信仰における本地愛染説の定着化の達成を見届けることができる。(補注4) 鎌倉幕府以来の本地愛染説に基づく祈禱様式は、室町幕府に継承されたのである。

そして「四季御祈」以外の形でも、石清水では室町将軍の命によって武家護持僧による愛染の祈禱が行われており、頼助も別当を勤め鎌倉幕府の頃から武家の信仰を集める六条八幡宮（左女牛八幡）と、足利将軍の三条坊門邸の鎮守であった三条八幡宮でも、武家祈禱として愛染王法や愛染護摩が三宝院系統の真言僧によって修されていることが資料に確認される(46)。『鶴岡八幡宮寺社務職次第』の第二十一代別当尊賢の項の、応永十八年七月八日条には、鶴岡一山の供僧を結番させた大掛かりな「長日本地愛染王護摩」が、鎌倉府によって始行されており(47)、こうしたことも考え合わせると、三条・六条両八幡での修法も本地愛染説の存在を背景にした儀礼と見て相違なかろう(48)。

おわりに――久我本の歴史的位相

以上、議論がいささか迂遠なものとなったが、ここで久我本に立ち返ってまとめておきたい。鎮護国家観念は戦争という危機的状況下において先鋭化する。新たに久我本に加えられた四段目が、「講㆓最勝王経㆒為㆓法施㆒」という護国経典を讃じるものであることも思い合わされる。だが安居院の流布本に対する久我本『八幡講式』の成立背景、つまり久我本の信仰世界に刻まれた固有の歴史性に接近する上では、本地愛染説を掲げる三段「入㆓秘密㆒謂㆓内証㆒」において、本地愛染の秘説を明かした後に、

……然則、求㆓官栄㆒者、早備㆓高槐大樹之重任㆒、頻至㆓左文右武之顕要㆒……加㆑之、臨㆓戦闘之場㆒、立㆓顕将軍之益㆒、弓馬之家、仰以可㆑帰㆓敬之㆒、何況、射向之袖間、八幡之金字耀㆑光、征伐之旗上、三所之宝号施㆑威、国家

静謐、偏因二我神之擁護一、都鄙之安全、専在二此社之加被一……

と総括的に叙述されていることが何よりも目を引く。

ここには文・武（公・武）の官位は愛染の験徳の司るところであり、「高槐」（槐門）としての久我家もその例外ではないという認識が窺え、八幡の本地たる愛染が久我家の守護仏として、新たに獲得されていると言える（なお「高槐」と対をなす「大樹」は将軍の漢名、足利将軍が意識されているか）。さらに、武功の尊格である愛染は武家（「弓馬之家」）の崇拝すべきところでもあり、そのような愛染の垂迹である八幡三所の神は敵軍征伐の利益掲焉なるがゆえに、「国家静謐／都鄙之安全」を成就せしめるのは八幡を擱いて他にない、とされる点は見逃せず、公家の講式にしては〈戦《いくさ》〉の色彩が目立つ。石清水で「天下静謐」のために房玄が修した公武祈禱を思い起こす時、この「国家静謐／都鄙之安全」には、単純な類型的詞章では済まされない現実的切迫性が読み取れよう。特に「我神之擁護」という表現の裡には、自らの祖神に対し源氏長者へ登り詰めた政治家として、内乱の沈静化を祈念してゆく長通の姿がある。久我本の式文に籠められた心意（表現の歴史的位相）を、ここに看取すべきであろう。

以上のことから、本来天台の安居院の圏域において成立したであろう流布本を、真言密教的に増補・改作したものが久我本であり、その成立背景には、鎌倉後期の『八幡愚童訓』の時点ではいまだ確認されず、後醍醐天皇の建武政権崩壊から観応の擾乱へと至る南北朝初期に、石清水でも時代の趨勢を受けて顕現しつつあった本地愛染説と、それに基づく密教儀礼の勤修という状況（房玄という祈禱僧の存在）を据えて考える必要性を指摘したい。北朝の太政大臣も務めた長通にとって、かかる国内の動乱が無縁であろうはずはなかった。(49)

八幡本地愛染説を表明し、かかる信仰が内乱期における国家の平安祈願を導くという構造を有する三段目こそが、久我本の核心部であった。時代の固有性を刻印した久我本と、平準的な内容ゆえに唱導における汎用性を有する安居院の流布本との、信仰世界の位相差は今や明らかである。よって「極楽往生」「鎮護国家」という流布本・久我本に共通する要素も、両講式で自ずとそれぞれ内実を異にするはずである。今や『八幡講式』の三段式と五段式という二系統を、単純に流布本とその増本という系譜的関係としてのみ処理するのでは、いささか不充分であろう。本地仏＝「神の真の姿」の認識が三段式と五段式では異なっているように、両者は単一の八幡神に還元できない〈異なる八幡信仰〉の儀礼テキストとして現前していると見なければなるまい。

久我長通による新たな『八幡講式』という一座の儀礼次第の作成は、久我家の伝統的な〈家〉の守護神に対する、認識の深化を伴った宗教的実践であったと言え、作成時期は房玄が久我家の祈禱僧となった『観応二年日次記』の記事に鑑みれば、ひとまず長通晩年の頃と位置付けるのが適当かと判断される。前章で詳述したが、東国の鶴岡八幡で具体化した軍神（調伏尊）たる愛染を本地と仰ぐ八幡信仰には、異国襲来に際して八幡神の有する護国機能の強化を図る意味があった。そしてここまでの考察から明らかなように、西国の石清水八幡における本地愛染説の登場も南北朝内乱に照応するという性質が認められる。以上、講式儀礼に射程を定め、その中で新たな八幡本地説を焦点化することで、東西八幡信仰の拠点をめぐる〝異国襲来〟と〝南北朝内乱〟という歴史的画期（「外患／内憂」＝戦争）の問題を見通すことができた。石清水における〝八幡本地供〟と久我本の〝八幡講式〟は、房玄を結節点とする同時代の宗教儀礼として呼応していたのだと言えよう。(50)

注

（1）ともに『石清水史料叢書』四巻所収。

（2）そうした視座から、本書第一部第三章では同文関係が認められる貞慶『春日権現講式』の五段式と三段式を分析した。

（3）薬師寺本は、法相教学の影響と薬師寺鎮守の休岡八幡という〈場〉に根差した、近世の特徴的な本文の改変が見られ、「異本」として興味深いものである。有働智奘「南都仏教における神祇祭祀の一考察」（『南都仏教』八五号、二〇〇五年）を参照。

（4）必ずしも北朝一辺倒であったというわけではない。

（5）興雅は安祥寺僧であり、立川流批判で知られる宥快の師。

（6）以下に本章で分析するものを含む八幡講式の諸本作例を暫定的年代順に示す。

	タイトル	段数	作者	出典／所蔵者	奥書／成立年代の推定	本地仏	顕・密の系統	備考
①	八幡講式	三段式	安居院か	『石清水史料叢書』四巻	鎌倉初期前後成立	釈迦・弥陀	顕教系	「流布本」と仮称。伝本については本章を参照。
②	八幡講式	不詳	不詳	『宮寺縁事抄』第一末に名称が所見	不詳	不詳	不詳	段数・本文など一切未詳本だが、八幡の「若宮女王」に言及するものらしく、現存のいかなる『八幡講式』にも該当せず。
③	八幡講秘式	一段式	頼助	『高野山講式集』	弘安九年（一二八六）成立	愛染明王	密教系	第三部第九章参照
④	八幡講式	五段式	久我長通	『石清水史料叢書』四巻	南北朝初期成立	釈迦・弥陀・愛染	顕密混淆系	①流布本の「増本」。「久我本」と仮称。伝本については本章を参照。
⑤	八幡講式	五段式	不詳	東大寺図書館	嘉吉三年（一四四三）書写	毘盧遮那・弥	顕密混淆系	久我本とは異なるもの。内部徴証から東大寺で作成された

						陀・観音		ことは明白だが、醍醐寺にこれより遡る貞治五年（一三六六）奥書の写本あり。
⑥	八幡講式	五段式	不詳	東大寺図書館	永禄八年（一五六五）書写	大日・釈迦	顕密混淆系	久我本・東大寺嘉吉三年本とも別内容。
⑦	八幡講式	三段式	良恕	薬師寺	寛永十二年（一六三五）成立	釈迦・弥陀	顕教系	流布本を部分的に改作した異本。
⑧	八幡講式	五段式	不詳	東寺観智院	延享五年（一七四八）（書写カ）	明確ならず	密教系	上記のいずれの五段式とも異なるもので、内部徴証から東寺で作成されたことは明白。近世の成立か。

なお佐藤愛弓「栄海作題未詳講式について」（『勧修寺論輯』創刊号、二〇〇三年）が紹介する、栄海の題未詳講式は貞和五年（一三四九）奥書を有する密教系の講式であり、三段・四段・五段のみ残存するが、四段が「帰㆓八幡大菩薩㆒者」となっている。

（7）新城敏男「中世八幡信仰の展開」（池田英俊他編『日本人の宗教の歩み』桜楓社、一九八一年、七一頁）。

（8）ともに『安居院唱導集　上』所収。

（9）金沢文庫に寄託される『安居院僧都問答条々』〔二七函二号〕『式事』〔二八〇函一二号〕などから、安居院流唱導は講式とも関係深いことが知られる。安居院については、清水宥聖「東寺宝菩提院蔵安居院流の唱導書をめぐって」（『〈和漢比較文学叢書5〉中世文学と漢文学Ⅰ』汲古書院、一九八七年）、山崎誠「唱導と学問・注釈——澄憲の晩年と『雑念集』——」（『〈仏教文学講座第八巻〉唱導の文学』勉誠社、一九九五年）、阿部泰郎「唱導における説教と説教師——澄憲『釈門秘鑰』をめぐりて——」（『伝承文学研究』四五号、一九九六年）、小峯和明『中世法会文芸論』（笠間書院、二〇〇九年）、恋田知子「新出金剛寺蔵『十種供養式』をめぐって——法華経の唱導と儀礼——」（国際仏教学大学院大学学術フロンティア公開研究会発表資料、二〇〇九年十月十日）などを参照。

(10)　なお本表白と任雅については、春日信仰や興福寺との関係から近本謙介「『春日権現験記絵』と解脱房貞慶」（『中世文学』四三号、一九九八年）でも言及されている。

(11)　一方で前注(6)佐藤氏紹介の栄海作題未詳講式は、空海と八幡の伝承のみ記し、最澄には一切触れない。

(12)　阿部美香氏による説話文学会・仏教文学会合同例会（二〇〇九年十二月）での報告「安居院唱導資料『上素帖』について」で指摘されている。

(13)　岡野友彦『中世久我家と久我家領荘園』（続群書類従完成会、二〇〇二年）、同『源氏と日本国王』（講談社、二〇〇三年）参照。

(14)　『八幡愚童訓』乙本下巻「慈愍御事」には、久我通忠（一二五六年寂）を指すかと思われる「久我右幕下大将」が、相論に際して八幡の利益を被った説話を載せている。

(15)　清水眞澄「五島美術館の愛染明王像」（『中世彫刻史の研究』有隣堂、一九八八年、二三一頁）。

(16)　なお前注(6)表の⑥東大寺図書館蔵五段『八幡講式』〔一〇四函―七五二号〕（一五六五年写）は、作者不詳ながら『八幡愚童訓』乙本を引用しながら東大寺という場に即す形で作成されており興味深い。

(17)　真福寺善本叢刊『中世日本紀集』四二五頁。ただし八幡本地愛染説は、すでに醍醐寺勝賢（一一九六年寂）―仁和寺守覚（一二〇二年寂）の師資において成立していた可能性を示す真福寺蔵『野決目録』が阿部泰郎氏によって紹介され、同寺蔵『八幡本地行法次第（内題）』〔四四上―七〇〕（南北朝期写本）が、それに該当するようである（筆者も真福寺において原本を披見した）。「書かれたものとしての神道」（『中世宗教テクスト世界体系の探求』名古屋大学文学研究科、二〇〇八年）を参照。また室町時代前期写本と推測される唐招提寺蔵『八幡本地行法（内題）』（『唐招提寺古経選――長老孝順納経――』中央公論美術出版、一九七五年、六三頁）の奥書には、勝賢―守覚―益性（下河原殿）（頼助の孫弟子、仁和寺僧、鎌倉で活躍）―聖無動院道我（大覚寺僧〈勧修寺栄海の弟〉、仁和寺真光院禅助の弟子にして後宇多院の近臣僧）という書写歴が確認され、ほぼ同様の奥書を有する西大寺蔵『八幡本地行法私』（七五函七六号二・近世後期写本）も存在する。

さらに醍醐寺蔵「八幡本地行法私次第」（『大日本史料』四編五冊（補遺）・建久七年六月二十二日条）にも、「勝賢―守覚―道祐（三宝院道順の弟子で文観と同門）―弘済」と見え、弘済は後述する醍醐寺僧房玄の門流で、弘鑁の師に当たる（『密宗血脈鈔』など参照）。こうした奥書を有する伝本の存在は、上記のことを傍証するものかもしれない。ただし後に論じるごとく、八幡本地愛染説が、予想外に早い段階で成立していたとしても、それがあくまでも秘説としての閉じられた領域から、ある程度まで「時代の表層」へと浮上してくるには、蒙古襲来や南北朝内乱といった歴史的契機が不可欠だったのである。そして本章では本地愛染説は東国鶴岡において歴史的に具体化し、その後、西国石清水に導入された形になるものと考えている。この他にも勝賢・守覚らの奥書は伴わないものの、これらと同内容の資料として、杲宝自筆本の近世写本である観智院蔵『八幡本地行法次第』（一八〇函一一一号）や東大寺図書館蔵『八幡本地供次第』（一七一函五六九号一）、素睿書写の金沢文庫蔵『八幡本地行法次第』（三三八函三六号）が伝来する。また唐招提寺には「五智院仲快」の奥書を有する『八幡本地行法私次第』も伝来する（川瀬一馬「唐招提寺律宗戒学院経蔵目録（二）」〈『書誌学』復刊新一六号、一九六九年〉）。これについては閲覧許可が得られなかったため未見ながら、仲快は弘済の弟子でありこれも同本であろう。この点は、後注(45)でも言及する。

また本地愛染説に立つものか否か明瞭ではないが、〈室生山の宝珠―宮中内侍所の神鏡（天照の神体）―八幡〉の三位一体説を強調する、金沢文庫蔵劔阿手沢本『八幡大菩薩念誦作法』（二九〇函二九号）という本地供儀礼の次第書も存在する。

(18)『西大寺叡尊伝記集成』所収。

(19)この問題に関しては奥田静代「軍神としての愛染明王に関する一考察」（『仏教文学』二九号、二〇〇五年）も参照されたい。また伊藤聡「日本中世における太陽信仰」（松村一男・渡辺和子編『太陽神の研究　上』リトン、二〇〇二年）は、石清水八幡での叡尊の祈禱における愛染明王は、伊勢の天照信仰へと繋がっていくものであることを指摘している。

(20)詳述は避けるが、鎌倉中期の社務宮清発願の愛染明王堂などの存在からも、元寇前後の石清水に本地愛染説が存在しなかったとも断言できないが、かかる認識があったにせよ信仰上の機能を発揮するものではなかったと判断する。この愛染明王堂は、元亨元年（一三二一）には、平等王院と称して大覚寺統の後宇多院によって勅願所に定められるほどに展開する。平等王院では月ごとに様々な儀礼が行われており、大覚寺僧の出仕する「二季談義」のほかに、十二口の供僧による長日不断の愛染護摩が修され、数カ所の所領も寄進されているが、本尊の愛染が八幡本地仏であるとする記述は伴っていない（『石清水八幡宮史　史料　第一輯』八二五〜八二六頁）。

(21) 東大寺図書館蔵（一七一函五六八号一）。

(22) 『仁和寺御流の聖教』（神奈川県立金沢文庫、一九九六年、六〇頁）。また石田浩子「室町期における「都鄙」間交流――寺院社会から考える――」（『人民の歴史学』一八二号、二〇〇九年）にも、親玄門流の僧侶による鶴岡八幡宮別当職の継承が論じられている。

(23) 平雅行氏は、鎌倉幕府滅亡とともに鎌倉の旧幕府僧たちが京に移動し、室町幕府の祈禱僧へ転身を図ったことを論じており、房玄もそうした一人であった。「鎌倉将軍祈禱に関する一史料」（『大阪大学大学院文学研究科紀要』四七号、二〇〇七年）参照。

(24) それが事実であれば房玄も明確に佐々目流の圏域に属する僧侶の一人ということになるが、南北朝期の房玄の活動の場は基本的に京都であったはずであり、また最晩年の日記類にもそれらしき記述はないため、この点はいささか信を置き難い。

(25) ともに『続群書類従』二九輯下所収。ただし、誤脱が多いため、『大日本史料』の本文をもって訂正した。

(26) 調伏祈禱は中世においては戦闘行為に他ならなかった。横内裕人「密教修法から見た治承・寿永内乱と後白河院の王権――寿永二年法住寺殿転法輪法と蓮華王院百座大威徳供をめぐって――」（大山喬平教授退官記念会編『日本国家の史的特質（古代・中世）』思文閣出版、一九九七年）を参照。

(27) 不壊化身院については、随心院蔵『後宇多院十大願』（一五三函一三号）に、後宇多院の発願によって施入された不壊化身院の所領関係文書が収録されている。また松尾剛次「叡尊教団と中世都市平安京――中世平安京の境界に立つ律寺――」（『戒律文化』六号、二〇〇八年）も参照。

(28) 『雑日記幷随聞抄』（東京大学史料編纂所蔵影写本「三宝院文書」）。

(29) 富山県宮崎文庫記念館蔵。

(30) 櫛田良洪氏が宝菩提院文書を用いて指摘している。『真言密教成立過程の研究』（山喜房佛書林、一九六四年、六六五頁)。

(31) 大田壮一郎「大覚寺門跡と室町幕府」(『日本史研究』四四三号、一九九九年)参照。

(32) 清算も房玄同様に自らの著作で北朝年号を使用している。ただしこの時期の僧侶の去就は複雑である場合が多く、房玄もその例外ではない。なお清算についての新研究としては、大谷由香「南北朝期における律宗義について」(『仏教学研究』六四号、二〇〇八年)、同「南北朝期における律宗義について(中)」(『仏教学研究』六六号、二〇一〇年)がある。

(33) 同日記によればこの時、天台寺門派の有力者である実相院僧正増基も、直義の命で石清水において尊星王法・金剛童子法を修している。なお『賢俊僧正日記』貞和二年十一月十五日条によれば(橋本初子「三宝院賢俊僧正日記――貞和二年――」〈『醍醐寺文化財研究所研究紀要』一二号、一九九二年〉)、足利直義はこれ以前に、三条坊門邸(鎮守八幡が存在する)の持仏堂で開眼供養した愛染明王像を石清水の平等王院に施入している。この行動自体も興味深いが、この時期には平等王院の愛染明王信仰は、八幡本地仏としてのそれである、という意味を徐々に持ち始めていただろうか。また同日記貞和二年四月十二日条には、「参㆓三条坊門㆒、依㆓夢想㆒自㆓明日㆒可㆑令㆑参㆓籠若宮㆒云々」とある。三条坊門は直義を指し、夢のお告げによって若宮八幡(六条八幡、左女牛八幡ともいう)への参籠を志したのである。

(34) 先述したように長通の『八幡講式』にも八幡―宝珠同体の秘説が顔を覗かせており、管見に及んだ八幡本地供の次第書類においても、宝珠は重要な意味を有している。

(35) なお南北朝の争乱・観応の擾乱によって石清水祠官家の対立も激化してゆく。逵史香「南北朝期の石清水八幡宮祀官家と幕府政策」(『ヒストリア』一五六号、一九九七年)を参照。

(36) 随心院蔵『春日本地供』(二四〇函一三二号九)。近く翻刻紹介する予定である。

(37) 久我長通の子息覚雄も鎌倉とは縁が深い。長らく鎌倉に住し二階堂永福寺を親玄から譲られ別当に就任。長通が覚雄を親玄に入室させる際の文書も残されている。田中博美「『同壇作法次第』について」(『東京大学史料編纂所報』第一六号、一九八一年)参照。昨今、地蔵院流関連の研究は盛況であり、親玄・房玄・覚雄については以下の論文がある。高橋慎一朗「仏名院と醍醐寺三宝院」(『東京大学史料編纂所研究紀要』六号、一九九六年)、三浦龍昭「久遠寿量院別当職について」（『鴨台史学』一号、二〇〇〇年）、河野昭昌「醍醐寺僧房玄と河内国大和田荘と久我家」（『寝屋川市史紀要』一一号、二〇〇四年）、前注(23)平論文、石田浩子「南北朝初期における地蔵院親玄流と武家祈禱」（『日本史研究』五四三号、二〇〇七年）。なかには覚雄と房玄をライバル関係のように記述する研究もあるが、そうではなかろうと考えられる。

(38) 『観応二年日次記』にあるとおり、房玄が久我家の祈禱僧となったのは最晩年のことではあるが、以上のように仮定できるならば、長通による『八幡講式』の作成時期も絞り込める。正に観応の擾乱から正平一統を迎えんとする変動期である。また房玄は観応二年五月二十二日条に、「今度房玄参二八幡一之間忠節之仁也」と称されたことを記している。これは先述のように直義のために八幡本地供の祈禱を修したことを指していよう。貞和から観応へ、四年ほどの間に石清水における〈八幡神の修法者〉としての位置を確立していく様が窺えるが、それは房玄自身をして「善悪偏任二八幡大菩薩之冥監一云々」（観応二年正月二日条）という境位に至らしめることでもあった。

(39) また元鎌倉幕府の祈禱僧であった禅秀（碧潭周皎）は、佐々目流聖教を保持して上洛し不壊化身院とも交渉を有していた（前注(23)平論文参照）。佐々目流など東国で独自性を有しつつ展開した真言法流の、西国への還流という現象は考えておくべき問題であろう。愛染を本地とする八幡本地供の次第は真言系諸寺に多く伝来しており、前章でも幾つかに言及した。八幡本地愛染説とその儀礼次第の享受と展開の相は実に多様であろうが、それについてもここで一言しておきたい。先に触れた真福寺蔵『八幡大菩薩』は、弘安九年（一二八六）の実印写本であり、前章で指摘したように真福寺には、頼助―定仙―実印の書写歴を有する『愛染法次第』（嘉元四年〈一三〇六〉）が伝来する（定仙は頼助の灌頂弟子）。また同寺蔵『異尊法』は親玄―定仙―実印と伝授された聖教であり、この実印は西大寺末寺伊勢大福田寺の僧である。そして佐々目流に関わる聖教も多く伝える金沢文庫資料からは、頼助―定仙―釼阿（称名寺長老）／頼助―益性―釼阿といった法流伝授の関係が検出される。それらは八幡―愛染の秘説形成と伝播のネットワークの一角でも有り得たはずである。本章で注目した房玄の占める位置も、そうした「動き」と決して無関係ではないが、密教世界における言説形成の「仕組み」は、このようにきわめて錯雑とした諸関係として成り立つものであるため、その解明には一定の困難が伴う。

(40) 『大日本史料』六編一二冊、五六八頁。

（41）神道大系『鶴岡』所収。

（42）房玄は同じ親玄門下として鶴岡の別当頼仲と好があり（前注(23)平論文）、南北朝期の鶴岡については、頼仲の弟子頼印の伝記である『頼印大僧正行状絵詞』（『群馬県史　資料編6』所収）も参考になる。

（43）神道大系『鶴岡』所収。

（44）『続群書類従』二七輯上所収。房玄―親恵―弘顕―弘済―弘鑁と嫡々相承する。

（45）「中世石清水八幡宮寺における仏事勤修の意義」（『史艸』四四号、二〇〇四年）。寺門・山門は従来通りの本地阿弥陀説であろう。また真言密教界でも本地阿弥陀説が駆逐されたなどということはない。『続史愚抄』嘉慶元年（一三八七）正月十五日条に、北朝が勅して東寺の鎮守八幡宮で阿弥陀三昧を修せしめているごとくである。なお前注(17)で触れた五智院仲快書写『八幡本地行法私次第』だが、「此法者号二御殿司之法一」し、「於二御殿一修二此法一」するもので、五智院は房玄ゆかりの五智輪院であり、仲快の師弘済は房玄の門流である。この次第の奥書によれば、仲快はこれを実践していたという。御殿司とは一般に本殿の開扉や供饌などに奉仕し、遷宮・修造の際は御神体を身に抱き運ぶ聖職を言う。「石清水八幡宮護国寺定置」（『石清水八幡宮史　四』六一九頁）という文書によれば、「当山浄行浄侶之職」であって密教を修練し八幡の神威を高からしめるものと規定される。本地愛染説とそれに基づく本地供儀礼が、石清水内部に定着していく様が見届けられる。そして房玄の法脈に連なり、常に八幡神と向き合う御殿司として、本地供儀礼を修していた仲快は、『満済准后日記』応永三十一年十二月二十九日条によれば、四季御祈に勤仕すべき器量の者として推挙されている。

（46）『大日本史料』より検出。『満済准后日記』『石清水文書』『醍醐報恩院〈号水本〉法流幷門跡相承系図』『続史愚抄』『柳原家記録』『醍醐寺新要録』『醍醐寺文書』『八幡宮愛染王法雑記』など。室町幕府と武家祈禱については、大田壮一郎「室町殿の宗教構想と武家祈禱」（『ヒストリア』一八八号、二〇〇三年）、同「足利義満の宗教空間」（『ZEAMI』四号、二〇〇七年）、同「室町幕府宗教政策論」（中世後期研究会編『室町・戦国期研究を読みなおす』思文閣出版、二〇〇七年）を参照。

（47）『群書類従』四輯、一九八頁。

（48）室町期成立とされる諸社の簡略な縁起集成である『二十二社本縁』の「石清水事」の末尾には、「本地事。行教乃袂ニ移リ給之時和、阿弥陀乃三尊仁天坐寸也。出家仁毛釈迦三尊云々。真言愛染云々」とあるが、かかる歴史的動向の中で、真言宗の内部では石清水八幡の本地は愛染であるということが一般化された形でも記述されるに至ったのである。

(49)　この他に中世における貴族の家の信仰が、ある歴史性の裡に表出した講式として、三段の『荷田講式』（仁和寺塔頭蔵聖教）がある。これは伏見稲荷の祀官である荷田氏の先祖・荷大夫の神霊を祭祀する神祇系の講式であるが、特に「廻向段」からは、荷田氏と師檀関係にあった藤原氏の一流たる坊門家が、承久の乱後の衰退からの再起を祈り、一族の結束を図るため秘密の儀礼として開講したものであることが読み取れる。詳しくは岡田荘司「『荷田講式』にみる中世神祇の諸相」（『朱』四〇号、一九九七年）を参照。

(50)　拙稿「聖地における本地仏と儀礼――中世石清水八幡宮の愛染明王信仰――」（藤巻和宏編『聖地と聖人の東西』勉誠出版、二〇一一年刊行予定）は、本章と密接な補完関係にあり、南北朝時代史の中で房玄の宗教実践に注目したものである。南北朝時代史については、村田正志『南北朝史論』（中央公論社、一九七一年）、佐藤進一『南北朝の動乱』（中央公論社、一九七四年）、森茂暁『南北朝公武関係史の研究』（文献出版、一九八四年）、同『南北朝の動乱』（吉川弘文館、二〇〇七年）、小林一岳『元寇と南北朝の動乱』（吉川弘文館、二〇〇九年）他を参照。

（補注1）　我宝については、藤井雅子「後宇多法王の秘説相承――悉曇大事の相承――」（『史櫻』二号、一九九六年）、横山和弘「後宇多王権における空海「聖跡」の興隆――槇尾平等心王院我宝と土佐国室戸金剛頂寺・最御崎寺をめぐって――」（『京都文化博物館紀要　朱雀』一九号、二〇〇七年）を参照。

（補注2）　高橋秀城氏が紹介された『醍醐寺真俗雑談記』（薬師寺聖教一一〇函九号）という鎌倉後期の資料の「八幡宮事」によれば、久我長通の父・通雄は、八幡の本地が阿弥陀であることが、久我家に伝わる記録にも見えていると醍醐寺僧に語っている（「薬師寺蔵『醍醐寺真俗雑談記』翻刻」〈『成田山仏教研究所紀要』三三号、二〇一〇年〉）。この点に注目すれば、息子の長通の代に八幡本地愛染説が、新たに久我家に受容されたと限定して考えることも可能となろう。なおこの『醍醐寺真俗雑談記』は、筆者もこれを披見した。薬師寺執事・加藤澄胤師に深謝いたします。また筆者は真福寺にて『明月抄二所皇大野決内』（四三―五〇〈一帖〉・書写歴なし）と『明月抄』（五八―

一三〇〈一巻〉・書写歴あり）という一具のテキストを披見した。書写歴によれば鎌倉末期から南北朝初期にかけて東国（下野・武蔵）で伝授されていたものだが、『明月抄二所皇大野決内』には、「一　八幡大菩薩御本地公家ニハ釈迦三尊云々私家ニハ弥陀三尊云々密家ニハ愛染ト云々大旨ハ如レ此也」とある。東国における本地愛染説の流布状況が窺えよう。

（補注3）『八幡宮御殿司職一方系図』（『群書類従』三輯）によれば、弘乗も応永二十七年に石清水の御殿司に補任されている。

（補注4）ただし『宮寺旧記』（『石清水八幡宮史料叢書　四　年中神事・服忌・社参』）の「大菩薩御本地事」には、応永年中に足利義持が八幡の本地を尋ねた際、前検校田中融清は「釈迦、或阿弥陀……両説之外者僻事也」として、釈迦・阿弥陀以外の本地説を否定している（六二四頁）。石清水には愛染明王を祀る盛輪院という寺院が存在するが、そうした立場を反映してか、「盛輪院勧進事」収録の延徳元年（一四八九）の勧進状には、あくまでも八幡神（第十五代天皇である応神天皇の霊とされる）の本地仏は阿弥陀であり、その母である神功皇后の本地仏が愛染なのだという。そして阿弥陀と愛染は本来一体の仏尊であるが、仮に母と子に垂迹したという論理を述べており興味深い（同書六五一頁）。

第十一章　死穢と成仏
――真言系神道書に見る葬送儀礼――

はじめに

本章は本書第二部第七章「春日神に抗う南都律僧――死穢克服の説話――」（以下「第七章」と略す）の補説というべきものである。まずは第七章の概略を示しておく。

『発心集』の四―十「日吉の社に詣づる僧、死人を取り奇しむ事」や、『沙石集』の一―四「神明慈悲ヲ貴給事」という三輪神社の常観坊の説話など、著名な中世の仏教説話集には、慈悲心から民衆の葬送を行い、しかる後に神の祟りに怯えつつ神社に参詣した僧に対し、神は死穢を咎めず逆に賞賛するという話が見える。第七章ではこれを死穢説話と仮称した。かつて渡辺貞麿氏は、このような死を忌まなくなる、物忌みをしなくなるということを「神の中世的変革」として高く評価された(1)。一方で説話文学研究においては従来、注目されていないが、西大寺の第十一代長老の覚乗や、戒壇院の第十六代長老の志玉といった中世に活躍した律僧にまつわる伝記資料には、彼らが葬送を行いそのまま神社に参詣したため、神はこれを厳しく咎めるものの、逆に仏教的な論理によって論破される話柄が存在する。

第七章では詳細に二つの死穢説話の話型を比較分析し、前者を「死穢容認説話」、後者を「死穢克服説話」と定位して、その差異を明確にした。特に死穢をめぐって春日神と激しく対峙したと『伝律図源解集』『律苑僧宝伝』に語られる志玉については、中世の『白毫寺一切経縁起』他を基に、当該説話の生成の〈場〉である葬送空間としての白毫寺と、一切経転読の儀礼に迫った。

また伊勢を拠点に活動し『天照太神口決』という神道書も伝えた覚乗は、『三宝院旧記』によれば、死穢をめぐって天照の化身と対峙しているが、その穢れ克服の論理を支えたのは持戒持律による清浄性であった。一方、志玉の説話において穢れ克服の論理となったのは、『円覚経』の偈文が「始知衆生、本来成仏、生死涅槃、猶如二昨夢一」と説くところの、仏と衆生は本来一体であるとする理解であり、ゆえに穢れなど実体的に存在しないという主張であった。[2] この仏―衆生一体説は、鎌倉仏教の中で即身成仏思想や本覚思想的な教義と多分に融合しながら、広く展開していたことが確認される。

そして鎌倉前期から存在する穢れ容認説話に対し、遁世僧である中世律僧の教団確立の後、つまり鎌倉末期以降に語られてゆく、より積極的な「死穢克服説話」の登場を重視し、その生成要因となる中世社会における強固な穢れ忌避の実態面を、山王・春日・八幡など諸大社に関わる僧侶や公家の資料（古文書・古記録）に確認した。

結論のみ述べると、「死穢容認説話」の実相は、僧侶が穢れに対する神の祟りを畏れる古代以来の心性を保持し、その上での特例的な神の許しが〈慈悲深いもの〉として語られることで、死穢の禁忌が「方便」の名の下に仏教的に温存されてゆくものであり、触穢思想と両立可能な（さらにいえば相互補完的な）関係にあるといえる。それゆえ中世社会に瀰漫した穢れ観念を本質的レベルで克服し得ないものであったという限界性を見落としてはならない。こうした背景を考えた時、穢れ・神罰を畏れない「死穢克服説話」の新たな登場の歴史的意義が闡明となる。従来より説話文学研究の中で認知されてきたタイプの死穢説話を、新たに律僧の伝記資料から対象化する試みを通して、かかる視点が得られたのである。

中世社会では、穢れ（その究極が死穢）観念の固定化をもたらす言説や、これを克服せんと志向する言説が、一定の振幅と多様性をもって展開していた。律僧以外に法然らの専修念仏が穢れを忌避する姿勢を否定していることは周知の事実であるが、(3) 以下に本章では、きわめて特殊な葬送儀礼作法の言説を、「説話」ではなく「神道書」（中世神道の秘説の世界）という資料の中に窺いたい。件の「死穢克服説話」をも超える先鋭的な宗教言説が、そこに見出せるであろう。

一　『日本記三輪流』の葬送儀礼

ここで真福寺文庫蔵『日本記三輪流』という資料を紹介したい。これは口決を記した切紙・印信の類聚からなる中世神道書として周知のところであり、真福寺善本叢刊の『中世日本紀集』に影印・翻刻がなされ詳細な解説も備わる。「三輪流」と題されてはいるが、両部神道・御流神道など真言系神道諸流派に共有された言説に満ちており、いわゆる大和国の三輪神社を拠点とする「三輪流神道」とは直接の関係のない資料と思われる。(4) 注目すべきは、その中の「初重二十之内　十八日権現法楽口決　栄西述」という口決である。私意にて便宜的に五段に分割して引用する（以下、資料引用の傍線・波線は筆者）。(5)

A口決云。権現者、明神也。故、《ニ》𑖪𑖽字。《ナリ》衆生、𑖀字。《ナリ》然、《レハ》女即仏也。𑖀字也。男即神也。𑖪𑖽字也。男女交会、《スレハ》
性徳仏《ノト》修徳仏、《ノト》一成、《トトモ》此時、《ハ》即、神成二修徳《ト》一金胎合《シテ》成就《スル》故、即、法界明神《ノ》交会、《シテ》三十七尊《ト》成、在《ト》二貴字《キ》一

B死人葬送《シテ》御宝前詣《ニスル》トモ無レ失事《ハ》、和光同塵《ハ》、不生不滅《ノ》𑖀字本不生還《ニ玉フ》。故《ニ》、死人葬送《スルハ》、即明神荘厳《ヲ》奉《シ》也。本《ヨリ》、和光同塵《ノ》衆生《ノ》化《シ》玉フト云事也。一切衆生、男女和合《ルヲ》云也。明神モ、𑖀・𑖪𑖽二字和合《シテ》、垂迹成《ト》玉フ也。仍《テ》、死人《ヲ》葬送《スレハ》、垂迹《ノ》明神《モ》、𑖀字本不生《ニシ》住玉フ也、一国土《ノ》化縁、成《テ》共《ニ》𑖀字・𑖪𑖽字成《ル》。我、死人《ヲ》葬送《スレハ》、諸法寂滅《ノ》𑖏𑖽字《ト》成《リ》、早寂《ク》静不動《ノ》本宮《ニ》還入《スル》事《ヲ》、成就《セント》観察《ス》。如レ是、死人《ヲ》葬送《シテ》、垂迹《ノ》御宝前《ニ》詣《ニハ》、法界塔婆《ノ》印《ヲ》可レ結。死人《ト》明神《ト》行者《ト》一体《ト》成《テ》、自受法楽シ玉フ

C故《ニ》、印《ヲ》結《テ》、反成就《ノ》真言誦《セヨ》。其印、呪曰、如レ例、曩謨阿羅怛那多羅耶夜唵欠句迦陀々々吽々欠羅々々唵須梨々々摩訶須梨阿毘羅吽欠句迦陀々々吽悉ソハカ　須地梨迦羅唵跛吽欠ソハカ　此真言誦《ルカ》故《ニ》、如二女《ト》男《ト》交会《ルカ》一。死人《ハ》女也。𑖀字本不生也。又、明神《モ》𑖀字《ナレハ》、即理也。彼《レハ》理ナレハ、智《ハ》男也。𑖪𑖽字也。神、𑖪𑖽字也。焼葬《ルハ》、天神也。埋地《ハ》地神也。垂迹、忽《ニ》是、𑖀字也。仍、𑖀・𑖪𑖽《ノ》二字理《ヲ》智冥合《シテ》、功能《ヲ》成就《シテ》、成《ル》二一体《ト》一

D故《ニ》、和光法楽観念云、自受法楽也。和光同塵《ハ》、八相成道《ヲ》為《ス》レ旨《ト》。迷《ノ》衆生、応同《シ玉フ(ママ)》曰、一切垢穢、不浄《ヲ》簡玉フ也。雖レ然、此法《ノ》深奥《ヲ》知ヌレハ、何ナル不浄《ノ》事《ヲ》為《シ》、穢家《ニ》至《リ》、及至女犯《シ》、当時《ニ》詣《スルニ》、不レ苦。其故《ハ》、権現必《ス》三熱苦《ミ》坐《ス》。彼苦《ヲハ》、𑖨𑖽々《ト》唱、彼智火《ヲ》以《テ》焼《ト》観念《シ》、次《ニ》、𑖪𑖽字《ヲ》水《ヲ》以《テ》𑖨𑖽字《ト》和合《シテ》、𑖪𑖽字《ノ》智水、𑖨𑖽字《ノ》智火《ヲ》、以《テ》二𑖪𑖽字法性《ノ》智水一《ヲ》、唱《ル》二彼垢穢不浄《ヲ》欲洗《ニ》一。次、三重𑖏𑖽字《ヲ》唱《フ》。一切不浄《ハ》、一浴《ク》清浄《ト》消《シム》。欲《フ》二分段《ノ》塵《ヲ》払《ト》一、観念スヘシ

E次、五大六大《ノ》有様《ヲ》観想《シテ》、五智《ノ》種字《ヲ》可レ思。𑖏𑖽。問云。何義《ト》耶。答云。此ハ我等《カ》心中《ニ》、八葉《ノ》肉団坐《ニス》、性徳《ノ》応身、八相成道八尊《ト》顕《レテ》、彼《ノ》修徳《ノ》二仏契当《シテ》、一切衆生不成仏由《ヲ》撰顕《ヒシテ》、或所《ハ》々高顕、或道俗《ハ》神《ト》云ハレテ、一切衆生《ニ》縁《ヲ》結《ヒ》玉

フ。一段《ノ》縁起《ヲシテ》、成道《ノ》義《ヲ》令レ顕也。此両部大日、行者心《ノ》中《ニ》入《テ》、本有常住《ノ》仏性《ヲ》加持《シ》玉ヘル義也。故《ニ》道路神《ハ》、一切道《ノ》辻《ニ》立給《フ》。彼《ノ》風《ニ》当《ル》草木、男女見《ニ》二誹謗《ノ》者《ニ》一、縁《ヲ》結《テ》、皆仏道《ヲ》成《ルヲ》旨《ト》セン。祈《ニ》如レ此、成玉フ也。而《レハ》何ナル宝前《ニモ》、男女《ノ》懐《ヲ》レ為《トモ》、深旨《ヲ》知ヌレハ、和光同塵利生《ヲ》当時《ニ》蒙也。此旨《ヲ》不信人《ニハ》、不レ可レ伝。穴賢々々。秘書云。神《ノ》磯出《ノ》事《ハ》、表《ス》二生死《ノ》二道《ヲ》一。鰐口《ハ》、権現《ノ》𑖮𑖳𑖽也云々又、権現納受経、反成就経等可二秘見(ママ)一云々右、住《テ》二神書一、不レ可レ堕二悪見一候。存二法意一、能々可二秘見(ママ)一也。仏法《ニハ》可レ悪《キラウ》事、其有、其能々可レ有二了意一也云々

実に驚くべき言説ではないだろうか。神道書の常というべきか、文意を確実に把握することはすこぶる困難だが、できる限り要点をかいつまんで、その主張の核を押さえてみよう。

まずAでは、神は金剛界大日如来を意味する𑖪𑖽（鑁）字に象徴され、衆生は胎蔵界大日如来を意味する𑖀（阿）字に象徴され、また女は仏で𑖀字であり、男は神で𑖪𑖽字であるともいう。ゆえに男女の交りは金胎両部の合一であると同時に、神々の交わりによる仏尊の世界の成就でもあるという教義が、中世密教の深部にわだかまる性愛思想のロジックで表現される。次にBでは死人を葬送した後、神に参拝するも苦しくなく、それは葬送が神を荘厳する行いであるからだと説かれる。𑖀＝女と𑖪𑖽＝男が和合して人が誕生するように、神もこの二字の和合によって垂迹するのであるから、人の死は𑖀＝胎蔵界／𑖪𑖽＝金剛界の二元両部が止揚された𑖮𑖳𑖽（吽）字で表される寂滅の境地の謂で、また神が本来の仏の境地に還ることであると観念せよと説く。そして葬送はその象徴的儀礼であると意義付けられる。そのような論理を前提にして、死者を弔った後、（穢れたままで）神社に参詣し、神前において印を結び真言を唱えるという秘密の作法を行じることで、死者と神が（葬儀を執行した）僧侶を仲介者として一体化すると論じる。人間の誕生と死が、神―仏―衆生の本質的な三位一体論の裡に捉えられているのであり、当然、即身成仏思想が背景にある。

さらにCではそのことが、𑖀＝「死者・女・神・理・土葬・地神」／𑖪𑖽＝「（生者）・男・（仏）・智・火葬・天神」[6]といった、徹底した二元論のフレームでさらに強く確認され、Dでは傍線部のようにこの秘事をよく心得ているなら、一切の不浄は問題とならず、死者が出て穢れた家で女犯にまで及ぼうとも、神を拝するに障りなしとさえ言い切る。またEは直接的に葬送と関わる文章ではないようだが、Dと同じく傍線部には、ここまでの秘事をよく心得ていれば、神前で男女の交わりを為しても、[7]罰せられるどころか即座に利益を蒙ると言う。だが決して曲解しないようにと、きつく戒めて一連の秘説を閉じている。[8]

これは衆生本来成仏を説く『円覚経』の思想とも共通するが、志玉の説話のように穢れを本来的に無いものとして否定し神を論破する形ではない。仔細に読むならば、亡き人の〈魂〉が神と一体であると言うのではなく、あくまでも「死人」とあるように、穢れそのものである死者の身体（遺骸）と神の一体化が言われていると判断される。単純に死穢を非実体視するのではなく、また葬送によって神が死人と同一化することで、死穢が浄化されたり消滅する、と言っているわけでもない。

そして傍線を付したように「自受法楽」という語が、B・Dに一カ所ずつ見えているが、これは「自受用身の法楽」の意味であろう。自受用身とは密教の仏身論であり、法身・報身・応身（化身）の三身説では報身に相当するが、仏が自ら法の楽しみを受けるものとされる。つまり穢れた死人と神を同一化させる葬送とは、死者よりもむしろ神そのものに対する最上の供養となるのであり、ここでは穢れは、ほとんど神の属性へと転換を遂げていると言えようか。[9]葬送の地における死者供養のための一切経転読儀礼が、春日神への法楽でもあった白毫寺の場合とも幾許か共通するものを感じ取れる。

中世では、本地垂迹思想によって神祇に死後の往生を祈る信仰が、説話など広く資料上に確認され、『沙石集』

一―二「笠置解脱房上人太神宮参詣事」は、南都の学匠であった貞慶が伊勢神宮に出離生死を祈願しているが[10]、この口決はそうした信仰とは全く別の位相にある。そしてこの口決は教義的な理念としてのみでなく、何よりも葬送儀礼の一環として、また穢れ克服の具体的な技法として説示されているのである。むろん葬送後に社参し、死人と神の一体を観想するということが実際になされたとは、すでに第七章で論じたような中世の寺院・神社における穢れ忌避の実態から考えれば、あまりに想定しにくいことではある。それでもなお、このような葬送儀礼の言説が存在した事実は強調されてよい。

これは実に刺激的な神観念の中世的展開であるし、また死生観や、〈死〉によって照射される〈生〉＝性、すなわち身体性の問題としても無視し得ぬものがある。神道書は「穢れを容認する神」の説話以上に、鮮やかな神祇信仰の変容を象っていると言える。またこれは室町期の吉田兼倶に始まり、近世以降、吉田神道を中心に展開していった神葬祭とも、全く趣を異にするものである点にも、注目しなくてはならない[11]。ただし吉田兼倶は死後まもなく吉田神社の境内地に埋葬され、その上に神社が建てられたのであり、その際の具体的な次第は不詳だが、清浄な神域に死体を埋葬し神として祀ったことの背景に、本覚思想の影響が指摘されることは重要である[12]。

二　「葬送灌頂」の享受

さてこの口決は「栄西述」とされ、臨済禅の栄西を指すものかとも思われるが、何ゆえ彼に仮託されているか詳らかではないし、全くの別人である可能性も高い。『日本記三輪流』は中世末期の天文十七年（一五四八）の伝授識語を有するが、室町後期の信州諏訪大社の守矢満実が書写した『諏訪大明神神秘御本事大事』（以下『御本事大事』）という密教色の濃い神道書にも、同様の口決が収載されていることが確認されるのである。(13)　諏訪社は上社と下社からなるが、現人神すなわち諏訪明神そのものと観念され、諏訪社全体を統べる上社の筆頭神官が「大祝《おおほうり》」〈神氏〈諏訪氏〉が世襲〉であり、満実は大祝に仕える「神長《じんちょう》」（守矢氏が世襲）であった。彼は諏訪社の祭祀の実態や諏訪地方の社会情勢を如実に知らせる、『神長守矢満実書留』などの重要な記録も残している。この『御本事大事』によれば「大祝殿奉レ授候暦応二年閏九月十日　或葬送灌頂……触穢之大事トモ云是能々知人者不浄ツウダンアルベカラズ」と前置きした上で、(14)「諏訪参詣七種秘印　先智拳印　次五鈷印　次無所不至印　次宝珠印　次施無畏印　次八葉印　次重智拳印 真言ハ七種共ニ光明真言ヲ三遍宛可レ満ツ也可レ秘云々」と記す。続けて「権現法楽秘法決灌頂」として『日本記三輪流』と共通の言説を綴る。(15)

ただし先掲した『日本記三輪流』のA・B・C・D・Eのうち、『御本事大事』ではCの部分が存在せず、D・Eはほとんど大差ないものの、AとBは若干なりとも文面が異なるので、A・Bに該当する部分を改めて紹介する。(16)

A´権現法楽秘決灌頂口決云、権現者明神也、𑖪𑖽字《ナリ》恵《ナリ》、衆生者《ト》𑖀字《ナリ》、定恵不二性徳仏与二修得仏一一体也、本来胎金両部合行、衆生与二神明一如平等故

B´死人葬送垂迹明神御前詣無レ失、和光同塵不生不滅𑖀字体故、死人葬送則明神奉二荘厳一也、和光同塵衆生化度給事、一切衆生定恵不二也、明神𑖀・𑖪𑖽二真合全垂迹給也、仍死人葬送垂迹明神本不生住給也、一国土為二化度縁一𑖀・𑖪𑖽成、我死人葬送成二[梵字]字一葬送成、而死人葬垂迹御宝前参詣時法界塔婆印可レ結也、死人与二明神一一体成二自受法楽一也、故彼印結二[梵字]・𑖪𑖽可レ誦、定恵不二故死人恵也、𑖀字不生也、又明神𑖪𑖽字共理也、彼理行者智也、本来理智不二也、焼天神、埋地神也、垂迹[梵字]字也、依二一体一自受法楽也、哀哉是不レ知二自心一構レ他受レ苦、是

悟者頓上菩提心台住云云、可レ秘云云、可レ慎云云、切紙也[17]

暦応三年（一三四〇）という識語によるならば、南北朝初期には『日本記三輪流』と同じ葬送儀礼の言説が存在していたことになるのであり、この秘説の成立自体はすでにそれ以前、おそらく鎌倉時代後〜末期頃には遡るものと想定されようが、すぐさま信憑性を認めることには慎重でなくてはなるまい[18]。そして後述するが、むろん諏訪の地で成立したものでもない。ただしここでは明確に「葬送灌頂」（別称は「触穢之大事」）と呼ばれていることには注目すべきであり、『日本記三輪流』のA・Bには、傍線を付したように「男女交会」「男女和合」といった語が見えていることに比して、「葬送灌頂」のA´・B´では「神＝𑖪𑖽字（金剛界）＝恵／衆生＝𑖀字（胎蔵界）＝定」の不二が図式化されるものの、男・女といった性の問題系には、いまだ直結していない点にも留意したい。むろんD・Eに該当する部分には、「女犯」や「男女懐為」という性的な言辞があるが、それは葬送自体を必ずしも直接意義付ける箇所ではない。「葬送灌頂」の本質部分はA´・B´に尽きていると言えるだろう。

中世では密教の荘重な師資相承の儀礼である「灌頂」に倣った、神祇灌頂が整備された。「麗気灌頂」「大日本紀灌頂」「伊勢灌頂」「天岩戸灌頂」「奥旨灌頂」「天地灌頂」「父母代灌頂」「筑波山灌頂」など実に多様なバリエーションが存在し盛んに実修された。それらはいずれも仏尊の化現である神祇（天照など）と行者—衆生の一体化を認識させることに本質的な意義を持つ宗教儀礼であり、中世神道はこうした儀礼の実践を核として、その思想を展開させていったのである[19]。「葬送灌頂」は、言わば引導作法的に神と死者を一体化させるものであり奇異に映るが、A´の傍線部に「権現法楽秘決灌頂」とされるごとく、正に神祇灌頂そのものである。

この他に『御本事大事』では、「御即位法」「職位法門有二口伝一」といった項目も注意される。「御即位法」には「三天合行法ノ也ナリ福祈叶也、大黒天、弁才天、吒枳尼天[20]」とあるので、荼枳尼天を本尊とする真言系即位灌頂に関わると思われ、「職位法門有二口伝一」には、天台系即位灌頂で天皇に伝授される『法華経』「普門品」の十文字の偈文「慈眼視衆生・福寿海無量」を説くが、見落とせないのは「大祝殿位付給《フ》時奉レ授二神長一秘法是也、此外殊秘密有二四偈一余社人悉不レ可二伝授一候」[21]とあることだ。天皇輔弼の臣である摂関が、即位時の天皇に印と真言を伝授するものが、いわゆる即位灌頂であるが、ここでは天皇と同様の現人神と観念された大祝への就任が「即位」とされ、これを補佐する神長によって伝授されるものへと読み替えられており[22]、在地化した即位灌頂と言える。

神道史の泰斗たる宮地直一氏によれば、建武二年（一三三五）二月の諏訪頼継の大祝職位が資料的には嚆矢となるが、そこに「呪印」と「十字極位大事」の二項目が見られ、時代を下るとともに儀礼次第は複雑化してゆくものの、「少なくも鎌倉の盛時に至るまでに、式の完成を告げて居ただけは、確かであらねばならぬ」としている。十字とは「慈眼視衆生・福寿海無量」であり、印と真言と『法華経』の偈文という天台系即位灌頂が、鎌倉時代のうちに諏訪に導入されたことは確かなようである[23]。そして多くの秘説が収集された『御本事大事』の中で、神長が大祝に伝授すると特記されているのは、この「即位法」と「葬送灌頂」のみであるとされている点からも、その重みが理解され[24]、『神長守矢満実書留』には、大祝の即位に際して「即位秘法」と「葬送七種秘印言」が同時に伝授されたことを伝える[25]。なお中世諏訪社の神仏習合状況については、『諏訪大明神縁起』が著名であり、天台宗（『法華経』）の影響が目立つものの、久保田収氏によれば諏訪社の神宮寺は真言宗を主とし、『御本事大事』は真言系神道を吸収しているという[26]。

この「葬送灌頂」という深秘の儀礼次第は、これだけに留まらず中世の伊勢神宮周辺にももたらされている。神宮文庫に所蔵される『日本記三輪流』の別伝本である、応永三十三年（一四二六）書写の『神道切紙』の中にも同じく「権現法楽口決栄西述」が確認される[27]。さらに奥書によれば、この『神道切紙』を書写したのは真言僧道祥であるが、この道祥は伊勢内宮祀官であった荒木田匡興の出家した名である。彼は出家後に熱心な神典書写活動を展開する。覚乗をはじめ西大寺流の律僧は伊勢の内宮と提携関係にあったのだが、道祥の書写活動は、覚乗ら西大寺流によって伊勢にもたらされた神道の伝書に大きな比重のあったことが明らかにされている[28]。「権現法楽口決」を含む『神道切紙』は、西大寺流の伝書ではなかったようであるが、このようなきわめてラディカルな形で穢れを克服する論理を有した葬送儀礼の言説が、伊勢神宮周辺にも流入し室町期には、出家後とはいえ元内宮神官によって書写されるという状況が出来するのである。そこには死穢をタブーとしないため時には神とも対峙したと覚乗の説話に託して語られる、西大寺流律僧と内宮祀官の交流関係をひとまずは想定しておきたいところである[29]。また『神道切紙』や『日本記三輪流』には、忍空・円海・秀範といった南都系律僧（であり真言僧）に師資相承された口決が含まれており、牧野和夫氏がすでに注目している[30]。

この他に同様の口決は、国學院大学蔵「宮地直一コレクション」の中の『諸大事』（請求番号B1―3d）にも収録されている[31]。それは『日本記三輪流』や『神道切紙』のように「栄西述」とはされておらず、「権現法楽秘決汀《灌頂》三宝院口決」となっており、その直前には『御本事大事』の「葬送灌頂」における「諏訪参詣七種秘印」と同じく、七つの印と光明真言について記している。それには「神祇参詣七種秘印」というタイトルが付され「権現法楽秘決汀　三宝院口決」とは別個の口決の体裁となっているようだが（後述するがこの両者には密接な関連性が認められる）、『御本事大事』では一連の「葬送灌頂」の次第の一部をなしている。そしてこの『諸大事』では、『日本記三輪流』（『神道切紙』も）のC・D・Eに該当する部分が備わっておらず、性的要素が控えめな『御本事大事』のA′・B′と文面が一致する。『諸大事』は真福寺四世の政祝（一三六九～一四四〇頃）が所持したものであり、おそらく時代的には神宮文庫蔵『神道切紙』と同時期、室町時代前期の資料である。『諸大事』や『神道切紙』といった、類聚された切紙・印信の体系から一度「葬送灌頂」の部分を切り離して考えれば、その成立は南北朝期に求められようが、南北朝最初期の暦応三年まで遡及できるかは断言を避けたい。

さらには、随心院蔵の中世神道書『御流神道目録』〔一五七函六号四九〕上巻（近世写本）にも同じものが収載されている。『諸大事』と同じように、まず「七種秘印」が、「一　神祇除触穢印信七種秘印」として説かれる。そして次の口決として「一　大師拝見印明」があり、そこでは外縛印を結び、𑖀・𑖪𑖽・𑖮𑖳𑖽の三字の真言を唱えることを説く。その簡略な儀礼作法に対する注釈的な形で、諏訪の『御本事大事』（『諸大事』も）と同文のA′・B′つまり性的要素が過度に表面化していない葬送の秘説を記すのであり、『日本記三輪流』（『神道切紙』も）におけるC・D・Eは欠如している。そしてその冒頭は「三宝院口決」となっているので、『諸大事』と最もよく重なる。表1を参照されたい。

以下、『日本記三輪流』『神道切紙』『御本事大事』『諸大事』に見える葬送儀礼の言説を、便宜的に一括して【葬送灌頂】と括弧付きで称すが、見落とせないのは、『諸大事』や『御流神道目録』の「三宝院口決」とされる【葬送灌頂】は、「栄西述」とされる『日本記三輪流』や『神道切紙』のそれと若干異なる、男女の交会（性愛）の要素が表面化していない『御本事大事』の【葬送灌頂】に一致するということである。このように【葬送灌頂】には性的要素のより強いパターンとそうではないパターンの二系列が存在し、性的要素の強くないものには、「三宝院口決」とあり、「七種秘印」の作法が付随しているという特徴を指摘できる。なお『御本事大事』の【葬送灌頂】には、「三宝院口決」の語が見えず、欠落したものであろう。

表1　【葬送灌頂】構成表

	七種秘印	A（A′）	B（B′）	C	D	E
『日本記三輪流』	×	○	○	○	○	○
『神道切紙』	×	○	○	○	○	○
『御本事大事』	○	○	○	×	○	○
『諸大事』	○	○	○	×	×	×
『御流神道目録』	○	○	○	×	×	×

三　【葬送灌頂】の思想からその成立圏に及ぶ

以上、『日本記三輪流』を皮切りに、【葬送灌頂】の広範な享受の様相を概観した。「栄西述」とされることの意味は不詳と言う他はないが[32]、【葬送灌頂】は、基本的に真言系神道の伝書内に確認される儀礼的秘説であり、一方の系統に「三宝院口決」と付される点に留意するなら、やはり本来は醍醐寺系密教法流の影響下に成立したのであり、かつ性的要素が極端に強くはないものが、よりその〈原型〉に近いであろうと考えられる。たとえば『神道切紙』と『諸大事』は、ほぼ同時期の資料でありながら、両者の【葬送灌頂】は内容・構成において差異を見せているのであり、それは〈原型〉成立後に、変容を遂げてゆく系統のあったことを示している。またその変容過程には一定の期間的経過が必要であったことも看取される。以下に【葬送灌頂】に込められた論理・思想を分析しつつ、それを手掛かりに【葬送灌頂】の成立という問題についても、ささやかな考察を及ぼしてみたい。

まず【葬送灌頂】を支える根本的な思想構造は、すでに確認したごとく神―仏―衆生の三者一体観に存する。こうした思想は中世神道説のライトモチーフに他ならないが、個別の具体例に即して見るならば、たとえば東大寺戒壇院を中興した円照の手になる『無二発心成仏論』という、文永九年の伊勢参宮時に著わされたごく短編の真言密教的な神道書にも、よく現れている。『無二発心成仏論』は、金・胎／迷・悟／凡・聖といった二元を一如として止揚した上で、

問曰、心者神也。是義深妙未㆓曾聞㆑之、猶可㆑開㆑理、答曰、心仏衆生三無㆓差別㆒、是大乗義、仏与㆓衆生㆒有㆓二種㆒、殊心名㆑神者、内外典説何有㆓疑心㆒……仏心不二衆生冥信、依㆓此義㆒故、心仏衆生三無㆓差別㆒[33]

と説示する。衆生の心《しん》はすなわち神《しん》であるという（心＝神）。そして「三界唯一心、心外無㆓別法㆒、心仏及衆生、是三無㆓差別㆒」という『華厳経』のエッセンスとして著名な「唯心偈」を応用することで、神＝衆生の心＝仏という図式を提示する。仏と神祇と衆生が〈心〉を仲立ちとして一体であるとする観念が表明されるのである[34]。

また『無二発心成仏論』には繰り返し「本覚」の語も現れている。仏と衆生の一体という即身成仏の思想は、中世において広範に流布していた。『円覚経』の「始知衆生本来成仏、生死涅槃猶如㆓昨夢㆒」もその理論的構成要素であった本覚思想がそれであるが、中世顕密寺社においては、性愛などの身体性に基づく密教思想も幅広く展開していたことが知られている[35]。性愛といった本来的に否定されるべき煩悩を積極的に価値付け宗教実践に活用する傾向もまた、現実肯定・人間肯定の論理としての本覚思想に導かれている[36]。性愛思想と仏―神―衆生の一体思想を基盤とする【葬送灌頂】という秘匿的な神祇系の葬送儀礼（の言説）も、そうした中世宗教の思想世界を母体として生成したものなのである。

牧野和夫氏によれば、東京大学史料編纂所蔵『仁和寺記録』四巻所収の「須々利」と題された資料には、守覚法親王の側近くにあった平基親の談として葬送の作法や、死人の祟りを抑え子孫を繁昌させるため墓地に敷く呪符などが記されており、それは後に東密の西院流の事相書に取り入れられたという[37]。中世末期から近世にかけては、禅宗教団が密教の影響下に葬送に関わる切紙類を数多く作り出してゆくが[38]、その母体となる中世密教界における葬送の知識・技法の展開については今後の解明が待たれる。王家の葬送儀礼を分析した大石雅章氏は、平安時代から鎌倉後期頃までの段階では、官僧も中陰の追善仏事だけでなく遺骸処理儀礼にも携わっていたが、一連の葬送儀礼のうち直接死穢に触れる部分は神祇祭祀との関係から、鎌倉末期にはこれを忌避する官僧の手を離れ、鎌倉後期頃から積極的に葬送に関与してきた、律僧・禅僧・念仏僧といった遁世僧に一任されてゆくとし、その背景に穢れ忌避観念の深化があると指摘した。[39] そのため院政期の守覚には『吉事次第』といった葬送儀礼の著述も存在するが、それはむろん【葬送灌頂】のごとき秘説ではなく、れっきとした貴人の葬送次第である。[40]

さて【葬送灌頂】は、直接死者を前にして営まれる類の作法ではなく、『日本記三輪流』(『神道切紙』も)および『御本事大事』(『諸大事』『御流神道目録』も)の引用部分A・Bを見るならば、その後の言わば「仕上げ」として、死穢をものともせず社参を敢行し、法界塔婆印を結んで葬送によって死者と神の同体化(成仏)が成就したことを観想するという実践であり、その意味では一種の社参法であると見なすことができる。そこで注目される『伊勢灌頂』というテキストがある。仏―神―衆生一体説のエッセンスを簡略な神社礼拝の儀礼作法の内に構造化した次第であり(別称『諸社灌頂』と言い、伊勢神宮に限定されない)、切紙・印信として中世に流布したものである。これについては伊藤聡氏の詳細な研究がある。[41] まず鳥居前で閉塔印を結び阿という一字真言を誦し、次に神殿前で外五古印を結び、鑁の真言を誦し、さらに神体を観想しつつ八葉印を結んで吽の真言を誦した後、法身の如来と衆生／神と衆生の同体の境地を示す偈文と神歌を唱えるというものである。阿は胎蔵界＝母、鑁は金剛界＝父、吽は両部不二であり、男女和合によって生じる衆生(子)を意味すると『伊勢灌頂』は説いている。伊藤氏は「その作法全体が、自己の生成の過程を追体験」するものと解しており、やはり性愛思想が基調である。『伊勢灌頂』では屈曲した吽字＝神体を、とぐろを巻く蛇、すなわち愛染明王という仏の垂迹と見ている。そして蛇とは三毒煩悩(悪)を孕んだ衆生の心(本質)のシンボルであり、畢竟、かかる凡夫の本質に即した神体を観想する実践には、衆生の煩悩をその身に引き受けるという、神の慈悲・救済の理念が表象されているのである。[42]

以上が『伊勢灌頂』の思想的な特徴であるが、【葬送灌頂】も錯綜した記述となってはいるものの、阿―胎蔵界―女／鑁―金剛界―男といった二元を止揚する吽が死を示すのであり、神社に参拝しそのように観想することが神への法楽となるのである。言わば神が死穢を引き受ける形であって、両作法の基本構想はきわめて類似しており、影響関係が指摘可能であろう。[43]『伊勢灌頂』が性《エロス》＝生の儀礼ならば、【葬送灌頂】はその不二的対極としての死《タナトス》の側に軸を置いて、生を照射する儀礼的論理を有する。伊藤氏は、『伊勢灌頂』という儀礼作法が鎌倉中期には存在しており、西大寺流の覚乗がこれを伊勢神宮周辺にもたらしたこと、また付随する相承血脈から、その成立には南都の律僧（真言僧でもある）である木幡観音院の廻心房真空が関与している可能性のきわめて高いことを指摘している。[44]

【葬送灌頂】については、その流布の状況に対して、伝授血脈などが付随しないため、具体的な成立圏や個別の相承過程など、残念ながら現段階ではあまりに不明な点が多いと言わざるを得ない。本章ではここまで、わずかにその言説内容を、死穢禁忌の問題に注目しつつ分析したにすぎない。『伊勢灌頂』からの思想的影響は充分に考慮できるが、[45]『御本事大事』の南北朝期の識語も保留すべきものであるため、さらに遡及して鎌倉期の真空の関与を云々できる状況にはない。ただし死穢禁忌を覆すという言説の様態は、やはり前章で論じたような葬送にまつわる南都律僧のそれを想起させるものであり、また阿部泰郎氏は文観ら南都系律僧に触れつつ、「鎌倉時代の密教法流は遁世の上人たちによって担われていた」と指摘しており、[46]【葬送灌頂】も正確な成立期を絞り込むことは困難ながら、成立圏としては真言密教系の遁世僧、すなわち南都律僧の周辺を一つの可能性として想定したい。

そうした【葬送灌頂】の〈原型〉の制作に関与したと思われる宗教圏域としては、当然、西大寺の叡尊や、戒壇院の円照と、その兄で東大寺真言院を律院として再興した聖守、そして円照・聖守とともに戒壇院再興に尽力した件の真空といった、著名な南都系律僧の法脈に連なる門流《グループ》が浮上する。南都律僧は真言密教を重んじており、たとえば西大寺の密教は醍醐寺三宝院の支流であり、真空も醍醐寺に学んでいる。彼らは密教と戒律との兼学・併修を常態とし〈これを仮に〈真言律〉と称す〉、神祇信仰に篤く、(47)葬送活動にも関わる宗教者である。そう考えるならば、死穢を忌避する神が論破される「死穢克服」の説話と、「死人と神祇の一体化」という秘説の、双方における神祇観の明らかな差異は、〈真言律〉たる南都系律僧における死穢の問題が、「律─説話」と「真言─秘説」のように、それぞれの領域において、固有に表出されたことによると解されようか。(48)

ともあれ、ここで〈真言律〉──なかんずく真空周辺──の言説に、『伊勢灌頂』にも繋がる、この【葬送灌頂】を成り立たせる要素の一端は、仄見えていることのみ提示しておきたい。『御本事大事』などに付随する例の「七種秘印」だが、これは本来『光明真言七種秘印（印信）』と呼ばれるもので、明恵の作と伝承され諸方に流布している。そしてこれについては、真空の弟子として知られ、新義真言教学を大成した根来寺の頼瑜が、『栂尾明恵上人七種印口伝』を著わしている。光明真言を誦して加持した砂を遺体に撒布することで、死者の罪障を滅除させ往生せしめる葬送作法ともなる光明真言土砂加持を、明恵が修したことは著名だが、この『光明真言七種秘印』も破地獄の大事とされ、頼瑜の口伝も無間地獄や六道の悪趣からの解脱を説き、七種の印の最後の八葉印について委釈して「師《ノ》云《ク》。此《ノ》印観《ス》二蓮華座《ト》一。曼荼羅《ノ》聖衆坐《玉フ》二其《ノ》上《ニ》一也。若《シ》為《ニハ》二施主家《ノ》追福《ノ》一。諸仏《ト》与二聖霊一観《ス》二無二無別深《ク》即身成仏《ノ》深義《ヲ》一……」とする。(49)

頼瑜は自身の修学記録である『真俗雑記問答鈔』の中に、真空との問答を大量に収めているが、光明真言関係の諸説も散見され、そのうちの幾つかは当然、真空からの伝であると思われる。特に巻十一の四十四「光明真言事」は明確に「木幡御口（真空）」とされ、「七種秘印」とは異なるものの、光明真言を唱える際の印と秘説が記されている。(50)先の「師《ノ》云《ク》……」も真空を指すのであれば、死者の供養として聖霊（霊魂）と仏との不二を観想することは、【葬送灌頂】の理論に重なるものであるから、(51)【葬送灌頂】の〈原型〉はこうした光明真言にまつわる儀礼作法の神祇版でもあると言える。[52]真空ならずとも南都系律宗では、叡尊の西大寺流において死者供養のための光明真言会という年中儀礼が盛大に実修されたことは、今さら指摘するまでもないだろう。とはいえ現段階での資料的制約は拭い難く、思想・論理の側から【葬送灌頂】の成立圏を想定するにも決め手を欠く。「三宝院口決」という点からは、頼瑜の師として真空と並ぶ重要人物である、醍醐寺三宝院流報恩院方の開祖である憲深（とその周辺）も無視できないだろうが、[53]今はここまでに留める。

おわりに――【葬送灌頂】の射程

如上、本章は研究ノートのごとき試論であり、さらに意を尽くした議論は後考に委ねざるを得ないが、従来、おおむね古記録・古文書や『服忌令』を主たる資料として論じられてきた神祇信仰と穢れの問題に対し、近年、注目の高まっている中世神道理論の一隅から新たに光を当てることの意味は、以上の考察を通して理解されよう。ここで第七章との関わりからまとめておきたい。

【葬送灌頂】の主張は、律僧が神と対峙するというモチーフ以上に、中世における死穢禁忌の常識からすれば過激であり、ある意味で本覚思想的と言えばそうであろう。だが【葬送灌頂】は『日本記三輪流』や『神道切紙』の中では「右、住テ二此書一、不レ可レ堕二悪見一候。在二法意一、能々可二披見一也」と戒められ、『御本事大事』では、「不信心ノ人ハ全不レ可レ伝穴賢々々……不レ可二他見一若他見ノ者ハ忽蒙二当社ノ罰ヲ一永ク悪道ニ堕不レ可レ有二出離期一」と、最後は恫喝するがごとき口吻で結ばれているのである。

これに関して一例として、蒙古襲来以後に作成された唱導説話資料である『八幡愚童訓』乙本下巻の三「不浄事」を見ておくと、神社では血穢・死穢・産穢などを忌むのであり、応神天皇（八幡神）の母である香椎の神功皇后（聖母大菩薩と尊称）すら自らの血穢を忌むとし、「況凡夫の不浄つゝ、しまざらんや」とある。続いて女犯の穢れや産穢への神罰の具体的説話を挙げた上で、

加様に不浄をいみ給ふを、御託宣に「汚穢不浄を嫌はず、諂曲不実をきらふ」とあれば、淫欲死穢はくるしからぬ事也とて、はゞからぬたぐひ多き事、神慮尤恐るべし。「諂曲不実を嫌ふなり」と告給をば都て改めず、汚穢不浄をくるしみあるまじと申様、前後相違の詞也。内心は清浄正直なれ共、外相にゆきふれの汚、利益の為に大慈悲に住ていさゝか不浄にあらんこそ、今の霊託の本意なるに任て浄穢をわかぬ者どもは、唯畜生にことならず(54)

と実に厳しく糾弾している。ここから中世仏教の影響下になされた「汚穢不浄を嫌はず」という神の慈悲は、「淫欲死穢はくるしからぬ事也」という曲解を招いたため、神社側はそれらを「唯畜生にことならず」として、穢れ忌避観念の引き締めを図った消息がよく窺える。

【葬送灌頂】は、そもそも独立した切紙・印信という形態の〈原型〉が、複数のテキスト内に収められて現在に伝わるのであり、当初から伝授・公開への戒めが付されていたかは不詳である。だが秘説とは本来、たやすく公にされないからこそ秘説なのであり、特に『御本事大事』の【葬送灌頂】が堕地獄を語るのは、『八幡愚童訓』が危惧したごとき、神祇信仰の根幹を揺るがす危険性に、正に直結しかねない主張であることを、充分に認識したゆえの警告に相違ない。だからこそ信濃国一宮ほどの有力大社である諏訪社の祭祀を司る階層に、このようなものが伝授されていたことの意味は重いのだが、あくまでも特権的な立場にある限られた宗教者のみに許された言説＝知として【葬送灌頂】は流布したのであり、秘匿性という本質を有する点で、中世においては穢れ克服の論理として普

遍化してゆく方向性があらかじめ防がれていると言わねばなるまい。(55)【葬送灌頂】という儀礼的言説は、秘説の領域においてはきわめて先鋭的である一方、中世社会の諸階層を観念的に規制する、死穢のタブーや触穢のイデオロギーそのものと、正面から切り結ぶ性格のものではなかったと判断される。

そこに穢れをめぐる先鋭的だが閉じられた【葬送灌頂】という「儀礼的秘説」と、人口に膾炙し得る「死穢克服説話」との位相差が見えるのであり、【葬送灌頂】は現実の葬送儀礼（の一環）として実践されるという性質のものではなく、おそらく言説上の儀礼である。だが【葬送灌頂】を支える、〈穢れ神学〉とも称すべき中世の宗教的想像力の位相は、そもそも支配イデオロギーの次元で評価されるべきものではないだろう。そして「〇〇灌頂」という形式の儀礼は、中世における神仏習合を先端的に担う思想表現であったように、【葬送灌頂】という一片の切紙・印信の内奥に脈打つ宗教思惟に注目するこの試みは、中世の死生観という意外に大きな思想領域へも、特殊な角度からではあるが、確実に連接してゆく問題なのである。(56)(補注1)

注

（1）渡辺貞麿『仏教文学の周縁』（和泉書院、一九九四年）。

（2）なお南都律僧の神祇信仰の諸相については、第二部第六章でも触れている。

（3）中世社会の穢れ観念については、横井清「中世の触穢思想」（『中世民衆の生活文化』東京大学出版会、一九七五年）や、勝田至「触穢思想再考」（『日本中世の墓と葬送』吉川弘文館、二〇〇六年）を参照。また中世の穢れと仏教思想については、池見澄隆「〈不浄〉の軌跡――精神史的考察――」「禁忌と念仏――中世民衆の意識動向――」「卑賤観念と仏教――横井清氏の所説・検討――」（『中世の精神世界』人文書院、一九八五年）も示唆に富む先行研究である。

（4）伊藤聡「中世神道説における天照大神」（斎藤英喜編『アマテラス神話の変身譜』森話社、一九九六年）参照。

（5）真福寺善本叢刊『中世日本紀集』四六八～四六九頁。

（6）（生者）（仏）は筆者補。

（7）ここは『日本記三輪流』の別伝本である石川透氏蔵『〔日本記抄〕』（室町後期写本）によれば、「男女懐《ムツヒヲ》為《スレトモ》」とされており、男女の交わりのことである。牧野和夫「『〔日本記抄〕』翻印・略解」（『実践国文学』五一号、一九九七年）を参照。

（8）Dの冒頭の波線部に「和光法楽観念云」とあるように、D・Eの部分は本来は別の切紙であったと思われる。

（9）単純な意味での禁忌を超えた神と穢れの関係については、桜井好朗氏が、死と血の穢れの中から中世的な神が登場することを『神道集』「熊野権現事」を例に指摘し（『神々の変貌――寺社縁起の世界から――』東京大学出版会、一九七六年）、また近年、民俗学では、神は穢れの中から生ずる、とする議論がある。新谷尚紀『ケガレからカミへ』（木耳社、一九八七年）に詳しい。そして同氏はケガレとは死の力であり、その対概念はカミであり生命力であると理論化している。「死とケガレ」（宮田登・新谷尚紀編『往生考――日本人の生・老・死――』小学館、二〇〇〇年）を参照。この他、歴史学・文学・社会学・民俗学などの学際的成果として、穢れの問題を様々な角度から論じたものとして、服藤早苗他編『ケガレの文化史』（森話社、二〇〇五年）がある。

（10）在地荘園においても本地垂迹信仰により、民衆が鎮守神に往生を祈ることがなされてゆく。今堀太逸『神祇信仰の展開と仏教』（吉川弘文館、一九九〇年）に詳しい。

（11）吉田家と神葬祭については、岡田荘司「近世神道の序幕――吉田家の葬礼を通路として――」（『神道宗教』一〇九号、一九八二年）、同「神葬祭成立考」（『神道学』一二八号、一九八六年）に詳しい。

（12）日本史小百科『神道』（東京堂出版、二〇〇二年）の一一四頁を参照。

（13）『諏訪資料叢書』五巻所収。

（14）『諏訪資料叢書』五巻、四一八頁。

（15）『御本事大事』は雑纂的な資料である。一つの口伝がどこから始まりどこで終わるのかいささか不明瞭である上に、前後が入り組んでおり、同じ口決が微妙な差異を伴いつつ別の箇所に重複して収録されている場合もあり、解読が難しい。この葬送の口決も四一八～四一九頁の他に、四二八～四二九頁にも収録される。この部分は『諏訪資料叢書』五巻、四二八頁の「触穢之大事」と題されているほうから引用した。

(16) この『御本事大事』は、昭和十二年に宮地直一氏によって調査がなされており、その際の謄写本が國學院大学の「宮地直一コレクション」の中に蔵されている。それは『諏訪大明神祭礼記　諏訪神道書』とされ、祭礼記と合冊になっている。「原書題名を欠く　今仮に之を命して諏訪神道書といふ」とあるのが、『諏訪資料叢書』所収の『御本地大事』に当たる。宮地氏は謄写の際に詳しく朱で注記を入れているが、それによればこの一書は実際には複数の印信・切紙の類を貼り継いだものである。個々の印信などはみな別紙・別筆で、謄写本にはその継ぎ目が示されているので、口決の首尾が明確であり、『諏訪資料叢書』の翻刻の不備を補うことができ、読解の一助ともなる。よって本章では引用に際しては、『諏訪資料叢書』の頁数を示すが、すべて『諏訪神道書』と校訂している。「宮地直一コレクション」閲覧に際しては、國學院大学伝統文化リサーチセンター研究員の大東敬明氏に便宜を図っていただいた。なお細田貴助『県宝守矢文書を読む』（ほおずき書籍、二〇〇三年）によれば、『御本事大事』そのものは、現在、守矢家文書の中にその存在を確認できないという。

(17) 四一八・四二八頁双方を参照し、一部読みやすく改めた上で引用した。

(18) なお『諏訪神道書』の宮地氏の朱書きによれば、「大祝殿奉レ授候暦応三年閏九月十日」の一節は、その他の箇所とは別筆であると判断されている。

(19) 神祇灌頂については、櫛田良洪『続真言密教成立過程の研究』（山喜房佛書林、一九七九年）や、山本ひろ子「異類と双身――中世王権をめぐる性のメタファー――」（『変成譜――中世神仏習合の世界――』春秋社、一九九三年）などを参照。また『神道灌頂――忘れられた神仏習合の世界――』（元興寺文化財研究所、二〇〇〇年）や、『神仏習合――信仰と美――』（奈良国立博物館、二〇〇七年）には、神祇灌頂関係の図版が備わる。これらの中には、「灌頂」と名付けられているものの、幾つかの印と明（真言）の組み合わせからなるシンプルな儀礼作法も多く、この「葬送灌頂」もそうしたタイプの灌頂儀礼の系列にある。

(20) 『諏訪資料叢書』五巻、四二一頁。

(21) 『諏訪資料叢書』五巻、四二三頁。なお即位灌頂については松本郁代『中世王権と即位灌頂』（森話社、二〇〇五年）に詳しい。

（22）そのため資料の「奉レ授二神長一」という表記は不正確である。前注（18）の細田著書でも、『御本事大事』の即位法について分析している。

（23）『〈宮地直一論集2〉諏訪神社の研究　下』（桜楓社、一九八五年、初出は一九三七年）一一五～一一七頁参照。『諏訪資料叢書』二巻所収『大祝職位事書』に詳しい。

（24）井原今朝男氏によれば、鎌倉後期は諏訪信仰関係史料群が成立し、諏訪「神道」思想が言説化される時期とされる。「鎌倉後期の諏訪神社関係史料にみる神道と仏道――中世御記文の時代的特質について――」（『国立歴史民俗博物館研究紀要』一三九号、二〇〇八年）を参照。こうした思想動向の延長線上に「御即位法」とともに、南北朝期までには「葬送灌頂」も中央の顕密仏教界から、諏訪に導入されていたという可能性（暦応三年識語の一定の信憑性）は考慮できまいか。

（25）『諏訪資料叢書』一巻、三四一頁。『神長守矢満実書留』にも、部分的に「葬送灌頂」の文言が記されている。同書、三四四頁。

（26）久保田収「中世の諏訪大社」（『神道史研究』二三巻五・六号、一九七五年）参照。『御本事大事』は、諏訪流・伊勢流・筑波流・関白流・大師流・三輪流といった真言系の中世神道の流派名が記されていることでも知られ、諏訪流については七百二十通もの切紙が相伝されていると満実は記しているが、久保田氏はその諏訪流を満実自身の構想になるものとする。また諏訪社と真言密教については、宮坂宥勝「神と仏の融合――密教思想からの解釈――」（上田正昭他『御柱祭と諏訪大社』筑摩書房、一九八七年）にも言及されている。

（27）伊藤正義「久世戸縁起――謡曲「久世戸」の背景――」（『叙説』一〇号、一九七九年）を参照。

（28）伊藤聡「伊勢の神道説の展開における西大寺流の動向について」（『神道宗教』一五三号、一九九三年）に詳しい。

（29）叡尊ら鎌倉期の南都律僧と伊勢神宮の関係は、伊藤聡「『沙石集』と中世神道説――冒頭話「太神宮御事」を巡って――」（『説話文学研究』三五号、二〇〇〇年）に詳しい。

（30）牧野和夫「太子伝と中世日本記――秀範・真空――」（『国文学　解釈と鑑賞』八一四号、至文堂、一九九九年）参照。また牧野氏によれば『神道切紙』（『日本記三輪流』）には、天台の山王神に関する秘訣も見受けられるが、それらは特に秀範の周辺にもたらされたものであった可能性が高いとされ、真言系の南都律僧と天台のネットワークにも言及している。

（31）『諸大事』については、大東敬明氏の報告レジュメ「國學院大学宮地直一コレクションの中世神道関連資料について――真福寺神道書に注目して――」（神道宗教学会第六三回学術大会、二〇〇九年十二月六日、國學院大学）を参照し、また実物を披見した。詳しくご教示を賜った大東氏に御礼申し上げます。

（32）ちなみにこの栄西が仮に臨済宗の栄西であった場合だが、彼は台密の名匠、葉上流の開祖として知られ、『隠語集』という男女の性的メタファーを用いた著作も存在する。末木文美士「栄西における密と禅」（『鎌倉仏教展開論』トランスビュー、二〇〇八年）、水上文義「中世台密と禅の密教思想――栄西を中心に――」（『天台学報』五一号、二〇〇二年）を参照。

（33）翻刻は納富常天「円照上人『無二発心成仏論』」（『南都仏教』三九号、一九七七年）を参照。また詳しい分析は、近藤喜博「中世、伊勢内宮と緇流の参宮――円照上人の場合を中心として――」（『国学院大学日本文化研究所紀要』四輯、一九五九年）になされている。また円照についての新しい研究として、追塩千尋「円照の勧進活動と浄土教・密教」（『年報新人文学』四号、二〇〇七年）がある。

（34）〈心〉を介した神―仏―衆生の一体説については、拙稿「中世的天岩戸神話に関する覚書」（『寺社と民衆』創刊号、二〇〇五年）でも論じた。

（35）中世密教における性と身体の問題については、阿部泰郎「宝珠と王権――中世王権と密教儀礼――」（『〈岩波講座東洋思想一六〉日本思想2』、一九八九年）や、前注(19)山本論文の他に最新の研究としては、小川豊生「愛染明王と性の神学――『瑜祇経』解釈学を起点とする中世日本の性と身体――」（『説話論集』第一六集、二〇〇七年）など多数あり。

（36）中世天台においては、性的要素を含んだ玄旨壇灌頂という儀礼実践が知られるが、ここでの「本覚思想」は、いわゆる天台宗のそれに限定せず意味を広く採っている。またこうした真言立川流に象徴されるような性愛的密教は、「本有思想」とも称される。

（37）牧野和夫「事相書・口伝書にみる「日本記」・平基親のことなど」（『実践国文学』三三号、一九八八年）参照。

(38) 石川力山『禅宗相伝資料の研究』(法藏館、二〇〇一年)や、堤邦彦『近世説話と禅僧』(和泉書院、一九九九年)を参照。なお「葬送灌頂」に近い言説内容を有するものは管見に及んでいない。

(39) 大石雅章「顕密体制内における禅・律・念仏の位置」(中世寺院史研究会『中世寺院史の研究　上』法藏館、一九八八年)参照。この触穢の問題に起因する中陰仏事と遺骸処理儀礼の分業体制確立の前史を、平安後期に遡及して追尋した上島享氏は、摂関家の浄妙寺など墓所の三昧堂で修される法華懺法の儀礼を分析し、

墓所で行われる懺法は、通常の懺法や陵辺で修される念仏などとも大きく性格を異にした特殊な仏事であった。目前で苦悶する死者に代わって懺悔する訳で、僧侶は死者と一体となり、死穢が一身に降りかかった。清浄であるべき法会とは全く正反対で、学侶が関わることは憚られ、浄妙寺の場合、「禅侶」がそれを担ったのである

とする。学侶に代わって穢れを引き受ける禅侶(堂衆)の存在に注目し、その活動の延長上に禅・律・念仏僧を位置付ける視点は重要である(「〈王〉の死と葬送」〈『中世寺院　暴力と景観』高志書院、二〇〇七年〉一五〇頁)。そして松尾剛次氏は禅・律・念仏の遁世僧が、穢れを克服し民衆の場合も含めて葬送を行ったことについて幅広く論じている。「官僧・遁世僧体制モデル」(『〈日本の仏教1〉仏教史を見なおす』法藏館、一九九四年)、同『救済の思想』(角川書店、一九九六年)他を参照。また産穢については森本仙介氏が、御産祈禱としての七仏薬師法の結願の神分では、神は穢気を嫌って降臨せず、虚空に留まって読経の法楽を受けるとする『門葉記』の説を引きつつ、穢を発生させることで秩序を攪乱する出産は、秩序を象徴する神からは慎重に忌避されること、神を祀る代表としての天皇も出産の空間からは常に隔離されたことを論じている。「天皇の出産空間――平安末・鎌倉期――」(『〈岩波講座　天皇と王権を考える第八巻〉コスモロジーと身体』岩波書店、二〇〇二年)を参照。さらに神祇のみならず、仏もまた穢れを忌避する側面があり、穢れのため直接来迎しない如来に代わって、眷属の童子などが死者を浄土に導く機能を担ったことが、小山聡子『護法童子信仰の研究』(自照社出版、二〇〇三年)に分析されている。

(40) 『群書類従』二九輯所収。中世の葬送・墓制については、葬送墓制研究集成一～五巻(名著出版、一九七九年)や水藤真『中世の葬送・墓制』(吉川弘文館、一九九一年)を、またそれに関わる霊魂観・他界観についての最近

の研究としては、佐藤弘夫『死者のゆくえ』（岩田書院、二〇〇八年）などを参照。

(41) 伊藤聡「伊勢灌頂の世界」（『文学』八巻四号、一九九七年）を参照。

(42) 吽字は愛染明王の種字であり、愛染明王は愛欲即菩提を象徴する尊格である。

(43) 前注(19)山本論文では、『伊勢灌頂』に関連する資料を用いて、この儀礼作法には男女和合による入胎（受胎）―出胎という胎生学的モチーフが作動していると論じ、かかる胎生学に基づく神祇灌頂として、「奥旨灌頂」「天岩戸灌頂」「天地灌頂」についても考察している。【葬送灌頂】も、むろんこうした一連の各種灌頂儀礼の世界に位置付けられるが、神社に参詣して神前で修することに意味がある点でも、『伊勢灌頂』に最も近似する。

(44) 伊藤聡『沙石集』と中世神道説――冒頭話「太神宮御事」を巡って――」（『説話文学研究』三五号、二〇〇〇年）を参照。真空については、苅米一志「遁世僧における顕密教の意義――廻心房真空の活動を例として――」（『年報中世史研究』二三号、一九九七年）が詳しく論じている。

(45) ちなみに『御本事大事』には、『伊勢灌頂』とほぼ共通する内容の切紙「神祇之大事」「当社之大事」なども収録されている。そして『御本事大事』の末尾の「諸社口決」という切紙には「鳥居（梵）字者我等出胎ノ初秘密也……一々社頭所レ表不レ出二我等生死一……生死不二ノ道理宛□(然カ)トシテ……」とある。『御本事大事』自体にも、中世的な胎生学・性愛思想・死生観が作動しているものと見える。

(46) 阿部泰郎「真福寺聖教における中世密教テクスト」（『中世宗教テクスト世界体系の探求』名古屋大学文学研究科、二〇〇八年）。また聖徳太子に仮託される『説法明眼論』の成立背景に、真空に近い南都律僧集団の存在を想定するものに、鈴木英之「伝聖徳太子述作『説法明眼論』の性格と流布――中世太子信仰の一齣――」（『説話文学研究』四一号、二〇〇六年）がある。

(47) 西大寺流律僧は伊勢神宮のみならず、三輪流神道の展開にも大きく関わり（『三輪大明神縁起』）、忍空・円海・秀範ら真言密教色の濃厚な南都系律僧が、室生寺を中心とする御流神道の形成上に重い位置を占めていることなど、以前から指摘されているが（久保田収『中世神道の研究』臨川書店、一九五九年などを参照）、中世南都の律宗と中世神道説の世界をめぐる諸問題は、今後さらに追尋すべき領域である。

(48) 南都系律僧と【葬送灌頂】を結び付けて理解する場合（むろん『伊勢灌頂』もそうだが）、真言密教色を強めていく南都律僧にとって中世密教が孕む性愛思想と戒律は相反しないのか、ということも問われてこよう。その意味で細川涼一氏が「中世律宗と国家――鎌倉末期の政治・社会状況の中で――」（『日本史研究』二九五号、一九八七年）で、「律宗が顕密仏教改革派としての独自の活性力を失い、それが内から崩壊しつつあることを集中的に表現したのが、僧綱補任からの離脱や持戒による禁欲という律僧の属性をことごとくひっくり返す行動をした文観だったのではないだろうか」（二二一頁）、「この時期の律宗を考えていくためには、文観など律僧が立川流の相承者になっていることの意味も今後検討すべき課題である」（二二五頁）と指摘していることは現在なお重要である。関東の律院たる称名寺にも、伝授を通じて多くの立川流聖教が流入している。櫛田良洪『真言密教成立過程の研究』（山喜房佛書林、一九六四年）の四章「邪流思想の展開」を参照。また称名寺劒阿の師である専空浄雅について「ある意味で立川流に近い内容をもったようであるが当時としては止むを得なかったろう」（六八九頁）とも述べている。中世の〈真言律〉の言説世界が、一種の混沌とも評し得る多様性（性の問題を含め）を有していた消息を、称名寺伝来の聖教群は如実に示している。

(49)『光明真言七種秘印』と頼瑜の口決については、『密教大辞典』参照。また両者の翻刻は『慈雲尊者全集　第十六』所収。

(50)『真俗雑記問答鈔』は『真言宗全書』三七巻所収。頼瑜については櫛田良洪『続真言密教成立過程の研究』の「頼瑜と新義教学」や智山勧学会編『中世の仏教――頼瑜僧正を中心として――』（青史出版、二〇〇五年）を参照。

(51)【葬送灌頂】では、「聖霊」ではなく「死人」となっていた。

(52)「七種秘印」の付随するものは、性的要素が過度に表面化しておらず、そちらが〈原型〉に近いのではないかと先に推察したことは、この点からも頷けよう。また「七種秘印」の付随しない『日本記三輪流』では、引用部分のC・Eに、波線を施したように「反成就真言」「反成就経」といった文言が見える。この「反成就」とは、「変成就ノ法」「変成熟ノ法」として、戒律を重視した無住の『沙石集』や、天台律僧たる恵尋の『円頓戒聞書』において批判される性愛的密教の流派（いわゆる立川流か）として、田中貴子氏の『外法と愛法の中世』（砂子屋書房、一九九三年）二七四頁に指摘のあるものに相違ない。〈真言律〉の圏域での成立かと想定した【葬送灌頂】には、やはり性愛色をより強化してゆく系統があったと言えよう。『御本事大事』などには、「反成就真言」「反成就経」は見えない。なお立川流の有名な髑髏本尊儀礼などは、死と再生のシステムに基づく儀礼と解釈されている。真鍋俊照『邪教・立川流』（筑摩書房、一九九九年）二七三頁。

(53)　三宝院流は、立川流とも関係が深く、憲深にも性愛思想に基づく聖教が存する。前注(41)伊藤論文参照。また同「三宝院流の偽書――特に『石室』を巡って――」（錦仁・小川豊生・伊藤聡編『「偽書」の生成――中世思考と表現――』森話社、二〇〇三年）も関連論文である。なお真空・憲深・頼瑜をめぐっては、牧野和夫「深賢所持八帖本と延慶本『平家物語』をめぐる共通環境の一端について」（『延慶本『平家物語』の説話と学問』思文閣出版、二〇〇五年）、同「中世太子伝と説話――律と太子秘事・口伝・「天狗説話」――」（『日本中世の説話・書物のネットワーク』和泉書院、二〇〇九年）も有益である。

(54)　日本思想大系『寺社縁起』所収。

(55)　実際に中世の諏訪社にも、むろん詳細かつ厳重な物忌令が存在していた。諏訪社の物忌令については、鈴木善幸「中世殺生観と諏訪信仰――殺生禁断社会における『諏方上社物忌令』の意義――」（『大谷大学大学院研究紀要』二一号、二〇〇四年）参照。また宮地直一『諏訪神社の研究　下』（蒼洋社、一九八五年）にも、諏訪社神官と穢れについて言及があり、諏訪神の眷属であり諏訪地方の土着神とされる「御左口神《みしゃぐじ》」の祭祀では（主に守矢氏が司る）、ことに穢れ禁忌が厳重であったことは、『県宝守矢文書を読む』八九頁に指摘がある。

(56)　「葬送灌頂」は、死人と神の同体を観ずる普遍的（階層的な限定が見られない）な神祇の葬送儀礼である。一方、徳川家康という天下人を、死後東照大権現という神（通常、本地仏は薬師如来）に祀り上げてゆく儀礼次第として、天台宗の天海が用いたと伝わる『山王一実神道塔中灌頂鎮座神秘式』（呼称・伝本は複数あり）がある。これは権力者の事例であるが、その次第も葬送儀礼をベースにしており、死人の魂を招く作法や、死霊に対し𑖀・𑖪𑖽・𑖮𑖳𑖽字を観想する、遺骸に向かって印や真言で加持を施すなどの作法が事細かに順を追って記される。【葬送灌頂】よりも詳細だが、作法として幾許か共通する部分があり、また死者を神と一体化させる、あるいは神へと変成させる、その技法という意味でも両者は通じよう。『山王一実神道塔中灌頂鎮座神秘式』については、三崎良周「『一実神道秘式』について」（『台密の理論と実践』創文社、一九九四年）、菅原信海「日光東照宮の奥院宝塔中神道秘式」（『日本思想と神仏習合』春秋社、一九九六年）がある。

（補注1）　宗教思想の資料として印信を分析した最新の成果として、菊地大樹「東福寺円爾の印信と法流――台密印信試論――」（『鎌倉遺文研究』二六号、二〇一〇年）が注目される。

第十二章　摂関家の南円堂観音信仰と春日神

――秘説の生成と密教儀礼をめぐって――

はじめに

本章では、中世の南円堂不空羂索観音に関わる言説と密教儀礼について論じてゆく。春日神の本地仏として不空羂索観音説がすでに存在したのに対し、貞慶が釈迦本地説を強く主張していったことや、新たな春日信仰を組織したことは、先行研究でも指摘されるところである。本地不空羂索観音説は、興福寺南円堂本尊の不空羂索観音が藤原氏の守護仏とされたからであり、藤原氏の先祖神である春日神の本地として、またとない存在である。本地仏―垂迹神ともに藤原氏と不可分の関係にあるのだから。古代以来の氏神信仰が本地垂迹説という中世的な神仏関係論で補強されてゆく中で、貞慶が本地釈迦説を唱えたことは、こうした血縁共同体的信仰の閉鎖性や限定性を開いてゆくための一つの方法であったものかと思しい。それは一方で、正に中世的なる神格であった春日若宮神が、「おん祭り」という大和一国の祭礼の主役として、ことに地縁的な勧農神の性格を強く体現することで、春日信仰に民衆的基盤を与えてゆくこととも連接する現象と見なすことができるのではないだろうか。

そして釈迦という仏教に普遍的な尊格が、春日信仰の中に浮上してきたことで、第二部第六章に紹介したように、貞慶の『社頭発願』は春日社において本地仏の釈迦から受戒せんことを乞い、彼の後嗣と言える中世南都律僧は春日神を戒律守護神として深く恃んだのである。多様な宗教活動を展開した貞慶は、末世という時代現状の打破の一環として戒律復興へも着手した。『戒律興行願書』は「如来滅後、以レ戒為レ師」のフレーズで始まるが、仏法の始源としての釈尊と、「戒→定→恵」という三学の第一である仏法の根幹としての戒律は、〈根源性〉という位相でも共通する。そこにも、釈尊へ向けられる篤い思慕と希求が、仏法の原点回帰を含意する戒律復興という運動を惹起する論理的脈絡が認められよう。南都律僧にとって春日神とは、この釈迦の現世における化現者という意味を持つ。そして南都における末世の釈迦信仰、すなわち生身仏としての舎利信仰の具体像も貞慶作『舎利講式』を通じて論じたが、彼は『唐招提寺釈迦念仏願文』で知られるように、鑑真請来の舎利を本尊とした儀礼を唐招提寺復興の一環として始行している。この儀礼は貞慶の戒律復興運動を継承した唐招提寺覚盛に受け継がれ、西大寺叡尊の弟子たちも同心して継続してゆくように、戒律復興運動の原動力ともなっていたと思われる重要な儀礼である。またその仏舎利を守護するために、春日神が唐招提寺の釈迦念仏会に影響すると律宗では信仰されていたのである。

これらはあえて言えば、本地釈迦説による顕教的な春日信仰と位置付けられよう。だが実は以下に本章で分析してゆくように、南円堂の不空羂索観音も、春日本地仏としては興味深い中世神道説をその身に纏い、さらに春日信仰という枠内に留まらぬ多様性に満ちた言説運動を導いてゆくのである。それは興福寺法相宗の僧ではなく中世真言宗の僧侶を担い手とした、「修法」という密教儀礼に大きく関わるものであり、その背景には当然、藤原摂関家という巨大な権門が存在していた。すでに貞慶を中心に中世南都の宗教世界について論じているが、それはいわば顕教的な領域を対象としたものであった。最終章に当たる本章では興福寺と密教の問題が浮上してくる。

一　中世の興福寺と南円堂

西国三十三ヶ所観音霊場の一つとして知られ、現在も盛んに巡礼者を迎える、秀麗な八角円堂建築である興福寺南円堂は、弘仁四年（八一三）に藤原北家の冬嗣によって建立される。本尊の不空羂索観音像は彼の父、内麻呂の発願・像立とされ、『興福寺流記』所引「山階流記」南円堂の条には、「右。安二置不空羂索観音幷四天王像一也。長岡右大臣。発二大願一所レ奉レ造。後閑院贈太政大臣。以二弘仁四年一。造二立円堂一。所レ安二置尊像一。」と記されている(1)。また同じく『興福寺流記』には、「時代推移。関白移二他家一剋。悲二藤氏衰微一」ゆえに内麻呂が「藤原氏繁昌」を願ったといい、「造二南円堂一。安二置此尊像一。以二弘法大師一。為二鎮段之師一」と空海伝承を記し、不空羂索は「実是繁昌藤氏之本尊」とする(2)。このような由緒（縁起）を持つ南円堂が、観音霊場として貴賤男女の広範な信仰を獲得するのは中世後期以降のことのようである。

南円堂の問題については、歴史学からは八田達男氏の「不空羂索観音信仰の特性について——興福寺南円堂を中心に——」(3)が、平安期から鎌倉初頭の藤原氏による信仰の実態を中心に種々の角度から検討を加えており、後述するが著名な源氏への呪詛の問題にも着目している。そして南円堂観音の信仰は藤原氏を中心とし、他氏の祈願を拒むといった「閉鎖性」に伴う、一般への不浸透による「希少性」から逆説的に後世、観音霊場として台頭したことを結論付けている。そして国文学では、橋本正俊氏の「興福寺南円堂創建説話の形成」(4)と「南円堂鎮壇をめぐる説話」(5)によって、中世における南円堂をめぐる説話・縁起が、前者では「補陀落の南の岸に堂立てて北の藤波今ぞ栄ゆる」といった和歌の享受を中心に、また後者では鎮壇法と東密三宝院流の言説を軸に分析されている。いずれも空海伝承が不可欠なものとして介在しており、本章は特に後者の論文の成果を受けながら展開してゆきたい[6]。

また巨視的に見ても、近年興福寺を中心とする中世南都文化研究は、国文学を中心にますます活況を呈していると言える。近本謙介氏の「中世初期南都における中世的言説形成に関する研究——南都再建をめぐる九条兼実と縁起——」[7]は、研究の課題と現状、そして近本氏自身の研究の蓄積が要領よくまとめられ、そこから南都回禄が持つ意味と『建久御巡礼記』に着目して「建久期文化論」の構想が提示される。その中で近本氏は『玉葉』から、南都回禄の後、兼実が再建された中金堂本尊釈迦如来の眉間に、藤原氏の祖である大織冠鎌足より伝来した至宝たる銀仏を奉納し（建久五年九月二十一日条）、さらに南円堂修造に際して、南円堂創建時に春日神の化身が築壇の作業に加わったという伝承に基づき、自ら土を運んで壇を築こうとしたこと（同年閏八月二十四日条）について「ここに、藤氏繁昌と密接に関わるふたつの縁起を追体験するかのように再建に携わる、氏長者兼実の姿を確認することができる」としている[8]。

大織冠伝来の銀仏がいかなる縁起であるのか、いまや周知の事柄に属するであろうから詳述は避けるが、この中金堂釈迦の眉間に納められた銀仏（および宝珠）をめぐる言説は、謡曲『海士』の本説として知られる志度寺の縁起（『讃州志度寺縁起』）と繋がり、聖徳太子伝の注釈書である『大鏡底容抄』では興福寺の縁起唱導として機能し、さらに中世神道書である『春日秘記』では、南円堂同様にやはりと言うべきか弘法大師を呼び込みつつ春日社の縁起神道説と化す。こうした興福寺の周辺での多様な説話的展開については、早くに阿部泰郎氏が、幸若舞を扱った「『大織冠』の成立」の中で詳細に論じている[9]。最近では近本氏の研究を受けて歴史学からも高松百香氏が、この眉間仏について摂関家傍流であった兼実が興福寺再建事業の中で〈鎌足〉のイメージを喚起することによって、自己の正当性の主張となしたことを論じている[10]。中金堂の釈迦如来は、藤原氏という特異性に深く結び付いた釈迦であったと言える。

そして実は中金堂同様に摂家繁昌を約束する南円堂の本尊たる不空羂索観音にも、釈迦の〈眉間仏〉と対応するかのような〈頂上化仏〉の秘説が存在した。大江親通の『七大寺巡礼私記』に記されているものが初見であろうが、しかしこれは縁起や説話そして物語的に展開することはなく、純然たる真言密教の秘説として展開したのである。むろん後述する『興福寺流記』『七大寺巡礼私記』『建久御巡礼記』などに見られるように、南円堂にも件の春日神による藤氏繁昌を予祝する「補陀落の……」の和歌を伴う築壇説話や、空海の鎮壇と源氏公卿死亡説話などが付随するが、実はこれらの説話も取り込みながら、中世密教の儀軌・事相の世界では、何より本尊たる不空羂索に関する秘説が大いに展開していたのである。こちらの側面については、いまだ充分な論及がなされていない。

不空羂索観音の密教的性格と空海の伝承や、大江親通の『七大寺日記』が初見であろうと思われる南円堂内の真言祖師絵像の存在説からも、南円堂が興福寺内で密教的な雰囲気を有した宗教空間であったろうことは容易に想定される。南円堂創建説話が、もとより弘法大師伝と結び付いて成立していることからも、言わば顕教寺院たる興福寺の〈外部〉にいる真言僧が、南円堂に対し非常に強い関心を示していることになる。それは本尊の不空羂索観音についても同様である。少々、結論を先取りして言うと、〈中金堂〉が中世の興福寺・春日社を取り巻く説話文芸的な世界にエネルギーを供給したのならば、〈南円堂〉は、むしろ中世密教諸流派の僧侶の秘説的世界と、その思考を刺激していたと思われる。以下、摂関家における積極的な南円堂信仰の興隆を前提としつつ、密教修法という儀礼の世界にこそ、より強く顕現する南円堂と本尊観音の諸説をこれから望見してゆきたい。

二　摂関家と南円堂観音――春日信仰と密教儀礼

藤原（知足院）忠実の当時、廟堂における村上源氏の台頭への強い危機意識と、その反動としての氏意識の高揚が顕著となり、そこから氏寺＝興福寺に対する「御寺観念」の成立が見られることを日下佐紀子氏は指摘している(11)。その中で特に南円堂と不空羂索観音への信仰を忠実の日記『殿暦』から検出してみよう。嘉承元年七月十三日条、永久元年七月四日条、同三年一月十一日条などによれば、南円堂での不空羂索経供養記事が見られる。永久元年七月十日条では、重い慎みがあったため自邸で不空羂索経を書写し、さらに不空羂索の絵像を写している。同年八月一日条では奈良僧（興福寺僧）五人を請じて不空羂索経を読ませ、永久五年三月十二日条では、平等院で大般若を転読し自邸では不空羂索の読経とある。

不空羂索経関連の他には、康和四年二月十九日条に奈良様（南円堂形）の不空羂索像供養の記事があり、嘉承元年六月十三日には懐誉阿闍梨による千体不空羂索絵像の供養がなされている。同年八月十九日には澄成阿闍梨による不空羂索修法が、そして嘉承二年一月十五日にも懐誉阿闍梨による祈りがある。さらに同二年三月四日に不空羂索等身像の開眼供養と修法があり、同年九月四日にも物忌みのために澄成阿闍梨が修法している。同じく九月十三日には、興福寺僧三人を招いて小規模な仁王講を開くと同時に、澄成阿闍梨が不空羂索供養法を修している。翌十月十五日にも朝に仁王講と不空羂索供養法を並修しており、おそらく興福寺僧と澄成阿闍梨によるものと思われ、顕教僧と密教僧による同時祈禱の体制が組まれているようだ。不空羂索関係の儀礼に際して澄成・懐誉が頻繁に登場し、また不空羂索法を行った僧としては定覚阿闍梨・頼昭阿闍梨らの名も見えている。

これらはほんの一例だが、経供養・像供養や密教修法など多彩な不空羂索への仏事が忠実邸で執行されていたのであり、物忌みなどを理由とする場合が多く見受けられる。また忠実は藤氏の守護仏たる不空羂索の他に、院政期に新たに勃興してきた愛染明王への信仰もきわめて盛んである。『殿暦』嘉承二年八月八日条に「今日早旦念珠於二本尊愛染王、御前一申二要事一不空羂索同本尊也、同申二之念珠一……」とある。念珠とは「念誦法」のことであるが、忠実が愛染明王と不空羂索を自身の「本尊」としていたことが分かる。ここまでに紹介した不空羂索関係記事は、不空羂索単独で現れる場合が多いが、愛染と一対で登場する場合は、さらにこれを上回ると思われ、複数の尊格とセットの時も、ほぼ愛染・不空羂索は含まれて登場する。奥田静代氏は忠実の愛染信仰を支えた密教僧として頼救・斎尊・頼昭・澄成・懐誉らをあげているが(12)、これらの僧は正に忠実の身近にあって不空羂索信仰を担った存在でもあった。摂関家と愛染の問題については、南円堂とも関わって後述する。

さらに重要な問題として、春日（一宮）本地仏としての不空羂索も、『殿暦』永久元年七月二十六日条に忠実発願の春日西塔（殿下御塔）の四方四仏について「釈迦右方脇爾奉レ居二不空羂索観音一、是有レ所レ思奉レ居也」とあることが注目される。これは同時に治承の回禄後、貞慶が南都教学復興運動の中で鼓吹してゆく、春日（一宮）釈迦本地説の端緒とも察せられる。『殿暦』の天永元年七月五日条では、春日社と南円堂で同時に大般若経供養が行われており、同二年九月二十四日条には、春日社参詣が延引したため神慮を恐れて不空羂索経を読み、永久元年七月十日条では春日社壇が震動する怪異に対し、不空羂索経を書写し絵像の供養を行うなど、この時期に春日社と（南円堂）不空羂索の結び付きが顕著になる。そして『百練抄』『中右記』他によれば元永元年三月十五日に、この春日御塔で「御塔唯識会」という儀礼が始行されるのである。日下氏はこの御塔唯識会こそが御寺観念の具現化であるとされる。

孫の九条兼実も忠実に倣い南円堂観音・春日神一体の信仰を強化していることが、『玉葉』建久二年十月十五日条の「余深奉レ信二仰春日大明神及南円堂不空羂索観音一」他の記事からよく窺える。[13] 兼実は不空羂索呪を唱えること十万反（治承三年十二月一日条）、そして不空羂索経書写を行い南都に送る他（建久三年三月八日条）、南円堂での長日にわたる不空羂索経供養を指示するなど（治承三年十一月十九日・同四年二月三十日条）の記事が目に付く。また南円堂の長日に亙る経供養の事例からは、南円堂が常に密閉された空間というわけではなかったことが分かる。

ここで特に注目しておきたいことは、春日御塔唯識会に合わせ、兼実は京都（おそらく自邸）で不空羂索護摩を修させている点である。法相宗の根本聖典である『唯識論』を講讃する儀礼である唯識会は、通常三月中旬に五日間を式日として厳修されるもので、氏長者を願主とするが、長者自身は南都には下向しない。たとえば『玉葉』文治二年九月二十二日条には、大幅に延引したものの唯識会行事として南都に家司の光綱が下向して、奈良僧正信円の手紙を兼実にもたらしている。文治三年三月十八日条にも、家司大蔵卿宗頼（葉室）朝臣が唯識会に際して南都に下向し、文治五年三月十六日条では、家司の光重が南都に下っている。文治三年三月十九日条では、南都で唯識会が行われている同期間に、兼実は実厳の弟子である頼真阿闍梨に不空羂索護摩を修させ「是又例事也」としている。建久二年三月十五日条でも同じく頼真阿闍梨が五日間の不空羂索護摩を勤修している。実に兼実は唯識会（顕教）と不空羂索護摩（密教）という「顕密一体」の儀礼を組織しているのである。

時代は下るが、南北朝期の東寺宝菩提院の亮禅口・亮尊筆になる『白宝口抄』巻六十六「不空羂索法中」には、「付二此尊一有二唯識護摩一云事。只常不空羂索法也。是南都興福寺唯識会時。摂政ウチハノ僧修レ之……」とあり、真言側ではこの不空羂索護摩を特に「唯識護摩」と称している。[14] この唯識護摩については室町期の安祥寺流の興雅が書写し宥快が校合した聖教類の中に、「唯識会」と題する一結が存在し、『唯識会古摩支度案』『唯識会護摩』『唯識会事』などが確認され、他に『不空羂索口伝』『南円堂』といった切紙や、『春日本地供』という儀礼次第書の名も見える。(補注1)

さて詳述は省くが、『玉葉』には『殿暦』同様に、「不空羂索供」「不空羂索法」「不空羂索護摩」といった儀礼を行わせている記事が頻繁に現れ、その際に供奉している僧侶は、信助・実厳・頼真・覚成・伊覚らである。兼実お抱えの祈禱僧集団とも言える彼らは、菅原昭英氏が兼実を取り巻く「夢語り共同体」と名付けたものの構成員にも一部重なる。(15)実厳は、養和元年六月二十日条に「安祥寺阿闍梨」と見えているように安祥寺流二世である。忠通・兼実・宜秋門院任子の三代に仕えた九条家の護持僧であり、尊勝念誦と愛染王供養を中心とした吉井克信氏の研究がある。(16)兼実の血縁にある信助は、『玉葉』承安四年四月二十四日条によれば、仁和寺で完裕阿闍梨に灌頂を受けたもののようで、治承四年三月二十一日条では「高野信助阿闍梨」と見えている。覚成は、建久二年五月二日条によると「東寺二長者権僧正」であり、同四年二月二十二日・同六年一月十四日条では「東寺法務覚成」とあって、『東寺長者補任』（『群書類従』第四輯）でも確認でき、『仁和寺諸院家記』（『群書類従』第四輯）では保寿院流とある。そして守覚法親王を取り巻くサロンの一員でもある。建久五年七月八日条に見える、春日五社の本地仏をそれぞれ供養する大掛かりな春日本地供の儀礼では、一宮＝不空羂索を担当している。伊覚は『玉葉』養和元年十二月十八日条に「南都僧」とあるが、一方で阿闍梨と呼ばれる記事も多く、これも真言僧であろう。実厳・頼真・信助については、九条家の護持僧的人物であった智詮を扱った小原仁氏の研究でも言及されている。(17)

兼実は回禄後の南円堂が「長者沙汰」として再建されることを繰り返し（治承五年三月十二日・同六月十二日・同七月一日条）、再建なった建久三年正月十日条では「南円堂不空羂索。余又造レ之。藤家之中興。法相之紹隆。窃在二此時一者歟」と誇らしげであるが、彼の信仰の中核をなす（春日神の本地仏としての）不空羂索の修法を、ごくその身近で支えたのは、こうした真言僧たちであった。そして南円堂観音復興時の御衣木加持には兼実の取り巻きであるかは不明だが、法務僧正俊証が深く関与しており大仏師に授戒している（文治四年六月十八日条）。彼は『東寺長者補任』では東寺一長者であり、『仁和寺諸院家記』では心蓮院の院主である。そして開眼導師も他ならぬ俊証であった（文治五年九月二十八日条）。治承四年の「高倉上皇庁下文」（『平安遺文』三九四六号）という堺争論に関わる文書には「尋二東寺北家昌栄一者、弘法大師南円堂鎮壇之徳也」という王法仏法相依論の亜流と言えるような一節がある。これは法性寺禅定殿下（兼実）への東寺側からの主張ながら、東寺長者が南円堂観音を開眼する必然性は、こういった東寺と北家の「共栄観念」の存在からも窺われるようである。こうした密教色の強い兼実の南円堂不空羂索信仰は、後述するように孫の道家を、南円堂不空羂索の秘説伝承者に仕立て上げることの底流ともなった。

さらに忠実に倣い、兼実は愛染明王信仰も頗る盛んで、自らたびたび愛染念誦を行うほどであり（承安四年九月二十五日条・安元元年九月九日条他）、『玉葉』では南円堂や不空羂索関連記事と比肩し得るものである。そして、愛染の修法を行う主体も、不空羂索の場合と同様に信助・実厳・頼真らの真言僧である。『覚禅鈔』巻八十「愛染法上」には、文治三年奥書に続けて「或云。九条殿下示二醍醐座主実継一云。愛染王法帰敬壇云有哉。不レ知レ之由被レ申云々……[18]」とも記され、兼実の愛染法への関心が強いことが窺われる。また摂関家にきわめてゆかりの深い平等院の経蔵（宝蔵）に秘匿される、弘法大師伝来の愛染明王への信仰も重要である[19]。

以上のことから、摂関家の南円堂不空羂索信仰と真言宗僧の関係が浮上したが、南円堂自体では、不空羂索経供養といった顕教的な仏事は確認できるものの、唯識護摩にせよ密教修法が実修されたという記録は、少なくとも『殿暦』『玉葉』からは見えてこないのである。『覚禅鈔』巻第五十「不空羂索上」によれば、小野僧都成尊（一〇一一～七四）が「殿下」（藤原頼通であろう）の要請により六口の番僧を率いて修した不空羂索法の先例が見え、「興福寺南円之上風併移ニ壇上一」ものであったという。[20] 十一月三日付（年次欠）の書状に「殿下」は翌日から勤修せよと命じており、成尊がこれに即座に応じており、この不空羂索の修法は成尊の拠点である小野の地でなされたものであろう。「興福寺南円之上風併移ニ壇上一」とは、儀礼の空間に八角円堂とその内陣の有り様をそのまま再現するということであろうから、つまりは南円堂で修しているものと観念するとの意味になる。いかにも摂関家祈禱らしいところであるが、これもやはり南円堂自体では密教修法が行われなかったということであり、忠実・兼実以降も同様であったと思われる。

稲葉伸道氏は、中世南都では真言その他を兼学する東大寺は別として、興福寺に密教の要素はほとんど確認できず、何より顕教が主体であると指摘していることも想起される。[21] 一方、苫米地誠一氏は、興福寺僧の野沢両流に亙る密教修学の事実を詳細に跡付け、真言宗僧が興福寺別当となる例を多く提示する。そして興福寺権別当となった範俊は、成尊の弟子で彼の法脈から勧修寺三流が生ずるが、範俊の弟子は興福寺内に多く存在しただろうことも予測している。[22] この他に『玉葉』治承五年正月六日条には平重衡の焼き討ちで焼亡した、興福寺堂舎のリストが記されているが、そこに「真言院」と見え、さらに延慶本『平家物語』にも同様に確認できる。東大寺真言院のごときものかとも思われるが、そもそも興福寺が法相宗の言わば専門寺院であることを考えると、にわかには判断し得ない。興福寺における真言密教の影響、特に修法・儀礼の実態に関しては、いまだ詳らかにし得ないが、ともかく摂関家の篤い南円堂観音信仰に対して、不空羂索の供養・祈禱をもって答えるべき位置にある、真言密教僧にとって不空羂索という尊格への言わば「実践知」（単なる思考の知ではないという意味での）が要請されたことは必然であろう。ここに権力と言説の照応関係と、そこからの飛躍を見出してゆきたい。

院政期の知足院忠実による御寺観念の一角に確立された、南円堂観音への志向性は鎌倉初期の兼実により強固に継承されたが、それと連動して真言僧も弘法大師の鎮壇伝承を始発に、さらなる南円堂と不空羂索への探求を開始したものと思しい。南円堂と不空羂索に関わる秘説・口伝の類も、真言諸流の細分化に伴う中世的な儀軌・事相書が続出する儀礼重視の動向と確実にリンクしつつ、鎌倉以前の院政期から徐々に生成してゆくのである。またそこからは、実際の藤原摂関家による不空羂索信仰を支える真言僧という関係の他に、真言僧による「不空羂索法の実践知」の中に位置付けられる、言説レベルの〈藤原摂関家〉という側面も見えてこよう。

三　〈中世南円堂言説群〉を構成する諸要素

以下、特に密教テキストを中心（寺社縁起・真言神道書を含め）に見出される南円堂に関係する説話・伝承・口決といった言説の総体を、ひとまず〈中世南円堂言説群〉と命名して、それらを抽出し分類してゆく。「南円堂観音言説」「南円堂鎮壇言説」「南円堂周辺言説」といった系統化やA・B・Cなどの分割は便宜的なものである。それぞれの言説は、一連の文脈なり項目の内部で分かち難く結びついている場合が多く、作業上これを分割したが、他の項目と重複する場合もある。また真言儀軌類は、相互の書承関係に基づく同文も目に付く。ここで立項したものは、諸書に共通して散見せられる代表的な言説や、孤立的例外的な言説でも本章において無視できない重要性を有したものを、任意に取り上げたのであって、むろん南円堂言説のすべてを網羅したというわけではない。

なお以下に資料を引用する際、（　）内と傍線は筆者補である。また返り点を補ったり、一部読みやすく改めた箇所もある。

1　「南円堂観音言説」

南円堂の不空羂索観音自体の像容・図像・仏身（化身）・修法・功徳に関わる言説。

A　「未見本説」としての南円堂不空羂索観音像

一面三目八臂形不空羂索の像容とその持物は、経典の説と充分に一致しないとされる。西院流の恵什（一〇九七～一一六四）撰『図像抄』では不空羂索について、おおむね玄奘と不空三蔵訳出の経軌によるとしながらも、

> 三本経但言二三目八臂一。不レ説二八臂持物一。依レ何可レ画乎。爰尋二往古像一可レ為二証本一。昔長岡右丞相被レ造二丈六像一。其像安二置興福寺南円堂一。弘法大師、以レ是為二本尊一、修二行不空羂索法一、霊験掲焉、藤氏于今仰二崇彼堂一。故付二彼本一可レ書也……又東大寺羂索院古京龍蓋寺金堂皆有二三目八臂丈六不空羂索金色立像一。与二南円堂本一八臂持物頗有二不同一……以二南円堂像一為二本尊一者。依二玄奘不空三蔵所レ訳経一可二修行一也

と述べる。不空羂索の経典に持物が説かれないため、東大寺三月堂像や龍蓋寺（岡寺）像と比べて大きく相違するが、修法の本尊とする際は南円堂不空羂索像を「証本」とし、これを玄奘・不空三蔵訳経軌による本尊像と位置付けるということである(23)。南円堂観音という個別の存在が、経典の説を補完していると言えよう。

同じく恵什の『勝語集』巻上では、「三目八臂像未レ見二本説一。但可レ依二長岳右承相南円堂像一云云」とある。また同下巻にも「不空羂索形。三目八臂三経不レ説レ之……長岳右丞相丈六図如何。今在二南円堂一云云」とあって(24)、持物の問題だけでなく、三目八臂の像容自体が経典に見られず、そのため南円堂像を証本とするという書き方がされている。最も大部な不空羂索の経典である、菩提流支訳の三十巻本『不空羂索神変真言経』には、種々の像容が説かれるが八臂像は見られず、天台の

承澄撰『阿娑縛抄』にも「或云南円堂不空羂索八臂像。三十巻経不レ見[25]」としている。心覚（一一一七～八〇）の『別尊雑記』には、恵什の説の引用が見られる他、「私云。南円堂像雖レ無二説所一。有二其故一者也。可レ尋二口伝一……」と、南円堂像には明確な根拠がなく、口伝によるべしとされるに至る。[26]これらの表現からも、南円堂が多くの未聞の言説を呼び寄せてゆく基盤が窺えるであろう。諸説にいささかの振幅はあるようだが、いずれの儀軌も一面三目八臂像と言えば南円堂像を指し、それが経典に一致する所説を求められないとする認識は共通する。また『図像集』『白宝抄』『白宝口抄』なども、こうした恵什の説と同文ないし近い文言が見られる。[27]

なお『図像抄』では院政期に出現した新たな尊格として知られる六字明王についても、やはり「未見本説」とある。「いまだ本説を見ず。きわめて不審なり」といった文言が、院政期にはしばしば見られ、今案の修法・儀礼や本尊が創出されたことは、小川豊生氏の指摘されるところであり、南円堂もこうした密教界の傾向と決して無縁ではない。[28]

B　南円堂不空羂索と宝誌（志）和尚説話

保寿院流の開祖である永厳（一〇七五～一一五一）の『要尊法』には「形像。二臂。四臂。六臂。八臂。十八臂。宝志和尚所現不空羂索三目八臂像唐家多以仰崇。件像大師於二大唐一拝見。南円堂造立安置」とある。[29]醍醐寺の実運（一一〇五～六〇）の『諸尊要抄』には、「師説云。宝志和尚現二不空羂索身一有二八臂一南円堂像亦然也。近代世間所二画作一皆八臂宝志遷化時。現二六観音身一。可レ見二彼伝一云云」とあり、[30]守覚法親王（一一五〇～一二〇二）の『秘鈔』にも同文が見える。[31]他に勧修寺の興然（一一二〇～一二〇三）の『四巻』でも、八臂像について「加レ之宝誌和尚現二不空羂索身一有二八臂一南円堂亦然也。以二此等一可レ為二証文一歟」としている。[32]同じく興然の『図像集』では、皇帝の命による観音造仏の際に、宝誌が爪で自らの顔面を割り三観音を顕した説話が見られ、そして恵什の説を引用した後に「私云。不空所レ訳三経之外。宝志和尚伝文依レ為二八臂一所レ書二加之一」としており[33]、これは『覚禅鈔』『阿娑縛抄』『白宝抄』『白宝口抄』など諸書の不空羂索法の項にも必ずといってよいほど現れる[34]。

『宇治拾遺物語』巻九や『打聞集』にも宝誌の観音示現伝承を載せるが、『図像集』では三人の仏師のうち、実際に観音を見たのは二人であり、『宇治拾遺物語』では千手観音と聖観音、『打聞集』では十一面観音と聖観音のみである。一方、金沢文庫蔵の『宝志和尚現実形事』[35]では宝誌所現の三観音は、千手・十一面・聖観音であるが、密教儀軌ではほぼ不空羂索を筆頭に十一面・千手の順で記され、興然の言葉が端的に示すように不空羂索法の項目の中で「未見本説」として懸案になっていた、八臂像たる南円堂像の根拠の一つをなすものとなる。摂関家の（南円堂）不空羂索観音信仰の興隆の中で、南円堂像をいかに定位するかが、密教僧にとって問題化していた消息が知られる。三観音示現説が先行するかと思われるが、すでに先述の永厳の段階で六観音示現説も現れており、その先後関係は判断しにくい。ここでは宝誌所現説に基づく八臂不空羂索を、唐の例にならって弘法大師が南円堂に安置したとされていることに注意しておきたい。経典に充分な根拠を求め難い南円堂の一面三目八臂不空羂索像は、観音化身（特に十一面観音化身説が中心）として早くから知られた宝誌和尚の伝承と結合することで、「本説」に準じる一応の説明がなされたのであり、また本説が伴わないからこそ、多様な言説の展開が可能となるのである。

なお『七大寺日記』『七大寺巡礼私記』の大安寺金堂条には宝誌像の記述があり、『長谷寺験記』上巻六話にも長谷十一面観音と宝誌の関係説話が見える。宝誌伝承・信仰の南都における展開の問題もあるかもしれないが、興福寺サイドの縁起類に宝誌は現れず、やはり当該期の真言密教における不空羂索法という儀礼の実践と不可分の領域にある、本説探求の問題と言えよう。

C　南円堂観音形の道場観の成立

院政期の仁和寺覚助の『別行』や守覚の『秘鈔』では不空羂索の道場観として、三面四臂で念珠・宝瓶などを持つ像容での道場観（仏尊を観想する行法）を説いており『別行』では次のようである。[36]

楼閣中有二八葉大蓮花台一。花台上有二月輪一。月輪中有二𑖦字一或𑖭変成二羂索一或蓮花羂索変成二不空羂索観世音菩薩一。首戴二花冠一。冠中有二阿弥陀仏一。三面四臂。通レ身肉色。右手持二念珠一。次手持二宝瓶一。左手持二蓮花一。次手持二羂索一。以二鹿皮一為二袈裟一。以二七宝一為二衣服一。珠瓔珞環釧。種種庄厳。坐二赤蓮花一。放二大光明一。蓮花部諸尊。乃至無量仙衆前後囲繞

この他の儀軌・事相書もおおむね、高尾曼荼羅に基づく弘法大師御筆様とされ、図像としての権威を持つこの三面四臂形の観想法が、まずは一般的なものとしてある。[37] だが『覚禅鈔』巻第五十「不空羂索上」の道場観には「先師法務云。仁平比宇治入道殿下御時。被レ引三用本文二了」とした上で、一面であると明示はされないが、八臂で持物も南円堂観音に全く一致する像容が説かれている。[38]

『覚禅鈔』を編纂した覚禅（一一四三～一二一七）は勧修寺僧で、事相書『四巻』や『図像集』などを著わした興禅の弟子である。勧修寺流は勧修寺第六世長吏たる厳覚のもとに安祥寺流・随心院流とともに分派せるもので、実質的な流祖である寛信の後、年代順に興然・覚禅・栄然といった僧を輩出している。勧修寺において「先師法務」と言えば、たとえば巻第百三十一「巻数」に「仁平元年十月四日阿闍梨法務権大僧都寛｜(信)」[39] とあるように寛信（一〇八四～一一五三）のことで、流祖としてかつ修法の大家として『覚禅鈔』に頻出し、法務とされるのは仁平年間（一一五一～五四）以降である。そして宇治入道殿は年代からも宇治関白頼通ではなく忠実のことであり、「法務御房。宇治入道殿御祈。仁平年中修レ之」[40] という一節もあって、実際に忠実のために修された不空羂索の道場観で

あったことが分かる。

栄然（一一七二～一二五九）は、師たる興然の口決を多く含む『師口』を編纂する。巻第二の「不空羂索法息災行レ之殊為二藤氏人一修レ之」は、「保元三年（一一五八）十一月二日大法房奉レ伝レ之興（然）」のように、勧修寺の大法房実任（一〇九七～一一六九）から興然に伝授されたものであるが(41)、その道場観の部分もやはり、

結二如来拳印一。観三第八海南方有二[illegible]字一。成二七宝補陀洛山一。其山腰象二須弥一。山腰山顚九背猶若二蓮花一。当三中背状如二蓮花台一。山上画二諸宝樹一。花果一切薬草一。山下大海水中魚獣水鳥之類。当二中背上七宝宮殿種種荘飾一。其宮殿地衆宝所レ成。殿中置二宝蓮花師子座一。其上有二[illegible]字一変成二羂索一。羂索変成二不空羂索一。首戴二天冠一。冠有二化仏一。一面有二三目一。金色。有二八臂一。左右第一手合掌。左第二手執二開敷蓮花一。右第二手執二錫杖一。左右第三手共施無畏。左第四手持二羂索一。右第四手執二白払一。白衣大白衣多羅毘倶知六大八大諸観世音蓮花部諸尊聖衆前後囲遶。如レ是観已七所加持先師法務御伝

とあるごとく一面三目八臂で持物も完全に一致する南円堂形であり末尾に先師法務御伝と割注が付されている。この先師法務御伝も『師口』の諸尊法に頻出するものである。そして「仁平二年十月二十六日宇治入道殿下御祈……」の一節が続き、ここからは先の『覚禅鈔』の修法の年次が判明し、仁平年間に登場してくるこの道場観が、忠実のために修された不空羂索法に際しての、特別なものであったことが窺われる(42)。

仁平に保元ではいささか早すぎるようだが本説不明とされながらも、おそらく各種の修法活動をもって勧修寺流の確立に貢献した寛信自身の考案（御伝）になる南円堂形の不空羂索の観想法の次第が成立してくるのであり、それは同流の修法に秀でた興然にもすぐさま継承され、後の勧修寺流に相伝されるのである。また寛信は『覚禅鈔』巻第四十一「聖観音下」でも、供巻数について「仁平三年二月。依二宇治入道殿仰一。左大臣殿祈巻数大略同レ之。但

不空羂索呪加用[43]」とされるように、やはり仁平年間の忠実からの祈禱依頼には、聖観音の場合でも不空羂索呪を加えるといった工夫を凝らしている。

D　南円堂不空羂索観音の頂上化仏にまつわる秘伝

南円堂観音頂上化仏の阿弥陀仏は実は地蔵尊とする説が存在する。春日一宮の本地仏は知られるとおり忠実以降、（南円堂）不空羂索観音とされるが、春日三宮の本地はこれも平安末期より地蔵菩薩とされてきた。特にこの二神は〈春日大明神〉の中でも重要な神格である。興福寺の配下にあった長谷寺の『長谷寺密奏記』では、本尊の十一面観音を彫り出したのは春日一宮・三宮神とされている。そのような事実を勘案すると、南円堂観音一仏で春日二神の本地を現すという意匠が込められているとも想定されるが、ともかく『幸心抄』と『薄草子口決』（『白宝口抄』にも同文の引用がある）では、これが「法性寺禅定殿下」に関わっているのである。醍醐三宝院流の嫡流である報恩院流の憲深（一一九二～一二六三）の口述を、その弟子で地蔵院流を継承する親快（一二一五～一二七六）が筆記した『幸心抄』には、

> 師云。此尊頂上化仏。聊有㆓子細㆒歟。先年参㆓法性寺禅定殿下㆒之次奉㆓対面㆒之時。仰云。南円堂不空羂索頂上化仏知タリヤト云云　答。只法蔵比丘因位御質僧形顕給之由存也。殿下云。是一説也。実地蔵菩薩也。此尊地蔵ト一体ト可㆑存也云云[44]

と記されている。

同じく憲深の口決を根来中性院の頼瑜（一二二六～一三〇四）が書きとめた『薄草子口決』では、

> 問。次第幷経中冠中有㆓弥陀㆒云云。興福寺南円堂御作不空羂索冠中安㆓比丘像㆒。相違如何（但南円堂修理時改㆓比丘形㆒安㆓仏形㆒也。法性寺

禅定殿下仰也。御口決也 御口云。彼比丘像者法蔵比丘也。宝蔵比丘即地蔵也。弥陀変身即是蔵菩薩歟。地蔵弥陀一体可レ習レ之。三井大阿闍梨慶祚毎日所作弥陀行法也。最後終焉時不レ合レ期故。課二弟子行円法橋一令レ修レ彼。行円入二持仏堂一進二仏前一時。拝二本尊一地蔵菩薩像也。雖二不審一修二弥陀法一畢出堂後。慶祚尋二行法已来一。行円致二本尊相違不審一。慶祚以外感心。既存二地蔵弥陀一体義一云々。私云。大師御筆高尾曼荼羅。観音院不空羂索頭上安二羅髪形仏像一文。筆作雖レ異同大師造書也。相違如何。然為レ令レ知二弥陀地蔵是一体一造二画別形一歟 御自筆裏云 阿弥陀地蔵同体也。弥陀化度利生尚不二飽足一。又好二因位宝蔵比丘形一示二同地蔵菩薩身一現二六道衢一オリタテ忩化度利生施御也。仍宝蔵地蔵同名也。地宝万物出生処依也。但或用二法字一是又説法智故歟。両字共有レ由乎 已上御自筆

と地蔵弥陀一体説について詳しく述べられている(45)。

通常の不空羂索観音の頂上化仏は、観音の本師である如来形の阿弥陀が据えられるが、南円堂観音の場合は阿弥陀の因位（修行段階）の法蔵比丘形であるとされ、それは同じく比丘形の地蔵菩薩と同体であるという意味が密かに込められていることが、この二つの資料から明らかとなる。親快の『幸心抄』では師である憲深が、法性寺禅定殿下より直接この秘伝を面授されたことを語っている。『薄草子口決』では、比丘形を通常の阿弥陀に作り変えたとされ、それは同じく法性寺禅定殿下の命であり「御口決也」とあるように、もと比丘形であったことには、やはり法性寺禅定殿下と不可分の口決が介在したのである。この法性寺禅定殿下を先行研究で九条兼実とするものがあるが、正確には孫の九条道家（一一九三〜一二五二）とすべきである。兼実の没した建永二年（一二〇七）は憲深十五歳であり兼実から直接、秘伝を受けることはまず有り得まい(46)。

以上のことから、醍醐報恩院流の祖たる憲深に南円堂の秘説を伝える道家の姿が浮上する。三宝院流の巨頭であった成賢の没後、憲深の報恩院流の他にも、道教の地蔵院流や頼賢の意教流など三宝院流は分化する。それに伴

う他派との競合関係（正嫡争い）の中で、幾多の秘説・口伝を語る偽書が創出された状況については伊藤聡氏の研究がある(47)。自流の確立に腐心した憲深が道家の権威を欲して、かかる言説を語り出したものと考えられようか(48)。ただ道家の日記『玉蘂』の残存部分には管見の限りだが憲深との関係は見出せず、両者の関係如何は現在のところあまり明確ではないし、『七大寺巡礼私記』では「口伝云、頂上化仏者地蔵菩薩云、子細可レ尋、」と割注で記されるのみであり(49)、実際はやはり通常の阿弥陀化仏であったと考えられる。

巡礼記にも記されるごとく地蔵説は著名な言説であったと思われ、中世の興福寺内でも知られたものであったろう。弥陀因位の法蔵比丘形であることまでは憲深自身もすでに知っていた。だが『幸心抄』のごとく、さらに地蔵同体説を〈法性寺禅定殿下〉から伝授されたことで、とりわけ『薄草子口決』の不空羂索法は広がりを獲得する。ここには巡礼記と密教事相書というテキストの位相差がある。以下「御口云」とあるように、憲深は三井寺の大阿闍梨慶祚の伝を引き、また地蔵・法蔵一体となって衆生救済の力を発揮することを強調し、さらに法蔵（阿弥陀）は宝蔵とも書くのであり、地蔵・宝蔵ともに「蔵」のイメージから万物を出生する功能があることを説くのである(50)。こうして日本の不空羂索を代表する南円堂観音は、地蔵同体の阿弥陀（法蔵）を頂くということで、霊験・利益の強化が意図されたのである。『薄草子口決』は、成賢による諸尊法の類聚書で初重・二重からなる『薄草紙』の、初重の伝授を憲深から受けた際に頼瑜が著わしたテキストである。『薄草紙』自体の不空羂索法は簡潔であるが、憲深によってそれは大きく増幅され報恩院流に伝えられたのである。

頂上化仏説は南都の伝承も多く含む、天台の『渓嵐拾葉集』巻九十二にも、

南都南円堂頂上仏事　師物語云。南円堂《ノ》不空羂索《ノ》宝冠《ニ》。比丘形《ノ》仏《ヲ》頂戴《セリ》。世以不レ知レ之。一箇相伝《テ》法蔵比丘《ト》習也。自レ是阿弥陀《ノ》因位《ハ》地蔵菩薩也。地蔵即法蔵《ナル》事《ヲ》為レ顕也最極秘事也云云

とあり、[51]そして巻百五にも、

興福寺南円堂建立事　記曰。南円堂本尊者。不空羂索。頂上仏者。比丘形之阿弥陀也。而今造替之時。常阿弥陀造畢無念至也云々　此比丘形阿弥陀者。法蔵比丘因位形也。甚深甚深

とあるように摂取されており、[52]比丘形の阿弥陀を通常の形態に作り変えたことは、道家自身の仰せとする『薄草子口決』の説により近い。「無念の至り」とされているが、通常の阿弥陀像とされることで地蔵同体説は表面化しにくくなり、かえって秘説としての意味を持ち得るであろう。頂上化仏説は秘説の領域で、「最極秘事」とまで位置付けられながら流布したのである。

なお『南円堂御本尊以下修理先例』[53]によれば、仁治三年頂上化仏が落下したため、寺僧百人が百箇日に亙り不空羂索経を三千巻分も読誦しており、化仏の再安置には三綱が供奉し、「殿下御使」すなわち摂関家からの使者が下向している。『民経記』仁治三年七月二十一日条にも「未曾有」のことと記されており、[54]興福寺僧にとっても頂上化仏は非常に重要な存在と認識され、公家もまたこれを記録したのである。(補注2)

E　不空羂索の鹿皮をめぐる諸説

不空羂索が鹿皮を纏い、南円堂観音を本地とする春日神の使いが鹿とされることは著名である。[55]この鹿皮衣について『勝語集』は「著二鹿皮一事（表二苦行相一天竺法也）」とのみ、ごく簡略に記す。[56]頼瑜の『薄草子口決』によれば、「御口に云く」すなわち憲深の伝として、

問。此尊何故以二鹿皮一為二袈裟一乎。答。御口決云。此有二浅深二義一。浅略義者。此菩薩因位帯二盲母一卜二居於山中一著二鹿裘一。朝霞拾二峰果一夕嵐酌二谷水一至レ孝。而間猟師入二彼山一見二鹿皮一誤二実鹿一不レ慮射レ之。諸天感二至孝一

令㆓彼蘇生㆒并開㆓母眼㆒。依㆓此因縁㆒今又著㆓鹿皮袈裟㆒也（顕経中出㆑之矣）次深秘義衆獣中念㆑子功無㆑過㆑鹿。此菩薩又悲㆓愍衆生㆒勝㆓余菩薩㆒。故為㆑表㆓彼義㆒懸㆓鹿皮㆒也

と不空羂索の前世孝子譚の形で語られ、さらにそれは浅義であり、深義には鹿が最も我が子を慈しむ動物であるごとく不空羂索も最も衆生を慈しむ菩薩であることの表示とされる。(57)『白宝口抄』では「以㆓鹿皮㆒為㆓袈裟㆒事。苦行姿因位形。天竺法也。此尊昔苦行仙。修㆓菩薩行㆒。表㆓彼姿㆒懸㆓鹿皮袈裟㆒也」と、不空羂索は因位において天竺の苦行仙であったとした上で、浅深二義について「報恩院憲珍（深）云」としてそのまま引用している。(58)憲深の弟子である教瞬の『秘鈔口決』でも、鹿皮について因位苦行仙の説を挙げ、続けて「当流相承ノ口伝也。然ニ故報恩院ハ依㆓実継僧都ノ相伝ニ㆒被㆑伝㆓勧修寺ノ口決ヲ㆒中ニ云」として、鹿の子を思う情を菩薩の慈悲に類比する深義のみに言及するが、浅義としての前世孝子譚には触れていない。(59)ここで憲深は、後に醍醐の勝賢に灌頂を受けることとなる実継（一一五四〜一二〇四）から、勧修寺の口決を伝えられたとされるのだが、浅・深二義として鹿皮の口決をまとめあげたのは、やはり憲深自身としてよいだろう。

興味深いのは浅義とされるほうであって、前世孝子譚は経典に出るとしながらも経名は明記されず、因位時の名も不詳であるが、これは中国の孝子伝や御伽草子『二十四孝』にも取り入れられる、睒子を主人公とする『睒子経』の所伝を骨格とすることは明白である。だがもとより『睒子経』は釈尊本生譚である。(60)それを鹿皮の連想から、唱導的要素をも感じさせる不空羂索の本生譚へと読み替えたのは憲深の作為であろう。鹿皮の口決に続けて南円堂頂上化仏説が展開されるのであるが、『幸心抄』に見る南円堂頂上化仏説の法性寺禅定殿下からの伝授の主張という問題とも絡めて、憲深には不空羂索への関心が強いのではなかろうか。法蔵比丘＝地蔵説と合わせ、憲深による不空羂索法という密教儀礼にまつわる、実践知の拡張と見なせよう。

なお室町期の成立とされる春日の真言系中世神道書である『春夜神記』の「御本地事」の一宮の本地不空羂索では、「故一鹿子《ノ》悲《ヲ》事ハ三千大千世界一切衆生《ノ》以二子《ヲ》悲《ヲ》一為《シテ》二一対《ト》一、彼観音令レ利二益衆生《ヲ》一給、又藤氏殊《ヲ》悲《ニ》事《玉フ》如《ハ》レ悲《カ》二鹿《ノ》子《ヲ》一、表二此《トノ》事《ヲ》一故《ニ》、以二藤原姓《ヲ》一為レ氏《ト》、以レ鹿《ヲ》為二乗物《ト》一給也(61)」とされる。鹿のわが子を慈しむことは、不空羂索の衆生利益に譬えられるが、それが藤氏守護へとスライドしている。『春夜神記』は、春日神の氏長者・氏人守護の誓願を基調とするもので、したがって春日一宮の本地は不空羂索説で統一されており、南円堂言説も多く含んでいる。そこでは不空羂索の鹿皮に表示される慈悲の口決は、藤氏の氏神信仰としての春日明神と本地南円堂観音に大きく規定されたものへと変じてゆく。

F　不空羂索観音の異体としての不空忿怒王と春日神

不空忿怒王は『不空羂索神変真言経』に説かれる尊格である。不空羂索観音は不動明王の三昧に入り不空忿怒王と化すとされる。勧修寺興然の『四巻』では、

不空忿怒王中有レ尊不空羂索也。藤原氏尤奉レ崇レ仏也。此尊奉仕者無レ不レ勝レ人。又不レ被レ超レ人。若又有レ人奉仕修行人罵詈誹謗。又短《ヲモ》云《ヒ》。相憎。此尊入二不動三摩地一。其誹謗罵詈輩調伏《シタマフ》也。此不空忿怒名也。其形如二不動青黒色一。総勝他霊験殊勝也。本尊壇。不空羂(索)種字三摩形印明如常　部首。不空忿怒王……此尊不空羂(索)教令輪(身)也

という(62)。「本尊壇。不空羂索……部首。不空忿怒王」とあるように不空忿怒王は、不空羂索護摩の儀礼次第に不可欠の一段を占めており、その利益からも摂関家祈禱強化の意味を担う。『白宝抄』『秘鈔口決』『白宝口抄』他でも、興然の師であり彼に不空羂索法を伝えた勧修寺の実任の説として、藤原氏は特に不空忿怒王を崇拝し、その信仰者

図1　不空忿怒王（随心院蔵第171函11号48）

図2　不空忿怒王（随心院蔵第171函18号９）

は他人に超えられることがなく、誹謗すれば忿怒王に調伏されるのであって、これは「雖二入室一両人不レ可レ伝」の秘事と伝えている。[63]

また『秘鈔口決』では「凡不空忿怒王法勧修寺流行レ之秘事習也……」とし、勧修寺法務（寛信）の口伝を若干記している。[64] このような呪詛儀礼ともなる「調伏」と「勝他」の効験は、当然、ライバルの多い政治の中枢にある人間には絶好の利益と言え、これも正に摂関家の守護仏の位置に相応しい。摂関家祈禱に携り、その過程で南円堂形不空羂索の道場観を創出した勧修寺寛信の系列において、その恐るべき異体たる不動尊同体の不空忿怒王も藤氏（摂関家）の守護仏として、不空羂索法の実修に関わる秘説の一角に組み込まれていったのである。

『諸尊要抄』によれば、不空羂索の真言を説き、続けて、

師主口伝云。今此呪用二不動独古印一秘秘説云云……若欲レ得レ破二壊怨家一者、木画二彼形像並名字一。以レ脚踏レ之可二加持一。印真言彼也……経云。身無二衆病一安穏

快楽。一切悪鬼一切怨家速滅不レ来厭魅呪詛不レ著レ身

とあるように不空羂索自体にも怨家を滅する呪詛法があり、(65)その際に用いる不動独古印は多くの場合、調伏尊である不空忿怒王の印にも充当されるのである。保寿院流の開祖永厳の『要尊法』でも不空羂索法に息災・調伏の双方ありとしている。(66)『薄草子口決』には不空羂索法について「御口云。為二滅罪並勝他一修二此法一矣故藤氏長者摂録臣修レ之」とあり、(67)その勝他は調伏・呪詛に裏打ちされていたものと思しく、院政期の不空羂索の造像は興福寺を中心になされ、それらが呪詛の意味を有するものであったことはすでに指摘されている。(68)それは藤原氏の意を受けたものであろうが、そうした不空羂索の呪詛・調伏面が特化された不空忿怒王の存在が、密教サイドで浮上してきたのである。

さらに『春夜神記』の「本地供一相伝云」という項目には、一部誤写も含まれているようで読み難いが、不空忿怒王に関わる非常に独特な説が見られる。(69)

先観不空羂索種三尊一ヲ、次右辺観不空忿怒王種三尊一ヲ、次左辺観二二童子一ヲ、次観和光垂跡之形相一ヲ、俗形シテ乗白鹿一ニ、左御手持金剛般若一ヲ、右御手持唯識論第七一ヲ云々、凡ソ四所ノ明神図各々垂跡次第後日雖作之一、只一躰分身シテ都テ無差別、故ニ南円堂本尊者則大明神御本地也、凡ソ天照大神与ト在テ君臣之御契約一天降《アマクタリ》御坐スト云々、天照大神者胎蔵ノ大日、春日大明神者金剛ノ大日也、殊更ニ春日ハ深秘ニハ両部不二之大日也……春日ノ文字作《ツクリ》ニ二ノ日ノ字在レ之、即両部大日ノ義也、春ノ一字ニ二大日ト書之、両部ノ不二大日ト云意也、普門法界之躰性ヲ顕別尊一ニ、即不空羂索也、天照大神モ躰性ハ大日如来顕二別尊一、即十一面也、天降《アマクタリテハ》伊勢国一ニ速断シ三宝名字一ヲ、移住《チウシテハ》三笠山一ニ鎮ニ受ク唯識ノ法味一ヲ、甚深々々道場、観ニ不空忿怒王観者、秘口云、不空忿怒王ハ即是不動躰也、不空羂索入テ二不空忿怒王三昧一ニ現二春日大明神一、故不動躰之由以ヲ観二二童子一ヲ也

本地としての南円堂不空羂索が、不空忿怒王（不動明王）の三昧に入ると春日明神に垂迹するというのだ。春日

明神を含み込んだ特殊な密教の道場観を示す文章が、春日版の両部神道説とも言うべき文章を挟み込む形で渾然一体となって綴られている。

東密系儀軌の不空羂索法の世界を母体に生成した、先鋭的で実践的な言説である。春日の四所明神すべての本地を南円堂本尊とするなど不空羂索の重視や、両部大日説によって天照大神を春日明神が吸収してゆくなどきわめて興味深いものである。不空忿怒王はもとより信仰の一般化の契機を欠いているし、知識レベルではともかく儀軌の言うような、摂関家の実体的信仰と言えるものを決して伴ってはいまいが、不空羂索経の中に埋もれた尊格が中世の密教事相の世界＝儀礼的実践の世界では、それなりの重みを有したようである。

2　「南円堂創建・鎮壇言説」と春日神

南円堂の創建・鎮壇に関わる縁起的言説。詳細は前出の橋本氏の論稿に譲り、ここではごく簡単にまとめておくに留め、項目の細分化はしない。

昌泰三年（九〇〇）の現存最古の『興福寺縁起』には、南円堂創建の記録はあるが、それはいまだ説話ではない。創建説話は院政期以降の多くの資料に確認できるものであるが、『七大寺巡礼私記』では南円堂建立の時、人夫の中に老翁が交わり、北家昌隆を予祝する歌を詠んだとされる。それは春日明神の使いである率川明神であったといい、南円堂と春日社の本地垂迹関係が暗示されている。『興福寺流記』『真言宗談義聴聞集』『阿娑縛抄』などによると歌を詠んだのは、鬼・老翁・童子と様々であり、歌の表現も微妙に差異があるのだが、おおむね「補陀落の南の岸に　堂立てて　北の藤波　今ぞ栄ゆる」という形の歌は、第四句と第五句の入れ替えによって二つのパターンに大別される。『建久御巡礼記』『袖中抄』『源平盛衰記』『元要記』などでは、歌を詠んだのは春日明神とされ、

『春夜神記』では老翁を二人とし、それぞれを春日摂社の率川・榎本の明神とする特殊なもので、これに二種の歌を詠ませることで、無理にでも伝承の合理化を図っているものと見える。[70] この他『覚禅鈔』『白宝口抄』といった儀軌の不空羂索法の項目にも創建説話が記される。

また創建説話に付随して、南円堂落慶供養の日に源氏の公卿（六人説を中心に七人説・八人説もある）が死亡し藤原氏が繁昌したという、予祝歌と照応する暗鬱な源氏死亡説話が、『建久御巡礼記』『白宝口抄』『春夜神記』には周到に語られる。これも『興福寺流記』に同様に確認できるので十一世紀には、そうした伝承が存在し、興福寺大衆が不空羂索を造仏し源顕房を呪詛した記録が、『元亨二年具注暦裏書』に寛治七年（一〇九三）のこととして見えていることも、前出の八田氏の論稿に指摘がある。院政期の摂関家と村上源氏の政治的対立を反映したものと考えられ、南円堂（興福寺）と春日明神の関係は、この時期に緊密となり、南円堂観音本地説も現れてくるのである。

さて確認し得る創建説話の初出は寛治三年（一〇八九）成立の『弘法大師行状集記』であるが、そこでは「補陀落の……」の和歌は見られるが、春日明神などの歌い手は登場しない。だが冬嗣が弘法大師と師檀関係にあり、藤氏繁昌のために大師が南円堂を建立し不空羂索を安置したとされている。南円堂創建の説は、もとより弘法大師が深く関わるものとして真言宗サイドで語られ出したもののようである。これをいささか遡る『大和国奈良原興福寺伽藍記』にも藤原内麻呂が大師と申し合わせて不空羂索を造立し、大師は南円堂を鎮壇したとされる。『興福寺流記』でも藤原房前が大師の教えによって不空羂索を造立し、冬嗣は堂を建て本尊を安置し、大師を鎮壇の師となしたと伝える。『七大寺巡礼私記』では鎮壇には触れないが、本尊安置は大師の教訓であると伝える。『建久御巡礼記』も大師の鎮壇のみに触れ、『春夜神記』『元要記』などにも大師と内麻呂の談合による本尊安置と大師の鎮壇の事跡が記される。

密教儀軌に目を転じても、『覚禅鈔』には大師の鎮壇説があり、『図像抄』『図像集』『別尊雑記』『白宝抄』『阿娑縛抄』などに「昔長岡右丞相被レ造二丈六像一。其像安二置興福寺南円堂一。弘法大師、以レ是為二本尊一、修二行不空羂索法一、霊験掲焉、藤氏于今仰二崇彼堂一。故付二彼本一可レ書也」という南円堂像の本説探求に関わって、同文が定型句として継承されてゆく。そして天台の『渓嵐拾葉集』では、冬嗣が大師と談合して南円堂を建立し祈請したところ源氏が死亡したとするが、真言の『白宝口抄』では築壇時の老翁の歌に続け、大師の鎮壇は大仏頂法をもって行い、大師は堂供養の導師も勤めたとされ、源氏の死亡を大師の加持力によるとして強調しており、明確な呪詛譚に連絡する。このように『白宝口抄』は簡潔な中にも、南円堂創建・鎮壇説話の要素が揃っており、鎮壇法も具体名を伴って現れている。(71)

真言宗によって大師の事跡に結び付けられた、南円堂の創建と本尊安置伝承および秘法としての鎮壇説話と、興福寺ないし藤原氏が語ったと思われる、築壇時の老翁（春日神）の歌や堂供養時の源氏死亡譚は、それぞれに出所は異なるとしても、早い段階から種々のテキストの中で相互に融合していったようである。それらは南円堂像という存在に規定される、中世の密教儀軌の不空羂索法の項目にも当然導入されたが、そこでは大師の関与を不可欠とする南円堂創建・本尊安置の説が特に重要であり、その何よりの焦点は、これが同時に大師による不空羂索法の起源と位置付けられることにある。儀軌世界では藤氏繁昌や源氏衰退という歴史性・政治性を反映した言説が、不空羂索法の実践知の一環として機能していたものと見える。

また大師の鎮壇伝承は、後に鎮壇具（銀箱）の発見の伝承へと繋がる。『覚禅鈔』や『南円堂鎮壇』（真福寺蔵）によれば南円堂修理の時、大師の鎮壇具が発見され、藤原頼通が成尊の弟子である義範に尋ねたところ、仔細を心得ており感服したというものである。橋本氏によれば、大師の鎮壇説話は三宝院流で重視され、自流の正当性の主張となるものであったという。さらに『菅家本諸寺縁起集』南円堂条では、建治三年に南円堂の基壇崩壊時の修復に際して、鷹司兼平が南円堂は大師の鎮壇であるから、氏長者も興福寺もこれを乱すなかれとして、東寺一長者を南都に下向させている。(72)

3　「南円堂周辺言説」

「周辺」と言うのは、あくまでも南円堂と不空羂索観音に関わる上記1・2以外の言説という程度の意味である。多様な問題系へと連絡してゆく南円堂の性格が見てとれる。

A　南円堂と春日神・葛城神・大職冠

『七大寺日記』南円堂条には「件堂之南ノ谷ニ社アリ、一言主社云々、葛木明神ノ名也、社ノ頭ニ大ル葛盤石ヲ纏ヘルアリ、役行者ノ葛木明神ヲ繋縛セル相ヲ示也云々、可ㇾ見」とある。(73)鎌倉末期の真言神道書『天照太神口決』では、天照は下野松岡明神であり本地はダキニ天で、鹿島明神とも現れ、春日明神と同体であるとする。この天照であるところの鹿島（春日）明神はダキニ天と現じて、大職冠鎌足を生んだ。鎌足はダキニから与えられた藤の巻き付いた鎌で、悪臣入鹿を討ち天下を平らげ、ここに藤原氏と天子に法を授ける即位灌頂の起源が求められている。いわゆる「摂録縁起」であり、奈良法師（興福寺僧）はことにこの秘事を知るべきであるが、真言師ではないため一向に沙汰なしと続ける。さらに弘法大師は南円堂を建立し春日の本地の不空羂索を安置し、その下に一言主神を祀ったが、これがダキニ天であるという。その傍らに踏まずの石があり、それは春日社にもある霊石だという。(74)

また『神道相伝聞書』内の『春日秘記』（叡山文庫真如蔵本を披見）では、南円堂建立の時、弘法大師が葛城神を勧請したところ、三つの石が飛来して堂の傍らに落ち、これを「三ヶノ秘石」として南円堂の鎮守とし、その後ろに葛城の一言主を祀り、秘石は宝珠であって春日神の御体としている。全く同文は『元要記』にも見られ、堂の鎮壇具である金亀の上に三弁宝珠を安置したなど、葛城の磐石は宝珠信仰にも繋がり、南円堂と春日社を繋ぐ役割を持った聖遺物伝承となっている(75)。さらに『元要記』では一言主は本地不動ともダキニともするが、猿沢池の采女神社に関して、葛城神が南円堂鎮壇時に人夫に交じった青衣の女人として現れ、池の辺りに逃げて消え失せたという変わった説話も記している(76)。

実際に一言主社は春日社内にも末社として祀られているが、これらの諸説からは『七大寺日記』の興福寺と修験との関係を示す一節を起点として、真言の秘説の世界で南円堂と葛城山の一言主は大きく飛躍し、摂関家の神話と言える即位灌頂の摂録縁起にまで食い入ってゆくことが分かる。『天照太神口決』の叙述する神仏関係は錯綜しているが、空海が南円堂の側に祀った一言主がダキニである以上は、そのダキニを本地・本体とする天照・春日と一言主は同体であり、結局は摂関家の神話的始祖である鎌足を生んだとする脈絡・含意は充分に窺える。だからこそ空海は一言主を、摂関家繁昌を約束する聖地である南円堂に祀ったのだ、ということになり、単なる鎮守を遥かに超えた意味を持つが、かかる所伝は興福寺僧の知らぬところ（沙汰なし）とする点に、本来〈外部者〉である真言僧の独自性の主張や、寺家の認識との差異化を図る志向が働いていよう(77)。ともかく南円堂の言説には修験の世界も確実に作用しているのである。

B　摂関家による南円堂印明の相伝

『春夜神記』によれば、

> 南円堂造畢已後、彼御堂印明ヲ密々ニ大師閑院左大臣冬嗣公ニ授与候畢、信仰感悦無レ極、其後中納言長良・忠仁公良房関白両人伝レ之処、伝授之後、乍二両人一不幸之間令レ絶、俗伝停止畢、即長谷寺大事也口伝

とあるように南円堂の印と明（真言）を大師が藤原冬嗣に伝授するが、良房以後失伝したといい、長谷寺にもこの印を用いるという。[78] おそらくこの他に例を見ない秘説と思われ、それゆえ独特で興味深い。明に関しては不明だが南円堂の印については、同じく『春夜神記』に「南円堂者補陀洛山之儀」であるから「彼補陀洛山者九峯宝形也」とし、長谷寺と南円堂には「然間両所堂之習用二九峯印一」とあるように、「九峯印」なるものを指す。[79] およそ観音を本尊とする道場観では九峯の補陀落山が観想され、具体的にそれを表現した印であると思われるが、これは不空三蔵訳の『千手儀軌』を典拠とする一般的な不空羂索の根本印とは異なる印なのである。

実は守覚の『秘鈔』の「千手法」には、千手観音の根本印を蓮華五鈷印と号し、その形が説かれており「私云。或云。名二九峯印一。補陀落山。九峯也。如二八葉蓮華一。不空羂索経可レ見レ之」とある。[80] 不空羂索経とあるように、つまりこれが真言サイドで補陀落山を模したとされ、不空羂索を安置する南円堂の秘印に位置付けられたのである。実際に中世の即位灌頂において新帝に授与する印・明を摂関家は相伝するが、同家の聖地である南円堂の印・明も、家の〈職〉に関わる根源的な秘事として、大師が伝えたという意味を推定できる。早くに失伝したとされるように、おそらく言説上の存在であり、実際に中世の摂関家でそうした印・明が伝持されたわけではないであろうが、南円堂言説が一つの儀礼作法的な形を持とうとした痕跡は認めてよい。

またこれは藤原摂関家との繋がりを仮構するかのように「関白流神道」と名付けられた真言系中世神道流派の伝書に見える、藤家灌頂の印・明の存在と、共通する秘説的思考基盤から生じたものと思われる。そして『日本記三輪流』の初重「奥砂（沙）本尊事」には、「於二宀一（室生）山一可レ修レ之。非二氏長者一、不レ可レ知者也」の一節を見るが、奥沙本尊

とは空海が室生山に埋納した宝珠であり、天照や十一面観音と同体とされる。その印・明から成り立つ簡略な儀礼作法を奥沙灌頂と言うが、この「氏長者」は藤原氏のそれを指していよう(81)。実体を超えた言説上の〈藤氏〉は、かえってその神秘的な権威をもって、密教諸派の儀礼的な秘説の領域に一定の重きをなしたのである。南円堂の印・明説はいかなる流派のなせるものか不詳とせざるを得ないが、かかる秘説の相伝は自流の喧伝ともなろう。

C　南円堂という空間の意義付けに関わる諸説

『七大寺巡礼私記』には南円堂内部空間について、本尊不空羂索とそれを囲む四天王像に続けて、善珠・玄賓・行賀・嘉操・常騰・信叡の等身の法相六祖像の存在を記す。さらに「絵像賢聖等影」として天台大師影・玄奘三蔵影・恵果阿闍梨影・法全阿闍梨童子時影の四影と銘文があり、すべて弘法大師の自筆とされている。見落とせないのは「古老伝云」として、もともと南円堂には弘法大師自筆の「八宗祖師影像」が存在したが焼失し、件の四影はそのうち焼失を免れた一部であるという(82)。また『七大寺日記』もほぼ同様であるが、『建久御巡礼記』では恵果の影のみ言及される。寛信の『小野類秘抄』にも関連記述があり「南円堂影像方次第」として、正面左に善無畏三蔵・不空三蔵・金剛智三蔵・玄奘三蔵が、そして右には（天台）智者大師・南嶽大師・一行阿闍梨・恵果阿闍梨の御影がそれぞれ存在すると言い(83)、『興福寺流記』所引「山階流記」もこれに近く、比較的多くの真言祖師名を記す。『菅家本諸寺縁起集』にも南円堂の八方の障子に弘法大師自筆「八宗之祖師影」が、また本尊仏の後の壇上に法相六祖の影像があるとされる(84)。影像の配置に関する記述にやや差異があり、また『小野類秘抄』の記述はいささか密教色が強い。このようなテキストから確認される祖師影は真言・天台・法相の諸師だが、本来は八宗祖師影が堂内を荘厳していたと伝承されるところから、南円堂という空間の真言色と超宗派性を充分に看取できる。

また南円堂自体が補陀落山の儀を移したものとされる。『別尊雑記』には、「私云。南円堂像雖レ無二説所一。有二其故一者也。尋二口伝一之」とした上で、昔インドの小国（摩訶剌陀国）の王が城の西南の閣に不空羂索を安置し荒廃していた国土を興隆した故事を引き、「已上出二西域記一。私以レ之案レ之。南円堂叶二此意一歟」とし、南円堂像の本説探求の文脈にある。[85]『覚禅鈔』や『白宝抄』でも同文が見られるが、『覚禅鈔』では『三宝要略』巻下に基づくとしている。『春夜神記』では、この故事に倣って弘法大師が興福寺西南（申未）に南円堂を建立したとする。さらにインド小国の説話は「掃二鬼難一鎮義」とか「払二鬼難一国土安穏ニ人民昌学レ之」として増幅され、かくして南円堂供養の日、源氏六人が薨去し藤氏が栄えたという。鬼難を払うことが、源氏の頓滅を意味しているので、ここでは摩訶剌陀国説話は、源氏死亡説話の影響下に南円堂という空間（と本尊観音）の呪詛・調伏的性格を示すものとなっている。[86]

D　調伏＝〈源氏〉と息災＝〈藤氏〉の口決

宝治二年（一二四八）十月九日の奥書を有する、高山寺方便智院の仁真書写『不空羂索事』[87]という口決には次のようにある（□は虫損、／は原資料の改行を示す）。

不空羂索事
大師藤氏之人《ノ》為《ニ》興福寺中《ニ》／南円堂《ヲ》立《テ》不空羂索之／像《ヲ》安置《シ》タマエリ先壇《ヲ》／ツク時《ニ》役夫詠《シケル》　詞《ニ》イハク／補堕落之南之岸《ニ》松ウヘテ／栄ナスヘキ池之藤浪云々／是《ハ》大師之御哥也此不審也可尋／此御堂作《ヲ》《テ》此像《ヲ》安置《シ》／奉《テ》供養之時源氏之中《ニ》／為宗人六人滅已云々　其後博《ニ》／陸《ハ》一向《ニ》藤原氏《ニ》付《テ》于今／相伝来《シ》者也／依之件不空羂索之像《ヲハ》　摂／政家《ノ》相《ニ》伝《テ》以之真言奥／旨一宗之大事存《ト》知之／給《ヘリ》　知足院天下以之由先師律師／御房ニ相尋奉御《ケリ》□状如／此之云々

彼像之事
中央《ニ》松木一本アリ左右枝《ニヲ》／サス木之本ヨリ藤源付タリ／左右之枝《ニ》マツヒテサカリタリ／其左右之枝下《ニ》尺迦不空等／像坐《シ》給ヘリ一方《ハ》／源氏一方《ハ》藤氏也調伏《ト》息災《トノ》心也尺迦《ニ》／入滅之仏也　仍調伏之心アリ／不空《ハ》息災菩薩也仍息災心也／藤《ハ》物《ヲ》巻カラストクアリ又云／補堕落仙之九峯《ニ》藤アリト云、／三十巻不空羂索経《ニ》見タリ／南円堂《ニ》礼盤左右《ニ》アリ一方《ハ》／人《モ》不用《シテ》　供養之日ヨリア／リト是源家《カムサ之》　衰ヘキ／表示ナリ藤氏《ヲハ》　北家トイフ也／近代之人松ト藤《トヲ》　殊一人之／家ヲホムル其心カ

南円堂不空羂索についての、「摂政家相伝」が同時に「真言一宗之大事」でもあることを主張している。これは先の「高倉上皇庁下文」に確認された北家・東寺の共栄という政治的言説を大きく超えて、教権と俗権が東密口伝世界において深く結合しているのである。

見落とせないのは、「彼（南円堂不空羂索）之像事」として、藤氏の象徴である藤が源氏の象徴である松の大樹に絡まっており、その大樹の双枝のもとに釈迦に象徴される源氏と不空羂索に象徴される藤氏を意味する二人の人物を描く異様な図像を載せていることである。南円堂不空羂索像自体ではなく、その存在が表象するところの口決を図示したものと思われ、「補陀落の……」歌も松＝源氏を詠み込んだ独特なものに変化し、何より弘法大師の歌とされている。釈迦＝調伏法（入滅）＝源氏／不空羂索＝息災法＝藤氏の図式が説かれており、ここからは修法に関わる一種のシンボル・記号的存在となった〈藤氏〉・〈源氏〉の姿が窺える。「藤は物を巻き枯らす徳あり」とされるように、〈藤氏〉の名に秘められた呪力が、密教の調伏儀礼の力として動員されているのであり、〈藤氏〉・〈源氏〉の政治的対立構造が発想の基盤にあるが、むしろそれを一つのアレゴリーとして、修法の先鋭的な実践知とも言えるものに仕立て上げているようである。ただし左右礼盤の秘事については、源氏は藤原摂関家と対立関係に

あった村上源氏ではなく、「源家が武者の衰べき表示なり」とあるごとく、鎌倉の武家源氏へと読み替えられている点が重要である。不空羂索法とも関わりつつ、大師伝として真言宗で重視される南円堂鎮壇時の源氏死亡の伝承は、院政期の政治状況を踏まえて流通するものであるが、ここでは承久の乱を充分に想起させるものとなっている。[補注3]『八幡愚童訓』甲本には蒙古調伏に関して、「外ニハ奪二怨家敵対《ノ》寿命《ヲ》一、内ニハ摧《ク》二煩悩菩提《ノ》違背《ヲ》一。是ヲ調伏ト云。調伏ナレバ敬愛也。敬愛ナレバ増益也。増益ナレバ息災也」という教義的前提の上に、「調伏還テ善縁ト成ル事」として空海の守敏呪殺説話が引用されているが、そこに「又同大師、為二藤氏繁盛《ノ》一、南円堂ヲ供養セラレシ時、源氏ノ公卿、其日ノ内ニ六人マデ失ニケリ」の一節が挿入されている。[88] 重要なことは源氏死亡説話が、調伏法は単なる怨敵への呪詛ではなく、救済と表裏の法門たることを弁ずる文脈に位置していることである。「調伏」とは敬愛・増益を通して最終的に「息災」に至るのであり、調伏と息災は対極にして不二なのである。こうした例に徴すると〈源氏〉＝調伏と〈藤氏〉＝息災の関係は、釈尊・不空羂索一対の図像の構図からも、こうした調伏・息災不二の儀礼的理念を背後に有していると見ることができよう。

E　南円堂不空羂索と北円堂愛染の秘説

南円堂の観音に対し、北円堂本尊を愛染とする未聞の説がある。むろん北円堂本尊は弥勒仏であるから、南円堂の頂上化仏の問題以上に事実を大きく踏み外しており興味深い。『渓嵐拾葉集』巻百五には、これが頂上化仏説とセットで記されている。

興福寺南円堂建立事　記曰。南円堂本尊者。不空羂索。頂上仏者。比丘形之阿弥陀也。而今造替之時。常阿弥陀造畢無念至也云々　此比丘形阿弥陀者。法蔵比丘因位形也。甚深甚深。又云。北円堂者。愛染王也。摂禄天

下《ヲ》掌《ノ》中《ニ》拳《ニキル》　事者。愛染王之持レ彼手《ノ》習事也。愛染王平等王《ト》習事也。平等院号《ノ》自レ是起。又云。手掌[illegible]拳事。其
　深習事也云云

愛染王は平等王であり、阿弥陀浄土信仰で知られる宇治平等院は、実は愛染の別名に因む寺院であり、さらに摂関家は愛染法によって「天下」を掌握せんとすると言う。[89] 摂関による天下（天皇）掌握説は、天台の澄豪の『瑜祇経聴聞抄』に明確に説かれており、[90] 平等院の歴代法務も天台僧である。そして北円堂愛染説は『渓嵐拾葉集』のみの独自の説である。

また『渓嵐拾葉集』巻九十二にも、

平等院号事。師云。弘法大師安二置愛染明王一《ヲ》故也。所以《ニ》愛染王《ハ》平等王習也。手《ニ》有情《ノ》霊精拳《ヲ》平等《ニ》天下《ノ》接領《スル》　也。摂禄《ノ》天下《ヲ》掌中拳《ニテ》万人摂伏《スル》　事。深可レ思レ之。所以《ニ》愛染王《ノハ》以二如意宝珠一《ヲ》為二三摩耶形一。龍神亦以二宝珠一為二心肝一。
凡如意宝珠者《ハ》。如意自在。自レ元雨二万宝一故《ハ》得レ名也。此尊四海自然通領義。深可レ思レ之

と記される。[91] 弘法大師が平等院に愛染を安置したとされており、特に宝珠が重視されている。宝珠は龍宮としての宇治の宝蔵に相応しい。巻九十二は続けて、

法勝寺円堂愛染王事　玄奘三蔵自二天竺一帰二震旦一。奉レ渡二釈尊御作一尺二寸愛染像。并釈迦像一畢……嵯峨天皇御宇。弘法大師八臂像被レ作。籠二八角三重塔一安レ之。承保二年正月十五日。東山神光瑞《アリ》。依二神光一以二上卿小野宮中納言実平一被レ尋。神光之時大師御作建立愛染王瑞《ノ》。依レ之被レ下。御所於二白川一安二伽藍一建二法勝寺一。八角円堂彼愛染王是也已上

とも説いている。

摂関家の愛染信仰はすでに触れたところであるが、平等院の愛染の説と、同じく空海伝承を有しすこぶる著名で

あった法勝寺八角円堂の愛染の説が続けて引かれるように、南円堂の属性である「八角円堂」のイメージや「空海」の伝承が法勝寺から、正に南円堂と相対する興福寺内のもう一つの巨大な円堂建築たる北円堂にも投影され、隠された摂関家の守護仏たる愛染を呼び込んだところにかかる秘説が生じたのであろう。かくして同質の伝承やイメージを媒介にした想像力の連鎖の果てに、興福寺の南・北両円堂は、不空羂索・愛染の二尊相合して藤氏守護の態をなすのである。それはあたかも忠実の信仰において、常に不空羂索・愛染が一対であったことにも符合するかのようだ。

おわりに――秘説における〈藤氏〉の位相

駆け足ではあったが、ここまでの考察から言説生成の〈場《トポス》〉としての南円堂という、南円堂の中世的なる側面が浮かび上がってきた。そのことは興福寺の中金堂や西金堂などについても言い得るが、南円堂言説の場合は縁起・説話的な性格よりも、それが修法という密教儀礼の実践知の一環にあった点にまず注目すべきである。中世において南円堂という空間と不空羂索という存在は、興福寺〈外部〉の東密諸流派の僧の儀礼・修法にまつわる秘説的思考を常に刺激していた消息が偲ばれる。そこで生成したのは、おそらく摂関家や興福寺僧の認識のレベルを超えた（「知識」として知っていたとしても）、ある「過剰さ」を内に秘めた言説群であったと言え、その過剰さは一つには本尊の「未見本説」という本来的な非正統的性格に由来していよう。一面三目八臂像というイレギュラーな姿態が主流となった、日本の不空羂索信仰の中で宝誌和尚の言説が、南円堂と交差してその「本説」を補ったことは見てきたごとくである。

そして、中世では南円堂観音なくしては、不空羂索の修法は語れないところまで来ていたのだと言ってもよい。『覚禅鈔』『阿娑縛抄』その他の儀軌・事相書の諸々の観音法にしても、特定寺院の本尊（その縁起・伝承も含め）をここまで重視するものは稀である。儀軌・事相とそれを補完する口伝・口決の世界で不空羂索観音は、春日神と一体化しつつ、〈南円堂〉という根本的な場の上に、創建縁起としての〈鎮壇〉、修法の起源としての〈弘法大師〉、それらと不可分にある〈藤氏〉、対立原理として呼び起こされる〈源氏〉、図像の本説としての〈宝誌和尚〉、功徳・霊験の増幅装置たる〈地蔵菩薩〉、恐るべき異体としての〈不空忿怒王〉、果ては〈ダキニ天〉や〈愛染明王〉といった秘説極まる強烈な中世的尊格などを、密教儀礼の実践と一体不可分な形で引き寄せながら膨張した。そしてもはや不空羂索観音一般に解消し得ない、固有の存在性を言説世界に焼き付けたのである。そこに真言各流派（台密も含め）の諸テキストの中にある、言説の運動としての南円堂と不空羂索が確認できる。

南円堂では密教儀礼が公的に行われてはいないと思われ、「南円堂創建・鎮壇言説」で論及した『覚禅鈔』などの鎮壇具の発見伝承にしても、義範が興福寺内にあって直接これを発見したわけではなく、『菅家本諸寺縁起集』の東寺一長者下向の記述にしても事実とは認め難い。南円堂復興像の開眼を東寺一長者が行ったことは事実であるが、それ以上に真言僧の南円堂への直接的関与が多くなされたわけでもなさそうである。そこからも中世の南円堂は実体としてのみならず、中世真言僧の儀礼的宗教実践の中に現れる「言説空間」という位相においても存在していたのである。それは南円堂という聖地の想像力に他ならない。(補注4)

そのような南円堂という言説空間に姿を顕す藤原摂関家は、歴史的実体権力に必ずしも直接還元される位相にはないものであろう。だが真言事相テキストの〈藤氏〉は、むろん摂関家の南円堂信仰と連動した存在であるから、その意味では真言勢力が、世俗権力に繋がろうとしたイデオロギー的な一面をラディカルな形で示してもいる。修法の権威と効験を保証し、かつ喧伝するために、本章「1　「南円堂観音言説」」のCで触れたような『覚禅鈔』「不空羂索上」に挙げられていた、成尊や寛信ら名うての祈禱僧によって頼通や忠実など摂関家のために修せられた不空羂索法は、格好の先例であったろう。また寛信は摂関家のための修法に際して本説の伴わない南円堂形の道場観を考案したのだが、それは世俗権力からの要請を契機とした不空羂索法の実践世界の拡張として評価できよう(92)。かかる道場観を含む寛信由来の不空羂索法は、『覚禅鈔』が「右口伝。小野秘事。勧修寺法務御房（勧信）正説也。又治承二年九月比王子誕生祈法印雅宝修二此法一。此等正説等一巻有レ之」(93)と伝えるように、後に王家の男子誕生祈禱の故実ともなり（摂関家を外戚に持つ場合）、ついに一流の正説としてまとめられてゆく。そして南円堂の印明を伝授される〈冬嗣〉、頂上化仏の秘説の伝承主体たる〈法性寺禅定殿下〉、とりわけ息災法のシンボルとしての〈藤氏〉――そして不二的対極たる調伏法のシンボルとしての〈源氏〉――など……。このように摂関家という歴史的存在は、中世真言密教における儀礼実践とその言説にとって、一つの重要な駆動力であり、その時〈藤氏〉は真言密教世界の内部に定位された言説的存在でもあったのである。

　そして「南円堂周辺言説」のEにも引いたが、『渓嵐拾葉集』巻九十二では、南円堂頂上化仏説や空海にまつわる平等院愛染・法勝寺円堂愛染の伝承の間に、

　以二宇治一習二龍宮一事　古老云。宇治殿成二龍神一住二宇治河一給云々　日本一州最上重宝。悉納二宝蔵一也。余所重宝雖レ令二散失一。宝蔵未二紛失一也。宇治殿成二大龍一。毎夜丑刻自二河中一出現《シテ》。巡二見宝蔵一故也

といった宇治の宝蔵と頼通の龍神説や、

　宇治仏法繁昌事　師物語云。宇治殿者。平等院本願也。其勤行作法者。例時外《ニ》別数多行法不二置給一也。其故本願規式定置分限令二懈怠一者。其所令二荒廃一也。供僧等器用者。顕密碩才道心堅固僧侶等被《ニル》二補置一也。私行業如

法故。彼所者興福也云云　知法高行者。所レ修三業都以不二懈怠一也云云

とあるように仏法を興行する偉人としての頼通の姿が嵌め込まれているのである。これら一連の言説は、頼通の存在に象徴される摂関家＝〈藤氏〉を、興福寺・平等院・宝蔵・円堂といった聖地や聖所、不空羂索・愛染・頂上化仏・宝珠といった聖像や聖遺物、そして聖人たる空海で囲繞し、それらとの関係の只中に定位しているものと見える。(94)

またキーパーソンとしての宇治殿＝頼通は宝蔵守護の龍神であり、巻百五でも先に引用した頂上化仏説・北円堂愛染説・平等院愛染説の直後に、空海の南円堂祈請・源氏死亡・補陀落の和歌からなる簡略な「南円堂縁起事」が語られ、続く「根本中堂薬師脅仕事」で、

金剛寿院覚尋記曰。大師所二刻残一十二神将。日光月光四天王等。宇治関白頼通被二造立一畢。然則一会曼荼羅首尾訖。豈非二大師再誕一乎已上取意私云。宇治殿年暦八十二。執政五十余年也云云　摂禄者。興福寺長者延暦寺俗別当也。仍摂禄最初必興福寺宝帳布三百余端修二二月一時　延暦寺修二正月一三番頭被二調進一也云云

とあるように伝教大師の生まれ変わりとして頼通が神秘化されている点も見落としてはなるまい。

総じて『溪嵐拾葉集』巻九十二・百五内の共通した言説の中では、愛染法を駆使して摂関家が天下の掌握を目論んだという平等院をめぐる天台系の言説と、真言系の南円堂言説が一具のものとなっている。そうした摺り合わせは、平等院・南円堂の双方に現れる〈弘法大師〉という共通項が軸となっていよう。また神秘化された〈頼通〉は「摂禄者。興福寺長者延暦寺俗別当也」のように、真言的な南円堂を含む興福寺と天台の延暦寺を縁起的言説の上に繋ぐ結節点でもある。摂関家に関わる宗教上の秘説、と言うよりも宗教言説の中に立ち顕れる〈藤氏〉が、正にここに集約されているかのようだ。(95)

『興福寺流記』『七大寺日記』『七大寺巡礼私記』『建久御巡礼記』といった代表的なテキストの記述を超えて増幅・肥大した南円堂をめぐる中世的言説は、とりわけ密教の秘訣としてこれら巡礼記や寺家の公式的な縁起書の背後に融通無碍に展開していたのである。中世に幾多のめくるめく言説を纏った神仏は少なくない。一見マイナーに見える不空羂索観音も、そうした尊格の一つだったわけだが[96]、しかし改めて何ゆえ、南円堂（の不空羂索）は東大寺三月堂（の不空羂索）を大きく凌いで儀軌に取り入れられ[97]、密教儀礼的な言説生成のトポスと呼び得るものとなったのか。それも根本的な問題としてあろう。東大寺のほうがよほど密教的であったし、空海伝承を語る（騙る）にも無理はない。すでに論じたごとく摂関家という巨大な権門の信仰がその背景にあったのだが、それのみでは充分に説明できない南円堂という聖地の磁場のようなものが、そこには介在するかに思われてならない。

注

（1）『大日本仏教全書』八四—三〇三上。
（2）同、二九六上。
（3）八田達男『霊験寺院と神仏習合——古代寺院の中世的展開——』（岩田書院、二〇〇四年）所収、初出は一九九〇年。
（4）橋本正俊「興福寺南円堂創建説話の形成」（『仏教文学』二五号、二〇〇一年）。
（5）橋本正俊「南円堂鎮壇をめぐる説話」（『国文学論叢』九号、二〇〇二年）。さらに橋本氏には「南円堂と空海——創建説話の変遷——」（『中世軍記の展望台』和泉書院、二〇〇六年）もある。
（6）南円堂不空羂索観音像とその信仰について、美術史サイドからも毛利久「興福寺伽藍の成立と造像」（『仏教芸術』四〇号、一九五九年）、松島健「南円堂旧本尊と鎌倉再興像」（名宝日本の美術五『興福寺』小学館、一九八一年）などの研究蓄積があるが行論上、本章では割愛する。

（7）近本謙介「中世初期南都における中世的言説形成に関する研究――南都再建をめぐる九条兼実と縁起――」（伊井春樹先生御退官記念論集刊行会編『日本古典文学史の課題と方法』和泉書院、二〇〇四年）。また「廃滅からの再生――南都における中世の到来――」（『日本文学』四九巻七号、二〇〇〇年）もぜひ参照されたい。

（8）また大橋直義氏も同じく『建久御巡礼記』に関わって、南都回禄という事件の説話化や建久度巡礼の個別性＝「現在性」が一般化してゆく過程といった問題を論じており示唆的である。「興福寺炎上言説、その展開の一端――『平家物語』と『建久御巡礼記』をめぐって――」（『国語と国文学』七四巻八号、二〇〇五年）、「建久度「巡礼記」の位相――『建久御巡礼記』の「現在性」をめぐって――」（『説話文学研究』四〇号、二〇〇五年）を参照。以上の論稿はすべて大橋氏の『転換期の歴史叙述』（慶応大学出版会、二〇一〇年）に収録。

（9）『幸若舞曲研究4巻』（三弥井書店、一九八六年）所収。『大鏡底容抄』における海女と珠の物語の一部にも、南円堂は藤原氏による中世的王権神話としての「二神約諾説」を伴って挿入されている。また阿部氏が興福寺周辺の密教僧の手になるものとされた『春日秘記』（叡山文庫真如蔵）には後述するように、さらに興味深い南円堂の言説が見られる。

（10）高松百香「九条兼実の興福寺再建――中世摂関家と〈鎌足〉――」（『人民の歴史学』一六二号、二〇〇四年）。

（11）日下佐紀子「平安末期の興福寺」（『史窓』二八号、一九七〇年）。

（12）奥田静代「『殿暦』から見る藤原忠実の愛染王信仰」（『国文論叢』三四号、二〇〇四年）。また院政期の愛染法については速見侑『平安貴族社会と仏教』（吉川弘文館、一九七五年）、栗本徳子「白河院と仁和寺――修法からみる院政期の精神世界――」（『金沢文庫研究』二八六号、一九九一年）を参照。本章では『大日本古記録』所収本の『殿暦』によった。

（13）本章では国書刊行会本『玉葉』による。兼実の春日信仰については、藤原重雄「『玉葉』の「図絵春日御社」参詣をめぐって――夢告に注目して――」（『巡礼記研究』六集、二〇〇九年）がある。

（14）『大正新脩大蔵経』図像部六―三四九下。なお『観世音菩薩感応抄』（東大寺図書館蔵）と題された、笠置遁世後の貞慶が作成した七段から成る新出の講式の一段では、春日神の本地は不空羂索となっており、藤氏繁盛が強調されている。内容的には貞慶の個人信仰に深く関わるもので、他者（藤原氏の貴族／藤原氏出身の興福寺僧など）からの依頼による作品ではない。新倉和文「貞慶『観世音菩薩感應抄』の翻刻並びに作品の意義について――阿弥陀信仰から観音信仰へ――」（『南都仏教』九二、二〇〇八年）を参照。貞慶の春日本地説にも振幅があると言えようか。ただし「慈悲」の権化としての観音と、その垂迹たる春日神――慈悲万行菩薩と称される――の利益・救済を、藤原氏に限定することなく、藤原氏擁護を超えた信仰の広がりを貞慶が意図していたことも確かであると思われる。

(15) 菅原昭英「夢を信じた世界」（『日本学』五号、一九八四年）。

(16) 吉井克信「九条兼実の仏教信仰」（『大谷大学研究紀要』八号、一九九一年）。

(17) 小原仁「九条家の祈禱僧」（大隅和雄編『中世の仏教と社会』吉川弘文館、二〇〇〇年）。

(18) 『大正新脩大蔵経』図像部四―二三四上。

(19) 『玉葉』文治三年八月二十一日条・同六年三月二十六日条・建久五年七月八日条に、平等院経蔵の愛染を礼拝する記事がある。

(20) 『大正新脩大蔵経』図像部四―五〇四上。

(21) 稲葉伸道『中世寺院の権力構造』（岩波書店、一九九七年、四九一頁）。この点に関して横内裕人氏は、貞慶の師匠であり興福寺別当であった覚憲が、『三国伝燈記』において真言密教に対し批判的な態度をとっていることに注目している。「東大寺図書館蔵覚憲撰『三国伝灯記』――解題・影印・翻刻――」（『南都仏教』八四号、二〇〇四年）参照。

(22) 苫米地誠一「平安期興福寺における真言宗について」（『仏教文化論集』九号、二〇〇三年）。成尊の門下には、醍醐三流の原点にある義範がおり、彼は南円堂鎮壇説話に付随して現れることは後述する。なお苫米地氏は、興福寺の実態は真言密教化していたとして「興福寺真言宗」という操作概念を定立する。だが前注(21)の稲葉氏・横内氏の他に平雅行氏も、黒田俊雄氏の顕密体制論を検証するなかで、顕密体制論＝「密教による中世宗教総体の統合論」とする理解では、密教の浸透しなかった興福寺の位置付けが困難になるため、大方の研究者は密教統合論を支持していないと語っている（大久保良峻他編『日本仏教34の鍵』〈春秋社、二〇〇三年〉一〇六頁）。永村眞氏も、兼学される「真言密教」と宗派としての「真言宗」は同一ではないと述べている（「南都仏教再考」『〈ザ・グレイトブッダ・シンポジウム論集第五号〉鎌倉期の東大寺復興――重源上人とその周辺――』東大寺、二〇〇八年参照）。伝一条兼良作の『尺素往来』（『群書類従』第九輯）にも、密教寺院に対して興福寺では「顕宗之御祈禱」を行うとし、四箇大寺のうち、東大寺は八宗兼学、園城寺は顕密兼学、興福寺は「唯顕法相一宗」、東寺は「唯密真言一宗」と規定されている。「興福寺真言宗」ということについては、今しばらく寺院史的に慎重な議論が必要ではないだろうか。

(23)　『大正新脩大蔵経』図像部三―二九下。

(24)　『大正新脩大蔵経』七八―二一〇中・同二一九上。

(25)　『大正新脩大蔵経』図像部九―一九九中。実運の『秘蔵金宝鈔』にも「八臂無二本説一云云　谷伝有レ之」とする。『大正新脩大蔵経』七八―三五一上。

(26)　『大正新脩大蔵経』図像部三―二一四下。中世密教では口伝・口決が経典や儀軌に優越し、むしろこれを主導していたことは、林文子「『報物集』にみる報恩院憲深」（稲垣栄三編『醍醐寺の密教と社会』山喜房佛書林、一九九一年）、西弥生「醍醐寺成賢と密教修法」（『中世密教寺院と修法』勉誠出版、二〇〇八年）に指摘がある。速水侑氏の『平安貴族社会と仏教』（吉川弘文館、一九七五年）や『呪術宗教の世界――密教修法の歴史――』（塙書房、一九八三年）によって先駆的に開拓された、古代・中世社会の中で密教儀礼の機能と意義を捉える歴史学の手法は、近年さらなる展開を見せている。上記の西弥生氏の他、覚禅鈔研究会編『覚禅鈔の研究』（親王院堯榮文庫、二〇〇四年）、藤井雅子『中世醍醐寺と真言密教』（勉誠出版、二〇〇八年）など。

(27)　『大正新脩大蔵経』図像部四―三二三上・同図像部一〇―八六四上〜下・同図像部六―三五三上。

(28)　小川豊生「捏造される〈始まり〉――院政期の文化戦略――」（『叢書　想像する平安文学〈平安文学〉というイデオロギー』勉誠出版、一九九九年）。

(29)　『大正新脩大蔵経』七八―二〇三上。

(30)　『大正新脩大蔵経』七八―三〇九上。

(31)　『大正新脩大蔵経』七八―五二六上。

(32)　『大正新脩大蔵経』七八―八一〇下。

(33)　『大正新脩大蔵経』図像部四―三二三上。

(34) ただし『白宝口抄』では南円堂像ではなく、三面四臂形の「本説」の扱いになっている。

(35) 『野馬台詩』で近年頗る著名な宝誌であるが、むろん真言系神道の世界でもきわめて重要な位置にある。牧野和夫「宝志和尚をめぐる因縁と口伝の世界」(『説話文学研究』三七号、一九九七年)を参照。

(36) 『大正新脩大蔵経』七八―一四五中、『大正新脩大蔵経』七八―五二五下～五二六上。

(37) 『要尊法』『別尊雑記』『白宝口抄』など。『薄草子口決』では三目四臂とは経に説かれるが、三面とは明記されないことを指摘しつつも、本説無くとも疑うべからずとする。『大正新脩大蔵経』七九―二二六下。

(38) 『大正新脩大蔵経』図像部四―五〇五上。

(39) 同、六三九上。

(40) 同、五〇九上。

(41) 『大正新脩大蔵経』七八―八五九下。

(42) 同、八六〇中。

(43) 『大正新脩大蔵経』図像部四―四〇二上。天台寺門派の口伝書である慶範(一一五五～一二二一)撰『宝秘記』に、九条兼実の息女任子(後鳥羽院中宮)の御産祈禱の記事がある。寺門派の本尊として知られる尊星王の修法が行われたが、尊星王が鹿冠を被ることから、鹿皮を纏う藤原氏守護仏の不空羂索観音と同体とされ、修法の中に不空羂索観音の神呪が加えられたという。松本郁代「中宮御産と密教――『宝秘記』尊星王法御修法をめぐって――」(阿部泰郎編『日本における宗教テクストの諸位相と統辞法』名古屋大学大学院、二〇〇八年)を参照。また不空羂索観音の鹿皮と春日信仰については後述する。

(44) 『大正新脩大蔵経』七八―七一九上。

(45) 『大正新脩大蔵経』七九―二二七上。

(46) 法性寺禅定殿下＝道家ということについては、松本郁代「真言密教界における「金亀」」(『アート・リサーチ』四号、二〇〇四年)にも、道範撰の瑜祇経の秘決に関わって指摘がなされており、『秘抄目録　禅定殿下』(随心院蔵)にも近世の写本ながら末尾に「法性寺入道殿下道家也」とある。また『不空羂索観音・准胝観音』(『日本の美術』三八二号、至文堂、一九九八年)の六六頁で、浅井和春氏は『白宝口抄』の一節、「或云。但南円堂修理時此比丘形安二仏形一也。法性寺禅定殿下仰也」を兼実とする。これは「南円堂修理時」の表現に、治承の回禄からの氏長者兼実の主導による再興というバイアスが掛かるからである。だが『白宝口抄』の記述は、『薄草子口決』からの直接引用であることは明白であり道家を指している。南円堂を取り込んだ真言の不空羂索法に関わる言説に限ってみれば、興福寺炎上は縁起的な駆動力となっていない。この他、憲深の弟子である賢親の『報物集』を分析した林文子氏は『報物集』宝治元年八月二十三日条に見える「法性寺入道殿」を九条兼実としているが、兼実はすでに没している。「『報物集』にみる報恩院憲深」の三三八頁を参照。

(47)　伊藤聡「三宝院流の偽書——特に『石室』を巡って——」（錦仁・小川豊生・伊藤聡編『「偽書」の生成—中世的思考と表現——』森話社、二〇〇三年）。また前注(26)林論文・西論文も参照。

(48)　また野沢両流を受法し、真言密教界の長たらんとした道家の活動については、松本郁代「九条道家と真言密教——慧日山における摂関家の宗教構想——」『年報中世史研究』（二七号、二〇〇二年）に詳しい。

(49)　藤田経世編『校刊美術史料　寺院篇上』（中央公論美術出版、一九七二年）五〇頁。中世の密教儀軌でも、頂上化仏＝比丘形（地蔵）説には触れず、経典通りに阿弥陀とのみ記すものも多い。

(50)　地蔵・阿弥陀同体説については、種々の密教テキストで語られるものでもある。阿弥陀・地蔵同体の信仰については『沙石集』巻二—五にも、諸仏同体観に基づき「我身ニハ、密教ノ肝心ヲ伝ヘテ、弥陀ト地蔵ト一体ノ習ヲ知リ」とされる。憲深・親快の口説を記した『開心秘決』（東寺観智院蔵）の「地蔵阿弥陀同体事」にも『薄草子口決』とほぼ同説が見られ、さらに真宗の存覚『諸神本懐集』にも、地蔵・阿弥陀同体が確認される。

(51)　『大正新脩大蔵経』七九—七九九中。

(52)　同、八五五中。

(53)　『奈良六大寺大観・興福寺二』所収。

(54)　『大日本古記録』所収本による。

(55)　『白宝抄』（『大正新脩大蔵経』図像部一〇—八六九中）、『白宝口抄』（『大正新脩大蔵経』図像部六—三五三中）などに関連の説がある。

(56)　『大正新脩大蔵経』七八—二一〇中。

(57)『大正新脩大蔵経』七九―二二六下～二二七上。
(58)『大正新脩大蔵経』図像部六―三四六上～中。
(59)『真言宗全書』二八、二二三頁。
(60)この点については、坪井直子氏・宇野瑞木氏に御教示を受けた。『睒子経』は『大正新脩大蔵経』三巻に複数本収録されているが、睒子譚の展開と変容の諸相については、坪井氏の「睒子探源」（『愛知県立大学大学院国際文化研究科論集』二号、二〇〇一年）・「睒子序説」（『愛知県立大学大学院国際文化研究科論集』一号、二〇〇〇年）がある。
(61)神道大系『春日』一八三頁。
(62)『大正新脩大蔵経』七八―八一一中。
(63)『白宝抄』（『大正蔵』図像部一〇―八六六下）。
(64)『真言宗全書』二八、二二四～二二五頁。
(65)『大正新脩大蔵経』七八―三〇八下。
(66)『大正新脩大蔵経』七八―二〇二下。
(67)『大正新脩大蔵経』七九―二二六中。
(68)『不空羂索観音・准胝観音』五七頁。
(69)神道大系『春日』一九五頁。
(70)神道大系『春日』一九三～一九四頁。
(71)『大正新脩大蔵経』図像部六―三五三上。また弘法大師の南円堂鎮壇にまつわる源氏死亡説話に対し、村上源氏出身で源氏長者を務め、また真言僧としての修行歴もある北畠親房は不快感を示している。白山芳太郎『北畠親房の研究』（ぺりかん社、一九九八年）一〇～一一頁参照。
(72)前注(49)『校刊美術史料　寺院篇上』、三三四頁。
(73)前注(49)『校刊美術史料　寺院篇上』、二四頁。
(74)神道大系『真言神道・下』四九九頁。

(75)『大倉山論集』四三輯、一九九九年に伊藤聡氏による全文翻刻がある。秘石については四五八頁、南円堂宝珠については四四三頁に記述がある。

(76)同、四五六頁。

(77)『春日秘記』では春日明神が悪臣入鹿を討つため、鎌足としてこの世に顕れたとし、また葛城の秘石が春日の御体とされたように、その末尾では平岡神（春日三宮）が、金剛山（葛城）の一言主に「垂迹」したと記す。『大和葛城宝山記』では、一言主が「豊布都と名付け、亦武雷尊と号する也」とする一節がある。『天照太神口決』の所説とも合わせて、全体として春日明神＝一言主＝ダキニ天＝鎌足とする図式が存在するのだろう。また通常、役行者と同体と説かれる金剛山の法起菩薩は、『春日秘記』末尾では天照と同体視されるようだが、『大和葛城宝山記』とも関係深い『金剛山縁起』には、天照が金剛山に降臨したとあり、「興福寺真喜僧正記云」として、金剛山で唯識論を講讃した時、社殿から豊布都神（タケミカヅチ＝春日神）が出現したと伝える。そして『春日秘記』では天神＝天照／地祇＝春日と分類が見られるが、南円堂の諸説と「摂録縁起」を含む『春夜神記』では、両部大日説を用いて春日・天照の一体化が説かれる。天照・春日ともに縁の深い葛城山を含む、中世南都修験の形成母胎は知れるように、密教にも親近する興福寺の堂衆であるが、葛城山の主神たる一言主も南都春日の中世神道説と交錯しつつ、南円堂言説の一齣として思いの他重要な位置、つまり「摂録縁起」に参入してくる様がよく窺えよう。中世南都修験と神道説については、『諸山縁起』の問題も含めて今後も考察してゆきたい。

(78)神道大系『春日』一九六頁。

(79)神道大系『春日』一九三頁。

(80)『大正新脩大蔵経』七八、五二〇頁。中世の資料ではないが『安流伝授紀要』第十六（『真言宗全書』三四巻）の千手観音の部分には、「諸観音根本印」として「補陀洛山九峯印」が説かれている。

(81)真福寺善本叢刊『中世日本紀集』四六五頁。おそらく藤家灌頂は摂関就任時に授けられるというので、即位灌頂に似せて作為されたものであろうが、関白流神道の伝書『神道灌頂修軌』（西教寺文庫正教蔵）で、即位灌頂・奥沙〔一〇五―一―二六〕灌頂などと併記される藤家灌頂では、無所不至印が相伝されている。また『神祇陰陽抄』（蓬左文庫蔵『神祇本迹本懐抄』と合冊）は、真言系の中世神道説を多く含むものであるが、これは藤原鎌足から天王寺関白の息子である藤原忠房の息子、二位中将藤房まで相伝されたものと言い、収載される諸説のほとんどが家隆・定家・藤房の伝とされる。史上の藤原氏の人物に直接比定でききない架空の存在かもしれないが、それゆえにこそ宗教言説上の〈藤氏〉と言える。

(82) 前注(49)『校刊美術史料　寺院篇上』、五〇頁。

(83)『真言宗全書』三六、九頁。

(84) 前注(49)『校刊美術史料　寺院篇上』、三三四頁。南円堂の法相六祖像については、美術史の側から小野佳代『興福寺南円堂と法相六祖像の研究』(中央公論美術出版、二〇〇八年)がある。

(85)『大正新脩大蔵経』図像部三―一二八下。

(86) 神道大系『春日』一九三～一九四頁。

(87) 田中稔「七大寺巡礼私記と十五大寺日記」(奈良国立文化財研究書学報第二十一冊『研究論集』)。いまだ原本披見の機会を得ないため同書の口絵の写真版による。また『高山寺資料叢書』一八冊および二二冊に収録される『方便智院聖教目録』に不空羂索関係テキストが散見される。仁真には『南円堂不空羂索等之事』がある。そこには逸書『十五大寺日記』が引かれており、頂上化仏説の真言寺院への流入経路の一つを示す。また明恵の弟子であり仁真の師である定真には『不空羂索抄』もあり(天理図書館蔵本を披見)、本奥書に「法務御坊(寛信)御自筆」とある。二巻から成る巻子本で、不空羂索関係経典からの引文の類聚によって成り立っているが、上巻に若干「私云」として南円堂観音像と宝誌示現説が記されている。師弟による不空羂索関係テキストの収集の問題もあろうし、定真・仁真師弟は勧修寺興然の法脈にあるため、寛信以来の勧修寺流不空羂索法の伝統に連なる行為とも見なせようか。なお興然『図像集』にも「或記云」として『十五大寺日記』の頂上化仏を含む一節が引用されている(『大正新脩大蔵経』図像部四―三二一下)。

(88) 日本思想大系『寺社縁起』二〇四頁。なお摂関家と村上源氏については、たとえば院政期では両者は姻戚関係にあり、むろん「摂関家対村上源氏」が単純な図式として存在したというわけではない。だが『春日権現験記』巻一の四段では、白河院に憑依した春日神が、源氏の繁盛に不快感を示しているなど、説話や宗教言説の世界では「摂関家対村上源氏」は図式として機能していると言える。春日神の加護を得ることができた源氏については、野村卓

美「『春日権現験記絵』と村上源氏」（『国語国文』七七九号、一九九八年）を参照。

(89)『大正新脩大蔵経』七六―八五四中。

(90) 愛染明王を描いた興福寺曼荼羅も伝存している。『愛染明王』（『日本の美術』三七六号、至文堂、一九九七年）八〇頁の図版参照。なお愛染法と摂関家・中世王権、そして『瑜祇経聴聞抄』については、山本ひろ子『変成譜――神仏習合の世界――』（春秋社、一九九三年）で論じられている。天台の『阿娑縛抄』は、愛染法について「多以㆓東寺人㆒令㆑修㆑之。全非㆔山門不㆑知㆓此法㆒」としている。真言の『覚禅鈔』「愛染法下」には、平等院宝蔵愛染や平等王＝愛染王説の簡単な項目などが見えてはいるが、それはいまだ摂関権力の問題とは繋がっていない。一方『僧官補任』（『群書類従』第四輯）の「平等院法務」によれば中世以降同院の歴代トップは寺門・山門の天台僧で占められており、こうした平等院―「平等王＝愛染王」―摂関家という『渓嵐拾葉集』の秘説が示すように、天台系統でも独自の愛染法にまつわる「知」が生成してくる。

(91)『大正新脩大蔵経』七六―七九九下。中世文学の側からの『渓嵐拾葉集』の研究としては、田中貴子『渓嵐拾葉集の世界』（名古屋大学出版会、二〇〇三年）がある。

(92)『覚禅鈔』などに見える修法の世界は、インド・中国伝来の経軌の説に加え、本朝における修法の先例や先師の口決を不可欠のものとして多く導入することで成り立っている。

(93)『大正新脩大蔵経』図像部五―五〇八上。

(94) 宇治の宝蔵・龍神・頼通については摂関家と王権の問題として田中貴子氏が論じておられる。「宇治の宝蔵――中世における宝蔵の意味――」（『外法と愛法の中世』砂子屋書房、一九九三年）を参照。

(95)『渓嵐拾葉集』巻百五の引用箇所の少し手前には、「宇治殿被㆑修㆓護摩法㆒事」があり、頼通は摂関として天下を統領し、摂関家の権威の源泉ともなる霊宝を宝蔵に蓄えることで、際限なく増長する自己の欲心を滅するため護摩を修せねばならぬ存在であるが、実は十一面観音の化現・伝教大師の再誕とされる（八五四上）。これは「権力」そのものに内在する「罪」への対処（滅罪・救済）を示すための化儀（アレゴリー）としての説話であるから、頼通は仏の化身（権者）でなくてはならないのであって、権力者の単純な神秘化ではない。過去の時代の権力者に託して語られる護摩修法の実践知の一端と捉えるべき説話であろう。先述の『不空羂索事』も同様だが、秘説的思考は実際の権力と社会関係に照応しながらも、そこからさらに新たな意味の次元をも開示する。秘説における〈藤氏〉＝藤氏説話とは、すなわち儀礼的説話であったと評せようか。

(96)　南円堂不空羂索については、この他、西院流の禅遍宏教にかかる『八結』『異水』『金玉』や、『一二口決』等にも諸説が見られる。そして未見だが石山寺深密蔵聖教には『諸尊法』所収「南円堂不空羂索事」の存在が確認される。この他、真福寺文庫にも建武二年の『不空羂索法』があり、また智積院智山書庫の『不空羂索法他』所収「不空羂索口伝」なども未見ながら南円堂観音に関わるテキストかと推測される。

(97)　東大寺法華堂の不空羂索観音像から、ヒンドゥー教のシヴァ神や神祇の天照大神といった重層的で多義的なイメージを読み取る、紺野敏文「神仏造像のイコノロジーと象徴」(『日本宗教文化史研究』八巻二号、二〇〇四年)は興味深い。

(補注1)　『𑖀秘部最秘部目録』(『大日本仏教全書2　仏教書籍目録第二』収集)。『春日本地供』については、実際に興雅の書写奥を有する近世写本が、安祥寺に程近く摂関家の子弟も入寺する門跡である随心院の聖教中に確認される。外題『春日本地供』(一四〇函一三二号九)、内題『五尊合行念誦私記』、楮斐交漉紙の枡形粘帖本。奥書には貞和四年(一三四八)に隆雅が「一条殿御壇所書㆑之」し、それを弟子の興雅が書写したといい(以下の書写歴は略す)、また「毎月晦日一座被㆑行㆑之也」とある。年記から推測するに一条経通邸で書写されたものか。公家邸宅の壇所にこうした氏神の本地供次第が伝来したことを知らせる貴重な例であり、毎月晦日の本地供祈禱の実修からは、興雅―隆雅師弟が一条家の壇所供僧であったかと推察される。また久我長通の『八幡講式』に通じる歴史的状況も想定できそうである。内容は春日一宮～四宮の本地仏に若宮を加えた五仏を供養する修法の次第で、それら春日本地の五仏が、次々に転変してゆく様を観想する実践が中核となっており、むろん春日一宮本地仏は不空羂索である。

(補注2)　頂上化仏の問題については、長谷寺十一面観音の頂上仏の説話・信仰を論じた、横田隆志「飛翔する頂上仏――『長谷寺験記』上巻第一〇話の論理と方法――」(『説話文学研究』四〇号、二〇〇六年)がある。また牧野和夫「常謹撰『地蔵菩薩応験記』和訳絵詞、その他」(『実践女子大学文学部紀要』三三号、一九九〇年)によれば、東寺観智院蔵『地蔵菩薩霊験絵詞』には、地蔵の霊場として春日社と南円堂が記されているが、それはむろん南円堂観音の頂上化仏が阿弥陀（法蔵比丘）と同体の地蔵とされたこと、地蔵は春日三宮の本地仏でもあったことによる。

（補注3）これが「承久の乱」時の幕府への呪詛を含意しており、院政期の政治状況が承久期という時代相の下に、「公家政権」と「武家政権」の対立へとアナロジカルに置き換えられてゆくことについては、大橋直義「歴史叙述と巡礼・巡礼記――「中興」論――」（『転換期の歴史叙述』慶応大学出版会、二〇一〇年）四〇六頁を参照。また永厳の『要尊法』では六観音の修法について、藤原氏のために修す場合は准胝観音を除いて不空羂索観音を加え、逆に源氏の場合は不空羂索観音を除いて准胝観音を加えるとする（『大正新脩大蔵経』七八―二〇三中）。〈源氏〉〈藤氏〉は、こうした修法にまつわる応用理解の枠組みへと化してゆく。また延慶四年（一三一一）の奥書を有する『近衛殿由緒抄書』（『大日本史料』五編九冊、五二頁）は、高山寺で日々「藤氏繁昌」を祈る由縁を説き、「普賢寺大殿」（近衛基通）が明恵の護持力によって承久の乱を切り抜け、「カヘリテ御運ヲ開キ玉ヒヌ」と記す。基通が明恵に帰依していたことは事実だが、「カヘリテ御運ヲ開キ玉ヒヌ」とはいかなる史実に基づくものか判然とせず、説話化と言うべきだろう。ともあれ同書はそれを、藤原冬嗣の頃に弘法大師と南円堂の力で衰退した藤氏が繁栄した故事に類比しつつ、基通以来、近衛家から分流した鷹司家の「岡屋殿」（兼経）・「照念院殿」（兼平）も安泰であり、「南社」（高山寺の鎮守春日社）は、南円堂観音と「本迹無二」の関係として藤氏を守護すると言う。近衛・鷹司両家ともに高山寺を重んじ、兼経は、祖父である基通の菩提を弔うため、仁真に長日光明真言護摩供を修せしめ、料所として島津庄を施入している（葉上照澄「高山寺の歴史と信仰」〈『古寺巡礼京都　高山寺』淡交社、一九七七年〉八九頁）。

（補注4）聖地の想像力ということについては、西山克『聖地の想像力』（法藏館、一九九八年）がある。

結語

以上、本書では中世寺院（神社を含む）における各種の宗教儀礼に射程を定め、その分析を通して仏と神とが中世的な信仰形態を獲得していく過程を、ひとつの思想運動として多面的に論じてきた。具体的には、「解脱房貞慶の信仰と儀礼」「中世律僧の信仰と儀礼」「中世真言密教の信仰と儀礼」の三部をもって、宗教儀礼という座標から神仏習合の具体的諸相にアプローチした成果であると言える。

本書では全篇を通して、南都・叡山・鎌倉などの宗教圏、春日神・八幡神・山王神・天照大神・南円堂観音・仏舎利（生身仏）・愛染明王といった神仏、春日社・日吉社・興福寺・笠置寺・鶴岡八幡宮・石清水八幡宮・醍醐寺・称名寺他の寺社、講式・懺悔・授戒・修法・葬送・観想・夢見・憑依などの儀礼、貞慶・明恵・叡尊・志玉・恵尋・頼助・房玄ら、南都から天台・真言に及ぶ顕密僧や遁世の律僧といった宗教者など、多様な対象と問題を扱ってきた。各章の議論については、「序章」においてすでにその概要を詳しく示してあるので、再度ここで個別に内容を回顧することはせず、各章における個々の論点の総和である本書全篇を、基底的に貫く視角や方法的認識について改めて総括したい。

本書における中世宗教儀礼研究は、序章で方法概念としての儀礼であると語っているように、いわゆる儀礼の形態論や類型論を展開してはおらず、儀礼の単純な復元的作業や、儀礼を個々の要素・ユニットに分解して系統的に再構成する作業、といったものとは大いに異なっている。また儀礼を種形ごとに分類して、儀礼の全体像を概括的に把握するものも、「仏教儀礼」あるいはそれに類する語を冠した入門書や事典的な書籍には見受けられる。たとえば仏教の場合その基本理念に基づき、儀礼を①「上求菩提」＝対自儀礼と②「下化衆生」＝対他儀礼の二系列に大別し、さらに①を「修道儀礼（修行）」と「報恩儀礼」に、②を「祈願・祈禱儀礼」と「回向儀礼」に分岐させ、①②の系列の中間に「特殊儀礼」を設けるという図式化がなされている。そうした大きな図式に沿って目的・形式ごとに、日常勤行から加行・回峰行・接心・安居・灌頂・葬送・追善・懺悔・修法などなど、個々の仏教儀礼を配当し解説がなされる。[1] また個別の宗教を超えた普遍的で汎用性の高い儀礼のカテゴリーとして、所詮は便宜的なものであり名称も一様ではないが、通過儀礼（誕生儀礼・成人儀礼・婚礼・葬送・即位式など）／年周儀礼（農耕儀礼・予祝儀礼・年中行事など）／危機儀礼（治癒儀礼・贖罪儀礼〈仏教的には滅罪儀礼〉・浄化儀礼など）というような、よりその性質面に即した用語もある。たとえば現在でも寺院で二月に勤められる修二会は、東大寺や薬師寺の十一面観音悔過や薬師悔過が著名なように「悔過」（懺悔）であるから滅罪儀礼だが、それらには民俗的要素として「農耕予祝儀礼」の意味が強く認められ、神道では祈年祭がそれに該当する、という具合になる。だがそうした細分化や類型化の作業は本書の志向するところではなく、[2] 文化人類学における「構造主義」的な儀礼の構造分析を開陳したものでもない。[3]

そうした研究は、儀礼の空間に顕現する神仏のリアリティを問うことはないし、儀礼を通して変容していく神仏の動態的信仰論も議論に上らない。またそこでは儀礼を実践する者の宗教的境位が注目されることもない。序章で述べたような「宗教儀礼の本質構造」に踏み込むことのない、その意味で本書の立場からすれば、むしろ周辺的・

外的とも言える問題を中心に扱う研究は数多く、そちらが主流だと言ってよい。むろんそうした研究が批判されるわけでは決してない。それは観点の相違である。

本書は現場・実践・体験の世界を重視したが、さりとて抽象化された宗教論や、宗教者の体験を内在的に記述することに留まるのではなく、中世の社会・国家・権力・イデオロギーなど歴史実体的な諸問題にも射程を開いてゆくよう意識してある。[4]ただしかつてのような生産様式論や社会構成史的パラダイムに基礎付けられた中世像の内に宗教儀礼を位置付けるというよりも（それは主観的次元にあるとされる宗教事象を客観化する際の暗黙のセオリーでもある）、宗教儀礼の側から見えてくる〈中世〉という問題、儀礼を起点として〈歴史〉を照射することに自覚的であろうと努めたことも、再度ここに一言しておきたい。[5]ゆえに「中世の神仏と儀礼」ではなく、「神仏と儀礼の中世」と題したのであり、本書のタイトルは筆者の研究スタンスの表明でもある。単に表現技巧として語順を転倒させたわけではない。

さて序章でも論及したとおり、中世は神仏習合思想と宗教儀礼が最も高度に発達した時代である。新たな儀礼が数多く生み出され、特に密教の修法は肥大化といってよいほどの展開を見せた。また本書でも主題の一つであった講式は、正しく院政期以降の中世に花開いた宗教儀礼であった。摂関期の源信を嚆矢として、永観・覚鑁・貞慶・明恵・慈円・叡尊他、名だたる高僧（思想家）ばかりでなく、歴史にその名を残すに至らなかった宗教者まで、講式という宗教儀礼を作成している。宗教儀礼は永らく伝統として保持され、年中行事や式年行事へと固定化し、繰り返される性質を有するが〈儀礼の継続性〉[6]、本書では中世の宗教者による〈儀礼の作成〉〈儀礼言語の生成〉という側面に重点を置いた。それは全く新たな創造のみならず、既存の儀礼の改変や、儀礼自体の形式や次第は同一でも新たな意味付けや機能が付与された場合を含むが、儀礼とは神仏の霊威の形象化であり、儀礼の次第書が、その書記言語《エクリチュール》化であるとすれば、儀礼を作成することは宗教実践であり「神仏を探究すること」に等しいと、方法的に考えたのである。

本書の目的は、中世における「神と仏の探求」「神と仏の変容」という実践的な視座から、儀礼の動態＝〈宗教性〉を析出するという点に帰結すると言ってよい。中世的な神・仏信仰の濃縮され、メタ化された言語表現・叙述の形式こそが、儀礼次第書などの文字テキストであるという観点から、これを中世という時代の歴史的・思想的コンテクストと関係付けて緻密に読解する。そうすることで諸分野からなされてきた儀礼研究の成果を踏まえながら、聖教体系に基づく中世的な知と言説が交差し、そこに宗教者の身体性や体験性が注がれてゆくという、従来の文献学的手法の枠を超えた、新たな儀礼研究の提示を本書は試みたものである。

いまだ充分に意を尽くせず論じ残した問題、組み込めなかった射程、次なる展開に向けて残された課題などが多いことは承知している。特に〈儀礼テキスト〉概念は、さらなる論理的検討を要するであろうが、そのことは儀礼概念の拡張や更新をもたらすものと予測される。もとより研究はある特定の立場からなされるものである以上、視野の限定や問題の捨象は常に付きまとうのであり、何を論じて何を論じなかったかということは、そのままその研究の固有性に他ならないとも言える。しかし同じ地点にいつまでも立ち止まっているわけにゆくまい。本書を一つの通過点として位置付けるなら、その直線的な進展を期するだけではなく、ひとたび捨象した問題と改めて一段高い方法レベルで向き合う必要も生じてこよう。

宗教儀礼という領野は、一箇の巨大な思想・文化の体系として存在しており、政治・経済・社会の諸領域と交錯している。寺社と儀礼をめぐる政治史・経済史的な問題は、「書かれたもの」としての〈儀礼テキスト〉を中心に分析を進める立場を自覚的に選択している本書では中心的な議論とはならなかったが、総合的文化表現である儀礼は、言説・文献・身体所作・芸能・絵画・造形・声・音など、感覚器官をフルに稼動させる諸要素を豊富に備えている。儀礼が勤修される堂舎といった物理的な建築空間の問題、儀礼の本尊となる仏像・仏画や荘厳具に関する美術史・イコノロジーの問題、さらには音楽史・芸能史など。それらについては、重厚な研究史を咀嚼し得ず、現段階では直接的に論及するに至らなかった。儀礼というパースペクティブで中世的神仏をめぐる思想や観念を析出する際、とりわけ可視的な図像やイメージといった対象は逸することができず、儀礼の本尊として経軌に根拠を持たない逸脱的で非正統的であるような尊像が、新たに考案（あるいは霊的に感得）される事例などは、誠に興味深い問題としてある。

本研究の有効性いかんについては諸賢の御判断に委ねる他はなく、儀礼から始まる宗教思想史、すなわち「儀礼思想史」は、本書の中ではまだ一つの構想に留まっているが、新たな中世文化学としてのイメージを結びつつある。それを確固たるものとするため、今後もさらに研究を深めてゆく所存である。

注

（1）藤井正雄編『日本仏教の儀礼——その心と形——』（桜楓社、一九八三年）、藤井正雄『仏教の儀礼』（東京書籍、一九八三年）、奈良康明編『日本仏教を知る事典』（東京書籍、一九九四年）など参照。

（2）こうした細分化や類型化は、基準の設定次第で様々に可能であるし、個々の宗教儀礼はおおむね複合的に形成されているため、単純にカテゴライズし得ない場合が多く、理念型《モデル》は常に揺らぎを孕む。なお集団性・共同性を欠いた一人（個人）の場合は儀礼として成立しないとか、修行は儀礼の範疇から省くという理解もあるが、ともに神仏と宗教者のコミュニケーション過程と判断される以上、儀礼行為に他ならないとする立場で、本書はここまで議論を進めてきた。田舎の小寺院において住職がただ一人で朝晩に修する勤行は立派に宗教儀礼であり、日々の修行そのものである。

（3）　むろん本書もそれらを研究史として参照している。

（4）　神と仏の交渉を外面的に記述するのではなく、ある宗教者の実践や身体の側にこだわって読み解いてゆく、という方向を徹底して突き詰めてゆくならば、それは神仏習合という近代的パラダイムの普遍性のうちに安住することを止め、ある宗教者の固有な内的ドラマとしての相貌を見せ始めるだろう。そしてそれはもはや、神仏習合という表現では均質化・平準化し得ない突出した精神の運動史として捉えるべき対象ともなってこよう。

この「突出した精神の運動史」とは、霊性《スピリチュアリティ》という今や宗教学を超えて注目を集めているキーワードに強く関わってくるものに感じられる。ただ現在の研究状況における霊性概念はきわめて流動的である（そこに可能性もあるのだが）。そして「霊性は歴史的に形成される」と言うと歴史還元主義に過ぎるように聞こえるかもしれないが、霊性も時代性や地域の文化的伝統を刻印されて発現するはずである。そうした問題がいまだ自分なりに充分な形で処理できておらず、霊性に確かな定義を与えられていないため、本書は上記の方向に直進するものとはなっていない。だが中世的宗教世界に近代的な意味での個人・自我・内面といった概念装置を用いず、儀礼・身体・修行といった視座からアプローチしている本書は、近代的宗教観が見落としてきた霊性という問題の再発見に繋がっていると考える。

霊性については以下の学術誌においても特集が組まれている。『日本文学』五四巻五号（二〇〇五年）「特集　古代文学の〈霊性《スピリチュアリティ》〉」、『宗教研究』三六五号（二〇一〇年）「特集　スピチュアリティ」など。また歴史学としては、池上俊一『ヨーロッパ中世の宗教運動』（名古屋大学出版会、二〇〇七年）が、「ヨーロッパ中世世界を宗教運動とその霊性を軸に見直してみること（二頁）」を試みており、日本中世の宗教史においても今後参照されるべきものである。

（5）　文学研究の新たな動向と連繫しつつ、説話・神話・軍記・儀礼・芸能・絵巻など多様な文化史領域を対象として、それらの「表現構造」の中に宿る〈中世〉を摑み出そうと長年努めてきた中世史家としては、桜井好朗氏にまず指を屈するべきであろう。『神々の変貌――寺社縁起の世界から――』（東京大学出版会、一九七六年）、『中世日本文化の形成――神話と歴史叙述――』（東京大学出版会、一九八一年）、『空より参らむ――中世論のために――』（人文書院、一九八三年)、『日本中世の王権・宗教・芸能』(人文書院、一九八八年)、『祭儀と注釈――中世における古代神話――』(吉川弘文館、一九九三年)、『儀礼国家の解体――中世文化史論集――』(吉川弘文館、一九九六年)、『中世日本の神話と歴史叙述』(岩田書院、二〇〇六年)を参照。中世は多層的であり、「宗教」という位相に定位される中世というものを考えることの意味を、我流ながらここから学んだ。

(6)　しかしその継続性は、のっぺりとした連続ではない。宗教者にとってはそのたびごとに神仏とコンタクトしてゆく、「一回性」の実践としてあることは無視できない。

随心院本貞慶撰五段『舎利講式』翻刻

凡例

一、改行等は原本のとおりに従った。
一、旧字は原則として原本のまま翻刻したが、異体字は通行の字体に改めた。
一、踊り字は「々」に改めた。
一、十行毎に行数を付し、紙の変わり目は」で表示し、紙数を記した。
一、読みの便宜として私に句読点を補った。
一、他本により訂することのできる誤字は、（　）で異本注記を付した。
一、判読困難な文字は「▨」で表示した。

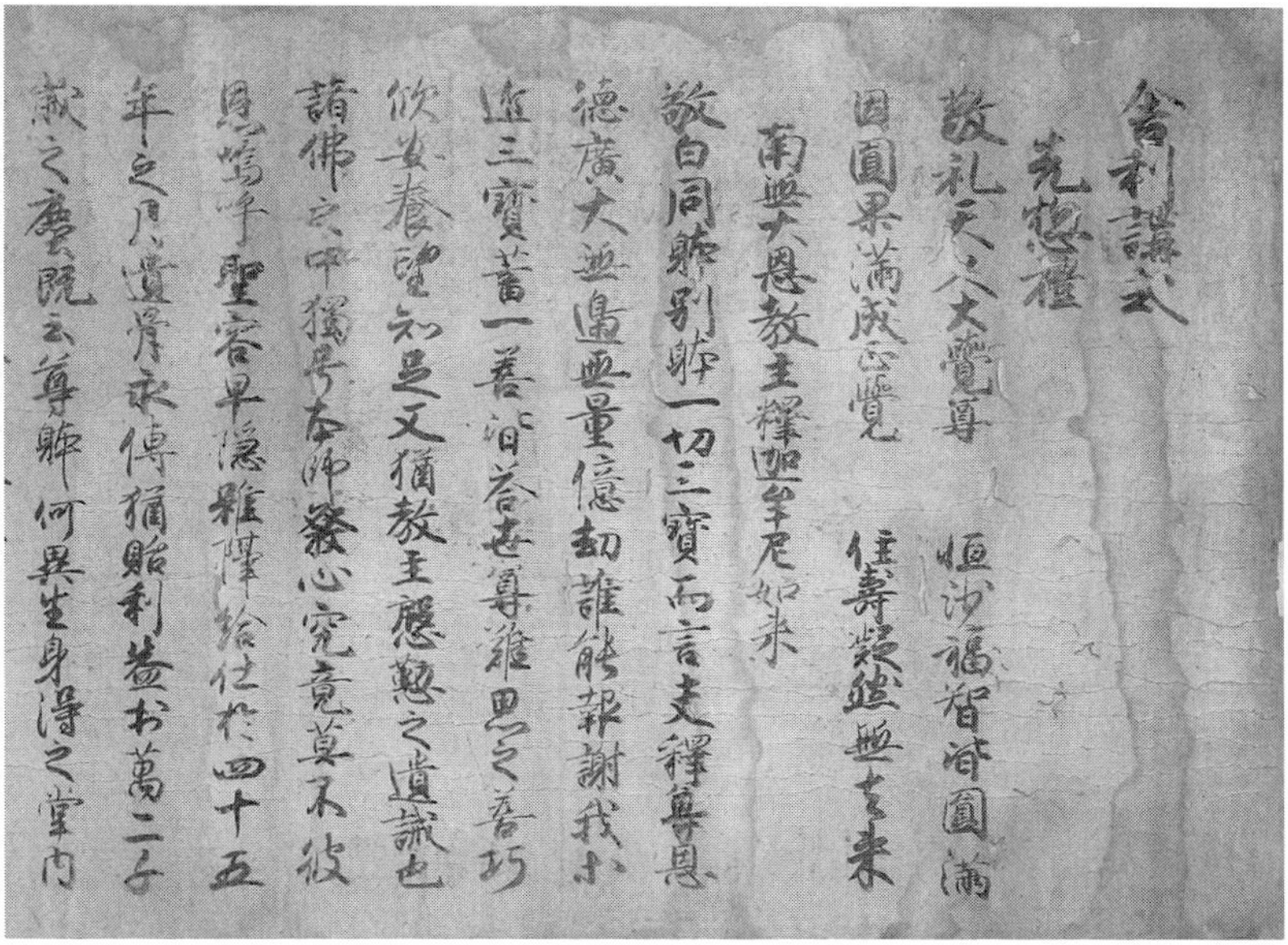

図１　『舎利講式』冒頭（随心院蔵）

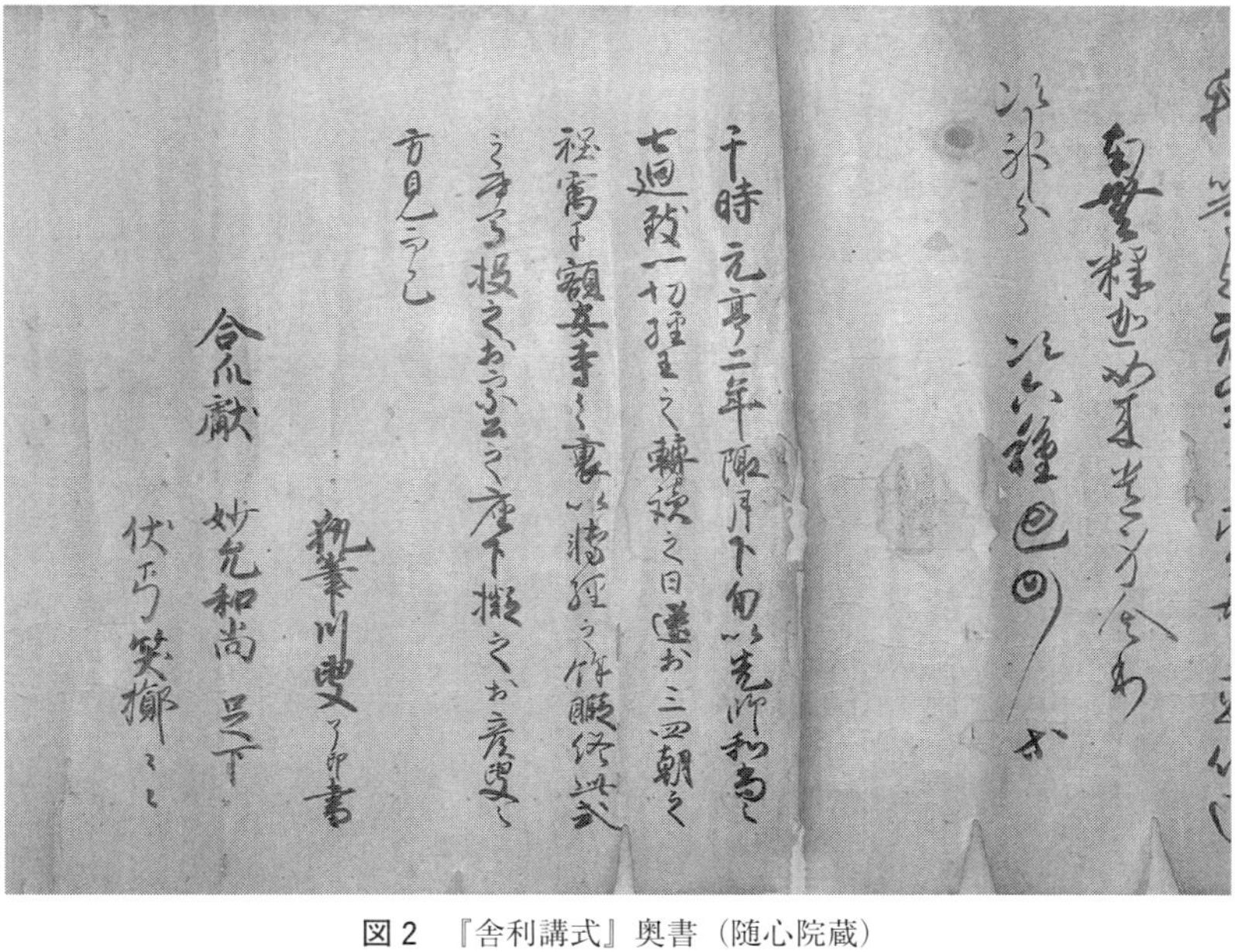

図２　『舎利講式』奥書（随心院蔵）

舎利講式

先惣禮

敬礼天人大覺尊　恒沙福智皆圓滿
因圓課滿成正覺　住壽凝然無去来
　南無大恩教主釋迦牟尼如来

敬白同躰別躰一切三寶而言。夫釋尊恩徳廣大無邊。無量億劫誰能報謝。我等近三寶蓄一善、皆答世尊難思之善巧、欣安養望知足。又猶教主慇懃之遺誡也。諸仏之中獨号本師。発心究竟莫不彼恩。嗚呼聖容早隠、雖隔給仕於四十五年之月、遺骨永傳、猶貽利益於萬二千歳之塵。既云尊躰何異生身。得之掌内悲喜共深。方今朝敬暮敬之志、苟効阿難之舊儀。一色一香之供、泣抽純陀之舊誠。因述礼讃弥期引攝。稱揚旨趣以為五門。

一讃如来恩徳　二明舎利分布
三歎末世神變　四述事理供養

」一紙

五致廻向発願也。伏願世尊哀愍納受矣。
第一讃如来恩徳者、夫釋出世濟度衆生、為三界於吾有、撫四生於一子。覆以無縁之慈雲、降以平等之法雨。三草善種依此滋潤、五乗勝果與（為）之生長。五百大願廣救苦海。其願未滿微塵之要。三千世界普捨身命。其地無空芥子之隙。積功累徳已成正覺。凡諸仏菩薩慈悲本誓意楽差互雖無勝劣、釋迦大師難行苦行是猶餘聖之所不及也。我等久遠劫之間、若不蒙世尊之調伏、生死夢中争得生一念之覺悟。不見金容不聞梵音、雖漏在世之正機、逢聖教逢于舎利、烈滅後之遺弟。何況聊信因果之理、剰得比丘之名、出離進退只在我心。根熟之遅速敢非仏咎。平等慈悲於誰為軽。経云、一切衆生受異苦、即是如来一人苦。譬如父母之病子云々合二経意。悲哉、依我等之

」二紙

罪障、無端生如来之苦悩。不孝之責悔而有餘。然則世尊更無他念、只欲救衆生。我等又廻何謀、須随順佛語。是真実之孝子最上之報恩也。仍大衆同時随喜佛恩、唱伽陀、亦行礼拝矣。

正覺法王育我等　飲我法乳長法身
唯願法寶舍利光　令我解脱三有苦

　南無大恩教主釋迦如来

第二明舍利分布者、一化春暮雙林雲歸、世界暗冥福田雖乾、大悲深重之餘、猶慇滅後之生。無相涅槃之中、假留血肉之形、分之三趣永利末代。是以釋提恒因之得牙歯、建塔婆於三十三天之雲。難陀龍王之恭佛髭。瑩水精於八萬余里之月、八國諸王各預分布。供養恭敬殆越在世。正法之始及阿育王、閻浮提内廣令流布、遂使摩騰法蘭来漢土之日、舍利昇空、光奪日輪。上宮太子生倭国之時、手拳舍利、唱南無佛。

其降諸宗高僧異域神人、知時将来、測機傳授。日本一国歸依尤盛也。大般若経云佛以」三紙大悲観有情類、於設利羅所應得度者、砕金剛身、令如芥子、若得一粒有供養者、在人天中受諸妙楽、乃至最後得盡苦際文。我等既遇舎利。可知依之可得解脱。如来知見若無所誤、我等出離方有何疑。彼香姓婆羅門自為分布之仁、纔得寶瓶立塔波温達梵士親詣荼毘之庭、只取灰土成供養。感得甚難以可知矣。又如来在舎衛國二十五年、一城之内、三億之家不聞佛号、不見佛形。夫毫光照十方大地動六種。人天大會猶如盛市。設雖盲聾誰不見聞。佛化奇特、無縁者不覺在世既而、況當時。乎方今中天程遠、隔煙浪而十万餘里。滅度年遙、送星霜而二千余廻。我等耳聞三寶之名字。猶是過分巨益也。手得数粒之佛骨、寧非曠劫之宿縁哉。誰謂此所於弥離車之境。可知大乗善根之國土也。誰謂我等於一闡提之類。恐是宿願成就之菩薩也。假使順次往生浄土、其因猶為足。假使即身値遇弥陀、其縁何」四紙為堅。須生随喜。勿懐怯弱。仍唱伽陀、可行礼拝矣。

佛非血肉身、云何有舎利、方便留身骨、為益諸衆生

南無釋迦如来遺身舎利

第三歎末世神變者、時及澆季万事隠霊、末代獨新者舎利之神験也。観夫、方圓改形、黒白變色、出没随機、多少依時。或放瑞光明於珠玉之耀。或薫異香馥於沈麝之匂。或摧而自合、或去而再来。或宛轉懸于虚裏、或自然飛壺外。凡機宜有時、精霊無方。千變萬化不可勝計。耳目所及當世如此。況於上古哉。況於大國哉。昔往師子國現身説法。相好光明宛如生身。自余小瑞何足為奇。嗚呼血肉非血肉。故金剛之杵難摧。色相而異色相。故劫焼之火

無焼。此是成所作智之所反。此是最上無漏之現行。三身非一異。法性既顕白玉之色。萬徳混體用。真智何隔黄金之膚。諸佛境界誠越言議之路。見聞覺知須生信敬之想。仍唱伽陀、可行礼拝矣。」五紙

如来定智悲、依正而示現、佛身及舎利、變化難思議

南無釋迦如来遺身舎利

第四述事理供養者、傳聞大聖世尊在世之間、十方恒沙無量衆生恣遂見佛聞法之望、各預住行向地之益。随宜引攝、甘露充足。我等其時不能覺悟。六趣四生之間、不知隠何方所。刀山鈒樹之下、不辯沈何苦患。慧眼早盲、末向三界慈父之芳顔。法身獨悴、空《虚》隔八諦醫王之撫育。常在霊山之秋月、纔望微月兮消魂、泥洹雙樹之苔庭、只聞遺跡兮断腸。孤露之悲肝葉増色。但涅槃経云、若人深心供養如来、若人深心供養舎利、二人功徳正等無異。所得福

100

聚無量無邊文。今聞此説聊休憂悔。又法花
経云。諸佛滅度已供養舎利者、如是諸人等皆
已成佛道文。正直捨方便之説、先蹤實可憑。
仍捧随分之供具、泣設一日之齋莚。花非呉
山千葉之粧。只期根力覺道之開発。香異
海岸六銖之煙、偏思戒定恵解之薫 」六紙
修。九枝挑燈、早除無明之闇、一音唱偈。宜
驚生死之夢。一々供具随心無导、念々所作
流入法界。伏願為香雲為華雲、遙遍盡
虚空界之佛會。無間缺無窮盡、常增微
塵刹土之荘厳。仍唱伽陀、可行礼拝矣。
若人供養佛、及供養舎利、如是二人福、正等無有異。
　南無釋迦如来遺身舎利
第五致廻向發願者、以今日所修及三際善
根廻向衆生、共成仏道焉。夫三界穢土患
累無絶、八苦愛海厭離有余。悪上重增悪、
苦中弥添苦。未来永々、出離何日。就中人
不生自栴檀之種。必有父母、有親族。身不住

于虚空之中。豈無恩愛、無眷属。面々芳
情、山岳雖重、一々報謝、有志無力。然間、風
樹之悲易動、前後之別難抑。夜雨聞窓
之腸、遺徳猶留肝底。秋風滿衫之涙、餘
香末消衣上。非只一世亦及多生。展轉無
窮周遍法界。欲解其一縁、則愛結之稱 」七紙
易纏、欲度其一人、亦牢獄之鐵難破。自
行未立、化他何及。不如早生佛國永絶未
来之妄縁、自進菩提、漸報往昔之重恩。
所以一代諸教、或勧安養或勧知足。蓋是
機感之所宜也。末世行者、或歸弥陀或
歸弥勒。一其宿習之令然也。但佛界平
等也。何佛無攝取不捨之誓。行業無盡也。
何行非往生佛土之行。歸念若有誠引
攝各無疑。然則寂々黄昏之暮、遙懸
心於浄刹之華臺、澄々白毫之光、蓋
分影於閻浮之草庵。仰願臨終微苦、安住
正念、善友来會、開發宿願。非佛像者無

見他色、非法音者不聞他聲。念佛三昧自
然成就、菩薩聖衆安祥来迎。孤山松間、
徐禮白毫之秋月、蒼海浪上、遙引紫
臺之暁雲。遺身舎利、忽復生身、同放
光明覺悟行者。身心安楽、得未曾有、随
從佛後託生蓮胎。一念飜迷、消滅無量
劫之罪垢、四魔攝境、必成就一大事之」八紙
因縁。我具五神通、常行四攝法、随心供
養十方諸佛、任願引接三有結縁。見
佛聞法之力、早昇無生法忍之位、因
圓果滿之行、普度盡虚空界之生。
南無大恩教主釋迦如来、哀愍誠心
滿足我願。南無大慈大悲弥陀弥勒、本
誓無誤来迎我等。仍大衆一心可唱
伽陀行、禮拜矣。
八功徳水流諸塵　諸有縁者悉同生
我今弟子付弥勒　龍華会中得解脱
願我臨▨(欲)命終時　盡除一切諸障礙

面見彼佛阿弥陀　即得往生安楽國
願以此功徳　普及於一切
我等与衆生　皆共成仏道
　南無釈迦如来遺身舎利
次神分　次六種廻向　」一九紙
于時元亨二年陬月下旬。以先師和尚之
七廻、致一切経王轉読之日。遂於三四朝之
程、寓于額安寺之裏、以轉経之餘暇、終此式
之書写。投之於宗公之座下、擬之於彦叟之
方見而已。
　　　　執筆川叟了印書
　合爪獻　妙允和尚　足下
　　　　伏丐笑擲々々

随心院蔵講式目録

『随心院聖教類の研究』で言及されていないものを含め、筆者の調査によって現段階で確認された限りでの講式名と最小限の情報をここに掲載し、容易に閲覧できる翻刻・影印本がある場合はそれを記し、ない場合には他所の伝本で比較的閲覧しやすいもの一、二例のみを示した。その際、ニールス・グュルベルク氏の「講式データベース」を参照させていただいた部分が多い。また今回は声明・法則・伽陀集などは省いた。

第一函九号『舎利講式』（五段）
作者は貞慶。巻子本。訓点等なし。元亨二年（一三二二）川叟の書写奥書あり。詳細は本書の翻刻と考察を参照。

第一函一〇号『往生講式』（七段）
作者は永観。巻子本。訓点等あり。文永六年（一二六九）仏子尊然の書写奥書があり、末尾に「南都興福寺東院之内　藤菊丸」とある。漢字平仮名交じり文。『随心院聖教類の研究』に影印・翻刻あり。

第一函二四号（表）『普賢講作法』（七段）
作者は源信。巻子本。訓点等あり。奥書なし。平安院政期書写と想定される。紙背に『仏生講式』あり。『随心院聖教類の研究』に影印・翻刻あり。

第一函二四号（裏）『仏生講式』（五段）

作者は明恵。巻子本。訓点等あり。奥書なし。室町初期書写と推定される。『随心院聖教類の研究』に影印あり。

第一函三三号『涅槃講式』（六段）

作者は不詳。巻子本（軸なし）。訓点等あり。奥書なし。明恵作『四座講式』の一本ではなく、この他、確認される限りでは『魚山叢書』「講式之部三」（上野学園大学日本音楽史研究所の複写本を閲覧）に伝本あるのみ。鎌倉後期書写と推定される。

第二函四号『光明真言式』（五段）

作者は知道。明恵作三段『光明真言講式』の改作。巻子本（軸なし）。訓点等あり。奥書なし。内題下に「多聞院」と墨書。南北朝期書写と推定される（末尾の一紙は後補・別筆）。紙背に『大学章句』断簡あり。『随心院聖教類の研究』に影印あり。

第二函一二号『舎利講式』（三段）

作者は明恵。四座講式の一つ。巻子本。訓点等あり。寛正七年（一四六六）琳算の書写奥書あり。『大正新脩大蔵経』八四巻に翻刻あり。寛正七年琳算書写の『羅漢講式』（亀井孝氏所蔵）の末尾の写真が、古い墨譜を持つものとして金田一春彦『四座講式の研究』（三省堂、一九七三年）に掲載されている（七一頁）。随心院本『舎利講式』は、これと一セットの『四座講式』であったに相違なく、重要である。

第五函一二七号『卒塔婆供養式』（一段）

外題の下に「覚鑁作　多聞院」とある。続き紙。訓点等あり。奥書なし。室町後期書写と推定される。『興教大師全集』下巻に翻刻あり。

第一八函四号『高野明神講式』（五段）

作者は性祖（尚祚）。大和綴装袋綴。訓点等あり。奥書なし。前半は論義草と思しい雑記で、後半が講式。室町末期書写と推定される。『高野山講式集（CD―ROM版）』（小林写真工業、二〇〇一年）にも収録。

第一八函四一号『舎利講深秘之式』（一段）

作者は弘法大師と伝えられるが、実際は凝然の作。折紙。訓点等あり。寛永十八年（一六四一）官果の書写奥書あり。関口静雄「示観房凝然とその講式」（『歌謡――研究と資料――』三号、一九九〇年）に翻刻あり。

第一九函一号『如来遺跡講式』（五段）

作者は明恵。四座講式の一つ。巻子本。訓点等あり。康応二年（一三九〇）宣祐の書写奥書あり。外題の下に「小比丘暁恵」と墨書。『大正新修大蔵経』八四巻に翻刻あり。

第一九函三号『大黒天神講式』

弘法大師。巻子本（軸なし）。訓点等あり。室町時代書写と推定される。『高野山講式集（CD—ROM版）』（小林写真工業、二〇〇一年）にも収録。

第四二函二二号（A）『弁財天講式』（一段）

外題は無いが、以下（E）までが一括された折本で、それぞれに伝来を異にするものが最終的に一帖にまとめて書写されたものかと思われる。冒頭の『弁財天講式』内題の下に「弘法大師御作」と墨書。生源寺行恒（寛正六年〈一四六五〉）、祝部希璵（文久元年〈一八六一〉）の書写奥書は、いずれも日吉社の社家によるものである。訓点等あり。『弁才天講式』は、伝最澄作のいわゆる『六天講式』内の一段『弁才天講式』が知られるがそれとは別本であるが、「講式データベース」に収録されるNo.145醍醐寺蔵最澄作一段『弁才天講式』と随心院本は同本と思われる。

第四二函二二号（B）『弁財天講式』（三段）

内題下に「解脱上人作」とある。『貞慶講式集』（山喜房、二〇〇〇年）に翻刻あり。この講式には弁財天の「祭文」が付随しており弘法大師の作とする因縁譚が伴う。ともに弁宗が康正元年（一四五五）に書写し、祝部希璵が文久元年九月に加点している。全く同様の弁宗書写本は上野学園大学日本音楽史研究所にも蔵される。『声明資料集』（二松学舎大学21世紀ＣＯＥプログラム「日本漢文学研究の世界的拠点の構築」）、一九八頁参照。

第四二函二二号（C）『最勝護国宇賀耶頓得如意宝珠王修儀』

祝部希璵が文久元年八月に加点している。これは講式ではないが、天台で弁財天を供養する行法の次第書であり、山本ひろ子『異神』（平凡社、一九九八年）に翻刻あり。

第四二函二二号（D）『弁財天式』（一段）

冒頭に「慈覚大師撰」とある。書写者は記載されないが、祝部希璵と同筆。訓点等なし。「講式データベース」によれば大覚寺にも伝本あり。

第四二函二二号（E）『大黒天式』（一段）

作者は不詳。『大黒天式』とあるが、「弟子某敬擎餅菓茶……」と始まり「尚饗再拝」で終わるため『大黒天祭文』と言うべきか。書写者は記載されないが、祝部希璵と同筆。訓点等なし。

第五二函二号『地蔵講式』（五段）

作者は貞慶。巻子本（軸なし）。訓点等なし。奥書なし。江戸中期の書写と推定される。五段式だが、四段までしか書写されず結願作法に至る。『貞慶講式集』に翻刻あり。

第五二函三号『愛染秘密式』（三段）

作者は不詳。巻子本（軸なし）。漢字平仮名交じり文。訓点等なし。奥書なし。尾欠。江戸初期書写と推定される。『高野山講式集』収録本は一段のみの漢文本。上野学園大学日本音楽史研究所にも漢文体の複数の伝本あり。

学習院大学国語国文研究室蔵本は漢文体の完本（国文学研究資料館にマイクロあり）。『豊田史料叢書――猿投神社聖教典籍目録――』によれば、猿投神社本は奥書に弘法大師作とある（一三六頁）。

第五二函一一号『舎利講式』
守覚法親王作の『奥院舎利講式』と呼ばれるものと同本と思われるが、冒頭の表白以下は欠落。巻子本（軸なし）。訓点等なし。江戸中期書写と推定される。清水宥聖「守覚法親王の舎利講式――紹介と翻刻――」（『密教学研究』三三号、二〇〇一年）参照。

第五二函一三号『舎利供養講略式』（一段）
作者は覚鑁。巻子本（軸なし）。訓点等なし。奥書なし。江戸時代初期書写と推定される。『興教大師全集』下巻に翻刻あり。

第五二函一四号『如意輪講式』（一段）
奥書によれば弘仁二十年に弘法大師作（仮託）。巻子本（軸なし）。文亀三年（一五〇三）、天文元年（一五三二）の書写奥あり。訓点等なし。管見の限りこの他に伝本を見ない。

第五二函一八号『舎利講式』
守覚作『奥院舎利講式』だが、表白部分は欠落。巻子本（軸なし）。訓点等あり。寛文七年（一六六七）の書写奥あり。

第五二函二〇号『地蔵講式』（五段）

作者は貞慶。巻子本カ。首欠。訓点等あり。奥書なし。南北朝期の書写と推定される。『貞慶講式集』（山喜房、二〇〇〇年）に翻刻あり。

第五二函二四号『不動講式』（三段）

作者は覚鑁。版本の巻子装。訓点等の附刻あり。表紙見返しに「讃岐五岳山／善通寺蔵」と墨書。「亀命山護国寺常住」と末尾に墨書あり。江戸時代中期の刊行と想定される。『興教大師全集』下巻に翻刻あり。

第六五函一号『往生講式』（七段）

作者は永観。巻子本（軸なし）。訓点等あり。奥書なし。室町時代中期の書写と想定される。七段をまとめて五段に擬した跡がある。

第六五函二〇号『光明真言式』（五段）

作者は表紙に「東山白毫寺知道上人作」と墨書。大和綴装袋綴。訓点等なし。前半部は『光明真言講伽陀』。貞享三年（一六八六）加点校合、文政十三年（一八三〇）書写の奥書あり。

第六五函二五号『舎利供養式』（五段）
作者は覚鑁。仮綴本。訓点等あり。奥書なし。江戸時代末期の書写と推定される。『興教大師全集』下巻に翻刻あり。

第六五函二九号の一『四座講式』
『涅槃講式』（五段）と『十六羅漢講式』（五段）の合冊版本で袋綴装明朝綴。訓点等の附刻あり。刊記なし。『大正新脩大蔵経』八四巻に翻刻あり。

第六五函二九号の二『四座講式』
『遺跡講式』（五段）と『舎利講式』（三段）の合冊版本で袋綴装明朝綴。訓点等の附刻あり。寛永十七年（一六四〇）高野山にて開版とする宗宣の刊記あり。

第六五函三〇号の一『四座講式　乾』
『涅槃講式』（五段）と『十六羅漢講式』（五段）の合冊版本で袋綴装明朝綴。訓点等の附刻あり。宝暦（己卯）「序」・寛延三年（一七五〇）「叙」あり。奥書なし。

第六五函三〇号の二『四座講式　坤』
『遺跡講式』（五段）と『舎利講式』（三段）の合冊版本で袋綴装明朝綴。訓点等の附刻あり。宝暦（戊寅）に高野山普門院にて開版とする廉峯の跋文あり。

第六五函三七号『理源大師講式』（三段）

作者は不詳。折本。訓点等の附刻あり。嘉永七年（一八五四）刊記あり。『日本大蔵経』九四巻に翻刻あり。

第一一一函一五〇号『両部駄都秘密地蔵式』（一段）

作者は伝弘法大師。巻子本。訓点等あり。表紙に「一心院谷」「□□院」と墨書されているようだが、いずれも墨で塗りつぶされており判読し難い。明和六年（一七六九）長栄書写。『弘法大師全集』五巻に翻刻あり。

初出一覧

序　章　中世宗教儀礼研究の射程――神仏をめぐる思想と表現――
新稿（博士論文の「序章」を改稿）。

第一章　貞慶の笠置寺再興とその宗教構想――霊山の儀礼と神仏――
『佛教大学総合研究所紀要』（一七号、二〇一〇年）掲載、原題「貞慶の笠置寺再興とその宗教構想――霊山の儀礼と国土観をめぐって――」。

第二章　『春日権現験記絵』の貞慶・明恵説話とシャーマニズム――憑依・託宣説話から講式儀礼へ――
新稿（修士論文の第二章を増補・改稿）。

第三章　貞慶『春日権現講式』の儀礼世界――春日社・興福寺における中世神話の生成――
『日本文学』（六一二号、二〇〇四年）掲載、原題「貞慶『春日権現講式』の信仰世界――春日社・興福寺における中世神話の生成をめぐって――」を増補・修正。

第四章　貞慶撰五段『舎利講式』の儀礼世界
『随心院聖教と寺院ネットワーク』（三号、二〇〇七年）掲載、原題「貞慶作五段『舎利講式』をめぐる二、三の問題――随心院本の紹介によせて――」を分割し増補・改稿。

補　論　貞慶撰五段『舎利講式』の展開
『随心院聖教と寺院ネットワーク』（三号、二〇〇七年）掲載、原題「貞慶作五段『舎利講式』をめぐる二、三の問題――随心院本の紹介によせて――」を分割し増補・改稿。

第五章　貞慶『発心講式』と玄縁『礼仏懺悔作法』をめぐって――本覚思想と懺悔の儀礼――
『日本宗教文化史研究』（九巻一号、二〇〇五年）掲載、原題「中世の天台・法相における懺悔と戒律について――『観普賢経』・『心地観経』の「理懺」言説の展開を中心に――」を増補・改稿。

第六章　南都戒律復興における受戒儀礼と春日信仰の世界――**律僧とシャーマニズムの視点**――

『日本宗教文化史研究』一〇巻二号、二〇〇六年）掲載、原題「中世の南都と叡山における戒律観について」の前半を大幅に増補・改稿し、『赤松徹真先生還暦記念論集』（永田文昌堂、二〇一一年刊行予定）に掲載。

第七章　春日神に抗う南都律僧――**死穢克服の思想**――

『国語国文』（八七九号、二〇〇七年）掲載、原題「中世死穢説話小考」。

第八章　叡山律僧の受戒儀礼と山王神――**本覚思想及びシャーマニズムとの関係から**――

『日本思想史学』（四一号、二〇〇九年）掲載、原題「中世叡山律僧の神祇信仰について――本覚思想との関係から――」。

第九章　頼助『八幡講秘式』と異国襲来――**鶴岡八幡の調伏儀礼と中世神道説**――

『仏教文学』（三一号、二〇〇七年）掲載、原題「真言系八幡講式とその周辺――鶴岡座不冷本地供と別当頼助の中世神道説――」。

第十章　久我長通『八幡講式』と南北朝争乱――**石清水八幡の密教修法と本地説の展開**――

阿部泰郎編『中世文学と寺院資料・聖教』（竹林舎、二〇一〇年）掲載、原題「講式と儀礼の世界――八幡講式を中心に――」を増補・改稿。

第十一章　死穢と成仏――**真言系神道書に見る葬送儀礼**――

『寺社と民衆』（四号、二〇〇八年）掲載、原題「中世の葬送儀礼と神祇信仰――神道書の一隅から――」を大幅に修正・増補。

第十二章　摂関家の南円堂観音信仰と春日神――**秘説の生成と密教儀礼をめぐって**――

『巡礼記研究』（二号、二〇〇五年）掲載、原題「中世の南円堂不空羂索観音に関わる信仰と言説」。

あとがき

一九九六年に龍谷大学の史学科に入学してから、早くも十五年目を迎えんとしている。「大学院に入学してから十年の間に、自らの学問の方法を確立しなさい」と、昔どなたかに言われた記憶がある。すでにその十年を経過して三十路に入り、本書を上梓する機に恵まれた。「自らの学問の方法」が確立できているのか否か、正直なところいささかの不安はある。むろん若き日の研究方法が、生涯を通じて単線的に持続することの方が少ないとも思えるのであり、先の助言はあくまでも基本的なスタンスとして「ぶれない」ものを持つ、という程度に理解しておきたい。

本書は二〇〇八年に佛教大学に提出した博士論文（課程博士）が原型であるから、正に「自らの学問の方法」を探求した試行錯誤の過程の産物と言えなくもない。はじめから統一的なテーマを設定して、計画通りに研究を進めてきたわけではないので（そう予定調和的に行くものではない）、目次を一見して諒解されるごとく、関心領域は多岐に及ぶ。しかし本書は、「宗教儀礼とそのテキストを対象に、神仏を祭祀する宗教者の〈体験と思考と表現の世界〉を摑みだし、それを中世社会という歴史の裡に定位する」こと、そのような叙述を志向すること、という明確な一貫性を有しているのである。儀礼の執行こそ、今も昔も寺社という宗教空間の本質的機能であるはずだ（その意味で「葬式仏教」という批判的名辞も、儀礼仏教の問題として捉え返す余地があるか）。

私は史学科に入学した当初から、神仏習合の研究を志していた。当時、すでに中世神仏習合研究は、「中世神道説・中世神話・中世日本紀」として文学研究者を中心に問題化されおり、最新の資料集として『金沢文庫の中世神道資料』(一九九六年八月)が刊行されていた。すぐさまそれに飛び付いたものの、資料読解能力の不足はもちろんのこと、何よりその晦渋極まるスコラ的な世界の前にさっさと挫折した。神道書の言説がいったいいかなる思想的メッセージを発しているのか、まともに受け取ることができなかったのである。「神仏習合とは、自分が思っていたものと違うらしい……、神仏を区別せず素朴に崇拝する、もっと庶民信仰的な世界だと考えていたのだが……」。それがその時の率直な感想であった。

大学の宗風もあって、早くも私は法然・親鸞の思想に関心を移した。しかし近代仏教史を専門とする赤松徹真先生のゼミに所属していたため、一人で『選択集』や『教行信証』に取り組んでいた。大学院生の合同研究室で先輩の下間一頼氏より「顕密体制論」を教示され、関連文献を読み耽ったのもその頃であった。四回生の夏休みには卒論を書き進めつつ、「神祇不拝」の専修念仏の次は、改めて神仏習合の問題に向き合おうと計画していた。幸い同じ京都市内の佛教大学に、『鼻帰書』『天照太神口決』『類聚神祇本源』『諸神本懐集』などを講義する桜井好朗先生が居られることを知った。学部や大学院で中世神道書の講読を行っていたのは、おそらく当時としては近畿地方で桜井先生お一人ではなかったろうか。

私が籍を移したのは、仏教学・思想史・美術史・文学などの多様な教授陣によって構成される「仏教文化専攻」という自由で学際的な空間であった。そこで桜井先生のご指導を受けたが、先生が体調のこともあって早期に退職されたため、行き場を無くした私を拾って下さったのが、恩師たる斎藤英喜先生(現・歴史学部歴史文化学科教授)であった。そしてフィールド・ワーカーでもある先生からは、懇切に「儀礼テキストを読む」ということについての手解きを受けた。民間信仰における祭文の表現を、〈神霊強制〉という神仏に対する一種のコントロール技法の視点から分析しておられた斎藤先生が、願文・表白・講式・起請文などの儀礼言語全般に対してもそうしたアプローチが可能なのではないか、と仰ったことは新鮮に響いた。実際に神霊強制といった呪術的機能は、洗練された宗教儀礼の場合でも、その構造の中に確かに組み込まれてある。これは唱導文芸という領域を踏み越えてしまうことだが、たとえば『源平盛衰記』巻第三を見ると、院政期に安居院澄憲が宮中の最勝講において雨を祈った際の表白は、龍神に対する神霊強制に他ならないことが分かる（なおこの表白には「二神約諾」の言説も所見し、南都における約諾神話の展開を跡付けるためにも改めて論じねばなるまい）。当初は「近代主義者」「イデオロギー論者」のレッテルを貼られた私も、この場所で少しずつ変わっていった（いまでも時折、斎藤先生とは衝突するが……）。儀礼の問題に無知であったために、中世神道書が充分に読めていなかった、ということも得心できたし、中世神話の方法と言える〈アレゴリー〉に関心を持ち、グノーシス主義の文献や、初期ギリシア教父として著名なオリゲネスの『諸原理について』を紐解いてみたりもした。

さて大学院においては学部での研究の延長という意味もあって、まずは専修念仏の批判者であった貞慶の春日信仰をテーマに選んだため、奈良には足繁く通うこととなった。ある時は春日若宮に憑依される貞慶の影を追って、春日奥山へと分け入った。若宮は神体山たる御蓋山を背にするが、この禁足地である御蓋山の背後に春日奥山が展開する。つまり春日奥山の霊威は御蓋山に集約されるのであり、そのことは春日曼荼羅の構造からも窺うことができる。春日若宮は山の霊威の形象化としての童子神なのであり、その意味では日吉社の神体山たる八王子山を背負う、日吉若宮としての十禅師神と共通するし（叡山律僧はこれを深く信奉した）、水源の神（龍蛇神）・雷神・勧農神といった民衆的な性質も有する。春日若宮信仰が勃興する正にその頃、興福寺（と東大寺）の堂衆は春日奥山に行場を開発していたのであり、それは山の信仰の活性化（霊威の賦活）と言える。そして若宮の光源としての春日奥山で山林修行を経ることは、彼らが南都授戒会に参仕するための条件であった。

今も春日奥山には、春日山石窟仏・地獄谷・聖人窟などの行場や遺跡が幾つも残されている。「春日山→そこで修行する「律家」としての堂衆→春日山信仰の活性化を背景に出現した霊童としての若宮→若宮に憑依される貞慶→堂衆を組織し戒律復興を呼びかける貞慶」、このような連鎖と仕組みが『春日権現験記絵』の貞慶説話には隠されているのではないかなどと夢想した。それはある程度は修士論文に反映され、本書の第一部第二章にも幾らか影響しているが、日本文学の領域で行った初めての学会発表（と処女論文）は、第一部第三章の『春日権現講式』と中世神話であった。この他に、西大寺で久方ぶりに厳修された授戒会に立ち会えたことも実に貴重であった。律宗教団の授戒儀礼テキストを支える心性に迫るという視座から、叡尊の見仏体験記を読んでみようと思い立ったのである。

このように現地を歩き、実際の儀礼をも見聞しながら、資料の収集・解釈を行うということを、さらに対象を拡大しながら積み重ねて、博士論文を書き上げたわけだが、副査として中世思想史・神仏習合史を牽引する佐藤弘夫先生（東北大学教授）にお越しいただけたことは、誠に僥倖であった。本書以降の課題となるが、対象を南都の儀礼／叡山の儀礼／鎌倉の儀礼、あるいは講式儀礼／授戒儀礼／密教儀礼のように共時的に配置するのではなく、ある特定の儀礼の古代から中世への変容・展開を分析するという通時的方法＝「儀礼史論」の可能性や、個別の儀礼の構造のみならず、より大きく寺社の宗教儀礼体系を素材として、中世社会に共有された神仏のコスモロジーをより具体的に解明してゆくべきことなどを、佐藤先生からはご指摘いただいている。宗教儀礼を素材とした中世の精神史的景観を描き出してゆきたい。ともあれ、研究の個別細分化（あるいは蛸壺化？）が顕著な中で、豊富な対象への視点を有し、幅広い議論を展開しているとして一定の評価をいただけたことは、「あれこれと闇雲に手を出しているだけではないか……、講式・貞慶・春日信仰あたりに博論のトピックを絞るべきではなかったか……」などと自問自答していた私にとって、素直に嬉しいものであった。

ここまで研究を続けてくると、学恩に謝すべき先生方、お力添えを賜った先輩方は多くにのぼる。上記の先生方の他に、阿部泰郎先生・近本謙介先生・伊藤聡先生・佐伯俊源先生・池見澄隆先生・松永知海先生・笹田教彰先生・善裕昭先生・田山令史先生、そして「随心院聖教調査研究会」の諸先輩方には深く御礼申し上げねばならない。そして私にとって講式研究の先達であるニールス・グュルベルク先生と、中世の政治文化史を専門とする畏友・坂口太郎氏からは常々、多くのご教示をいただいており、誠に感謝に堪えない。また私自身も運営委員の末席に連なっている、仏教史学会・日本宗教民俗学会・戒律文化研究会の諸氏にもお世話になっており、佛教大学大学院の村田真一・室田辰雄の両氏には、索引の作成に加わっていただいた。

本書は科学研究費補助金による出版である。交付決定から実際の出版まで一〇ケ月程度という状況下で、大学の講義など他の仕事の合間をぬって作業を進めたものであり（それゆえ本書に不備のあることを恐れる）、無事刊行に漕ぎ着けたのは妻の理解と協力の賜物である。そして根気よく編集を担当してくださった法藏館の大山靖子氏には、一方ならぬご苦労をお掛けしてしまった。また本書第二部第六章は、赤松徹真先生の還暦記念論集に寄稿させていただいたものであり、諸般の事情から刊行が大幅に遅れたため、結果的に本書が先行する形となってしまったが、版元の永田文昌堂さまは本書への収録を許可してくださった。

さらに本書（を構成する諸論文）の執筆に当たっては、多くの寺社・文庫・大学図書館・関連諸機関に資料の調査・閲覧で便宜を図っていただいた。随心院・真福寺・西大寺・西教寺・興福寺・薬師寺・東大寺図書館・叡山文庫・神宮文庫・金沢文庫・國學院大学図書館・天理大学付属天理図書館・龍谷大学図書館・大谷大学図書館・国文学研究資料館・東京大学史料編纂所・奈良文化財研究所・奈良国立博物館・元興寺文化財研究所・京都府立総合資料館・上野学園大学日本音楽史研究所、立命館大学アートリサーチセンター・宮崎文庫記念館等々、すべてを挙げることはできないが、感謝申し上げる。これらの調査を経て収集した多数の文献資料については、すでに翻刻作業の完了しているものから、適宜、学術雑誌などを通して公表してゆく予定である。

ようやく研究者の端くれとして、一つの区切りを迎えることができたと思う。粗末な装丁の博論を携えて法藏館の門を叩き、「出版させて欲しい!」と提案し、編集長である戸城三千代氏の前でプレゼンテーションを行った日のことを思い出すが、そもそも今日まで曲がりなりにも私が研究を続けてこられたのは、母・裕子と今は亡き祖父・公博のお蔭である。ことに私を大学院へと導いたのは他ならぬ母であり、その理解と激励がなければ、今もこの世界に身を置いてはいなかったであろう。拙いものではあるが、本書を祖父の墓前と母に奉げたい。

そろそろ春を迎える。この一年間、休業していたが「宗教思想・文化研究会」を再開しなくてはならない。

二〇一一年一月三十一日

船田淳一

※本書の刊行に当たっては、平成二十二年度科学研究費補助金(研究成果公開促進費)の交付を受けた。

船田淳一（ふなた　じゅんいち）

1977年鳥取県生まれ。2000年龍谷大学文学部卒業，2003年佛教大学大学院文学研究科仏教文化専攻修士課程修了，2008年同博士課程修了。首都大学東京オープンユニバーシティ講師・武庫川女子大学関西文化研究センター学術フロンティア研究員を経て，現在，佛教大学・摂南大学非常勤講師。
主な論文に，「中世的天岩戸神話に関する覚書」（『寺社と民衆』創刊号，2005年），「中世叡山の戒律復興――律僧恵尋の思想と国家観をめぐって――」（『佛教大学総合研究所紀要』16号，2009年），「南都における中世神話・中世神道説をめぐって」（伊藤聡編『〈中世文学と隣接諸学③〉中世文学と中世神道』（竹林舎，2011年）など。また共著に『躍動する日本神話』（森話社，2010年）がある。

神仏と儀礼の中世

二〇一一年二月二八日　初版第一刷発行
二〇一三年五月一五日　初版第二刷発行

著　者　船田淳一
発行者　西村明高
発行所　株式会社　法藏館
京都市下京区正面通烏丸東入
郵便番号　六〇〇-八一五三
電話　〇七五-三四三-〇〇三〇（編集）
〇七五-三四三-五六五六（営業）

装幀者　高麗隆彦
印刷・製本　亜細亜印刷株式会社

ISBN 978-4-8318-6029-3 C3021

索　引

・本索引は，主要語彙をⅠ地名・寺社名，Ⅱ神仏名・人名，Ⅲ資料名，Ⅳ研究者名に分類し，50音順に配列したものである。
・全頁を通じて頻出する語彙（たとえば「南都」）の中には，除外したものもある。
・「春日」「八幡」などは文脈上，神仏名で採取した場合と，寺社名で採取した場合がある。
・同義異字や補足を必要とする場合は，当該表記を（　）で囲んで記した。
・名称の正略，異称など，複数の表記のある項目は，一項にまとめて提出した。この場合，立項した項目以外の表記には，→を頭記して立項項目を示した。

Ⅰ　地名・寺社名

あ行――

か行――

Ⅱ　神仏名・人名

か行――

さ行——

た行――

な行――

は行――

ま行——

や行——

ら行——

わ行――

Ⅲ　資料名

あ行――

か行――

さ行——

た行——

な行——

は行——

ま行——

や行——

ら行——

Ⅳ　研究者名

あ行——

か行——

さ行——

た行——

な行——

は行——

ま行——

や行——

わ行——